Mustafa Kemal Atatürk (1881–1938) ist zweifellos einer der großen Staatsmänner des 20. Jahrhunderts. Mit Energie und Zielstrebigkeit nutzte er den
Zusammenbruch des Osmanischen Reiches und verwirklichte eine wahre Her-
kulesaufgabe: Er gründete – gegen die Beutegelüste der Alliierten – die
moderne Türkei und setzte binnen weniger Jahrzehnte zahlreiche grundlegen-
de Reformen durch, die den neuen Staat nach Westen öffneten. Trotz dieser
historischen Leistungen hat man bei uns entweder eine überwiegend negative
oder – der häufigere Fall – gar keine Vorstellung von der Persönlichkeit Atatürks.
Die vorliegende Biographie erhebt nicht den Anspruch, die Geschichte der
Türkei zu Lebzeiten Atatürks in all ihren Facetten darzustellen – diese Aufgabe
muß Historikern überlassen bleiben. Sie versucht aber erstmals, das Bild dieses
Soldaten und Politikers von antitürkischen Klischees zu befreien und eine vor-
urteilsfreie Bilanz seiner Leistungen und Schwächen zu ziehen.

Dietrich Gronau, geboren 1943 bei Potsdam, studierte Germanistik, Thea-
terwissenschaften und Japanologie in Berlin und Paris und lebt heute als freier
Schriftsteller in Berlin. Er veröffentlichte den Erzählband *Madame Lütfullah*
(1983) sowie die Biographien *Nâzim Hikmet* (1991) und *Marguerite Yourcenar*
(1992).

Dietrich Gronau

Mustafa Kemal Atatürk
oder
Die Geburt der Republik

Fischer Taschenbuch Verlag

Bildnachweis:
Bildarchiv Preußischer Kulturbesitz, Berlin:
Seite 82, 119, 120, 133
Alle übrigen Abbildungen wurden vom
Autor zur Verfügung gestellt.

Lektorat: Heide Kobert
Redaktion: Oliver Domzalski

7.–8. Tausend: April 1995

Originalausgabe
Veröffentlicht im Fischer Taschenbuch Verlag GmbH,
Frankfurt am Main, April 1994

© Fischer Taschenbuch Verlag GmbH, Frankfurt am Main 1994
Umschlaggestaltung: Buchholz/Hinsch/Hensinger
Gesamtherstellung: Clausen & Bosse, Leck
Printed in Germany
ISBN 3-596-11062-9

Gedruckt auf chlor- und säurefreiem Papier

Inhalt

BESONDERHEITEN DER TÜRKISCHEN AUSSPRACHE

Das Türkische kennt außer dem *i* (mit Punkt) noch ein *ı* (ohne Punkt). Dieses *ı* klingt dumpf, etwa wie das *e* in »Tulpe«, z. B. kızıl = rot.

ay wird gesprochen wie *ai* in »Mai« oder *ei* in »mein«, *ay* wie das englische *a* in »late«.

Folgende Konsonanten werden anders gesprochen als im Deutschen:
c wie *dsch* in »Dschungel«
ç wie tsch in »Tscherkesse«
ğ verschmilzt mit den vorangehenden und nachfolgenden Vokalen wie in Boğaziçi (Bosporus, gesprochen Boasitschi)
j wie das französische *j* in »journal«
s wie *ß* in »Schloß«
ş wie *sch* in »Schule«
v wie *w* in »Wald«
y wie *j* in »Jade«
z wie *s* in »Hase«

1

Geburt und Jugend in Saloniki
(1881−1899)

Die Geburt Mustafas, dessen Leben auf das engste mit dem Entstehen der neuen Türkei verbunden sein sollte, fiel auf einen der Wintertage zwischen den Jahren 1880 und 1881. Nach dem damals im Osmanischen Reich auch offiziell noch gebräuchlichen islamischen Kalender, der im Jahr 622 christlicher Zeitrechnung mit der *Hidschra* (der Auswanderung der muslimischen Gemeinde von Mekka nach Medina) beginnt und sich nach dem – im Vergleich zum Sonnenjahr elf Tage kürzeren – Mondjahr richtet, wurde Mustafa 1296 geboren. Seine Mutter, Zübeyde, erinnerte sich noch am Ende ihres Lebens daran, daß sie ihr viertes Kind während der »eisigen Vierzig«[1] zur Welt brachte, wie man die kältesten Tage des Winters in Saloniki zu bezeichnen pflegte.

Die Vorfahren Zübeydes waren bereits im 18. Jahrhundert aus dem Südosten Anatoliens in eines der fruchtbaren Täler zwischen den osmanischen Provinzen Mazedonien und Albanien gezogen. Sie gehörten dort nicht zu den Ärmsten der Armen, taten sich aber auch in keinem öffentlichen Bereich besonders hervor. Allerdings besaßen sie den Ruf großer Frömmigkeit, und es ist anzunehmen, daß sich mehrere Mitglieder der Familie die ehrenvolle Bezeichnung eines *Hacı*, eines Mekkapilgers, erworben hatten. Als Zübeyde Mitte der siebziger Jahre verheiratet wurde, war sie etwa sechzehn Jahre alt. Sie galt wegen ihrer bescheidenen sozialen Herkunft zwar nicht als brillante Partie, aber in den Augen ihres Bräutigams, des fast zwanzig Jahre älteren rangniederen Zollbeamten Ali Riza, der seinerseits auch nur geringe Mittel für einen Hochzeitsvertrag aufbringen konnte, werden vor allem ihre blonden Haare, ihre blauen Augen und der helle Teint gezählt haben, äußere Kennzeichen eines »weiblichen« Schönheitsideals, das auch heute noch seine anziehende Wirkung auf türkische Männer nicht verfehlt.

Ali Riza kam aus einer seit langem in Saloniki ansässigen Familie, die ursprünglich ebenfalls aus Anatolien stammte, aus dem südlich von Izmir gelegenen Verwaltungsbezirk Aydın. Zweimal gerieten er und

Zübeyde, die Mutter Mustafas

seine Angehörigen in gefährliche Nähe der Wogen europäischer Machtpolitik, die gegen Ende des 19. Jahrhunderts das Osmanische Reich von allen Seiten drohend umspülten: Am 5. Mai 1876 kam aus Bulgarien, das noch bis zum Berliner Kongreß von 1878 unter osmanischer Verwaltung stand, ein junges christliches Mädchen in Begleitung eines Dorf-Imam mit dem Zug nach Saloniki, um vor einer höheren geistlichen Autorität ihren Übertritt zum Islam zu erklären. Die Mutter des Mädchens, die in einem anderen Wagen heimlich mitgereist war, wandte sich auf dem Zielbahnhof an griechische Christen mit der Bitte, ihre Tochter von dem ihrer Ansicht nach verhängnisvollen Schritt der Konversion zurückzuhalten. Im Nu bildete sich eine muslimische Gegengruppe, die jedoch nicht verhindern konnte, daß das Mädchen, trotz heftigen Widerstands, in das amerikanische Konsulat gebracht

Ali Riza, der Vater Mustafas

wurde. Am nächsten Morgen versammelten sich erneut türkische Bewohner im Diplomatenviertel, um gegen die verhaßte Einmischung von Ausländern in ihre Angelegenheiten zu protestieren. In dieser aufgeladenen Atmosphäre tauchten zufällig der französische und der deutsche Konsul auf der Straße auf. Sie wurden erkannt, von der aufgebrachten Menge bis in eine Moschee verfolgt und dort gelyncht.[2] Die Regierungen Frankreichs und Deutschlands schickten als Sofortreaktion Kriegsschiffe nach Saloniki und forderten die Bestrafung der Mörder. Da die Sultansregierung gegenüber den europäischen Mächten zu äußersten Konzessionen gezwungen war, ließen die osmanischen Lokalbehörden prompt eine ganze Reihe von Männern hinrichten, obwohl deren Tatbeteiligung nicht erwiesen war. Sie erfüllten bei dieser Gelegenheit gleich noch ein Übersoll an Verhaftungen vermeintlicher Unruhestifter. Da auch Ali Rizas Vater fürchtete, Opfer der übereifrigen Polizei zu werden, floh er in die mazedonischen Berge, wo er sich sieben Jahre lang, bis zu seinem Tod 1883, versteckt hielt.

Das zweite öffentliche Ereignis, das die Familie indirekt betraf, war von wesentlich größerer Dimension. Ende des Jahres 1876 trat Ali Riza in die Armee ein und meldete sich einige Monate später bei einer Freiwilligeneinheit, um an dem Krieg teilzunehmen, den Rußland am 24. April 1877 dem Osmanischen Reich erklärt hatte. Die Maximalziele des Zaren waren ein südslawisches Reich auf dem Balkan, Zugang zum Mittelmeer und, in Anknüpfung an die christliche Tradition des ehemaligen Byzanz, die »Neugründung« Istanbuls als »Zarajgrad«. Das erfolgreiche Vordringen der russischen Armee bis nach Bulgarien und in den östlichen Teil Anatoliens – begleitet von Massakern an der muslimischen Bevölkerung – kollidierte schon bald mit dem Interesse Englands an einer Kontrolle des Sultans und einer Vormachtstellung im Vorderen Orient. 1878 schlossen die beiden konkurrierenden Parteien auf gemeinsamen Druck der übrigen europäischen Großmächte zunächst den Vorfrieden von San Stefano (dem heutigen Istanbuler Vorort Yesilköy), um dann auf dem Berliner Kongreß zu Vereinbarungen zu kommen, die für die osmanische Seite den Verlust Bulgariens, Bosniens, Zyperns sowie der Städte Kars in Ostanatolien und Batum am Schwarzen Meer bedeuteten. Ali Riza kehrte bereits vor dem Ende des Russisch-Türkischen Krieges zurück zu seiner jungen Frau Zübeyde nach Saloniki, wo er, wie viele Türken seiner Zeit, mit der Bitterkeit im Herzen lebte, ohnmächtig einem ohnmächtigen Sultan ausgeliefert zu sein.

Die Zollstation, auf der Ali Riza wie vor seiner Kriegsteilnahme wieder eingesetzt wurde, trug kaum zu einer Verbesserung seines Lebensgefühls bei. Sie befand sich etwa hundertzwanzig Kilometer südwestlich von Saloniki in einem dichten Waldgelände zu Füßen des Olymp, wo die damalige Grenze zu Griechenland verlief. Der tägliche Kampf gegen Wilddiebe und bewaffnete Banden, die Warenschmuggel trieben, Feuer auf den Holzplätzen legten oder Transporte überfielen, war zermürbend, und die Abende boten weder Muße noch Zerstreuung. Zübeyde, die noch den Tod Fatmas, ihres ersten Kindes, betrauerte, willigte schließlich ein, ihrem Mann mit den beiden zwei- und dreijährigen Söhnen, Ömer und Ahmet, in die Einöde nach Paşaköprüsü zu folgen. Da es keine genügend ausgebauten und sicheren Reisewege gab, mußte sie eines der Frachtschiffe benutzen, die auf der Höhe der Zollstation einen Umschlagplatz anliefen.

Paşaköprüsü wurde jedoch für Zübeyde und Ali Riza zu einem Ort des Unglücks. Innerhalb kurzer Zeit starben ihre beiden Söhne an Krankheiten, für deren Heilung die damaligen ärztlichen Kenntnisse und Mittel womöglich sogar ausgereicht hätten – allein, die Zollstation war medizinisch nur äußerst mangelhaft ausgestattet. Ali Riza hatte jetzt nur noch einen Gedanken. Er mußte sich nach einem anderen Beruf umsehen, der seine äußere Situation verbessern würde.

Das Glück schien sich ihm und Zübeyde auch wieder zuzuwenden, und zwar in Gestalt eines Holzhändlers in Saloniki. Dieser Cafer

Efendi machte Ali Riza zu seinem Kompagnon mit der Aufgabe, den Einkauf und Transport der Hölzer aus den Wäldern am Olymp zu kontrollieren und zu überwachen. Obwohl er dadurch auch weiterhin viel unterwegs war, blieb ihm doch genügend Zeit, sich um Zübeyde zu kümmern, und die finanziellen Mittel erlaubten es ihm sogar, ein neues Haus in Saloniki zu kaufen, ein Haus mit zwei vorspringenden Erkern in der ersten Etage und mit rosafarbenem Anstrich, das noch heute in der Türkei als das »rosa Haus« bekannt ist, denn in ihm wurde offiziell der Gründer der Republik, Mustafa Kemal Atatürk, geboren. Daß Zübeyde zur entscheidenden Stunde wahrscheinlich im Hause einer Verwandten betreut wurde, tat der Legendenbildung, die nach eigenen Gesetzen abläuft, keinen Abbruch.

Während Mustafa in dem rosa Haus aufwuchs, das in der Nähe des Triumphbogens des römischen Kaisers Galerius stand – in den ersten Monaten wurde er von einer schwarzen Amme gestillt, die aus den osmanischen Provinzen Nordafrikas stammte –, schlug sich sein Vater mit den immer schwieriger werdenden Verhältnissen des Holzhandels an der Grenze herum. Immer öfter – und neuerdings auch draußen vor der Küste – versuchten griechisch-nationalistische Gruppen, die Transporte der Hölzer zu verhindern, so daß die osmanischen Behörden zeitweise sogar erwogen, die Wälder abzubrennen, um des Bandenunwesens Herr zu werden. Zu Hause berichtete Ali Riza seiner Frau nicht selten von Überfällen, bei denen er nur mit Not sein Leben retten konnte.

Zübeyde hatte sich seit dem Verlust ihrer drei Kinder wieder gefangen, wobei ihr das neue Haus half, und vor allem der neugeborene Sohn Mustafa, auf den sie jetzt ihre Liebe und Fürsorge konzentrierte. Von den beiden Töchtern, die sie noch gebar, überlebte nur die zweite, Makbule, die Kinderjahre. Als einzige der engeren Familie sollte sie auch ihren Bruder überleben, der sie in seinem Testament großzügig bedachte. Die Frömmigkeit Zübeydes mag sich nach den Schicksalsschlägen, die sie hatte hinnehmen müssen, noch vertieft haben, denn sie erwarb sich in ihrem Wohnviertel den Ruf einer »Molla«, einer Frau, die vorbildlich den Geboten des Korans folgt. Daß sie dennoch die Nachbarinnen, die sie gern und regelmäßig besuchte – die Trennung der Geschlechter wurde noch rigoros eingehalten –, gelegentlich vor den Kopf stieß, indem sie plötzlich und ohne jedes Zeremoniell aufbrach und das Haus verließ, hing mit ihrem teils heftigen, teils verschlossenen Wesen zusammen, daß sie ihrem Sohn ebenso vererbt hatte wie ihr blondes Haar und ihre blauen Augen.

Das geistige Klima, das Ende des 19. Jahrhunderts in Saloniki, dem osmanischen Selânik, herrschte, war freier und offener als in der Sultansresidenz am Bosporus. Die Stadt, die nach Berichten europäischer Beobachter ein überraschend westliches Flair besaß, wurde bereits 1430 durch Murat II. erobert, nachdem sie zuvor für sieben Jahre unter venezianischer Kontrolle gestanden hatte. Die neu angesiedelte türkische Bevölkerung verwandelte die meisten erhaltenen Kirchen in Moscheen, erbaute an den Hängen Häuser, die mit roten Dachziegeln, Erkern und kunstvollen schmiedeeisernen Gittern versehen waren, errichtete private und öffentliche Bäder (Hamam) und legte Gärten an mit Pavillons und Brunnen. Die griechischen Einwohner der Stadt, die die venezianisch-osmanischen Kämpfe überlebt hatten, zogen sich zurück in die weniger zerstörten Viertel um das Vlatadon-Kloster, das auch die Balkankriege von 1912 und 1913 und den großen Brand von 1917 überdauert hat.

Zwischen 1480 und 1520 wurde auf Anordnung der Sultane, nicht zuletzt durch Salim I., Saloniki für Juden geöffnet, die aus Spanien und Portugal fliehen mußten. Ihnen schlossen sich Juden aus Sizilien, Süditalien und der Provence an. Ihre Wohnviertel lagen vor allem entlang der Hafenbucht.

Bis zum Vordringen der nationalen Idee, die von Europa aus ihren Weg über den Balkan bis in progressive Kreise der osmanischen Gesellschaft nahm, lebten Christen und Juden unangefochten inmitten der islamischen Gemeinden, nicht nur geduldet, sondern auch mit den meisten Rechten eines Osmanen ausgestattet, so daß sie bis in hohe Staatsämter aufsteigen konnten. Im 17. Jahrhundert gab es in Saloniki 56 jüdische, 48 muslimische und 16 christliche Stadtbezirke. Um 1880 waren noch immer die Hälfte der insgesamt siebzigtausend Einwohner Juden. An zweiter Stelle folgten die fünfzehntausend Muslime und an dritter Stelle Christen (Griechen, Armenier und aus den Balkanländern Zugezogene). Ihren Wohlstand verdankte die Hafenstadt maßgeblich dieser großen Sephardim-Gemeinde (von der Iberischen Halbinsel vertriebene Juden), deren vielfältige Kontakte zum Ausland und Aufgeschlossenheit für Sprachen beste Voraussetzungen für erfolgreichen Handel waren.

Eine weitere Ursache für das westliche Flair und den Umlauf europäischer Ideen in Saloniki bildeten die neuen Schulen, die es sonst in größerer Zahl nur in Istanbul und vereinzelt in anderen Städten des Osmanischen Reiches gab. Sie bestanden neben der überwiegenden

Mehrheit geistlicher Unterrichtsstätten (Medresen) und hatten sich nur mühsam gegen den Widerstand orthodoxer Muslims im Lauf des 19. Jahrhunderts entwickelt. Urheber dieser westlich orientierten Schulen, die das geschwächte Osmanische Reich von innen her durch einen mit Europa vergleichbaren Wissensstand wieder erstarken lassen und konkurrenzfähig machen sollten, war das »Großherrliche Handschreiben« (Hatt-i Şerif) des Sultans Abdul-Mecit I., der mit seinen »wohltätigen Anordnungen« (Tanzimat-i Hairiye) 1839 das erste umfassende Reformprogramm der osmanischen Geschichte einleitete. Der Sultanserlaß, der die später sogenannte Tanzimat-Ära eröffnete, erwies sich jedoch angesichts der schleppenden Verwirklichung der Reformen, die neben einer verschwommenen Erklärung der Menschen- und Bürgerrechte nach französischen Vorbild auch ein weltliches Ausbildungs- und Erziehungssystem versprachen, eher als eine Absichtserklärung.

Hinderlich für die Vereinheitlichung und damit die Wirksamkeit des angestrebten modernen Erziehungssystems war die unverändert gebliebene Praxis, Schulen auf örtliche Initiative hin und mit örtlichen Mitteln zu gründen und zu unterhalten. Das Ergebnis war vorprogrammiert: Eine Vielzahl weltlicher Schulen, die teils von staatlichen Stellen, teils von religiösen, nicht muslimischen Gemeinden mit begrenzter Autonomie, den seit Ende des 15. Jahrhunderts bestehenden »Millet«, teils von ausländischen Organisationen ins Leben gerufen und überwacht wurden. Einen wesentlichen Aufschwung staatlicher Ausbildungsstätten gab es erst unter der autokratischen Herrschaft Abdul-Hamids II., der nach seiner langen Regierungszeit von 1876 bis 1908 ironischerweise von Männern gestürzt wurde, die in seinen Schulen zu Stützen des Reichs hatten herangezogen werden sollen. Im Jahr 1879 erklärte er: »Wenn es irgendwelche Mängel oder Lücken in der gegenwärtigen Organisation öffentlicher Erziehung gibt, sollten sie geschlossen werden.«[3] Vier Jahre später folgte dem Wunsch die entscheidende Maßnahme: Der Sultan erhöhte eine seit 1866 zur Förderung der Landwirtschaft erhobene Sondersteuer, von der ein Drittel für die staatlichen Schulen abgezweigt wurde.

Während der folgenden zwei Dekaden nahm die Zahl der staatlichen Schulneugründungen tatsächlich sprunghaft zu. Bis zum Beginn der Umformung der alten osmanischen Hochschule in eine moderne Universität anläßlich des Thronjubiläums Abdul-Hamids II. am 12. August 1900 bildeten jedoch viele der später in die Fakultäten eingegliederten Fachrichtungen noch eigene Institute. So gab es im zivilen Bereich Spezialschulen für den Staatsdienst, für Rechtslehre, für Human- und Veterinärmedizin, für Landwirtschaft und Kunstgewerbe und im militärischen Bereich Spezialschulen für die verschiedenen Heeresgattungen. Beide Zweige basierten auf einer Grundausbildung in Elementar-, Mittel- und Oberschulen. Den Absolventen der Oberschulen, die außerdem ein gutes Führungszeugnis vorlegen konnten, öffneten sich dann die Spezialschulen, die Universität (bis 1900 die osmanische Hochschule) oder die Militärakademie.

Wie groß innerhalb des Osmanischen Reichs – entgegen der antitürkischen Propaganda im damaligen Europa – die Selbständigkeit der nichtmuslimischen Gemeinden (Millet) und der durch die »Kapitulationen« (Sonderrechte) geschützten Ausländer wirklich war, läßt sich an der Zahl ihrer Schulen zwischen 1880 und 1900 demonstrieren. Die Griechisch-Orthodoxen unterhielten 4390 Schulen (jeweils Elementar-, Mittel- und Oberschulen), die griechischen Katholiken 60, die Bulgaren 693, die gregorianischen Armenier 653, die protestantischen Armenier 198, die Juden 331, die Serben 85, die Walachen 63. Die Schulen der Ausländer, meist von Missionaren geführt, die nicht immer nur unterschwellig den Westen gegen den Osten und das Christentum gegen den Islam ausspielten, ergaben ebenfalls eine stattliche Zahl: Auf die Vereinigten Staaten von Amerika entfielen 131 Schulen, darunter das hervorragend ausgestattete Robert College, in dessen Gebäuden oberhalb von Bebek am Bosporus heute eine der Istanbuler Universitäten untergebracht ist, auf Frankreich 127, auf England 60, auf Deutschland und Italien je 22, auf Österreich 11 und auf Rußland 7.[4]

Als Mustafa 1887 eingeschult werden sollte, gerieten seine Eltern in Streit darüber, wohin sie ihn schicken sollten. Für Zübeyde kam nur eine der traditionellen religiösen Schulen (Medrese) in Frage, während Ali Riza, durch seine Tätigkeit beim Zoll und im Handel hellhöriger geworden für die neue Zeit, sich für seinen Sohn eine westlich orientierte Ausbildung wünschte. In einem Interview, das er im Januar 1922 gab, erinnerte sich Mustafa Kemal an den Ausgang des Streits: »Schließlich regelte mein Vater die Angelegenheit auf sehr geschickte Weise. Zuerst trat ich mit den üblichen Feierlichkeiten in die Schule des Viertels ein. Danach war meine Mutter freundlich gestimmt. Einige Tage später verließ ich diese Schule wieder und wurde in der des Şemsi Efendi eingeschrieben.«[5]

Diese »üblichen Feierlichkeiten« bei der Aufnahme in eine Medrese

Şemsi Efendi, der erste Lehrer Mustafas

schilderte Mustafa Kemal später nicht ohne eine Spur von Ironie: »Am Morgen meiner Aufnahme kleidete mich meine Mutter festlich in einen weißen Anzug und band mir einen golddurchwirkten Schal turbanartig um den Kopf. In meiner Hand trug ich einen vergoldeten Zweig. Dann erschien der Lehrer (Hoca) vor der grün verhängten Tür unseres Hauses, begleitet von allen seinen Schülern. Nach einem Gebet verbeugte ich mich vor meiner Mutter, meinem Vater und dem Lehrer, indem ich mit den Fingerspitzen meine Brust und meine Stirn berührte und ihre Hände küßte. Endlich ging es inmitten meiner fröhlichen neuen Kameraden in ausgelassenem Zug durch die Straßen der Stadt zur Schule neben der Moschee. Nach unserer Ankunft wurde ein weiteres Gebet im Chor wiederholt. Schließlich nahm mich der Lehrer an der Hand und führte mich in einen leeren kuppelüberwölbten Raum, wo die heiligen Worte des Koran vor mir aufgeschlagen waren.«[6]

Şemsi Efendi, ein aufgeklärter und leidenschaftlicher Pädagoge, begann seine Laufbahn als Privatlehrer, der es nicht leicht hatte, sich ohne den Schutz einer öffentlich geförderten Einrichtung gegen die Vorurteile und Feindseligkeiten aus den orthodoxen Kreisen der muslimischen Bevölkerung zu behaupten. Wie es ihm dennoch gelang, sich durchzusetzen und schließlich staatlich anerkannt und unterstützt zu werden, schilderte 1938 der ehemalige osmanische General Pasinler, der einige Jahre vor Mustafa Kemal von Şemsi Efendi unterrichtet wurde: »Einen oder zwei Monate später (nach meiner Einschulung) erschien eines Tages eine Menschenmenge auf der Straße, und ein Aufruhr brach aus. Unfreundliche Worte und Verwünschungen wurden ausgerufen, die Haustür wurde aufgebrochen und das Gebäude erstürmt. Angesichts dieser Situation, mit der er offensichtlich gerechnet hatte, floh unser Lehrer durch ein Fenster in den benachbarten Garten. Die Unruhestifter waren vierzig oder fünfzig Männer aus verschiedenen Schichten. Sie stürmten das Klassenzimmer und zertrümmerten die Bänke, den Stuhl des Lehrers, die Tafel und die Fenster, nachdem sie uns unter Flüchen hinausgetrieben hatten. Wir rannten alle nach Hause. Warum taten sie das? Şemsi Efendi unterrichtete die Kinder nach der Methode der Ungläubigen. Er veranlaßte die Kinder zum Spielen und ließ sie Turnübungen machen.

Nach diesem Vorfall nahm die Zahl der Schüler von Mal zu Mal ab. Nur zwanzig von uns, die Kinder von Offizieren und Beamten, blieben. Şemsi Efendi hatte seinen Unterricht schon wenige Tage später wiederaufgenommen, diesmal in einem großen Raum über seiner eigenen Wohnung, wohin wir von Hausdienern begleitet wurden. Unser Lehrer machte weiter, als wenn nichts geschehen wäre. Er war nicht ein Jota von seiner Beharrlichkeit und von seinem Eifer oder, genauer gesagt, von seiner Liebe zum Erziehen abgewichen, im Gegenteil, sie hatte noch zugenommen. Eines Tages fand jedoch auch hier ein ähnlicher Überfall statt. Sie jagten die Kinder unter Drohungen und Flüchen auf die Straße. Şemsi Efendi versteckte sich und konnte dadurch der Gefahr entgehen. Wieder wurden die Bänke und die Tafel, dieses Teufelswerk, zerschlagen. Das Haus selbst blieb heil.

Wie mir Şemsi Efendi später erzählte, wurde er sogar auf offener Straße angegriffen und verprügelt. Sie beschimpften ihn und bedrohten sein Leben mit dem Messer. Er hätte nun Saloniki verlassen oder seine Schule und seinen Unterricht aufgeben müssen, aber er tat nichts dergleichen. Er versuchte es zum drittenmal. Er kam abends in unsere Häuser und gab uns dort Stunden. Auf diese Weise unterrichtete er seine letzten zwanzig Schüler jede Nacht, indem er bei jedem von uns fünf oder zehn Minuten blieb, um uns Aufgaben zu stellen oder unsere Arbeiten zu kontrollieren.

Eines Tages brachte Şemsi Efendi fünf oder sechs seiner Schüler – ich war einer von ihnen – zu der einzigen höheren staatlichen Schule von Saloniki. Wir gingen in ein Klassenzimmer, wo bereits einige Lehrer und bedeutende Persönlichkeiten der Provinzialverwaltung und der Stadt saßen. Dann wurden fünf hauseigene Schüler hereingeführt, und man ließ uns alle nacheinander eine Zeitung lesen, wobei wir vorteilhafter abschnitten. Man stellte Aufgaben in Rechnen, Geometrie und Schreiben, und wir waren wieder besser. Genauso lief es mit dem Lesen einer Landkarte, die an der Wand hing. Kurz und gut, wir überrundeten sie jedesmal, obwohl sie aus einer höheren Klasse ausgesucht waren. Die ganze Prozedur sollte letztlich auf diesen für uns vorteilhaften Vergleich hinauslaufen. Indem Şemsi Efendi die Ergebnisse seiner ungewöhnlichen Willenskraft, seines Mutes und seiner Entschlossenheit vorführte, gewann er die Gunst und das Vertrauen der Anwesenden. Seine Schule wurde unter den Schutz der Regierung gestellt.«[7]

Die Zeit, in der Mustafa bei Şemsi Efendi Unterricht erhielt, war jedoch nur kurz bemessen. Sein Vater, der den Holzhandel aufgegeben und erfolglos sein Kapital in den Salzhandel gesteckt hatte, starb nach längerer Krankheit im Jahr 1888 an Darmtuberkulose. Daß er am Ende seines Lebens zu trinken begonnen hatte, hing wahrscheinlich mit dem Scheitern seiner wechselvollen beruflichen Karriere zusammen. Vor Ausbruch der Krankheit war sein Gesuch um Wiederaufnahme in den Beamtendienst abschlägig beschieden worden.

Unmittelbar nach dem Tod ihres Mannes sah sich Zübeyde aus wirtschaftlichen Gründen gezwungen, mit ihren beiden Kindern zu Verwandten auf einen Bauernhof zu ziehen, der etwa dreißig Kilometer von Saloniki entfernt lag. Mustafa und seine Schwester Makbule mußten bei der Landarbeit helfen, zum Beispiel Schafe hüten oder die Krähen aus den Bohnenfeldern verscheuchen. Das Lernbedürfnis des jungen Mustafa, das Şemsi Efendi geweckt hatte, konnte in dieser Gegend der mazedonischen Provinz nicht befriedigt werden. Man schickte ihn erst zu einem griechischen Priester, dann zu einem Hoca (geistlicher Lehrer) und versuchte es nacheinander mit einem Privatlehrer und mit einer gebildeten Nachbarin, aber der Widerstand des Jungen führte jedesmal zu einer frühzeitigen Beendigung des Unterrichts. Schließlich ergriff Zübeyde die Initiative. Sie schickte Mustafa und Makbule zu ihrer Schwester nach Saloniki zurück, damit ihr Sohn wieder in eine richtige Schule kam.

Sein heftiges Temperament und ein bereits ausgeprägtes Gefühl für persönliche Verletzbarkeit machte jedoch dem Zögling Mustafa auch in der staatlichen Schule, in die er zunächst aufgenommen wurde, zu schaffen. Unter seinen Klassenkameraden erwies er sich als Einzelgänger, und er war nur selten für die in diesem Alter üblichen Spiele zu gewinnen. Als sie ihn einmal aufforderten, bei dem beliebten Bockspringen, bei dem einer über den gebeugten Rücken des andern grätscht, mitzumachen, lehnte er ab. Statt dessen schlug er ihnen vor, bei aufrechter Haltung über ihn hinwegzuspringen. Kein Wunder, daß dieses Verhalten häufig Schlägereien provozierte.

Eines Tages erschien der Lehrer für Arabisch im Unterrichtsraum, als gerade eine Schlägerei im Gange war. Kaymak Hafiz, der bei den Schülern in dem Ruf stand, von hinterhältigem Charakter zu sein, griff sich Mustafa, bezichtigte ihn der Unruhestiftung und verprügelte ihn vor den Augen der versammelten Klasse, bis sein Rücken von blutigen Striemen überzogen war. Mustafa fühlte sich durch die Ungerechtigkeit und die demütigende Behandlung so sehr in seinem Stolz verletzt, daß er sich weigerte, die Schule noch einmal zu betreten. Noch vor seiner Mutter, die inzwischen auch wieder nach Saloniki gekommen war, fand er bei seiner Großmutter väterlicherseits Verständnis für seine Entscheidung.

Der Wunsch des Zwölfjährigen, die Militärkarriere einzuschlagen, wurde nicht erst durch die kränkende und rohe Züchtigung ausgelöst. Schon seit geraumer Zeit bewunderte Mustafa die moderne Uniform eines in der Nachbarschaft wohnenden Militärschülers. Im Gegensatz zu der traditionellen türkischen Kleidung, den weiten Hosen mit der breiten Schärpe, umgab sie eine Aura westlichen Fortschritts und höherer Autorität. Mustafa wandte sich an den Vater dieses Schülers, einen Major, der ihm nach wohlwollender Anhörung seine Unterstützung bei der Vorbereitung auf das Aufnahmeexamen an der Militärschule versprach. Ohne seiner Mutter etwas von dem Plan zu verraten, lernte er heimlich und mit Hilfe des Majors und stellte sie erst, nachdem er die Prüfung bestanden hatte, vor vollendete Tatsachen.

Zübeyde verbrachte allerdings noch einige unruhige Nächte – sie fürchtete die langen Abwesenheiten an den entfernten Grenzen des Reichs und die ständigen Gefahren, die damals mit dem Leben eines osmanischen Soldaten verbunden waren –, ehe sie sich überwand und, als Familienoberhaupt, die Aufnahmepapiere unterschrieb. Letzten Ausschlag gab ein Traum, den sie hatte. Sie sah ihren Sohn auf einer goldenen Scheibe oberhalb eines Minaretts sitzen, und als sie zu dem Minarett hinlief, hörte sie eine Stimme sagen: »Wenn du deinem Sohn erlaubst, in die Militärschule zu gehen, wird er dort oben bleiben, wenn du es ihm nicht erlaubst, wird er hinunterstürzen.« Diesen Traum, der vielleicht eine echte Vision, vielleicht auch eine nachträgliche liebenswerte Erfindung war, ergänzte Mustafa Kemal Jahrzehnte später, indem er halb scherzhaft seine Mutter daran erinnerte, daß bereits sein Vater in prophetischer Absicht ein Schwert neben seiner Wiege an die Wand gehängt habe. Und er fügte hinzu: »Ich wurde als Soldat geboren, und ich werde als Soldat sterben.«[8]

An der Militärschule in Saloniki, die der mittleren Stufe angehörte, wurde Mustafa während der Jahre 1893 bis 1895 auf das Militärgymnasium vorbereitet. Er zeichnete sich besonders in Mathematik aus und wurde wegen seiner Leistungen in diesem Fach sogar damit beauftragt, in den Übungsstunden seinen Mitschülern Aufgaben zu stellen. Sein Mathematiklehrer, der ebenfalls Mustafa hieß, gab ihm, um Verwechslungen auszuschließen, den zweiten Vornamen Kemal. Nach einer anderen Version sollte der Verwechslung mit einem dritten Mustafa, einem Klassenkameraden, vorgebeugt werden. Auf jeden Fall blieb es bei dem Doppelnamen Mustafa Kemal, der sehr viel später mit den Titeln Paşa und Ghazi und, ab 1934, mit dem Ehrennamen Atatürk versehen wurde.[9]

Auf dem Lehrplan standen neben militärischen Fächern und Mathematik auch Geschichte, Wirtschaft und Philosophie. Außerhalb des Unterrichts blieb das distanzierte Verhalten Mustafa Kemals seinen Mitschülern gegenüber weiterhin auffällig, die Raufereien hatten allerdings aufgehört, schon wegen der Uniformen, deren Makellosigkeit Zeichen von Disziplin und Überlegenheit war. Da die Väter der meisten Schüler dem Offizierskorps angehörten, fügten sich ihre Söhne ohnehin leichter dem strengen Reglement der Militärschule. Schließlich sollten sie eines Tages befehlen und nicht Unordnung und Widerstand verursachen.

Zu Hause ging indessen für den Militärschulabsolventen Mustafa Kemal, dessen angefachter jugendlicher Ehrgeiz ihn empfindlicher auf seine soziale Herkunft und, als Ausdruck dafür, auf Kleidungsfragen reagieren ließ, alles drunter und drüber. Seine Mutter hatte, belastet durch das Problem, mit der kleinen Beamtenpension von Ali Riza für sich und ihre zwei Kinder sorgen zu müssen, noch einmal geheiratet. Es war mehr oder weniger eine Vernunftehe. Für Zübeyde bedeutete sie eine wirtschaftliche Verbesserung, für Ragıp (auch hier fehlt der Familienname, der erst 1934 durch Gesetz in der türkischen Republik eingeführt wurde), den ebenfalls verwitweten Bräutigam, eine neue Heimat für seine Kinder aus erster Ehe. Ragıp, der noch nicht lange in Saloniki wohnte, bezog sein Einkommen als Beamter des staatlichen Tabakmonopols. Ungewöhnlich für muslimische Verhältnisse, wenn auch nicht skandalös, war es, daß die Braut den Bräutigam in ihr Haus aufnahm und nicht umgekehrt.

Mustafa Kemal, diesmal selbst vor vollendete Tatsachen gestellt, war außer sich vor Enttäuschung und Empörung. Er fühlte sich doppelt verraten, in seiner Sohnesliebe und in seinem neuen Status, für den die Wiederverheiratung seiner Mutter alles andere als passend schien. Das stärkere Motiv seiner heftigen Reaktion war ohne Zweifel die tiefe Bindung an seine Mutter, denn immerhin besaß sein Stiefvater als Beamter ein nicht geringes Ansehen in der osmanischen Gesellschaft. In seiner Erregung sann Mustafa Kemal auf Rache und besorgte sich ein Gewehr, um die beiden Missetäter zu töten, aber es kam weder zur Androhung noch zur Vollendung der Tat. Zübeyde und Ragıp waren glücklicherweise zum Zeitpunkt dieses Zornesausbruchs nicht im Haus. Die Wut des Dreizehnjährigen verwandelte sich nicht in Nachgiebigkeit und Einsicht, sondern in eine kühle und dauerhafte Entscheidung. Er nahm heimlich seine Siebensachen und quartierte sich bei entfernten Verwandten ein, wo er während der zwölf Monate, die er noch in Saloniki blieb, wohnte, ohne seine Mutter nur ein einziges Mal wiederzusehen.[10]

Während seines zweiten Jahres an der Militärschule entdeckte Mustafa Kemal, der mit seinem blassen Teint, den strohblonden Haaren und den hellblauen Augen als attraktiver Jüngling galt, auch zartere Empfindungen in sich. Adrett in seine Schuluniform gekleidet, sammelte er die bewundernden Blicke Emines und Müjgans, beide Töchter von Offizieren, und natürlich wollte er die eine oder die andere heiraten, war aber zu schüchtern, sich ihren Vätern zu erklären.

Im Herbst 1895 beendete er die Militärschule in Saloniki. Seine Lehrer rieten ihm, sich nicht für das Militärgymnasium in Istanbul, sondern für dasjenige in Monastir – beide waren Internate – zu bewerben. Er folgte diesem Rat, bestand erfolgreich die Aufnahmeprüfung für Monastir und machte sich auf den Weg. Zuvor verabschiedete er sich noch von seinem Stiefbruder Süreyya, der inzwischen zum Offizier avanciert war – Zübeyde und Ragıp mied er weiterhin –, und riet ihm freundschaftlich, niemals zuzulassen, daß ihn jemand schlage, niemals eine Beleidigung hinzunehmen und jedem Angriff eines Mannes auf seine sexuelle Ehre zu widerstehen. Für den letztgenannten Konfliktfall überreichte er ihm ein Messer mit der Warnung, es nicht unbesonnen zu benutzen.[11]

Monastir (heute Bitola), auf einer Hochebene gelegen und von Bergketten umgeben, war Ende des 19. Jahrhunderts das strategische Zentrum der dem Osmanischen Reich noch verbliebenen europäischen Provinzen Albanien und Mazedonien (Thrakien mit der alten osmanischen Hauptstadt Edirne, das geographisch ebenfalls zu Europa gehört, zählt nach türkischem Geschichtsverständnis zum Kernland des ehemaligen Reichs). Unruhen auf dem Balkan, die durch nationale Unabhängigkeitsbestrebungen, religiösen Fanatismus und Einmischungen der europäischen Großmächte verursacht wurden, schlugen ihre Wellen bis in die Dörfer und Städte, in denen Christen, Muslime, Juden, bulgarische Slawen, Albaner und Türken lebten, und bis in die Kasernen von Monastir, in denen das Militär in ständiger Alarmbereitschaft stand.

Das Militärgymnasium, ein ehrwürdiger und reich mit Stukkaturen ausgeschmückter Bau, erhob sich am Rand der Stadt mit Blick auf einen Berggipfel, der von den einheimischen Griechen wegen seiner Schneekappe im Winter »Pelister«, die Taube, genannt wurde. Die Kadetten diskutierten oft bis in die Nacht über die Zukunft des einst so mächtigen und ausgedehnten osmanischen Vielvölkerstaats, wobei nur wenige auszusprechen wagten, daß es eines Tages vielleicht auch ohne einen allmächtigen Sultan ginge – in einer konstitutionellen Monarchie nach englischem Muster, in einem Bund islamischer Staaten oder einem Bund aller Turkvölker. Eine Republik konnte sich noch keiner von ihnen vorstellen.

Einige seiner Mitschüler blieben Mustafa Kemals engste Vertraute bis in seine Zeit als Präsident der Republik. Er kannte sie bereits aus Saloniki, und sie begleiteten ihn durch alle Phasen seiner stufenreichen Laufbahn als ihm treu ergebene Freunde, darunter Nuri (Conker), Salih (Bozok) und Ali Fethi (Okyar).* Fethi, aus bestem Hause stammend, kultiviert in seinem Benehmen und durch seine Eltern in westlichem Geist erzogen, beherrschte die französische Sprache, damals die Sprache der Fortschrittlichen und Gebildeten, besser als seine Mitschüler. Mustafa Kemal bewunderte in ihm den charmanten und geistig wendigen »Europäer«, neidete ihm jedoch seine französischen Sprachkenntnisse. Während seiner Urlaubstage in Saloniki – er versöhnte sich endlich wieder mit seiner Mutter und gab seinen Widerstand gegen den Stiefvater allmählich auf – nahm er daher Privatunterricht, um die entsprechenden Lücken auszufüllen. Durch Fethi lernte

* [Die ab 1934 geführten Familiennamen stehen in Klammern].

er später die Werke der Philosophen Rousseau, Voltaire, Auguste Comte und Montesquieu kennen. Sie beeinflußten sicherlich erheblich seine Vorstellungen von einem strengen, aber gerechten Staat, dessen Repräsentanten eher aufgeklärte Erzieher der unmündigen Masse als gleichberechtigte Bürger eines demokratischen Gemeinwesens sind. Die Werke der genannten Philosophen stehen noch heute in der Präsidentenvilla Atatürks in Çankaya, einem Außenbezirk von Ankara.

Durch einen anderen Mitschüler, Ömer (Naci), der sich zu einem der Wortführer der Jungtürken entwickelte, wurde Mustafa Kemal in die Sprache der Poesie eingeführt. Da ein Lehrer ihn mahnte, sich nicht von den realistischeren Aufgaben seiner Ausbildung ablenken zu lassen, hörte er jedoch bald wieder auf, eigene Verse zu machen.[12] 1922 sagte er dazu: »Der Wunsch, gut zu schreiben, blieb mir jedoch erhalten.«[13]

Am 3. Februar 1897 brach zwischen Griechenland und dem Osmanischen Reich ein Krieg aus, der sich bereits lange durch die von Athen unterstützten Untergrundaktivitäten der »Nationalen Gesellschaft« (Ethnike Hetairia) vorbereitet hatte. Auslöser war eine Rebellion griechischer Freiheitskämpfer auf Kreta, die die noch immer auf dieser Insel bestehende Sultansherrschaft abschütteln wollten. Da sich Abdul-Hamid II. in einem Dilemma befand – der sofortige Abzug der osmanischen Soldaten von Kreta hätte für den muslimischen Anteil der Bevölkerung eine Ausweitung der Massaker durch christlich-nationalistische Fanatiker bedeutet, eine Verstärkung des Militärs dagegen wäre in Europa als aggressiver Akt aufgenommen worden –, nutzte die griechische Regierung unter König Georg I., einem dänischen Prinzen, und dem Ministerpräsidenten Eleutherios Venizelos diese offensichtliche Schwäche und gab Befehl zum Einmarsch in die osmanische Provinz Mazedonien. Das osmanische Militär, nicht zuletzt durch deutsche Berater unter Freiherr von der Goltz modernisiert und schlagkräftiger gemacht, wehrte nicht nur den Angriff erfolgreich ab, sondern drang bis weit nach Thessalien und bis in den Pagasäischen Golf bei Volos vor.

Zu diesem Zeitpunkt, am 5. Mai, intervenierten England, das seine Kräfte im 1882 besetzten Ägypten konzentrierte, und Rußland, das im Fernen Osten durch den mit Japan geschlossenen Vertrag über ein Kondominium in Korea abgelenkt war, und forderten einen Waffenstillstand. Der Sultan zog daraufhin seine Soldaten nach Mazedonien zurück und akzeptierte wohl oder übel, daß Kreta einen autonomen Status erhielt. Formal blieb es zwar weiterhin unter osmanischer Herrschaft, praktisch aber wurde es kontrolliert durch einen Hochkommissar der Aliierten, einen christlichen Gouverneur und griechischen Offizier, was die muslimische Bevölkerung der Insel aus berechtigter Furcht vor neuen Übergriffen veranlaßte, nach Anatolien zu flüchten. Griechenland hatte damit nach einer militärischen Niederlage – für die Gebietsverletzung wurde eine geringe Summe als Reparationszahlung an den Sultan bestimmt – einen diplomatischen Sieg errungen, der dazu führte, daß Kreta 1912 endgültig annektiert werden konnte. Andere Folgen waren erhöhte Anstrengungen, das griechische Militär zu verbessern, und eine Verstärkung der Untergrundkämpfe in Mazedonien sowohl gegen die osmanische Besetzung als auch gegen die im Schutze Rußlands nach Süden strebenden Bulgaren.

Zusammen mit einem Freund wollte sich Mustafa Kemal nach Ausbruch des Griechisch-Türkischen Kriegs als Freiwilliger bei den osmanischen Einheiten melden, beide wurden aber rechtzeitig von der Schulaufsicht entdeckt und daran erinnert, daß sie als Offiziersanwärter bis zu einem solchen Engagement noch viel zu lernen hätten. Während seiner Ferien ging Mustafa Kemal mit Ömer (Naci) immer wieder zum Bahnhof, um an der Verabschiedung der Soldaten nach Thessalien teilzunehmen. Abends sangen sie Lieder, die aus einer Zeit stammten, als die europäischen Provinzen Mazedonien und Thrakien noch die Bezeichnung Rumelien trugen. Diese Lieder seiner Heimat, die dem Osmanischen Reich während der Balkankriege 1912 und 1913 verlorengehen sollte, hörte und sang Mustafa Kemal (Atatürk) im Kreis seiner Freunde noch, als er schon Staatspräsident war.

Die Ferien in Saloniki nutzte Mustafa Kemal nicht nur zu patriotischen Demonstrationen. Die nichtmuslimischen Viertel der Hafenstadt boten manche willkommene Unterhaltung. Mit Freunden besuchte er die meist von Griechen geführten Cafés an der Uferpromenade – das »Olympos«, das »Kristal« oder das »Yonyo« –, wo man sich das Geld für eine Mahlzeit sparen konnte, denn zu den Getränken wurden gleichzeitig Knabbereien und Appetithappen (Meze) serviert. Für etwas höhere Einsätze standen am Ende der Stadt »Cafés chantants« offen, in denen italienische, arabische, armenische und jüdische Frauen, begleitet von einer Kapelle, Lieder sangen und für ihr Publikum tanzten. Die damals modischen Tänze aus Europa, Polka und Walzer, übte Mustafa Kemal in einer von seinem Französischlehrer in Monastir geleiteten Tanzklasse, allerdings mußten die muslimischen jungen Männer dort auf Partnerinnen verzichten. In den europäischen

Vierteln von Saloniki ließ sich dieser Mangel an weiblicher Begleitung bei entsprechender finanzieller Ausstattung leicht beheben.

Anfang März 1899 bestand Mustafa Kemal sein Abschlußexamen mit besten Noten, und bereits am 13. März desselben Jahres trat er in die Infanterieklasse der Militärakademie in Istanbul ein. Noch heute wird in den türkischen Schulen dieses Tages gedacht. Wenn beim Aufrufen der Schüler am 13. März der Name Mustafa Kemal Atatürk an die Reihe kommt, antwortet die Klasse im Chor: »Anwesend in unserem Herzen.«[14]

Mustafa Kemals Aufstieg, der bis dahin von glücklichen Zufällen und Hindernissen gleichermaßen gefördert und gebremst worden war, nahm seinen Anfang. Als er einmal von seinen Mitschülern in Monastir, die ihn aus seiner Reserviertheit locken wollten, gefragt wurde, welche heimlichen Ziele er denn vor ihnen verberge, entgegnete er stolz: »Ich werde eines Tages jemand sein.«[15] Im nachhinein eine prophetische Antwort, damals das ungeduldige Aufbegehren eines jungen Mannes, dessen Ehrgeiz noch keine präzisen Ziele hatte.

2

Der Hof des Sultans in Istanbul

Seit der Einnahme Konstantinopels, der letzten byzantinischen Festung, 1453 durch Mehmet II. den Eroberer war die auf dem äußersten östlichen Zipfel des europäischen Kontinents gelegene Stadt die Residenz der osmanischen Sultane. Im 11. Jahrhundert aus Mittelasien in den Vorderen Orient und nach Anatolien, das noch dem byzantinischen Reich eingegliedert war, vordringend, breiteten sich die verschiedenen Turkstämme, miteinander rivalisierend, allmählich bis an die Meeresküsten aus. Das erste bedeutende Staatswesen mit einer bedeutenden kulturellen Blüte entwickelten im 12. und 13. Jahrhundert die Seldschuken um Kayseri und Konya. Um 1300 begann eines der anderen türkischen Emirate in Anatolien, das sich nördlich von Eskişehir in Söğüt gebildet hatte, unter seinem Herrscher Osman (1281–1326) zu erstarken. Innerhalb eines Jahrhunderts gelang es der osmanischen Dynastie – für Türken die Osmanlı, für Europäer die Ottomanen oder Osmanen – ein Großreich zu schaffen, das durch religiöse, politische und militärische Kraft zusammengehalten wurde. Mit dem Überschreiten des Bosporus nach Thrakien und der Dardanellen nach Gallipoli war das zukünftige Schicksal jedoch bereits besiegelt. Europa, herausgefordert und bedroht durch das bis zum Ende des 17. Jahrhunderts ständig expandierende Osmanische Reich, wurde für den erstarrenden Vielvölkerstaat selbst zu einer Bedrohung. Die äußeren und inneren Spannungen, die daraus folgten, brachte die osmanischen Sultane schließlich um Macht und Besitz, ließ jedoch andererseits einen modernen türkischen Staat im Kernland Anatolien entstehen. Belastet und gesegnet zugleich durch das doppelte Erbe aus Ost und West, praktiziert die Türkische Republik bis heute einen politischen, geistigen und kulturellen Balanceakt, den sie letztlich ihren aus Asien stammenden Vorfahren und deren riskantem Sprung über den Bosporus nach Europa zu verdanken hat.

Als Mustafa Kemal 1899 seine höhere Ausbildung in der Militärakademie begann, war Abdul-Hamid II. bereits seit dreiundzwanzig Jahren Sultan und Kalif (arabisch chalîfa, der Nachfolger; den Titel »Nachfolger des Gesandten Gottes«, also Mohammeds, trugen die osmanischen Sultane seit der Eroberung Ägyptens 1517). Sein autokratischer Regierungsstil, den er mit der 1878 verfügten Auflösung des erst zwei Jahre zuvor eröffneten Parlaments stabilisierte, machte ihn den Fortschrittlichen verhaßt, die als Jungosmanen und später als Jungtürken die größten oppositionellen Gruppen bildeten. Die Konservativen dagegen klammerten sich an ihn, weil sie glaubten, er werde das Osmanische Reich trotz zunehmender Gebiets- und Autoritätsverluste noch retten können. In Europa hielten ihn die Politiker für einen geschickten Diplomaten, die Moralisten für einen grausamen Tyrannen. In den Augen der Historiker war er unbestritten ein begabter Herrscher, dem es gelang, den Zusammenbruch oder die völlige Abhängigkeit seines Reichs über vierunddreißig Jahre lang durch außenpolitisches Taktieren und durch Fortsetzung einiger in der Tanzimat-Ära begonnener Reformen hinauszuzögern.

Istanbul, das trotz der Umbenennung von 1453 von den Europäern (und in Angleichung an die Korrespondenz teilweise auch von den Osmanen) weiter als Konstantinopel bezeichnet wurde, war schon längst nicht mehr das »Haus der Glückseligkeit« (Dar Saadat), als das man Istanbul einst mit arabisiertem Namen rühmte. An allen Ecken und Enden machte sich bemerkbar, daß der Staatshaushalt seit Jahrzehnten zerrüttet war. Um die bei europäischen Banken aufgenommenen Kredite abzahlen und neue vermeiden zu können, hatte das durch Jungosmanen erstmals konstituierte Parlament 1876 die Sultansregierung aufgefordert, die Finanzlage durch verstärkte Ausbeutung der natürlichen Ressourcen und durch Belebung des Handels, der Landwirtschaft und der Industrie zu verbessern. Nachdem Abdul-Hamid II. das Parlament 1878 (bis zum Jahr 1908) entlassen hatte, erhöhte er verschiedene Steuern und warb um weitere Kredite, die vor allem vom Hof, dem Innenministerium mit seinem umfangreichen Polizei- und Spitzelapparat und dem Militär verschlungen wurden. Als die Zinsen astronomische Höhen erreichten, mußte der Sultan 1881, wie schon sein Vorgänger Abdul-Aziz 1875, den Staatsbankrott erklären und der Gründung einer öffentlichen Schuldenkommission zustimmen, die sich aus Vertretern Englands, der Niederlande, Frankreichs, Deutschlands, Österreich-Ungarns und der osmanischen Galata Bank zusammensetzte. Sie besaß das Recht, zur Tilgung der Zinsen bestimmte Steuern, die sonst dem Finanzministerium zuflossen, direkt einzuziehen. Die Rückzahlung dieser osmanischen Schulden gehörte noch 1923 im Vertrag von Lausanne zu den wichtigsten Paragraphen und belastete über Jahrzehnte die junge Türkische Republik.

Das älteste Stadtviertel Istanbuls, begrenzt durch das Marmarameer, das Goldene Horn und die in ihrem Kern noch byzantinische Stadtmauer zur Landseite nach Thrakien, zeigte am deutlichsten die Spuren der prekären Finanzlage des Staates. Selbst der Topkapi-Serail, aus dem Abdul-Aziz 1853 in den Dolmabahçe-Palast am Ufer des Bosporus umgezogen war, wirkte verödet, seit er nicht mehr Zentrum der Hofhaltung war. Fatal wirkten sich auch die zahlreichen Brände aus, die die überwiegend aus Holz gebauten Häuser reihenweise zerstörten, wenn wieder einmal beim Hantieren mit den offenen Glutöfen (Mangal) ein Feuer entstanden war. Ein Wiederaufbau kam für die meisten Geschädigten aus finanziellen Gründen nicht in Frage, man war auf die Hilfe der Verwandten angewiesen.

Wohlhabende Familien wohnten um die Jahrhundertwende teils außerhalb der Altstadt in nach europäischem Stil erbauten Villen, teils am östlichen Ufer des Bosporus in alttürkischen Palais (Yalı) aus dunkel gebeiztem und durch Schnitzereien verziertem Holz. Das traditionelle Ausländerviertel um den mittelalterlichen Galataturm, Pera, das den Charakter einer europäischen Kleinstadt trug, wurde Anfang des 20. Jahrhunderts zügig von türkischer Seite erweitert und bildete bereits in den zwanziger und dreißiger Jahren die Neustadt (Beyoğlu) der aufsteigenden modernen Geschäftsmetropole. Berühmtes Überbleibsel aus der Regierungszeit Abdul-Hamids II. ist das »Pera Palas Hotel«, das europäische Reisende, Diplomaten und Gäste des Sultans aufnahm. Auch Mustafa Kemal bezog dort mehrfach eine Suite, bevor er 1919 zu seiner historischen Fahrt mit der »Bandırma« nach Samsun aufbrach.

Die Umgebung, in der Abdul-Hamid II. und sein Hofstaat lebten, wirkte äußerlich luxuriös, der Glanz täuschte jedoch über die inneren Verhältnisse hinweg, die von dem krankhaften Verfolgungswahn geprägt waren, an dem der Sultan litt. Eine der Ursachen dieser ständigen Furcht vor Attentaten war die Unsicherheit, in der ein osmanischer Thronfolger lebte. Die im 17. Jahrhundert zeitweise geübte Praxis der inthronisierten Sultane, ihre oft zahlreichen im Harem geborenen Brüder ermorden zu lassen, um sich vor Intrigen zu schützen, die zu ihrem Sturz hätten führen können, gehörte zwar der Vergangenheit an, aber es fehlte auch weiterhin nicht an Mordanschlägen auf den Thronanwärter – nach osmanischer Erbfolgeregelung konnte das noch vor dem ältesten Sohn ein Bruder des verstorbenen Sultans sein – oder sogar auf den regierenden Herrscher. Das Jahr 1876, in dem Abdul-Hamid II. durch bis heute nicht völlig aufgeklärte Machenschaften Sultan wurde, bietet für die Vorgänge, die sich Mitte des 19. Jahrhunderts hinter den Palastmauern abspielten, reiches Anschauungsmaterial.

Wie in der deutschen Geschichte das Dreikaiserjahr (1888) – in dem Wilhelm I. an Altersschwäche und Friedrich III., sein Sohn, an Kehlkopfkrebs starb, so daß der Enkel als Wilhelm II. auf den Thron gelangte –, so gab es in der osmanischen Geschichte das Jahr der drei Sultane (1876). Da nicht alles mit rechten Dingen zuging, haben die türkischen Historiker diese eher Harmonie versprechende Bezeichnung jedoch lieber vermieden. Am 30. Mai 1876 kam es zu einem Staatsstreich der Jungosmanen, einer Gruppe westlich orientierter Türken, die sich 1865 zu einem Geheimbund zusammengeschlossen hatten und deren Ziel es war, die seit langem versprochene Konstitution zu erzwingen. Eines ihrer fähigsten Mitglieder, der Reformpolitiker Midhat Paşa, überzeugte, gemeinsam mit dem Kriegsminister und dem Großwesir, den Scheich-ul Islam, daß der regierende Sultan Abdul-Aziz wegen seines Desinteresses an den Staatsgeschäften und wegen verschwenderischer Hofhaltung ein Hindernis für die Zukunft des Reichs geworden sei. Man wolle statt dessen dem vielversprechenden Kronprinzen Murat, seinem ältesten Neffen, bereits vor der Zeit die Macht übergeben. Der Scheich-ul Islam besaß als höchste Autorität des islamischen Rechts die Befugnis, den Sultan gemäß den Vorschriften der Scharia (islamisches Recht) durch ein Feva (Gutachten) abzusetzen.

Die wachsende Unzufriedenheit der Bevölkerung kam diesem Plan sehr zugute. Ein Jahr zuvor war der Staatsbankrott erklärt worden, und Anfang Mai hatte die Affäre um die junge Bulgarin, die in Saloniki zum muslimischen Glauben übertreten wollte, die europäischen Großmächte wegen der Ermordung des deutschen und des französischen Konsuls erneut zu demütigender Einmischung veranlaßt. Murat galt bei den Jungosmanen als gebildeter und der westlichen Kultur zugewandter Prinz. Zusammen mit seinem zwei Jahre jüngeren Bruder Abdul-Hamid hatte er seinen Onkel Abdul-Aziz 1867 auf der ersten Europareise, die je ein Sultan unternahm, nach Paris, London und Wien begleitet. In Istanbul lebte er seit dem Tod seines Vaters Abdul-Mecit 1861 unter strenger Kontrolle, da sein Onkel das fürchtete, was

Murat V.

schließlich am 30. Mai eintrat. Abdul-Aziz wurde zu früher Morgenstunde das Absetzungsgutachten des Scheich-ul Islam vorgelesen, während auf dem Bosporus mehrere Schiffe der den Staatsstreich unterstützenden Marine vor Anker lagen und zwei Bataillone, befehligt von Süleyman Paşa, Leiter der Militärakademie und Befürworter der Reformen, den Dolmabahçe-Palast umstellten. Zur gleichen Zeit, als man den alten Sultan zum Topkapi-Serail brachte, teilte man dem ahnungslosen sechsunddreißigjährigen Kronprinzen mit, daß er jetzt als Murat V. der neue Sultan des Osmanischen Reichs und »Schatten Gottes auf Erden« (einer der Beinamen des Kalifen) sei.

Über das Handschreiben (Hatt-i Humayun), das Murat V. anläßlich seiner Thronbesteigung am 2. Juni unterzeichnete – der Text, eine Art Regierungserklärung, war von Midhat Paşa, dem Großwesir und dem Kriegsminister entworfen worden –, berichtete der an der Hohen Pforte (Bezeichnung für die Regierung des Sultans oder den Amtssitz des Großwesirs) akkreditierte deutsche Gesandte: »Der neue Sultan hat heute nachmittag einen Hatt-i Humayun erlassen, der in Gegenwart aller türkischen Würdenträger auf der Pforte feierlich verlesen worden ist. Der Sultan erklärt in demselben, daß er durch göttliche Vorsehung und infolge des allgemeinen Wunsches den Thron seiner Vorfahren bestiegen habe und daß er die Minister in ihren Ämtern bestätige. Letztere werden aufgefordert, für die Wiederherstellung der Ruhe und die Beseitigung der Schwierigkeiten, welche im Inland und mit dem Ausland bestehen, Sorge zu tragen. Die verschiedenen Zweige der Verwaltung sollen reformiert und zu diesem Zwecke Vorschläge seiner Genehmigung unterbreitet werden, welche die Gleichheit aller Untertanen und die Freiheit derselben sicherstelle. Ebenso sollen Maßregeln getroffen werden, um in Zukunft Überschreitungen des Budgets unmöglich zu machen.

Um auch persönlich der bedrängten Lage der Staatsfinanzen zu Hilfe zu kommen, erklärt der neue Sultan seine Zivilliste, welche bisher eineinviertel Millionen Pfund betrug, um dreihunderttausend Pfund verringern und auf die Revenuen aus den Minen, Fabriken usw., die bisher Eigentum des Sultans waren, zugunsten des Staates verzichten zu wollen.

Das türkische Publikum, das auf die Proklamation einer förmlichen Konstitution‹ gerechnet hatte, ist durch diesen ›Hatt‹ in seinen Erwartungen enttäuscht worden; es wird behauptet, daß die drei Urheber des Thronwechsels, nämlich der Großwesir, der Kriegsminister und Midhat Paşa, sich über die Ausdehnung der Konzessionen, die gemacht werden sollten, nicht verständigen konnten und daß sie sich mit elastischen Redewendungen begnügt haben, die später je nach Bedürfnis gedehnt werden können.«[16]

Zwei Tage nach der Verlesung des »Großherrlichen Handschreibens« kam es zu einem Vorfall, der die schwachen Nerven Murats V. – man behauptete, er habe während der Jahre des untätigen Wartens als Kronprinz seine Gesundheit durch Cognac und Champagner ruiniert – dermaßen angriff, daß er nicht einmal mehr die notwendigsten Staatspapiere unterzeichnen konnte. Die ständige Furcht der Sultane und Thronerben am osmanischen Hof bemächtigte sich unter dem Eindruck des Selbstmords von Abdul-Aziz auch Murats V. auf zerstörerische Weise. Der deutsche Gesandte berichtete am 5. Juni umgehend nach Berlin: »Der entthronte Sultan hat sich gestern gegen zehn Uhr vormittags durch Aufschneiden mit einer Schere der Adern an beiden Armen ums Leben gebracht. Zwei Tage zuvor war er von der ihm angewiesenen Residenz in Topkapi auf seinen eigenen Wunsch nach einer am Bosporus gelegenen Dépendance des Palastes von Çiraǧan (neben dem Dolmabahçe-Palast) gebracht worden. Von diesem Augenblick an merkte man sichere Zeichen des Wahnsinns an ihm; er glaubte, daß die Panzerflotte sein Palais bombardiert, und versteckte sich in den entlegensten Winkeln, um sich vor den Mördern, die ihn verfolgten, zu schützen. Der Versuch, sich durch einen Sprung aus dem Fenster das Leben zu nehmen, wurde durch einen herbeigekommenen Kammerherrn vereitelt. Gestern morgen verlangte er einen Handspiegel und eine kleine Schere. Nachdem er seine Mutter und die Mutter seines ältesten Sohnes, die bei ihm waren, gebeten hatte, ihn allein zu lassen, schloß er sich in seinem Zimmer ein. Als er nach geraumer Zeit nicht wieder herauskam und er auf wiederholtes Rufen keine Antwort gab, wurde die Tür gewaltsam geöffnet; man fand Abdul-Aziz Khan bewußtlos auf dem Boden liegend; aus den aufgeschnittenen Adern floß nur noch wenig Blut, und einige Augenblicke darauf verschied er.

Die herbeigerufenen Ärzte haben über den Leichenbefund einen Bericht erstattet, in welchem sie erklären, daß ihre Ermittlungen auf Selbstmord schließen lassen. Die Leiche ist gestern nachmittag mit allen einem Sultan zukommenden Ehren unter lautloser Stille des zahlreich anwesenden Publikums im Mausoleum Sultan Mahmuds beigesetzt worden.

Als gewissenhafter Berichterstatter darf ich Eurer Exzellenz (Bernhard Ernst von Bülow, Mitarbeiter Bismarcks; sein Sohn Bernhard wurde 1900 Reichskanzler) nicht verhehlen, daß die Richtigkeit obiger Darstellung der Todesart, welche auf amtlichen Angaben beruht, von den wenigsten geglaubt wird. Die Mehrzahl nimmt an, daß Abdul-Aziz Khan ermordet worden ist, und sie bringt den Mord in enge Verbindung mit einigen Urhebern des letzten Thronwechsels. Das Faktum, daß die Mutter des Verstorbenen aus Kummer über den Tod ihres Sohnes und die erste Frau Abdul-Aziz Khans sich heute aus dem Fenster geworfen haben und lebensgefährlich verletzt sind, ist nicht geeignet, den Glauben an einen Mord zu erschüttern. Ein hiesiger Arzt hat sich dem griechischen Gesandten gegenüber vertraulich anheischig gemacht, gerade aus dem Leichenbefund nachzuweisen, daß ein Selbstmord unmöglich vorliegen kann. Eure Exzellenz werden es erklärlich finden, daß ich mich jeden Urteils über diese heikle Sache enthalte.«[7]

Das Gerücht, das von konservativen Kreisen ausging, Midhat Paşa und der Hauptkommandeur (Serasker) des Militärs, Hüssyin Avni, hätten Abdul-Aziz ermorden lassen, damit er nicht unter Hinweis auf die Labilität Murats V. auf den Thron zurückgeholt werden könne, erhielt am 15. Juni durch einen weiteren Vorfall neue Nahrung. An jenem Tag stürmte ein angeheirateter Verwandter von Abdul-Aziz, Çerkes Hassan, in das Haus von Midhat Paşa, wo gerade eine Ministerbesprechung stattfand. Der bewaffnete Eindringling erschoß den Außenminister Raşit Paşa, den ebenfalls anwesenden Hüseyin Avni und verwundete mehrere andere Personen. Da der Außenminister als stärkster Vertreter der Konservativen im Kabinett galt, wurde aus den Reihen der Reformgegner das Gerücht verbreitet, Midhat Paşa stecke auch hinter diesem Anschlag auf seinen Hauptgegner, um seine Pläne für eine Konstitution um jeden Preis durchzubringen. Offiziell wurde das Geschehen als Racheakt gegen den vermeintlichen Sultansmörder Hüseyin Avni erklärt. Der Attentäter endete nach einem Gerichtsverfahren am Galgen.

Während die auf dem Balkan sich mehrenden Revolten den osmanischen Haushalt wegen der Militärausgaben zu immer neuen ausländischen Geldanleihen und zur Erhöhung von Steuern zwangen, dämmerte Murat V., den das Attentat endgültig aus dem seelischen Gleichgewicht gebracht hatte, untätig vor sich hin. Die Stimmen, die eine abermalige Umbesetzung auf dem Sultansthron forderten, mehrten sich, nur lag der Fall diesmal schwieriger. Ein Gewaltakt unter den Augen der Welt stand außerhalb jeder Diskussion, für eine Regentschaft gab es bisher kein Beispiel in der osmanischen Geschichte, und Unfähigkeit, wie bei Abdul-Aziz, ließ sich der Öffentlichkeit nach den wenigen Wochen, die Murat V. erst regierte, nur schwer nachweisen.

Abdul-Hamid, der nächste Thronerbe, ließ schließlich durchblicken, daß er einer Regentschaft zustimmen würde, falls sein Bruder wirklich so krank sei. In einem geheimen Gespräch außerhalb des Palastes beteuerte er Midhat Paşa gegenüber, daß er als Regent für eine Konstitution eintreten, nach den Ratschlägen der Kabinettsminister handeln und Vertrauensmänner der Regierung zu seinen Hofministern ernennen werde. Seine einzige Forderung sei, daß ein Ärztekomitee den schlechten Gesundheitszustand seines Bruders bestätige. Midhat Paşa bearbeitete daraufhin den Scheich-ul Islam, der sich, nach eingehender Untersuchung Murats V. durch mehrere Ärzte aus Istanbul, abermals bereit erklärte, ein Fetva für einen Thronsturz auszustellen. Diesmal erklärte das Gutachten den Sultan wegen geistiger Umnachtung für regierungsunfähig. Am 31. August 1876 bestätigte das Kabinett, daß Murat V. abgesetzt sei. Am 1. September leisteten die Minister ihrem neuen Sultan Abdul-Hamid II. den Treueschwur und riefen dem dritten Sultan des Jahres 1876 das traditionelle »Lang lebe der Padischah« zu.

Nachdem Murat V. in den Çirağan-Palast umgezogen war, den sein

Onkel Abdul-Aziz 1874 in ebenso verschwenderischer Pracht wie den benachbarten Dolmabahçe-Palast hatte erbauen lassen, untersuchte ihn mit Billigung Abdul-Hamids II., der jeden Zweifel an der Rechtmäßigkeit seiner Machtübernahme beseitigt sehen wollte, auch der angesehene Wiener Professor Leidesdorf, den schon die britische Königin Victoria konsultiert hatte. Sein Gutachten kam nun keineswegs zu dem Schluß, daß die Krankheit Murats unheilbar sei. Man müsse den Patienten einige Zeit pflegen und sich ausruhen lassen, dann werde er womöglich wieder genesen. Abdul-Hamid, der um nichts auf der Welt auf den Thron, den er als Regent bestiegen hatte, wieder verzichten wollte, ließ nach der Abreise von Professor Leidesdorf seinen Bruder wie einen Gefangenen in einem Appartement des Çirağan-Palastes einschließen, verbot jeden Kontakt zur Außenwelt, selbst zu nahen Verwandten, und gab jede Woche ein Gesundheitsbulletin heraus, das den anhaltenden Wahnsinn des hohen Kranken konstatierte. Einige jungosmanische Anhänger Murats, die Jahre später versuchten, in dessen Palast einzudringen, um den ihrer Ansicht nach rechtmäßigen, da gesunden Sultan zu befreien, wurden bereits im Garten entdeckt und auf Befehl Abdul-Hamids von der wachhabenden Garde an Ort und Stelle erschossen. Murat starb in unwürdigsten Verhältnissen am 29. August 1904 eines natürlichen Todes.

Drei Tage vor der Thronbesteigung Abdul-Hamids II. bemühte sich der deutsche Gesandte um eine Charakterisierung des neuen Sultans, auf den die europäischen Regierungen sich in Zukunft – niemand ahnte, daß es sich um dreiunddreißig Jahre handeln würde – einzustellen hatten: »Über den Thronfolger Abdul-Hamid, der im ganzen wenig bekannt und selbst von dem Großwesir und den Ministern nach ihren eigenen Äußerungen gar nicht gekannt, gelangen mir von Personen, die mit ihm in Berührung gekommen sind, günstige Notizen zu. Er soll ein ernster Mann sein, von kräftiger Gesundheit. Seine ökonomischen Neigungen und Mäßigung in seinem Lebenswandel werden gerühmt. Er läßt sich deutsche Zeitungen übersetzen und hat angeblich Vorliebe für Deutschland. Von der Reise, die er in Begleitung des Sultan Abdul-Aziz gemacht hat, hat er den Aufenthalt in Koblenz in erfreulicher Erinnerung behalten. Er soll sich von der Krisis des türkischen Reichs einen klaren Begriff machen, hält Reformen für dringend notwendig, doch vor allem ist er dafür, einen geregelten Rechtszustand zu schaffen. Der Verleihung einer Konstitution, von der weder die Anhänger noch die Gegner genau wüßten, was sie wollten, ist er nicht hold. Da seine Mut-

Abdul-Hamid II. als junger Sultan

ter gestorben, so wird bei seiner Regierung der Einfluß einer Sultanin-Valide fehlen (die Mutter des jeweiligen Sultans war oft die wichtigste Ratgeberin auch in Staatsgeschäften und die höchste Autorität im zu den Privatgemächern des Herrschers gehörenden Harem), und auch dieses wird eher als ein Vorteil angesehen. Während der Regierung und Krankheit seines Bruders, Sultan Murat, hat er eine ganz reservierte Stellung beobachtet und auch den Schein vermieden, als ob er bald zur Thronfolge berufen sein könnte.«[18]

Die in dem Gesandtschaftsbericht erwähnte Vorliebe des Thronfolgers für Deutschland machte sich einige Jahre später, als der Sultan in Berlin wegen einer umfassenderen Militärberatung nachfragen ließ, bemerkbar, eine Vorliebe allerdings mit der konkreten Absicht, das Deutsche Kaiserreich gegen die anderen europäischen Großmächte auszuspielen. Bevor dieses Liebäugeln mit Kaiser Wilhelm II. begann, befreite sich Abdul-Hamid jedoch erst einmal von Midhat Paşa, dem Mann, den er am meisten haßte, weil er intimster Zeuge und Helfer seiner Thronbesteigung war, und am meisten fürchtete, weil er ihm durch eine Konstitution einen Teil seiner Macht wieder nehmen wollte.

Um Midhat Paşa vorerst in Sicherheit zu wiegen, ernannte ihn Abdul-Hamid am 19. Dezember 1876 zu seinem Großwesir. Während des folgenden Winters wurde die Ausarbeitung der Konstitution, die im wesentlichen noch einmal die seit der Tanzimat-Ära versprochenen Menschenrechte und modernen staatlichen Institutionen schriftlich fixierte, abgeschlossen. Etwa zur gleichen Zeit fand die Istanbuler Konferenz statt, an der Vertreter europäischer Großmächte und verschiedener Balkanregionen teilnahmen, um unter dem Vorwand, die christliche Bevölkerung zu schützen, dem Sultan weitere Zugeständnisse abzupressen. Zu den Forderungen gehörten die Gewährung weitgehender Autonomie, also faktisch Gebietsabtrennungen, und ein deutlicher Beweis für den Reformwillen des neuen Sultans. Midhat Paşa, der in Europa den Ruf eines energischen und fähigen Reformpolitikers genoß, nutzte geschickt die gerade formulierte Konstitution, indem er unter Hinweis auf sie als Garanten einer stabileren und gerechteren Staats- und Gesellschaftsordnung nach westlichem Muster jede weitere Forderung ablehnte. Als die Konferenz, deren europäische Teilnehmer durch die Konstitution überrumpelt wurden, am 20. Januar 1877 in Mißstimmung endete, beschuldigte Abdul-Hamid Midhat Paşa, die Delegierten durch seine Unnachgiebigkeit unnötig provoziert zu haben. Eine Meinungsverschiedenheit bei der Finanzplanung bildete schließlich für Abdul-Hamid den äußeren Vorwand, seinen Großwesir am 5. Februar 1877 nach nicht einmal zwei Monaten Amtszeit zu entlassen.

Midhat Paşa ging, um den Sultan nicht zu schlimmeren Racheakten zu reizen, nach Paris ins Exil. Ein Jahr später ließ er sich jedoch durch huldvolle Schreiben und Geldgeschenke Abdul-Hamids zu einer Rückkehr nach Istanbul verleiten. Er wurde erst zum Generalgouverneur von Syrien und dann, da er mit seiner Reformarbeit zu erfolgreich war, zum Gouverneur von Izmir ernannt. Und Abdul-Hamid war noch nicht am Ende seiner Möglichkeiten. Das Parlament, das am 19. März 1877 zu seiner ersten Sitzung zusammengekommen und bereits am 14. Februar 1878 durch den Sultan wieder aufgelöst worden war – die progressivsten Abgeordneten fanden sich in den Gefängnissen wieder –, konnte der selbstherrlichen Macht des Palasts nicht mehr in die Quere kommen. Diese Macht leitete der Sultan ausgerechnet aus der Verfassung her, die aus taktischen Gründen so ungenau formuliert war, daß Abdul-Hamid die permanente Notsituation des Staates zum Vorwand der Parlamentsauflösung nutzen konnte. Blieb als einziger potenter Gegner der reformfreudige ehemalige Großwesir, dessen Worte und Taten in Europa mit Genugtuung aufgenommen wurden.

Anfang des Jahres 1883 meldeten sich plötzlich wie aus heiterem Himmel – sieben Jahre nach dem Vorfall – zwei Männer, die behaupteten, bezeugen zu können, daß der abgesetzte Sultan Abdul-Aziz sich nicht selbst getötet habe, sondern einem Mordkomplott zum Opfer gefallen sei. Der Hauptschuldige, so hieß es in europäischen Zeitungen zugespielten Berichten, sei, wie bedauerlich, der damalige Großwesir gewesen. Midhat Paşa, dem es seit seiner Versetzung aus Syrien zur Gewißheit geworden war, daß Abdul-Hamid ihn vernichten wollte, konnte noch vor seiner Verhaftung aus dem Gouverneurspalast fliehen und sich in den Schutz des französischen Konsulats in Izmir begeben. Da die französische Regierung jedoch kein Interesse an einer Verschlechterung der Beziehungen zur Hohen Pforte hatte, wies sie ihren Konsul an, den Flüchtling an die osmanischen Behörden auszuliefern. Am 29. Juni 1883 wurden Midhat Paşa und seine angeblichen Mitverschworenen aufgrund der beiden Zeugenaussagen in Istanbul zum Tode verurteilt. Auf schärfsten Protest der britischen Regierung hin ließ der Sultan Gnade walten und wandelte das Urteil in lebenslängliche Haft um, abzubüßen im Festungsgefängnis von Taīf, in der Nähe von Mekka. Dort wurde Midhat Paşa, einer der begabtesten Reformpolitiker seiner Zeit, im Jahr 1884 unter mysteriösen Umständen in seiner Zelle erdrosselt.

Abdul-Hamid II. war endlich seine Erzfeinde los, das ihn anmaßend kritisierende Parlament und den Zeugen seiner falschen Versprechungen. Daß er trotz seiner Alleinherrschaft, die er fintenreich und mit ausgeprägtem Gespür für die menschlichen Schwächen und taktischen Fehler seiner Gegner ausübte, grandios scheiterte, lag einerseits an den Zeitumständen, wie dem europäischen Nationalismus und Imperialismus, die sich gegen das Osmanische Reich richteten, andererseits am wachsenden Verfolgungswahn des Sultans, aus dem heraus er immer häufiger Fehlentscheidungen traf. So lenkte er zum Beispiel Gelder, die das von ihm selbst ernannte Kabinett für die Flotte vorgesehen hatte, um vor der ständigen Bedrohung durch die russische Kriegsmarine geschützt zu sein, in andere Kanäle, da er sich persönlich stärker von seiner eigenen Marine bedroht fühlte, die bei der Absetzung seines Onkels Abdul-Aziz Schiffsgeschütze auf den Dolmabahçe-Palast hatte richten lassen. Seine Leibgarde, die in einem Halbkreis von Kasernen um den von ihm bewohnten Yıldız-Palast untergebracht waren – sie rekrutierte sich fast ausschließlich aus sultantreuen muslimischen Albanern –, stattete er dagegen mit den Mitteln aus, die der regulären osmanischen Armee wieder auf die Beine hätten helfen können.

Während sich nach dem Schlag gegen die Jungosmanen – der Auflösung des von ihnen geforderten Parlaments und der Beseitigung ihres bedeutendsten Vertreters, Midhat Paşa – die neue Opposition der Jungtürken formierte, die 1889 eine Geheimorganisation gründeten und 1892 ein mißglücktes Attentat auf den Sultan verübten, versuchte Abdul-Hamid II. das einst mächtige Reich seiner Vorfahren vor dem tödlichen Zugriff der Europäer zu bewahren. Diese predigten nationale Selbständigkeit und Schutz christlicher Minderheiten, handelten aber nach strategischen und wirtschaftlichen Interessen, um die osmanische Konkursmasse unter sich aufzuteilen. Charakteristisch für die unterschiedlichen Standpunkte war die »Armenierfrage«, bei deren Behandlung sich nationalistische, religiöse und imperialistische Argumente vermischten.

Die Armenier, deren selbständiges Königreich bereits die Römer, Byzantiner, Perser und Araber unterworfen hatten, gehörten seit dem frühen 16. Jahrhundert zusammen mit den Griechen zu den bedeutendsten christlichen Minderheiten des Osmanischen Reichs. Als angesehene Kaufleute, Beamte und Künstler lebten sie in den türkischen Städten oder als Bauern im Osten Anatoliens, wo sie eine der von den Sultanen geduldeten nichtmuslimischen Volksgruppen (Millet) bildeten, die religiöse und kulturelle Autonomie besaßen. Unstimmigkeiten unter den Armeniern hatten ihre Ursache meist in der strengen hierarchischen Gesellschaftsstruktur, deren Oberhaupt der in Istanbul residierende Patriarch war. Bis in das frühe 19. Jahrhundert spalteten sich die Unzufriedenen ab, indem sie zu den Katholiken oder zu den Protestanten übergingen. Seit Beginn des Nationalismus jedoch formierten sich Kritiker des autoritären patriarchalischen Systems, vor allem Intellektuelle, zu politischen Gruppierungen, deren Ziel die Neugründung eines armenischen Staats war. Um dieses Ziel zu erreichen, verbündeten sie sich teilweise mit den Jungosmanen, deren Bemühungen um eine Institution der Volksvertreter den ihren entgegenkamen, teilweise mit der russischen Regierung, von der sie sich Unterstützung im Kampf für ihre Unabhängigkeit erhofften.

Nach dem Russisch-Türkischen Krieg von 1877 bis 1878, der dem Zaren nur wenig eingebracht hatte (Besetzung der Städte Kars und Batum), begannen die Unterhändler aus Sankt Petersburg sich intensiver um die Sache der Armenier zu kümmern, um auf diesem Umweg dem Osmanischen Reich doch noch beizukommen. Sie ermutigten die Freiheitskämpfer in ihren Aktionen, die nach und nach zu Terrorakten in Istanbul und in den von Muslimen bewohnten Dörfern Ostanatoliens ausarteten. Die militärischen Gegenmaßnahmen, die Abdul-Hamid II. in seiner übersteigerten Furcht um sein eigenes Leben ergriff, waren maßlos und mündeten in den Jahren 1895 und 1896 in organisierte Pogrome, denen mehr als 100 000 Armenier zum Opfer fielen. Auf dem Höhepunkt dieses fanatischen Gemetzels schaltete sich 1896 der konservative britische Premierminister Lord Salisbury ein, indem er Nikolaus II., seit 1894 neuer Zar, anbot, eine britische Flotte nach Istanbul zu schicken, um den Sultan zur Bewilligung der armenischen Unabhängigkeitsforderung zu zwingen. Da der Zar und seine Ratgeber jedoch fürchteten, England könne seine Flotte dazu benutzen, die Meerengen (Bosporus und Dardanellen) und damit auch das Schwarze Meer auf Dauer zu kontrollieren, lehnten sie den Vorschlag kompromißlos ab.

Die moralisch aufgebrachte europäische Öffentlichkeit, die nur einseitig informiert war und die Schuld an den christlich-armenischen Massakern allein den »barbarischen« islamischen Türken zuschob, verlor schon bald nach dem Fehlschlag des britischen Interventionsversuchs das Interesse an der armenischen Frage, und auch Rußland hielt sich vorerst, das heißt bis zum Beginn des Ersten Weltkriegs, zurück. Die armenischen Intellektuellen und wohlhabenderen Kaufleute, die der nationalen Revolution weiterhin anhingen, wanderten nach Ägypten, in den Iran, nach Europa und in die Vereinigten Staaten von Amerika aus. Für die Masse der einfachen armenischen Bevölkerung, die dem Nationalismus damals fremd gegenüberstand, normalisierte sich das Leben allmählich wieder. Gegen die parteiisch gefärbten europäischen Berichte über die »Armeniergreuel«, die nicht nur Abdul-Hamid den Beinamen »Roter Sultan« einbrachten, sondern auch den osmanischen Türken eine grundsätzliche Feindschaft gegenüber den christlichen Minderheiten nachsagten, stehen die anderslautenden positiven Erfahrungen aus der Vergangenheit, die sich zwischen 1895 und 1906 auch in einer Zunahme der armenischen Bevölkerung ausdrückten.[19]

Verhängnisvoller als die Aufstände nationaler Unabhängigkeitskämpfer sollte für die Zukunft des Osmanischen Reichs die Hinwendung zu Deutschland sein, die in der Teilnahme am Ersten Weltkrieg und der fast totalen Liquidierung des Reiches durch den Vertrag von Sèvres 1920 endete. Drei Gründe waren für die Entscheidung Abdul-Hamids ausschlaggebend. Bereits in früheren Zeiten hatte es gute Beziehungen zu Preußen gegeben – Friedrich Wilhelm I. soll dem Sultan vier Astrologen geschickt haben, Friedrich der Große schlug 1760 der

Hohen Pforte ein Verteidigungsbündnis vor, Sultan Mahmud II. (1808–1839) erbat vom preußischen König Militärberater, die unter der Leitung Helmuth von Moltkes von 1835 bis 1839 in osmanischen Diensten standen, und auch später gab es immer wieder vereinzelt deutsche Offiziere, die sich als Instrukteure bei der Verwirklichung der bereits von Selim III. eingeleiteten Militärreform nützlich machten. Der zweite Grund hatte politischen Charakter. Das 1871 gegründete Deutsche Kaiserreich schien ein geeigneter Partner, Rußland in Schach zu halten, da Bismarck gute Beziehungen zum Zaren in Sankt Petersburg unterhielt. Andererseits gehörte Deutschland nicht zu den europäischen Großmächten, die durch ihre Kolonialbesitzungen dem Osmanischen Reich besonders bedrohlich schienen. Der dritte Grund betraf die industrielle Stärke Deutschlands. Bereits 1873 ließ sich Abdul-Aziz fünfhundert Kanonen von Krupp liefern. Auf deutscher Seite sprach für eine engere Verbindung zur Hohen Pforte das gemeinsame Interesse, Rußland in die Schranken zu weisen, und die Aussicht, wirtschaftliche Profite durch Exporte und Beteiligung an Großprojekten wie dem Bau von Eisenbahnstrecken zu erzielen.

Die erste Militärmission, die Abdul-Hamid II. bei Kaiser Wilhelm I. anforderte, traf, von Bismarck befürwortet, im Juni 1882 in Istanbul ein. Ihr Leiter, Oberst Otto August Johannes Kaehler, scheiterte jedoch an den katastrophalen Zuständen im osmanischen Heer, an den Intrigen der Reformgegner und an Abdul-Hamid selbst, der eine Verbesserung der militärischen Ausbildung und Ausrüstung nur zum Schein wünschte, um sich auch auf diesem Gebiet das Ansehen eines reformfreudigen Herrschers zu verschaffen, insgeheim jedoch jede neue Maßnahme aus Furcht vor bewaffneten Aufständen jungtürkisch beeinflußter Offiziere behinderte. Ein Jahr später folgte, abermals auf Bitten des Sultans, der damalige Major und spätere Generalfeldmarschall Colmar Freiherr von der Goltz mit einer zweiten Militärmission. Seine Aufgaben bestanden darin, die türkischen Militärschulen zu reorganisieren und das Heerwesen zu modernisieren. In seinen Erinnerungen schrieb er über seine ersten Erfahrungen: »Bei unserer Entsendung glaubte man in Deutschland, daß Abdul-Hamid sein Heer wirklich nach modernen Ideen umgestalten wollte. Dem ist aber nicht so! Die Sache liegt vielmehr folgendermaßen: Einst hatte Efendimis (der Sultan) einen Traum, es müsse in der Türkei alles so werden wie in Deutschland. Daher ließ er sich Deutsche kommen, wie sein Vorgänger, Abdul-Aziz, Tiger, Löwen, Krokodile – um sich zu amüsieren.

Wenn Efendimis sich langweilt, so wird eines der zahllosen Armee-reformprojekte hervorgeholt und mit den deutschen Reformern in Kommissionssitzungen beraten. Das amüsiert eine Zeitlang. Dann wird es wieder beiseite gelegt. Im Grunde sind wir also nichts anderes als ›Seiner Majestät militärische Hofnarren‹. Mein ernsthaftester Konkurrent hier ist ein Zwerg bei Hof, der bauchreden, auf den Händen gehen und Kobolz schießen kann – und das kann ich alles nicht.«[20]

Von der Goltz brachte im Umgang mit dem Sultan, den Ministern und den osmanischen Offizieren mehr Geschick und Einfühlungsvermögen auf als Oberst Kaehler, so daß er schon bald den besten Ruf genoß, in der Sache erreichte er jedoch ebensowenig. Auch seine Bemühungen blieben im Gestrüpp alter Gewohnheiten, Privilegien und Widerstände auf allen Ebenen stecken. Alle drei Jahre bat er um seine Entlassung, da er von der Sinnlosigkeit seines Wirkens überzeugt war, aber der Sultan, der ihn persönlich außerordentlich schätzte, hielt ihn bis 1893 hin. Als wieder einmal der Zeitpunkt für eine Vertragsverlängerung gekommen war, bat Abdul-Hamid von der Goltz in den Yıldız-Palast, um einen ins Rutschen geratenen Abhang des auf einem Hügel gelegenen Parks in Augenschein zu nehmen. Der Besucher, der die Listen und Tricks des Sultans bereits gut kannte, ahnte den Anlaß der Einladung von vornherein: »Daß ich hier auch als Sachverständiger in Bergrutschen angesehen werde, ist recht amüsant, aber echte Sultanspolitik. Mit dem Auftrag soll mir bewiesen werden, welchen Wert der Großherr auf meinen Rat in einer rein persönlichen Angelegenheit legt, und ich soll mich dementsprechend geschmeichelt fühlen. Ferner will Abdul-Hamid eine Gelegenheit haben, mir eines der üblichen Geschenke zu machen, für das er dann auf Nachgeben in sachlichen Differenzen rechnet. Diese infame Verquickung persönlicher und sachlicher Angelegenheiten erschwert hier jede dienstliche Tätigkeit ungeheuer. Die Unzulässigkeit des Verfahrens einem Orientalen beizubringen, wäre vergebene Liebesmühe. Die mit Brillanten besetzte Tabaksdose, die ich erhielt, soll natürlich nur heißen: ›Sei hübsch artig, ziehe dein Abschiedsgesuch zurück und verlängere deinen Vertrag.‹ Ich werde aber, selbst auf die Gefahr hin, mir eine Dosensammlung anlegen zu müssen, mein Abschiedsgesuch in einiger Zeit erneuern.«[21]

Aus der Anwesenheit deutscher Offiziere und bald auch eines Militärattachés wurde eine liebe Gewohnheit, die in den Augen des Sultans den besonderen Effekt hatte, die Militärattachés anderer europäischer Länder zu irritieren. Im Gegenzug lud die deutsche Regierung ebenso regelmäßig osmanische Offiziere nach Berlin ein, um ihnen Gelegenheit zu geben, an der Ausbildung von Soldaten und an Manövern als Beobachter teilzunehmen. Ernst wurde dieser Austausch militärischer Höflichkeiten erst mit Ausbruch des Ersten Weltkrieges, als der jungtürkische Kriegsminister Enver Paşa auf die deutsche Karte setzte und einige der wichtigsten Kommandos deutschen Offizieren – wieder von der Goltz, dann Otto Liman von Sanders und Erich von Falkenhayn – übertrug.

Auf wirtschaftlichem Gebiet entwickelte sich das Osmanische Reich, wie erhofft, zu einem bedeutenden Kunden für Rüstungsgüter. Auch bei der Vergabe von Konzessionen für den Eisenbahnbau, um die sich konkurrierend vor allem England bewarb, machten die Deutsche Bank und deutsche Firmen einen guten Schnitt. Zwischen 1888 und 1892 wurden die Anatolische Eisenbahnlinie von Izmit am gleichnamigen Golf des Marmerameeres bis Ankara und bis zum Ersten Weltkrieg die Bagdadbahn bis dicht an den Taurus östlich von Konya durch deutsche Ingenieure erbaut. Der prominenteste Vertreter der deutschen Wirtschaft war Wilhelm II., der dreimal nach Istanbul reiste; 1889, ein Jahr nach seiner Krönung zum Kaiser, 1898, in Verbindung mit seinem theatralischen Besuch in Jerusalem, und 1917 als oberster deutscher Kriegsherr, der seinem türkischen Verbündeten noch kurz vor Kriegsende ins Gewissen reden wollte.

Die beiden ersten Aufenthalte des Kaisers in Istanbul, die die gegenseitige freundschaftlichen Beziehungen beider Reiche besiegeln und bestätigen sollten, dienten überwiegend noch der Werbung für deutsche Leistungsfähigkeit. Der Pariser »Figaro« schrieb giftig: »Der Deutsche Kaiser ist der rührigste und gewandteste Geschäftsreisende für das große Haus Deutschland.« Und es fiel das Wort vom kaiserlichen »commis-voyageur« (Handlungsreisenden). Abdul-Hamid, der öffentliche Auftritte aus Furcht vor Attentaten verabscheute und sich nur der Menge zeigte, wenn er umgeben von großem Gefolge zum traditionellen Freitagsgebet (Selâmlik) in die außerhalb des Palastgeländes liegende Moschee ging, überwand anläßlich des hohen und wichtigen Besuchs 1898 seine Scheu und verließ seine Yıldız-Festung, um dem Kaiserpaar auf den zur Bosporusseite hinabführenden Stufen des Dolmabahçe-Palasts entgegenzutreten.

Nach dem Besuch sah jedoch alles anders aus. Abdul-Hamid war mehr denn je überzeugt, daß der Kaiser ein doppeltes Spiel mit ihm treibe, indem er heimlich auch England umwarb. In einem seiner Anfälle von Hysterie, die infolge seines fortwährenden Mißtrauens jedem Menschen gegenüber immer häufiger ausbrachen und für seine Untertanen immer folgenschwerer wurden, befahl er seinem Sekretär, die für den Empfang des Kaisers in Jerusalem getroffenen Vorbereitungen rückgängig zu machen. Innerhalb des Machtbereichs des Sultans sollte der Verräter keine Lorbeeren mehr ernten.[22] Die Ausführung dieses Befehls wurde jedoch von jenem Sekretär, der die gefährlichen emotionalen Schwankungen seines Herrn kannte, verhindert.

Der Kaiser seinerseits hatte bereits während der glanzvollen Besuchstage in Istanbul seiner persönlichen Meinung über das türkische Militär in taktloser Weise Ausdruck verliehen. Ein österreichischer Offizier, Ohrenzeuge der kaiserlichen Bemerkungen, berichtete nach Wien: »Die Truppen sahen in ihren neuen Uniformen, Pferderüstungen etc. im allgemeinen gut aus; die Artillerie, besonders aber die Kavallerie konnte jedoch die schlechte Detailausbildung nicht verbergen. Bemerkenswert scheint mir, daß der Deutsche Kaiser, trotz aller offiziellen Freundschaftskundgebungen, mit einem strengen Urteil über die inneren Verhältnisse ebensowenig zurückhielt wie mit jenem über die Armee. Über erstere äußerte sich Höchstderselbe beispielsweise dem k.u.k.Botschafter gegenüber, daß man statt der Einführung von Reformen lieber ein paar hundert Paschas aufhängen sollte. Betreffs der Armee ließ der Kaiser nur das gute Menschenmaterial gelten und sprach dagegen – seiner deutschen Umgebung gegenüber – in geradezu wegwerfender Weise über die Ausbildung und speziell über das Offizierskorps der türkischen Armee.«[23]

Drei Jahre später, im Jahr 1901, traf Kronprinz Wilhelm mit seinem Bruder Eitel Friedrich auf der englischen Yacht »Sapphire«, die sie für eine Sommerreise gemietet hatten, vor Istanbul ein. In seinen Erinnerungen beschreibt der Kronprinz die Begegnung mit Abdul-Hamid II., der »außerordentlich freundlich, ich möchte sagen väterlich gegen uns war«, so anschaulich, daß sich ein reizvolles Porträt dieses ebenso mächtigen wie ohnmächtigen Sultans bildet: »Kurz nach unserer Ankunft im Hafen begrüßte uns im Auftrage des Sultans sein Lieblingssohn, und gegen Mittag holte uns eine Eskorte nach dem Yıldız-Kiosk, wo uns der Sultan an der Spitze seiner Generalität und seines Hofstaats empfing.

Wir wurden in einem sehr schönen Kiosk der riesigen Palastanlage des Yıldız untergebracht. Etwa eine halbe Stunde, nachdem wir unsere Zimmer bezogen hatten, erschien der Sultan bei uns zum Gegenbesuch. Er fuhr in einem kleinen Korbwägelchen, dessen flinke Pferde er selbst lenkte, während sein gesamtes riesiges Gefolge, darunter viele alte, dicke Generäle, hinter dem Wagen herlaufen mußte. Da nun der Sultan Trab fuhr und die Herrschaften hinter ihm den Anschluß an ihn keinesfalls aufgeben wollten, kam es, daß das Ansehen dieser Würdenträger bei ihrer Ankunft nicht gerade schön war.

Nach dem Bestimmungen seines Landes durfte Abdul-Hamid nur Türkisch sprechen; hierdurch waren die Unterhaltungen mit ihm recht mühselig, da jeder Satz verdolmetscht werden mußte. Dabei verstand der alte Herr unser Französisch vollkommen, und wenn ich ihm etwa eine launige Geschichte erzählte, machte es mir besonderen Spaß, ihn herzlich lachen zu sehen – lange ehe der Dolmetsch mit todernster Miene seine Übersetzung gegeben hatte.

Am Abend sollte uns zu Ehren ein großes Diner stattfinden. Wo dieses Fest gefeiert werden sollte, wußte zunächst niemand, denn die Furcht des Sultans vor Attentaten war so groß, daß er Ort und Zeit für solche Veranstaltungen aus Vorsicht vorher niemals bekanntgab. Im letzten Augenblick erteilte er dann zur Verzweiflung seiner Hofmarschälle seine Befehle. Schließlich fand das Diner dann in einem großen Saale statt.

Der Sultan und ich saßen an einer Schmalseite der endlos langen Tafel. Die anderen Gäste, mein guter Bruder eingeschlossen, mußten mit Rechts- beziehungsweise Linksum-Front nach dem Padischah an der Tafel sitzen. An Essen war nicht viel zu denken, aber der Anblick des Sultans allein war ja für den rechtgläubigen Mohammedaner schon so gut wie Speise und Trank. Auffallend schien es mir, daß mein hoher Gastgeber eine außerordentlich dicke und schlecht sitzende Uniform trug – bis ich bei einer plötzlichen Bewegung, die er machte, wahrnahm, daß er unter der Uniform ein Kettenhemd angelegt hatte. Im Gespräch erwies er sich als außerordentlich interessiert für alle Angelegenheiten Deutschlands und als ebenso unterrichtet auf den verschiedensten Gebieten. So ging das Gespräch um das Flottenproblem, um die jüngsten Erfolge der Polarforschung, um die neuesten Erscheinungen des deutschen Büchermarktes und vor allem um militärische Fragen.

Am letzten Tage unseres Aufenthaltes lud er uns noch zu einem intimen Diner in seine Privaträume. Nur die Herren meiner Umgebung, der deutsche Botschafter und sein Lieblingssohn nahmen daran teil. Der Sultan, der Musik sehr liebte, hatte mich bitten lassen, ihm etwas auf der Violine vorzuspielen. Der Prinz begleitete mich auf dem Klavier, und so spielten wir ein Stück aus der ›Cavalleria rusticana‹, eine Cavatine von Raff und die ›Träumerei‹ von Schumann. Dann aber gab es noch eine rührende Familienszene. Ich hatte mir als Überraschung für den alten Herrn die türkische Nationalhymne mit meinem Oberstabsarzt Widenmann eingeübt. Als wir sie gespielt hatten, umarmte mich der Sultan ganz gerührt, und auf seinen Wink erschien ein Adjutant mit einem Kissen, auf dem die goldene und silberne Medaille für Kunst und Wissenschaft lagen, die mir der Beherrscher aller Osmanen an den Busen heftete.«[24]

3

Offiziersausbildung in Istanbul.
Erste Aufgaben in Damaskus
(1899–1907)

Für den Studenten der Militärakademie Mustafa Kemal war das Leben
in Istanbul aufregend und abenteuerlich wie für jeden jungen Mann,
der zum erstenmal in die Hauptstadt des Osmanischen Reiches kam.
Da er als Offiziersanwärter bereits zu einer privilegierten Schicht der
vom Sultan-Kalifen und seinem Hof präsidierten Gesellschaft gehörte,
konnte er das »Haus der Glückseligkeit« anfangs auch noch unbeküm-
mert durchstreifen. Später jedoch, als er politisches Interesse zu zeigen
begann, geriet er ebenso in das Netz der Geheimagenten wie viele Angehörige der oberen Stände, denen der Sultan besonders mißtraute.
Abdul-Hamid II. ließ sich täglich aus allen Winkeln seiner Länder und
Provinzen Berichte kommen, die berüchtigten »Djurnale«, neben den
Detektivgeschichten von Arthur Conan Doyle seine abendliche Lieb-
lingslektüre. Die allgegenwärtigen Spitzel trieben sogar in den Schulen
ihr Unwesen. So beschwerte sich Colmar von der Goltz, der die Militärakademie in Harbiye gegründet und zeitweise geleitet hatte, mehrfach beim Sultan über einen dieser Agenten, der Schüler und Lehrer zu
denunzierenden Informationen zwang und dadurch eine Atmosphäre
gegenseitigen Mißtrauens schuf.

Trotz mancher Fortschritte und Verbesserungen in Verwaltung,
Landwirtschaft, Industrie, Schulwesen und Militär während der Regierungszeit Abdul-Hamids reizte der allgegenwärtige Polizeiapparat
vor allem diejenigen zum Widerstand, die in den neuen Schulen nicht
nur Fachwissen aufnahmen, sondern auch vom Bazillus geistiger Freiheit infiziert wurden. Sie erkannten den Kerker, der sie umgab, und die
ihnen zugedachte Rolle als willfährige Aufseher. Zwei Jahre vor Mustafa Kemals Studienbeginn in Istanbul hatten sich in der Militärischen
Oberschule für Medizin einige mit den Jungtürken sympathisierende
Studenten zusammengeschlossen, um den Sultan und seine Regierung
zu stürzen. Abdul-Hamid, in seinem Argwohn einmal mehr bestätigt,
erfuhr rechtzeitig von dieser geplanten Rebellion und reagierte mit den
üblichen brutalen Maßnahmen wie Verbannung, langjähriger Inhaftie-

*Nâmık Kemal (1840–1888),
patriotischer Dichter*

rung oder Hinrichtung. Der 1902 geborene, wie Mustafa Kemal aus
Saloniki stammende türkische Lyriker Nâzım Hikmet erinnert in seinem Gedicht »Der Schreiber aus der Gefängniskanzlei« an die Bestrafung jener Medizinstudenten, einen Akt der Grausamkeit, der kenn-
zeichnend war für das später sogenannte »Regime der Unterdrückung«
(Zulüm):
   »Abdul-Hamid
   warf die Medizinstudenten
          von der Spitze des Serails,
      die Strömung erfaßte die Säcke, man fand sie nie wieder...«

Einer der Autoren, die auf der offiziellen Verbotsliste für Publika-
tionen standen, war Nâmık Kemal (1840–1888), ein Lyriker und Journalist, dessen patriotische Schriften Mustafa Kemal wie viele fort-
schrittlich Erzogene seiner Generation mit Begeisterung verschlang.
Allein das von ihm erstmalig benutzte Wort »Vaterland«, das indirekt
den durch dynastische und islamische Traditionen geheiligten Begriff
des Osmanismus in Frage stellte, genügte den Zensoren, um Hochver-
rat zu wittern. Auch die Verbreitung und Lektüre französischer Autoren wie Racine, Rousseau, Voltaire, Victor Hugo und Emile Zola waren strengstens untersagt. Zu den Wörtern, die die Konservativen am
stärksten fürchteten, gehörten Konstitution, Freiheit, Anarchie,
Streik, Sozialismus, Revolution, Dynamit und – Murat, der Name des
gefangengehaltenen rechtmäßigen Sultans, der jede Woche durch ein
Bulletin seines Bruders Abdul-Hamid für geisteskrank erklärt wurde.

Die Jungtürken hatten 1889 eine erste Geheimorganisation gegründet, aus der 1894 das »Komitee für Einheit und Fortschritt« (Ittihat ve terakki) hervorging. Viele Jungosmanen waren enttäuscht zu den Jungtürken übergewechselt, als sich zeigte, daß ihr seit 1865 verfolgtes Ziel gescheitert war: eine konstitutionelle Monarchie zu errichten, die, gestützt auf ein Parlament, das Osmanische Reich zu einem modernen Staatenbund umwandeln und überdachen sollte (Osmanismus). Die Jungtürken waren der Ansicht, daß eine Modernisierung des Osmanischen Reichs nur von oben durch eine Eliteklasse erreicht werden könne. Persönliche Gegensätze und die Hinwendung einiger ihrer Mitglieder zu den phantastischen Vorstellungen einer Vereinigung aller islamischen Länder (Panislamismus) oder aller Turkvölker (Panturanismus) unter der konstitutionellen Herrschaft des osmanischen Sultan-Kalifen spalteten jedoch die jungtürkische Bewegung nach und nach. Einigen von ihnen, an ihrer Spitze Talaat, Cemal und der von Mustafa Kemal gleichzeitig beneidete und verachtete Enver, gelang es zwischen 1908 und 1909, die Regierungsgewalt an sich reißen, die sie jedoch infolge irrealer Großmachtträume und wegen der »Waffenbruderschaft« mit Deutschland schon bald wieder verloren. Andere hielten sich an das moderatere, demokratisch und nationalistisch ausgerichtete Reformprogramm, dem sie bis zur Republikgründung in Ankara treu blieben.

Um 1900 war das jungtürkische »Komitee für Einheit und Fortschritt«, dem überwiegend Beamte, Offiziere und Intellektuelle angehörten, das bedeutendste Sammelbecken für Oppositionelle. Seine Mitglieder verbreiteten aufklärerisches Gedankengut über nationale Unabhängigkeit, monarchischen Despotismus, die Würde des Menschen und seine Rechte auf individuelle Freiheit, gleiche Behandlung vor dem Gesetz und Mitbestimmung der gesellschaftlichen Ordnung. Diese Verbreitung geschah sowohl durch immer neue, wegen der Zensur und der Bespitzelung nur kurzlebige Zeitungen als auch durch Schriften, die in Paris oder in London von Exilanten verfaßt und dann ins Land geschmuggelt und heimlich verteilt wurden.

Konservative Muslime mußte an diesem »modernen« Programm besonders die Unterstellung erzürnen, die Menschen im Osmanischen Reich seien nicht gleichgestellt. Hier prallten unterschiedliche Auffassungen von Menschenrechten aufeinander – und hier lag zugleich der schwächste Punkt der Reformer. Nach islamischem Recht galten die Untertanen vor Gott gleich. Gemäß dem muslimischen Glauben waren sie Brüder, so daß selbst die Macht des Sultans ihre Grenzen hatte, wie die stets drohende Möglichkeit seiner Absetzung durch ein Fetva zeigt. Da außerdem das islamische Recht vorschrieb, daß der Besitz des einzelnen und nicht sein Einkommen versteuert werde, blieb der Vermögenszuwachs jedes Untertans, zum Beispiel durch gute Ernten, nach oben begrenzt: Er unterlag stets der gleichen Steuer (Zekat) von vierzig Prozent. Der Einfluß der Grundbesitzer – einen osmanischen Adel hat es nie gegeben – war wegen dieser Steuer, die die Ausdehnung der Ländereien hemmte, regional gebunden (Pachtverträge mit Kleinbauern) und variierte nur entsprechend dem Volumen ihres Grund und Bodens und ihres Bildungsgrads.

Auf diese alte Rechtspraxis beriefen sich die Reformgegner. Die Reformer hatten ihrerseits Mühe, soweit sie nicht ausschließlich auf die Elite setzten, der weitgehend analphabetischen Bevölkerung klarzumachen, daß das Osmanische Reich durch die in Europa fortschreitende Industrialisierung und Aufrüstung schon bald in Abhängigkeit von der expandierenden modernen Kapitalwirtschaft und den militärisch überlegenen und aggressiven Nationalstaaten Europas geraten würde.

Die Gleichheit, die das islamische Recht garantierte, war durch die Entwicklung in Europa bedroht, und um dieser Bedrohung zu entgehen, mußte eine Angleichung an die europäischen Gesetze die Gleichheit der Menschen unter den neuen Voraussetzungen garantieren. Dieser Konflikt – islamisches Recht, aber wirtschaftliche und politische Schwäche einerseits, europäisches Recht, aber Verdrängung der islamischen Kultur und Zivilisation andererseits – war das schwere Erbe osmanischer Sultane, die den Bosporus nach Europa überquert hatten. Und dieser Konflikt belastet oder befruchtet bis heute die Auseinandersetzungen zwischen den verschiedenen religiösen und politischen Gruppierungen in der Türkei. Dieser mit Ausdauer und Intensität ausgetragene Konflikt, der die religiös verankerte Lebensweise muslimischer Menschen auf das empfindlichste berührt, prägt die türkische Geschichte seit der Mitte des 19. Jahrhunderts in besonderer Weise.

Sein erstes Jahr in Istanbul »verbummelte« Mustafa Kemal mehr oder weniger, denn, abgesehen von der märchenhaft schönen Lage der Stadt und ihren berühmten Moscheen und Palästen, lockten den Achtzehnjährigen auch sinnliche Vergnügen, für die es ein sehr viel größeres Angebot als in Saloniki gab. Besonders anziehend für einen jungen Türken aus der Provinz war das europäische Viertel Pera am Goldenen Horn, das man von der Militärakademie aus bequem erreichen konnte.

Die Diplomaten und die Vertreter der Handels- und Bankhäuser trugen Anzüge nach neuestem europäischen Schnitt, und die zu ihnen gehörenden Damen zeigten sich in der aufwendigen, luxuriösen Mode des Fin de siècle. Tagsüber traf man sich, wie in London, Paris, Wien oder Berlin, in Cafés, Salons de Thé und Restaurants, abends in Theatern, Revuehäusern und Kabaretts oder in einem der Klubs, wo man beim Kartenspiel den neuesten Klatsch aus Pera, der Stadt und dem Yıldız-Palast austauschte.

Auch Mustafa Kemal bevorzugte, soweit es seine begrenzten finanziellen Mittel zuließen, dieses europäische Viertel. Scheinbar erregte er dort bei den Damen trotz Schüchternheit ein gewisses Aufsehen. Der erste Biograph Mustafa Kemals, der argentinische Diplomat Jorge Blanco Villalte, der sich längere Zeit in Ankara aufhielt und aus erster Quelle schöpfte, schrieb 1938: »Er ging [in Pera] häufig zum Tanz und in fashionable Bars, und er achtete sorgfältig darauf, daß seine Uniform gut an seinem schlanken und wohlproportionierten Körper saß. Er war nicht groß, aber seine schmale Taille und seine breiten Schultern gaben seiner Erscheinung ein harmonisches Aussehen. Der blonde Unterleutnant hatte einige flüchtige Abenteuer und verliebte sich, wie er glaubte, in eine Dame der internationalen Gesellschaft.« [25]

Ungleich bedeutender als das Kennenlernen der Vergnügungsviertel Istanbuls und des europäischen Lebensstils war für Mustafa Kemal die Freundschaft mit Ali Fuat (Cebesoy), dem Sohn eines Generals und entfernten Verwandten von Nâzım Hikmet. Fuats Familie, deren Herkunft, Ansehen und Reichtum sie in die Lage versetzte, den Sultanshof weitgehend zu meiden, wohnte in einem der alten kostbaren Holzpalais (Yalı) am asiatischen Ufer des Bosporus in Kuzguncuk zwischen Skutari (heute Üsküdar) und dem im türkischen Rokoko 1865 erbauten Beylerbey-Palast. Der General sprach viel von den glorreichen Zeiten, als die Sultane von ihren kleinen Residenzen Bursa und Edirne aus ihre Herrschaft erweiterten und befestigten, während den Sultanen, die in Istanbul residierten, in dieser degenerierten und von ausländischen Gesellschaften bevölkerten Stadt, dieser »in Jahrhunderten gealterten Dirne«, die Zügel des Reichs immer mehr entglitten.

Fuat, wenige Jahre jünger als Mustafa Kemal und ebenfalls Absolvent der Militärakademie, verbrachte die Wochenenden mit seinem Freund aus Saloniki bei seiner Familie in Kuzguncuk oder zeigte ihm die Sehenswürdigkeiten der Stadt. In den Sommermonaten fuhren sie in offenen Booten an den Ufern des Bosporus und des Marmarameeres entlang und versuchten, auf Vorschlag des Generals, eine geographische Karte von Istanbul und Umgebung zu zeichnen. Mitunter übernachteten sie unter freiem Himmel auf einer der nahe gelegenen Prinzeninseln, die wegen ihres milden Klimas und ihrer mediterranen Vegetation auch heute noch zu den beliebtesten Ausflugszielen der Istanbuler gehören. Während einer dieser Nächte, durch Mondlicht, Rakı und Rezitieren von Gedichten in poetische Stimmung versetzt, sagte Mustafa Kemal in einem Anflug von Träumerei: »Fuat, du kannst es mir glauben, wenn ich mich genausoviel mit Poesie und Malerei wie mit Mathematik beschäftigt hätte, würdest du mich heute nicht zwischen den Mauern der Militärakademie eingeschlossen finden. Ich würde jede Mondnacht davonlaufen und hierherkommen, um Gedichte zu schreiben, und am frühen Morgen, wenn es hell genug ist, würde ich anfangen zu malen.«[26]

Dem Wunsch nach einem kontemplativen Leben verlieh Mustafa Kemal auch später gelegentlich Ausdruck. Nach der Rückeroberung Izmirs 1922 am Ende der Befreiungskämpfe antwortete er, nach seinen Zukunftsplänen gefragt, er wolle jetzt nur noch ein einfaches Leben auf dem Land führen. Jahre darauf widmete er sich, bereits Staatspräsident, hingebungsvoll der von ihm gegründeten Musterfarm. Diese Sehnsucht nach Einfachheit und Überschaubarkeit hätte jedoch niemals ihre Erfüllung finden können, denn sie blieb die melancholische Begleiterscheinung eines überaus aktiven Charakters, der sich immer wieder neue Willensanstrengungen zumutete.

In der Militärakademie zählte Mustafa Kemal wie in Monastir bald zu den besten Schülern. Nach seinem »Bummeljahr« mit Fuat erwachte wieder sein alter Ehrgeiz. Er verschlang Unmengen von Büchern über osmanische und europäische Geschichte, vervollständigte sich so weit in Französisch, daß er Zeitungen lesen konnte, beteiligte sich intensiv am Unterricht über Militärfragen und glänzte mit seinen Kenntnissen über strategische Probleme. Die Schlafstörungen, an denen er zu leiden begann und die ihn zeit seines Lebens begleiten sollten, hingen nur scheinbar mit diesem forcierten Lernpensum zusammen, sie verrieten vielmehr sein zwischen Anspannung und Apathie schwankendes Temperament, das sich in jenen Jahren voll ausgeprägt hatte. Einige seiner Kameraden, mit denen er einen Schlafsaal teilte, wunderten sich allmählich darüber, daß er immer häufiger schlecht gelaunt war und oft morgens vom diensthabenden Offizier geweckt werden mußte. Als sie ihn eines Tages nach den Ursachen seiner Mißstimmungen fragten, erklärte er ihnen seinen Zustand mit den Worten: »Meine Freunde, wenn ich mich abends ins Bett lege, kann ich nicht einschlafen wie ihr. Ich bleibe wach bis zur Morgendämmerung, und erst dann überfällt mich der Schlaf. Daher höre ich auch nicht das Wecksignal und werde erst wach, wenn mich der Offizier durch Stockschläge gegen mein Bett aufschreckt. Und weil mein Körper und mein Geist nach einer so kurzen Nacht müde sind, ist auch meine Stimmung entsprechend schlecht. Ihr, meine Freunde, seid glücklicher als ich.«[27]

Mustafa Kemals Interesse für die politischen Verhältnisse im Osmanischen Reich, die einerseits von dem Sultan und dessen willfährigem Kabinett, andererseits von den im Untergrund wirkenden Jungtürken und ihrem »Komitee für Einheit und Fortschritt« bestimmt wurden, entwickelte sich nur allmählich und ohne bestimmte Vorstellungen. Aus seiner Erinnerung kommentiert er: »Während meiner Jahre auf der Militärakademie erreichten uns neue politische Ideen, aber wir waren noch unfähig, sie mit unserer Situation in Verbindung zu bringen. Wir lasen Bücher von Namık Kemal, heimlich, nach dem Schlafengehen, denn wir wurden streng überwacht. Irgend etwas konnte im Staat nicht stimmen, wenn es verboten war, patriotische Literatur zu lesen. Doch was da im wesentlichen nicht stimmte, begriffen wir vorerst nur unvollkommen.«[28]

Nach dem zweiten Jahr erreichte Mustafa Kemal unter 460 Examenskandidaten den zwanzigsten Platz, nach dem dritten Jahr unter 459 Kandidaten den achten Platz. Im vierten Jahr, ab 1902, begann er als Leutnant seine Ausbildung zum Generalstabsoffizier. Erleichtert darüber, die erste Hürde genommen zu haben, gewann er an Selbstvertrauen und wagte sich erstmals deutlicher an eine kritische Betrachtung der Mißstände in der Regierung und Politik seines Landes. Zusammen mit anderen Kameraden gründete er eine Zeitung, für die er selbst die meisten Artikel verfaßte. Die Aktivitäten, die sie bei der Herstellung der handgeschriebenen Blätter und deren Verteilung in der Akademie entfalteten, konnten jedoch nicht lange verborgen bleiben. Dem Schulinspektor, der die Akademie als eine Art Sicherheitsoffizier kontrollierte, wurde schließlich auf Umwegen das unerhörte und staatsgefährdende Geschehen zugetragen. Er stellte den Direktor, Riza Paşa, zur Rede und forderte ihn auf, ihm die Täter vorzuführen. Als dieser jedoch nichts unternahm, mußte er vor dem Sultan erklären, warum er in der Akademie rebellische Schüler dulde und warum er nichts gegen sie unternehme. Riza verteidigte mutig seine Schüler vor Abdul-Hamid und behauptete, von keinen Umtrieben zu wissen.

Kurze Zeit nach dieser inquisitorischen Audienz wurde Riza zufällig Zeuge, wie Mustafa Kemal und seine Mitstreiter eine neue Nummer ihrer Zeitung in einem Klassenraum vorbereiteten. Er bewies jedoch abermals sein Verständnis und seine Güte. In Gegenwart eines ihn begleitenden Schuldieners ordnete er an, die Missetäter wegen Vernachlässigung ihrer Aufgaben für mehrere Tage einzusperren. Als er den Schuldiener unter einem Vorwand hinausgeschickt hatte, sagte er zu seinen Zöglingen, daß es ihm genüge, wenn sie einige Abende auf ihren Ausgang verzichteten. Aber selbst diese Strafe nahm er noch im Lauf des Tages wieder zurück. Wie Şemsi Efendi in Saloniki diente auch Riza Paşa in erster Linie dem Geist und der Wissenschaft und dann erst dem Sultan und dem Staat.

Am 11. Januar 1905 wurde Mustafa Kemal der Rang eines Oberleutnants im Generalstab verliehen. Das Abschlußexamen in der Infanterieklasse bestand er auf Platz zwanzig bei 320 Kandidaten. Unter Berücksichtigung seiner guten Noten aus den ersten Jahren erhielt er sogar als Fünftbester seines Jahrgangs ein Ehrendiplom. Einer brillanten Karriere als Offizier im Dienst Seiner Majestät des Sultans stand nun nichts mehr im Wege. Aber durfte man Abdul-Hamid II. trauen? Jonglierte er nicht zu leichtsinnig mit den europäischen Großmächten, so daß bereits das Wort vom »gekrönten Diplomaten« umlief? Vergaß er nicht bei allen Tricks, die er anwandte, um sein persönliches Leben und den Bestand seiner Dynastie zu retten, seine türkischen Untertanen, von denen sich immer mehr ein eigenes Vaterland wünschten wie andere vom Osmanismus unterdrückte Völker auch?

Mustafa Kemal, der regelmäßig von seiner Mutter Geld geschickt bekam, mietete sich im Beyazıt-Viertel in Stambul (Alt-Istanbul) eine Wohnung und in der Nachbarschaft einen Arbeitsraum, wo er, Ali Fuat und zwei andere Abgänger seiner Akademieklasse sich heimlich treffen konnten. Sie warteten auf ihren ersten Einsatzbefehl und vertrieben sich die Zeit mit politischen Gesprächen und der Lektüre verbotener Bücher, die sie bei gewitzten Händlern kauften. Unter den gleichgesinnten jungen Männern, die Kontakte zu ihnen suchten und die sie in ihre Diskussionsrunden aufnahmen, befand sich auch ein ehemaliger Militärschüler, der angeblich wegen kritischer Äußerungen von der Schule gewiesen worden war. Eines Abends lud er seine

Mustafa Kemal als
Stabs-Oberleutnant, 1905

neuen Freunde in ein Café nahe der Beyazıt-Moschee ein, und dort stellte sich heraus, daß er sie in eine Falle gelockt hatte. Mustafa Kemal und die anderen jungen Offiziere wurden von Geheimagenten umringt und in das Stadtgefängnis, das damals berüchtigte »Rote Gefängnis«, gebracht.

Erst nach mehreren Monaten wurden die Inhaftierten verhört, wobei es auch zu Schlägen kam. Fuat erzählte später dem etwas indigniert zuhörenden Mustafa Kemal, daß er sich, durch seinen Vater in protokollarischen Fragen bewandert, jede physische Gewaltanwendung mit Erfolg verbeten habe: durch den Hinweis nämlich, daß ein Offizier von niemandem berührt werden dürfe, der einen niedrigeren Rang als der Sultan einnehme. Gegen Mustafa Kemal lag eine zum Teil abenteuerliche Akte vor, die ihm unehrenhaften Umgang mit Dirnen und Straßenjungen, Trunkenheit, Kartenspiel und – darauf lief das Manöver hinaus – subversive Aktivitäten gegen den Sultan vorwarf. Die Anklage gegen ihn und seine Freunde wurde jedoch gleich nach Bekanntwerden fallengelassen. Wieder hatte sich Riza Paşa für seine Zöglinge eingesetzt und sich dafür verbürgt, daß es sich bei dem, was man ihnen vorwarf, lediglich um das unbesonnene Verhalten übermütiger Jugend handele.

Nach diesem Erlebnis, das sie fast ihre Karriere, wenn nicht sogar ihr Leben gekostet hätte, fieberten die durch einen huldvollen Gnadenakt des Sultans Entlassenen um so mehr ihrem militärischen Einsatz entgegen. Scheinbar wollte man sie nach dieser zweifelhaften Angelegenheit auch schnell loswerden, denn es dauerte nicht mehr lange, bis sie den Armeen in Edirne und Saloniki zugeteilt wurden. Vorher jedoch sollten sie untereinander klären, wer in die eine und wer in die andere Stadt ginge. Um sich nicht trennen zu müssen, versuchte Mustafa Kemal, als die Auslosung in Anwesenheit höherer Stabsoffiziere begann, seinen Freunden zu verstehen zu geben, daß sie sich alle für Saloniki entscheiden sollten. Die ohnehin wegen der vorangegangenen Anklage mißtrauischen Offiziere wurden aufmerksam und witterten sofort eine Verschwörung. Sie verfügten daher, daß die Einsatzbefehle nicht mehr für die wichtigsten Garnisonen des Reichs in Mazedonien und Thrakien galten, sondern für abgelegene Militärstationen an der östlichen und südöstlichen Grenze. Mustafa Kemal und Ali Fuat hatten noch Glück, denn sie wurden beide nach Damaskus geschickt, wo die 5. Armee stationiert war. Ihre Enttäuschung darüber, nicht nach Saloniki zu kommen, wo die Jungtürken sich seit ihrem ersten Kongreß 1902 in

Paris, mehr und mehr zu konzentrieren begannen, war indessen so groß, daß sie ihren Kummer mit einer Flasche Whisky betäubten.

Am nächsten Morgen schifften sie sich mit einem dritten Leidensgenossen nach Beirut ein, von wo aus sie mit der Bahn nach Damaskus weiterreisen sollten. Beirut ähnelte damals mit seiner teilweise europäisch ausgerichteten arabischen Bevölkerung, seinen Cafés an der Hafenpromenade und seinen Amüsiervierteln dem westlich geprägten Saloniki. Der Wunsch, dort zu bleiben, ließ sich jedoch nicht realisieren, denn strafversetzte Offiziere gehörten eher in die Wüste als in eine luxuriöse Stadt.

Bereits während der Zugfahrt nach Damaskus stellten Mustafa Kemal und seine Begleiter fest, daß die Soldaten der in Syrien stationierten 5. Armee sich in äußerst schlechtem Zustand befanden. Damaskus wirkte auf die jungen Offiziere verschlafen und in politischer Hinsicht rückständig. Belastend für Mustafa Kemal, der in Situationen, in denen er nichts aus eigener Kraft erreichen konnte, schnell in depressive Stimmung verfiel, war die Rückversetzung Fuats nach Beirut. Da dessen Vater sich im Militär des besten Rufs erfreute, hatte der kommandierende Offizier in Damaskus dafür gesorgt, daß der Sohn des hochverehrten Generals in die Reitergarde des Gouverneurs aufgenommen wurde. Diese ungleiche Behandlung aufgrund von Beziehungen, die bereits von der Goltz und andere preußische Offiziere als einen besonderen Schwachpunkt für die Aufrechterhaltung von Autorität und Disziplin beklagt hatten, erkannte jetzt auch Mustafa Kemal als einen der Gründe für die Mißstände in der Armee. Während seiner Beteiligung an den Reiterexpeditionen gegen aufständische Drusen im südlichen Syrien wurde er schließlich Zeuge von Plünderungen und finanziellen Erpressungen, die an der Tagesordnung zu sein schienen. Sein Bild von der ruhmreichen Armee des Sultans, das auf der Akademie gezeichnet worden war, bekam angesichts dieser Realitäten die ersten Risse.

In Damaskus mieteten sich Mustafa Kemal und Müfti (Özdeş), der dritte Leidensgefährte aus Istanbul, ein kleines Haus, das sie während ihrer freien Zeit bewohnten und als Schlupfwinkel für eine neue politische Diskussionsrunde benutzten. Im Oktober 1906 entdeckten sie während eines Bummels über den Basar einen Laden mit französischen Büchern verbotenen Inhalts. Neugierig verwickelten sie den Ladenbesitzer in ein Gespräch, in dem sich ihre Vermutung bestätigte, daß er ein Sympathisant der jungtürkischen Bewegung sei. Noch am selben Abend waren sie Gäste in der Wohnung von Mustafa Efendi (Cantekin), der erst jetzt verriet, daß er als einer der Studenten der militärischen Medizinschule an dem Attentatsversuch auf den Sultan beteiligt gewesen und nach einem längeren Aufenthalt im »Roten Gefängnis« in die Verbannung nach Syrien geschickt worden sei. Sich gegenseitig in ihrer Überzeugung bestärkend, daß der Tyrann Abdul-Hamid II. gestürzt und eine freie türkische Nation errichtet werden müsse, gründeten sie einen Tag darauf die geheime revolutionäre Gesellschaft »Vaterland und Freiheit« (Vatan ve Hürriyet), die sie auch in anderen Orten propagieren wollten.

Endlich hatte Mustafa Kemal eine sinnvolle Aufgabe für sich entdeckt. Unter dem Vorwand, sich über die verschiedenen Waffengattungen informieren zu wollen, ließ er sich nach Jerusalem, Jaffa und Beirut versetzen, wo er weitere Anhänger für die neue oppositionelle Gesellschaft gewann. Gleichzeitig erwarb er sich durch die Expeditionen gegen die rebellischen Drusen, eine arabisch-muslimische Sekte, praktische Kenntnisse über Guerillataktiken, die ihm später in den Befreiungskämpfen gegen die Griechen Anfang der zwanziger Jahre zugute kamen.

Keinen Tag verlor Mustafa Kemal Saloniki aus den Augen, wo sich die Jungtürken seit Herbst 1903 ungewohnter Freiheit erfreuten. Am 9. Oktober 1903 hatten sich Zar Nikolaus II. und Kaiser Franz Joseph auf Schloß Mürzsteg bei Wien getroffen, wo sie den Plan einer internationalen Polizei entwickelten, die für mehr Ruhe und Ordnung in den von Christen und Muslims gemeinsam bewohnten Gebieten Mazedoniens sorgen sollten. Da es Abdul-Hamid nicht auf einen Krieg ankommen lassen wollte, zog er nach den »Mürzsteger Vereinbarungen«, die von allen Teilnehmerstaaten des Berliner Kongresses von 1878 unterzeichnet wurden, einen Teil seiner Geheimagenten aus Mazedonien zurück und akzeptierte, daß polizeiliche Einsätze nur in Begleitung europäischer Inspektoren durchgeführt wurden. Diese Regelung veranlaßte das »Komitee für Einheit und Fortschritt«, seine Niederlassung in Saloniki zu verstärken, aber auch die nationalistischen Gruppen der Griechen und Walachen nutzten die neue Freiheit zu vermehrten Terrorakten und politischen Morden.

Ende des Jahres 1906 sah Mustafa Kemal endlich eine Chance, nach Saloniki zu gelangen. Der Ortskommandant von Jaffa, Ahmet Bey, dem er zu dieser Zeit unterstellt war, zeigte unerwartet viel Verständnis für die politischen Ziele der Jungtürken. Als ihm Mustafa Kemal gestand, daß er es für notwendig halte, nach Saloniki zu gehen, um dem »Komitee« über die Zustände in Syrien zu berichten und zu hören, welche Pläne für die Zukunft bestünden, verhalf ihm Ahmet Bey bereitwillig zu dieser riskanten Eskapade. Er versprach ihm, sein unerlaubtes Fortbleiben von der Armee geheimzuhalten und ihn zu warnen, sobald etwas ruchbar würde. Außerdem versorgte er ihn mit allen notwendigen Papieren.

Auf dem Landweg erreichte Mustafa Kemal zuerst das von England kontrollierte Ägypten, wo er sich nach Piräus einschiffte. Von dort brachte ihn ein griechisches Schiff nach Saloniki. Einer seiner ehemaligen Kameraden aus der militärischen Vorbereitungsschule, dem er seine Ankunft telegrafisch mitgeteilt hatte, lotste ihn geschickt durch den Zoll und begleitete ihn in das Haus von Zübeyde, die ihren Sohn zuletzt vor drei Jahren in Istanbul gesehen hatte. Sie ahnte, daß er in Angelegenheiten verwickelt war, die sich gegen den Sultan richteten, und sorgte sich um seine Sicherheit.

Der Aufenthalt in Saloniki verlief jedoch enttäuschend. Die Begegnung mit Şükrü Paşa, dem Kommandanten der Artillerie, dessen progressive Ansichten ihm gerühmt worden waren, verlief völlig ergebnislos. Der General empfing ihn kühl und gab ihm zu verstehen, daß er ihm nicht helfen könne, weder durch eine reguläre Versetzung nach Mazedonien noch durch engere Kontakte zu den entscheidenden Köpfen des »Komitees«. Auch die Gespräche mit Beauftragten des »Komitees« brachten Mustafa Kemal nicht in den inneren Kreis der Oppositionsführer. Man hörte sich interessiert an, was er aus Syrien berichtete, lud ihn jedoch zu keinem internen Treffen ein.

Obwohl er nicht in die Nähe einflußreicher Autoritäten gelangte, verschaffte er sich doch eine gewisse Befriedigung durch die Gründung einer Zweigstelle der »Gesellschaft für Vaterland und Freiheit«, die später von den Jungtürken in ihren eigenen Verband aufgenommen wurde. Da er von einem Stabsoffizier, einem seiner ehemaligen Lehrer aus der Militärschule, eine Krankheitsbescheinigung erhalten hatte, konnte er sich frei bewegen und Mitglieder für seine Gesellschaft anwerben. Unter ihnen befanden sich sein Freund Ömer (Naci) aus Monastir und Nursalı (Tahir), der später ein bekannter Literat und Historiker wurde. In einer Gründungszeremonie bekannten sie sich zu den Prinzipien der Freiheit und Unabhängigkeit, die Mustafa Kemal in Form einer Deklaration aufgeschrieben hatte, dann küßten sie einen Revolver, den sie bis zum Tag des Aufstands gegen die Tyrannei aufbewahren wollten, und schworen auf den Koran.

Nach etwa vier Monaten wurde Mustafa Kemal vor der Geheimpolizei gewarnt, die aus Istanbul den Befehl erhalten hatte, den Deserteur zu verhaften. Umgehend kehrte er auf dem gleichen Weg, den er gekommen war, nach Jaffa zurück, wo ihn der Kommandant Ahmet Bey sofort nach Beersheba schickte, eine Militärstation zwischen Gaza und dem Toten Meer, an der Grenze zu Ägypten. Als aus Istanbul angefragt wurde, wo sich der Oberleutnant Mustafa Kemal in den vergangenen vier Monaten aufgehalten habe, drahtete Ahmet Bey zurück: als loyaler Offizier in Beersheba zur Verteidigung des Osmanischen Reichs gegen die Briten.

Im Juni 1907 wurde Mustafa Kemal zum Hauptmann befördert und in den Generalstab nach Damaskus berufen. Im September desselben Jahres folgte endlich die lang ersehnte Versetzung nach Mazedonien. So hatten persönlicher Mut und Glück, die mit ihm verschworenen Freunde und Gesinnungsgenossen, aber auch die überalterte und schwerfällig gewordene osmanische Verwaltung dazu beigetragen, daß Mustafa Kemal nicht in den Verliesen Abdul-Hamids verschwand, sondern weiter den Wechselfällen seines Lebens und seiner Karriere ausgeliefert blieb.

4

Im Schatten der Jüngtürkischen Revolution (1908–1911)

Als Mustafa Kemal im Herbst 1907 in Saloniki eintraf, wurde er nicht, wie er gehofft hatte, dem Generalstab der 3. Armee, sondern einer in der Stadt einquartierten Division zugeteilt. Ebenso frustrierend für den nach Anerkennung und Einfluß strebenden sechsundzwanzigjährigen Hauptmann wirkte die Feststellung, daß seine ein Jahr zuvor in Saloniki gegründete Zelle der »Gesellschaft für Vaterland und Freiheit« inzwischen von Mitgliedern des »Komitees für Einheit und Fortschritt« übernommen und ihrer eigenen Organisation eingefügt worden war. Seine Befürchtungen, während seines Aufenthalts in Syrien den Anschluß an die Männer, die die Zukunft planten, zu verlieren, wurden jetzt durch die unbedeutende militärische Position, auf die sein Ehrgeiz vorerst beschränkt bleiben mußte, bestätigt.

Wie bereits in Istanbul, als er auf seinen ersten Einsatzbefehl wartete, und in Syrien, wo sein Dienst ihm viel Zeit ließ, versammelte Mustafa Kemal politisch aufgeschlossene Gesprächspartner um sich, unter ihnen Kâzım Karabekir, der während der nationalen Befreiungsbewegung ab 1919 eine bedeutende Rolle spielen sollte, und seine beiden Mitschüler aus dem Militärgymnasium in Monastir, Nuri (Conker) und Ali Fethi (Okyar). Sie trafen sich entweder im Haus seiner Mutter, die seit dem Tod ihres zweiten Mannes, Ragıp, als wohlhabende Witwe mit ihrer Tochter Makbule in einem großen Haus im Stadtzentrum wohnte, oder in einem der europäischen Cafés. Ihre Diskussionen endeten nicht selten in Zukunftsträumen und kühnen Prophezeiungen, in deren Mittelpunkt auf die eine oder andere Weise Mustafa stand. Eines Abends, während sie im Garten des Cafés »Zum weißen Turm« über die Freiheitsbewegung auf Kreta und im Iran sprachen, rief Nuri aus: »Warum gibt es bei uns nicht solche tüchtigen Männer?« Da Mustafa schwieg, sagte Fethi spöttisch zu ihm: »Ich weiß, woran du jetzt denkst. Du hältst dich für berufen, einer dieser tüchtigen Männer in unserem Land zu sein.« Diese Annahme war nicht falsch, denn als prompte Reaktion kam die Antwort: »Ja, warum soll nicht bei uns ein

Mustafa Kemal die Führerrolle übernehmen?« Und animiert durch ihre Phantasien und den wohlschmeckenden Rakı, spannen sie den Faden weiter. Mustafa sagte zu Fethi: »Du würdest einen guten Außenminister abgeben«, worauf dieser fragte: »Und welches Ressort wäre nach deinem Geschmack?« Mustafas Antwort, er werde derjenige sein, der die Ressorts verteile, drückte wieder das starke Selbstbewußtsein aus, daß ihn Jahre zuvor seinen Kameraden in Monastir verkünden ließ: »Ich werde eines Tages jemand sein.«[29]

Der folgende anekdotenhafte Zeugenbericht ist nicht nur interessant, weil er das außergewöhnliche Gespür Mustafa Kemals für das Machbare in einer militärischen oder politischen Situation belegt, sondern auch, weil er einen Einblick gibt in seine realistische Einschätzung der Zukunftsaussichten des Osmanischen Reichs, die Anfang des 20. Jahrhunderts durch die panislamischen und pantürkischen Illusionen der Jungtürken noch trügerisch verschleiert waren. Mustafa Kemal diskutierte wieder einmal bis spät in die Nacht über die verschiedenen Reformpläne, die unter den progressiven Offizieren und Intellektuellen in Saloniki zirkulierten. Da er sich mit Fethi und Fuat, der inzwischen ebenfalls aus Syrien nach Mazedonien versetzt worden war, im Haus seiner Mutter getroffen hatte – später mietete er sich ein Zimmer, um den ständigen Mahnungen und Klagen Zübeydes zu entgehen –, gab es nur Kaffee, den Makbule kannenweise in das von Zigaretten verräucherte Zimmer der »Konspiranten« brachte. Als sie sich schließlich über die Frage nicht einigen konnten, was einst von den Ländern des Sultans übrigbleiben würde, nahm Mustafa Kemal ein Stück Papier und fertigte eine Skizze an. Dann faltete er es zusammen und übergab es Fuat mit den Worten: »Behalte dieses Papier. Was ich dort aufgezeichnet habe, wird eines Tages Wirklichkeit sein.« Fuat, der seine Neugierde nicht unterdrücken konnte, öffnete kurze Zeit später das Blatt und entdeckte die Umrisse einer für ihn utopischen Türkei, die, wie er sich viele Jahre danach erinnerte, fast genau den Grenzen entsprach, wie sie durch den Friedensvertrag von Lausanne 1923 festgelegt wurden.[30]

Vom 27. bis zum 29. Dezember 1907 fand in Paris der zweite Kongreß der Jungtürken statt. Angesichts der immer häufiger und heftiger werdenden Aufstände nationaler und religiöser Minderheiten in Mazedonien und der durch die schlechte Ernte des vergangenen Sommers dramatisch zugespitzten Finanzkrise, infolge derer die Auszahlung der Gehälter für Offiziere und Beamte ins Stocken geraten war, einigten sich die Delegierten auf eine gemeinsame Erklärung, um aktionsfähig zu sein: der Sultan müsse gestürzt und von einem konstitutionellen Monarchen abgelöst werden. Man war zu einer Revolution von oben entschlossen – darin lag der Unterschied zur Situation von 1876 –, allerdings einer maßvollen Revolution, denn die osmanische Dynastie sollte erhalten bleiben, um einer zentralistischen oder föderalen Regierung über osmanische, islamische oder turksprachige Staaten als repräsentative Klammer zu dienen. Ein wirklicher Umsturz mit dem Ziel einer türkischen Republik in den Grenzen des alten Stammlands Anatolien, wie sie Mustafa Kemal bereits in Ansätzen vorschwebte, fand im »Komitee« nicht einen einzigen prominenten Fürsprecher. Man wollte den morschen Baum stutzen, nicht aber ihn mit seinen Wurzeln herausreißen und durch einen neuen ersetzen.

Eine Reihe von Attentaten auf Inspektoren des Sultans und ein neuerlicher vehementer Aufstand griechischer Nationalisten brachten die aufgeladene Spannung in Mazedonien Anfang Juli 1908 zur Explosion. Jungtürkische Offiziere, unter ihnen der wie Mustafa Kemal aus einfachen Verhältnissen stammende, ein Jahr jüngere Enver, gingen mit ihren Soldaten in die Berge. Sie attackierten die Lokalbehörden größerer Ortschaften und forderten die Bevölkerung auf, ihnen anstatt dem Sultan Steuern zu zahlen, bis die Konstitution von 1876 wieder in Kraft gesetzt sei. Regierungstruppen, die zur Verstärkung der Garnisonen aus Anatolien nach Mazedonien verlegt wurden, liefen in Scharen zu den Rebellen über und beteiligten sich an Massendemonstrationen für die Wiedereröffnung des Parlaments.

Das »Komitee für Einheit und Fortschritt«, das den offenen Kampf erst für einen späteren Zeitpunkt geplant hatte, wurde durch diese Aktionen völlig überrumpelt. Ehe es sich jedoch zu einer Entscheidung durchrang, wie es die aufsteigende Flut bändigen und gegen die Hauptstadt dirigieren sollte, kam ihm der »alte Fuchs« Abdul-Hamid zuvor. Er erklärte, daß er das Parlament nur für die schwierige Phase der Reformen beurlaubt habe, daß jetzt aber die Zeit gekommen sei, zusammenzuarbeiten, um sich die Feinde des Reichs vom Leibe zu halten. Diese elegante Kapitulation blockierte die Revolution bereits in ihrem ersten Aufschwung und verschaffte dem Sultan einen letzten Spielraum.

Die Nachricht über die Beendigung der über dreißig Jahre dauernden Despotie, denn nichts anderes bedeutete im ersten Augenblick den meisten Menschen die Botschaft aus dem Yıldız-Palast, verbreitete sich wie ein Lauffeuer und trieb die begeisterten Massen auf die Straßen und Plätze. Halide Edib (Adıvar, 1884 – 1964), eine der bekanntesten Schriftstellerinnen der modernen Türkei und zeitweise enge Vertraute und Mitkämpferin Mustafa Kemals im Befreiungskrieg, schrieb in ihren »Memoiren« über ihre Eindrücke aus den letzten Julitagen des Jahres 1908 in Istanbul: »Männer und Frauen, alle geschmückt mit rot-weißen Kokarden, fluteten wie eine einzige menschliche Woge von einer Seite zur anderen. Jahrhundertealte Traditionen schienen ihre Wirkung verloren zu haben. Es gab weder unterschiedliche Geschlechter noch persönliche Gefühle. Männer und Frauen bewegten sich in einer gemeinsamen Welle der Begeisterung, etwas Ungewöhnliches ausstrahlend, lachend und weinend mit einer Intensität, die eine Zeitlang sämtliche Schwächen und Äußerlichkeiten zum Verschwinden brachte. Tausende schwenkten beim Herumziehen ihre Arme, und vor jedem öffentlichen Gebäude versammelte sich eine gewaltige Menge, die nach dem Minister rief, damit er ihren Treueschwur auf die neue Regierung entgegennehme.«[31]

In Saloniki, wo sich ähnliche Szenen abspielten, beobachtete Mustafa Kemal voller Neid, wie der fast gleichaltrige Enver in den Vordergrund geriet. Für die türkische Bevölkerung war dieser junge Offizier, der in den Bergen gegen die Tyrannen gekämpft hatte, ein romantischer, tapferer Held. Überall tauchte sein Bild auf, und Neugeborene wurden nach ihm benannt. Er hatte ebenso wie Mustafa Kemal einen starken Charakter und war nicht weniger ehrgeizig und sehr auf seine äußere Erscheinung bedacht. Anders jedoch als dieser gewann Enver mit seinem Charme, seiner Gewandtheit und seinem lebhaften Wesen nicht nur die Sympathien der Öffentlichkeit, sondern auch der Mitglieder des jungtürkischen Komitees. Während er auf dem Balkon des Hotels »Olympos Palace« in Saloniki den Jubel der Menge entgegennahm, stand hinter ihm im Schatten Mustafa Kemal, den das »Komitee« zwar als einen tüchtigen Offizier schätzte, aber sonst für unbequem und eigenbrötlerisch hielt. Er galt als sarkastisch, aufsässig, als ein verbohrter und aggressiver Kritiker, der sich niemandem anschloß und dem niemand folgte. Außerdem führte er nicht das untadelige Privatleben eines Enver, der nicht trank und nicht rauchte und bei militärischen Unternehmungen einen Koran bei sich trug.

Nach der für ihn bitteren Balkonszene ging Mustafa Kemal in das »Kristal«-Kasino, wo seine Offizierskollegen das unblutige Ende der Revolution feierten und auf Enver anstießen. Lange konnte er sich die Lobeshymnen auf den verhaßten Konkurrenten nicht anhören. »Was soll das?« rief er aus. »Ihr lobt die ganze Zeit Enver und nichts als Enver, Enver! Es ist nicht gut, ihn dermaßen zu loben.« Ein Offizier widersprach ihm und sagte: »Sei doch nicht eifersüchtig auf ihn. Er ging um der Freiheit willen in die Berge, und daher ist es für mich selbstverständlich, ihn zu bewundern.« Mustafa, der Enver für einen politisch gefährlichen Phantasten hielt und darin recht behalten sollte, antwortete in selbstsicherem Ton: »Natürlich bin ich eifersüchtig auf ihn. Ich stamme ebenfalls aus einer einfachen Familie. Aber siehst du nicht, daß Enver durch diese Lobhudelei und Bewunderung in seinem Stolz und seiner Selbstgefälligkeit nur bestärkt wird, so daß er am Ende seinem Land nur schaden kann?«[32]

Während die Jungtürken ihre Bewegung in den folgenden Monaten durch Auseinandersetzungen über eine Fortsetzung der seit dem frühen 19. Jahrhundert geplanten und immer wieder versandeten Reformen lähmten, sammelten sich um Abdul-Hamid die konservativ-religiösen Kräfte, um sich gegen die »Liberalisierung« und »Christianisierung« und damit den Untergang des Osmanischen Reichs zu wehren. Das »Komitee für Einheit und Fortschritt« übte zwar durch seine militärischen Mitglieder weiterhin Druck auf den Sultan aus, gewann jedoch kaum Einfluß auf das neue Kabinett, das sich wieder aus bereits bekannten Politikern zusammensetzte.

In Europa war der Erfolg der Jungtürkischen Revolution öffentlich mit Befriedigung aufgenommen worden. Unter der Hand bereiteten jedoch einige Regierungen Übergriffe auf den Hoheitsbereich der Pforte vor, die der Beteuerung Hohn sprachen, man wolle sich jetzt nicht mehr einmischen, da der Sultan bald von einem Parlament kontrolliert werde. Am 5. Oktober 1908 erklärte das von Rußland unterstützte Bulgarien seine Unabhängigkeit – damit entfielen endgültig die Steuerzahlungen an den Sultan –, am 7. Oktober annektierte Österreich Bosnien und Herzegowina, zwei osmanische Provinzen, die ebenfalls noch dem Sultan steuerpflichtig waren, und am 12. Oktober unterstellte sich die nominell vom Sultan regierte Insel Kreta unter stillschweigender Billigung der europäischen Kontrollmächte der griechischen Regierung. Die in Istanbul bevorstehenden Parlamentswahlen waren als momentane Handlungsschwäche der osmanischen Regierung erkannt und prompt ausgenutzt worden.

Im Hinblick auf die Wahl des Parlaments, das im Dezember 1908 eröffnet werden sollte, wurde Mustafa Kemal Ende Oktober vom »Komitee für Einheit und Fortschritt« in die osmanische Provinz Tripolitanien, den westlichen Teil des heutigen Libyen geschickt, um den dort lebenden Arabern das Programm der Jungtürken zu erläutern und sie zu einer Wahl fortschrittlicher Abgeordneter zu drängen. Durch diese Mission wurde er, nicht zuletzt auf Betreiben Envers, ehrenvoll aus Saloniki abgeschoben, wo er durch seine harsche und eigenwillige Kritik an den sich immer deutlicher abzeichnenden Großmachtträumen und an der Tendenz zu militärischen Übergriffen auf die Politik auf zunehmende Reserviertheit und Abneigung stieß. Seine militärische Aufgabe, die Überwachung der Eisenbahnlinie von Saloniki nach Üsküp (Skopje), hatte ihn keineswegs daran gehindert, die entscheidenden Männer durch eigene Diskussionsrunden immer wieder auf sich aufmerksam zu machen. Die undiplomatische und schroffe Art, mit der er auftrat und seine eigenen Ideen vortrug, war jedoch kaum geeignet, ihm die Türen in das Zentrum des »Komitees« zu öffnen.

Seine Mission in Tripolitanien erfüllte er entgegen allen Erwartungen außerordentlich gut. Er selber fühlte sich als Sonderbotschafter zu einem Machtträger erhoben, der Anteil hatte an dem fast mystischen Vorgang gesellschaftlicher Umstrukturierung. In diesem Sinne jedenfalls schrieb er während seiner Schiffsreise über Izmir und Iskendarun nach Tripolis an seinen Jugendfreund Salih (Bozok), den er später zu seinem ersten Adjutanten ernannte.[33] Erleichtert, dem stupiden militärischen Alltag zu entgehen, vergaß er schnell die mißgünstige Ablehnung seiner Person durch das »Komitee« und konzentrierte sich mit allen Kräften auf das vor ihm liegende Ziel. Es mußte ihm gelingen, die Araber von dem neuen Kurs in Istanbul zu überzeugen.

Als er vor Tripolis, das keine Hafenanlagen besaß, von einem Boot an Land gebracht worden war, entdeckte er niemanden, der zu seinem Empfang gekommen war. Gekleidet in seine Offiziersuniform mit dem Rangabzeichen eines Hauptmanns, verließ er zu Fuß mit seinem Gepäck die mittelalterliche, ärmliche Hafenstadt und lief bis zu einem offenen Strandgelände, wo er sich zum Schlafen ausstreckte, den Tornister unter dem Kopf. Aus dieser desillusionierenden Situation, die ihm die ersten Hoffnungen auf einen Erfolg zerstörte, riß ihn der salutierende Gruß eines türkischen Offiziers, der, wie er gleich darauf erkannte, jünger war und als Leutnant zwei Ränge unter ihm stand. Seine optimistische Stimmung kehrte zurück, und mit frisch gefaßtem Mut folgte er seinem neuen Freund in dessen Quartier.

Am nächsten Morgen stellte er sich dem Ortskommandanten vor und weihte ihn in seine Pläne ein. Er wurde daraufhin sehr respektvoll behandelt und erhielt als Unterkunft für die Dauer seines Aufenthalts die für den Pascha von Tripolis reservierten Wohnräume. Da die luxuriös ausgestattete Zimmerflucht für mehr als eine Person Platz bot, lud er den jungen Leutnant dazu ein, mit ihm das herrschaftliche Domizil zu teilen. Der Anfang war gemacht, und sein Selbstvertrauen war wiederhergestellt.

Die schwierigsten Partner, mit denen er in den folgenden Wochen konfrontiert wurde, waren der Scheich von Tripolis und der Scheich von Bengasi. Über türkische Spione hatte er erfahren, daß der Scheich von Tripolis ihn, wie drei seiner Vorgänger, die ebenfalls vom »Komitee« geschickt worden waren, gefangennehmen wollte. Mustafa Kemal ging auf diese Nachricht hin ohne Begleitschutz in den Vorhof einer Moschee, wo sich die Anhänger des Scheichs zu treffen pflegten. Er hielt dort eine leidenschaftliche Rede über Patriotismus und darüber, daß alle muslimischen Brüder zusammenhalten müßten, um sich vor äußeren Feinden schützen zu können. Er schloß mit der Versicherung, daß ihre besonderen Nöte bei der neuen Regierung Gehör finden würden. Die Feindseligkeit der Versammelten schien sich während des Zuhörens verringert zu haben, der Scheich aber ließ sich dennoch den Abgesandten aus Saloniki vorführen. Er fragte ihn, wer er sei und ob er eine Berechtigung habe, sich so anmaßend zu verhalten. Mustafa zeigte ihm seine Vollmacht vom »Komitee«, doch der Scheich lachte nur und erzählte ihm von den drei Abgesandten, die er in sein Gefängnis habe werfen lassen. Ohne einen Augenblick zu zögern, änderte Mustafa seine Taktik, reichte dem Scheich seine Vollmacht und sagte: »Nehmen Sie das Papier und zerreißen Sie es in Stücke. Ich gehöre zu den Männern, die kein solches Papier benötigen. Ich bin ein Mann, der nur gekommen ist, um mit Ihnen zu sprechen.« Der Scheich antwortete lächelnd: »Dann kann auch ich mit Ihnen sprechen.« Nach der Audienz wurden die Abgesandten freigelassen.

In Bengasi, in der osmanischen Nachbarprovinz Cyrenaika, dem östlichen Teil des heutigen Libyen, ging es nicht ohne militärischen Nachdruck. Der Scheich der Region, Mansor, hatte die Verwaltungsbeamten des Sultans zu Marionetten gemacht, die nach seiner Pfeife tanzen mußten. Mustafa versuchte daher erst gar nicht, Scheich Mansor auf diplomatischem Weg zu erreichen. Er überredete den türkischen Ortskommandanten und dessen Offiziere, ihre Soldaten für ein Übungsmanöver in die Kasernen zu rufen. Als er merkte, daß sie eine Inspektion im Auftrag der neuen Regierung befürchteten, um endgültig die üblichen Mißstände aufzudecken und zu ahnden, beruhigte er sie durch schmeichlerische Komplimente über die Garnison. Schließlich willigten die Offiziere ein und folgten dem taktischen Übungsplan des Hauptmanns aus Saloniki, der vorgeschlagen hatte, ein Infanterieregiment erst von Westen und dann, in plötzlichem Wechsel, so als käme der Feind doch von der anderen Seite, von Osten her Bengasi einnehmen zu lassen. Daß das Manöverziel, ein scheinbar beliebiges Haus in der Stadt, die Residenz Mansors war, verriet er allerdings vorerst nicht.

Die Operation gelang, ohne Verdacht bei der arabischen Bevölkerung zu erregen, und als das Zielobjekt, die Residenz des Scheichs, spielerisch umzingelt war, kam ein Mann mit einer weißen Fahne heraus, um eine kampflose Übergabe anzubieten. Mustafa ließ dem Scheich mitteilen, daß die Belagerung erst aufgehoben würde, wenn es zu einem Gespräch zwischen ihnen beiden käme. Mansor, der den unernsten Charakter des Manövers noch nicht erkannt hatte, erklärte sein Einverständnis und empfing den Abgesandten des »Komitees«. Nachdem Mustafa die Politik der Jungtürken ausführlich dargelegt hatte, hielt Mansor ihm einen Koran entgegen und fragte: »Können Sie bei diesem Buch schwören, daß Sie unserem Herrn, dem Kalifen, kein Übel zufügen werden?« Mustafa nahm den Koran, küßte ihn und antwortete: »Ich ehre und segne dieses Buch, und ich schwöre bei ihm und bei meiner Ehre und mit den heiligen Worten, die hier niedergeschrieben sind, daß ich dem Mann, der sich Kalif nennt, kein Übel antun werde.« Da der Scheich auf diese Weise sein Gesicht als Verteidiger des Glaubens gewahrt hatte, konnte er auch politische Zugeständnisse machen. Er versicherte, daß er die Autorität der Verwaltungsbeamten und des Militärs in Zukunft respektieren werde.[34]

Diesem doppelten Gesellenstück aus diplomatischer Gewandtheit und soldatischer Kühnheit folgte gut zehn Jahre später das doppelte Meisterstück, als Mustafa Kemal die nationale Sammelbewegung und den Widerstand gegen die griechische Invasion auf sich vereinigte. Zum Zeitpunkt seiner Rückkehr nach Saloniki war er wohl persönlich um einige wichtige Erfahrungen reicher, dem »Komitee« aber, das ihn wahrscheinlich lieber bei den anderen drei Abgesandten im Gefängnis des Scheichs von Tripolis gesehen hätte, brachte ihn seine tadellos durchgeführte Mission nicht einen Schritt näher.

Das Ignorieren dieser Leistung hing wesentlich mit der am 2. September 1908 gegründeten »Arabisch-osmanischen Bruderschaft« zusammen, die das schockierte »Komitee« mit der Tatsache konfrontierte, daß es nach diesem Alleingang arabischer Gruppen nicht mehr mit einer geschlossenen Unterstützung aller muslimischen Osmanen rechnen konnte. Das Wahlergebnis im Dezember 1908 war daher nur den Zahlen nach befriedigend: Von den 275 Parlamentssitzen ging nur einer an die jungtürkische Splitterpartei »Liberale Union«, alle anderen wurden von Abgeordneten des »Komitees für Einheit und Fortschritt« eingenommen. Dieser scheinbar einheitliche Block von 274 Abgeordneten fiel schon bald in nationale und ethnische Interessengruppen auseinander, denn 142 Mandatsträger waren Türken, 60 Araber, 25 Albaner, 23 Griechen, 12 Armenier, 5 Juden, 4 Bulgaren, 3 Serben, und einer vertrat die rumänische Minderheit in Mazedonien. Mit der Bezeichnung des neuen Parlaments als einem »Turm zu Babel« wurde das politische Chaos der nächsten Jahre hellsichtig von einem Abgeordneten, dem Philosophen Riza Tevfik, erkannt.[35]

Zur Eröffnung des Parlaments am 17. Dezember 1908 im Gebäude des Justizministeriums am Sultan-Ahmet-Platz (neben dem heutigen Museum für türkische und islamische Kunst) kam Abdul-Hamid II. in einer offenen Kutsche vom Yıldız-Palast. Die meisten Istanbuler sahen ihren Herrscher zum erstenmal, und auf viele von ihnen wirkte der gebeugt sitzende Mann mit seinem großen bleichen Gesicht wie ein »lebender Leichnam«. Während seine Ansprache vor den Abgeordneten und den auf einer Sondertribüne versammelten Diplomaten von seinem Ersten Sekretär verlesen wurde, saß er teilnahmslos in der Sultansloge. Erst nachdem die Rede beendet war, deren Kernsatz lautete: »Zufrieden darüber, daß die Erfüllung des allgemeinen Wunsches [nach Reformen] das gegenwärtige und zukünftige Glück für mein Reich und mein Land bedeutet, verkünde ich die Konstitution abermals und ohne Zögern, auch wenn es Ansichten und Meinungen gibt, die dagegen gerichtet sind«, und nachdem ein Sprecher der Abgeordneten der Regierung zugesichert hatte, sie bei der Rückgewinnung jüngst verlorener Gebiete zu unterstützen, stand Abdul-Hamid von seinem Thronsessel auf, streckte die Handflächen nach oben und sprach gemeinsam mit den anwesenden Muslims ein Gebet. Noch aber hielt der »alte Fuchs« einige Trumpfkarten in der Hand. Trotz der Auflösung der Geheimpolizei und der Abschaffung des Artikels 113 der Verfassung von 1876, der ihm die Auflösung des Parlaments zugebilligt hatte, besaß er großen Einfluß bei den Konservativen, und er rechnete mit der Uneinigkeit der Abgeordneten und ihrer Unerfahrenheit in Staatsgeschäften.

Vier Monate später, am Abend des 12. April 1909, kam es vor der Sultan-Ahmet-Moschee zu einer Massendemonstration von Schülern der Koranschulen, Handwerkern und Arbeitern, die das »Komitee« der Religionsfeindlichkeit beschuldigten und Forderungen nach Verstärkung des islamischen Rechts (Scharia), nach Entfernung der Komiteemitglieder aus der Armee und nach der Umbesetzung der Regierung stellten. Während der Nacht zum 13. April stürmten Demonstranten, unterstützt von Soldaten der in Istanbul stationierten 1. Armee, das gegenüber der Moschee liegende provisorische Parlamentsgebäude und töteten zwei der in Panik fliehenden Abgeordneten. Am Tag darauf trat die Regierung unter dem Druck der Straße zurück, und Abdul-Hamid, der die Chance gekommen sah, sich endlich wieder von dem ihm aufgezwungenen Kurs zu befreien, versprach den Demonstranten, alle ihre Forderungen zu erfüllen. Er ernannte ein neues Kabinett, übernahm die Kontrolle der Streitkräfte und regierte und herrschte fast wie zuvor.

In dieser die Existenz des Parlaments bedrohenden Situation richtete sich die Hoffnung aller Fortschrittlichen auf die 3. Armee in Mazedonien. Mehrere ältere Offiziere, eher besorgt um die Wiederherstellung der Ordnung in Istanbul als um die Zukunft der Jungtürken, schlossen sich dem Kommandanten Mahmut Şevket Paşa an, der bereit war, gegen die Hauptstadt zu marschieren. Das »Komitee« versuchte in den Randgebieten des Reichs Freiwillige zu mobilisieren, nicht zuletzt bei den religiösen Minderheiten, die im Parlament vertreten waren. Dabei kam es in Adana wiederholt zu Aufständen von Armeniern, die in ihrer Hoffnung auf nationale Unabhängigkeit kaum einen Grund hatten, die nach einem Großreich strebenden Jungtürken zu unterstützen, sondern eher dazu neigten, einen Schwächemoment der Istanbuler Regierung für ihre Sache zu nutzen. Der in den neunziger Jahren des vergangenen Jahrhunderts notdürftig eingedämmte religiöse Fanatismus wurde durch diesen Anstoß wiedererweckt und verursachte als Gegenreaktion ein neues Massaker unter der christlich-armenischen Bevölkerung.

In Saloniki berieten Mahmut Şevket und die zu ihm haltenden Offiziere mit Mitgliedern des »Komitees« die Lage in Istanbul, die zu raschem Handeln zwang. Für Mustafa Kemal war es bitter zu erfahren, daß Enver, der von der inzwischen zurückgetretenen Regierung als Militärattaché nach Berlin geschickt worden war, sich bereits wieder in Mazedonien aufhielt. Würde er ihm abermals den Rang ablaufen und sich elegant und liebenswürdig nach vorne spielen? Glück und richtige Einschätzung entschieden jedoch anders. Der Kommandant der 3. Armee ernannte Mustafa Kemal zum Ausbildungsleiter sämtlicher Divisionen, die als »Aktionsarmee« nach Istanbul in Marsch gesetzt werden sollten. Innerhalb weniger Tage gelang es Mustafa, die Disziplin und Moral der Einheiten auf sich zu verpflichten und Soldaten und Material in kürzester Zeit mit Zügen nach Yeşilköy vor die Tore Istanbuls zu bringen.

In Yeşilköy (damals San Stefano), wo die »Aktionsarmee« ab 22. April auf neue Befehle wartete, entstand eine Verzögerung, weil einerseits Mahmut Şevket die Bevölkerung von Istanbul nicht durch einen plötzlichen Einmarsch in Panik versetzen wollte, andererseits einige der Abgeordneten, die in den Vorort gekommen waren, für eine friedliche Lösung auf Verhandlungsbasis plädierten. Schließlich setzten sich doch diejenigen durch, die Abdul-Hamid für ein zu großes Risiko hielten. In einer geheimen Sitzung beschloß das Rumpfparlament, unterstützt durch Mitglieder des ehemaligen und des amtierenden Kabinetts, als »Nationale Öffentliche Versammlung« die Absetzung des Sultans wegen Beteiligung an der Gegenrevolution und Veruntreuung von Staatsgeldern und ernannte seinen Bruder zum Nachfolger.

Mustafa Kemal verfaßte während dieser zwei Tage im Namen seines Kommandanten Şevket rhetorisch ausgefeilte Telegramme, die die Gemüter der dem Sultan noch ergebenen Militärs in Istanbul beruhigen sollten. Am 24. April 1909 besetzte die »Aktionsarmee«, die nur auf geringen Widerstand in den Straßen und Kasernen stieß, die wichtigsten Punkte Istanbuls. Am 27. April gab die »Nationale Öffentliche Versammlung« in der Hagia Sophia unter Hinweis auf das entsprechende Gutachten (Fetva) des Scheich-ul Islam bekannt, daß Abdul-Hamid II. abgesetzt sei und sein Bruder als Mehmet V. Reşat den Thron besteige. Noch am selben Abend wurde Abdul-Hamid im Yıldız-Palast durch Offiziere vor die vollendete Tatsache seiner Entmachtung gestellt und mit seiner Familie und einiger Dienerschaft in einem Sonderzug nach Saloniki gebracht, wo die luxuriöse Villa »Allatini« zu seiner Verfügung stand. Während des Balkankriegs 1912 quartierte man ihn nach Istanbul in den Beylerbey-Palast am asiatischen Ufer des Bosporus um – Wilhelm II. hatte aus alter Anhänglichkeit für den sicheren Transport den deutschen Kreuzer »Loreley« zur Verfügung gestellt –, damit er nicht den Feinden als Geisel in die Hände fiel. Dort starb er am 10. Februar 1918 kurz vor dem Zusammenbruch des Osmanischen Reichs.

Mit der erfolgreichen Einnahme Istanbuls endete für Mustafa Kemal und die »Aktionsarmee« der Auftrag. Ehe er sich nach Saloniki zurückzog, sah er noch die toten Körper der auf der Galata-Brücke durch den Strang hingerichteten Hauptträdelsführer der Gegenrevolution und hörte, wie die Menge dem neuen Sultan, der dreißig Jahre von seinem Bruder wie ein Gefangener gehalten worden war, bei seiner Fahrt über das Goldene Horn zur traditionellen Schwertumgürtung in der Eyüp-Moschee »Lang lebe der Sultan« zurief.

Mahmut Şevket übte bis in das Jahr 1910 als oberster Kommandant das Kriegsrecht in Istanbul aus und wurde zum Inspekteur der 1., 2. und 3. Armee ernannt, was ihm erheblichen politischen Einfluß verschaffte, eine Konstellation, die sich bei Staatskrisen bis in die Gegenwart der Türkischen Republik von Zeit zu Zeit wiederholen sollte. Das »Komitee für Einheit und Fortschritt«, das zu seiner Mehrheit im Parlament diesmal auch im neuen Kabinett zwei seiner bedeutendsten Mitglieder, Talaat und Cavit, als Innenminister und Finanzminister unterbringen konnte, blieb dennoch weiterhin unter dem Einfluß der Militärs. Ein wesentlicher Grund für die mangelnde Durchsetzungskraft des »Komitees« war das Fehlen einer straffen Organisation. Saloniki war zwar eine gewichtige ideelle Zentrale, aber auch dort prallten die gleichen politischen und theoretischen Gegensätze aufeinander wie in den weithin über das Reich verstreut liegenden und über lange Zeit im geheimen wirkenden jungtürkischen Zellen, denen es weder gelang, ein verbindliches Programm zu entwerfen noch eine hierarchische Partei aufzubauen. Erst nach den Gebietsverlusten in den Kriegen in Tripolitanien und auf dem Balkan zwischen 1911 und 1913, als sich in der Bevölkerung die Rufe nach einer stärkeren Autorität mehrten, einigten sich die Jungtürken auf einen pragmatischen Kurs und brachten im Juni 1913 den Volkshelden Enver und zwei weitere Mitglieder des »Komitees« an die Spitze einer Regierung, die, wie bereits von Mahmut Şevket vorexerziert, auf militärischer Stärke basierte. Kleine Oppositionsparteien, die sich gerade zu formieren begannen, verloren damit jede Chance eines politischen Einflusses.

In Saloniki nahm Mustafa Kemal im Sommer 1909 am Jahreskongreß des »Komitees« als Vertreter Tripolitaniens teil. Während dieser Sitzungen griff er das durch die besondere Stellung Mahmut Şevkets aktuell gewordene Thema der personellen Verschmelzung von Politik und Militär auf und stellte den Antrag, eine Trennung zur Bedingung bei der Vergabe von Ämtern und Positionen zu machen. Sein Antrag wurde nicht angenommen, doch er ließ sich dadurch nicht abhalten, dieses Thema in den nächsten Jahren immer wieder mit Freunden und Gegnern zu diskutieren. Daß er sich dadurch bei seinen jungtürkischen Vorgesetzten um die seit der Einnahme Istanbuls fällige Beförderung brachte, ließ seine mißliebigen Meinungsäußerungen ebensowenig verstummen wie seine Kritik am Ausbildungsstand der Soldaten, die er gegenüber traditionalistischen Offizieren vorbrachte und die ebenfalls seine Karriere behinderte.

Seine zur Gewohnheit gewordene private Diskussionsrunde, die ihm in Saloniki wie auch später in ähnlicher Form in Ankara half, die ihn gelegentlich quälenden Depressionen zu überwinden, umfaßte einen Kreis von Männern, die ihn fast alle bis in die Anfänge der Republik begleiteten. Neben Ali Fuat (Cebesoy) und Ali Fethi (Okyar) waren das einige neue Freunde wie Husseyin Rauf (Orbay), ein Marineoffizier, den er während der Wartezeit in Yeşilköy kennengelernt hatte, Kâzım Karabekır, Sohn eines Paschas und selber Karriereoffizier bei der Armee, Tevfik Rüştü (Aras), ein Militärarzt, und Ismet (Inönü), ein Offizier der Artillerie, der nach dem Tod Atatürks zweiter Staatspräsident wurde.

Die vielfältigen militärischen Aufgaben, die Mustafa Kemal als einem fähigen Offizier trotz seiner unkonventionellen Meinungen zugeteilt wurden, lenkten ihn ebenfalls von den düsteren Betrachtungen über seine stockende Karriere ab. Seit Mitte des Jahres 1909 gab es wieder Kriegsübungen und Feldmanöver, die Abdul-Hamid II. zuvor in der Furcht ausgesetzt hatte, eine zu schlagkräftige Armee könne sich gegen ihn wenden. Mustafa tat sich als Taktiker, Organisator und Ausbilder hervor, und er scheute sich zum Entsetzen seiner Vorgesetzten nicht, Colmar von der Goltz, der als Gast ein Manöver leiten sollte, eigene Pläne zu unterbreiten. Ein schriftliches Zeugnis aus dieser Zeit ist seine Übersetzung der von General Litzmann, einem ehemaligen Leiter der Militärakademie in Berlin, verfaßten »Felddienstordnung für die Kompanie« aus dem Deutschen, das er wie viele der von preußischen Militärs ausgebildeten türkischen Offiziere recht gut beherrschte.

Anfang des Jahres 1910 wurde er mit der Niederschlagung eines Aufstandes in Albanien betreut. Die militärisch erfolgreiche Aktion erwies sich jedoch politisch als Schlag ins Wasser, denn die nationale Unabhängigkeitsbewegung der Skipetaren hatte bereits so sehr an Stärke gewonnen, daß es ihr bis 1913 gelang, Albanien aus dem Osmanischen Reich zu lösen. Für Mustafa persönlich war die Begegnung mit dem in Albanien eine Division kommandierenden Oberst Fevzi (Çakmak) von bleibendem Wert. Fevzi schloß sich später der nationalen Verteidigung in Ankara an und wurde zu einer der bekanntesten Persönlichkeiten der jungen Republik.

Im Herbst 1910 reiste Mustafa Kemal als einer von drei Delegierten nach Frankreich in die Picardie – ein Besuch in Paris galt Ali Fethi, der zum Militärattaché an der türkischen Botschaft ernannt worden war –, um als Vertreter der Türkei an den Großen Manövern teilzunehmen. Er erntete mit seinen taktischen Kenntnissen, die er in der Landessprache vortrug, durchaus Anerkennung bei den französichen Offizieren. Dennoch nahm er während seines ersten Besuchs in Westeuropa eine gewisse Geringschätzung wahr, die ihm und seinen beiden Kollegen als Türken galt. Als er wieder in Saloniki war, erzählte er seinen Freunden im Café »Zum weißen Turm«, daß man sich sogar über ihre Kopfbedeckung, den in Form eines gepreßten Zylinders und aus braunem Fell gearbeiteten »Kalpak«, amüsiert habe. Als verspätete Reaktion auf diese europäische Arroganz, aber auch auf die in Frankreich bestätigte Erkenntnis, daß das osmanische Militär noch weit hinter dem modernen westlichen Standard zurücklag, erklärte er seinen verblüfften Freunden plötzlich: »Ich habe mich entschieden, aus der Armee auszutreten. Ich kann unter diesen Verhältnissen nicht weitermachen, das ist ganz unmöglich.«[36] Noch im Laufe des Abends änderte er jedoch seine Meinung wieder.

Den Offizieren aus alter Schule, die politische Diskussionen für unvereinbar mit dem Soldatenberuf hielten, wurde Mustafa Kemal allmählich suspekt. Sie machten immer häufiger Meldungen über ihn in der Hauptstadt, wo Mahmut Şevket inzwischen zum Kriegsminister avanciert war. Dieser ordnete schließlich im Sommer 1911 an, den aufsässigen Hauptmann in den Großen Generalstab nach Istanbul zu versetzen, damit er ihn besser überwachen könne.

Als Mustafa Kemal gerade einige Tage in Istanbul war, erklärte Italien, das sich wie England und Frankreich ebenfalls eine Kolonie in Nordafrika aneignen wollte, der Hohen Pforte in Tripolitanien und der Cyrenaika den Krieg. Enver, jung verheiratet mit einer osmanischen Prinzessin, wurde sofort mit anderen Offizieren und einer Division – die Lage auf dem Balkan erlaubte keine massiven Entsendungen – nach

Bengasi geschickt, um die fünfzehntausend Mann, die lediglich in den beiden afrikanischen Provinzen stationiert waren, zu verstärken. Mustafa, der eine günstige Gelegenheit gekommen sah, sich öffentlich auszuzeichnen und sich auf gleichem Feld mit Enver zu messen, meldete sich umgehend als Freiwilliger zum Kriegsdienst. Mahmut Şevket, der die Leistung des jungen Hauptmanns aus der Zeit der »Aktionsarmee« noch in guter Erinnerung hatte, machte seinen Einfluß geltend, und so wurde auch Mustafa Kemal nach Nordafrika in Marsch gesetzt.

Ehe er Istanbul verließ, beauftragte er Salih (Bozok), seiner Mutter ein Geschenk zu überbringen, ihr aber nichts von seiner Beteiligung am Krieg gegen Italien zu sagen. Von unterwegs schrieb er seinem Freund: »Grüße herzlichst unsere Kameraden im Regiment. Das Ausbildungsprogramm, das wir zusammen entwickelt haben, ist von guter Wirkung. Achte darauf, daß niemand nachläßt oder aufgibt. Nichts werden sie jemals erreichen, wenn sie sich wieder ihrer alten Trägheit überlassen.«[37]

5

Der Krieg in Tripolitanien und der Cyrenaika. Der Balkankrieg (1911 – 1913)

Fünf Tage nach der Kriegserklärung an das Osmanische Reich am 29. September 1911 hatte Italien von der Seeseite aus alle wichtigen Küstenstädte von Tripolis bis Tobruk besetzt. Als Mustafa Kemal, unter dem Oberkommando von Enver Befehlshaber einer Division, in Istanbul aufbrach, ahnte er nicht, daß seine in der Hafenstadt Derna stationierte Einheit sich bereits seit mehreren Wochen im Hinterland befand, um eine zweite Verteidigungslinie zu errichten. Kaum ein Offizier gab sich wohl – bei allem persönlichen Ehrgeiz – der Illusion hin, die nordafrikanischen Provinzen noch retten zu können. Die Regierung in Istanbul hielt ihrerseits diese von vornherein zum Scheitern verurteilte militärische Aktion für notwendig, um in Anbetracht der drohenden Lage auf dem Balkan das Gesicht des Sultans und Kalifen vor den anderen muslimischen Untertanen des Reichs zu wahren, auf deren Unterstützung sie zunehmend angewiesen war.

Da das östliche Mittelmeer von italienischen, griechischen und englischen Kriegsschiffen kontrolliert wurde, mußte Mustafa Kemal den Landweg benutzen. Er gelangte über Syrien nach Ägypten, wo der britische Kolonialgouverneur, von seiner Regierung in London zur Neutralität gegenüber Italien verpflichtet, kurz zuvor die Westgrenze für Türken hatte schließen lassen. Als Mustafa in Alexandria eintraf, trug er einen europäischen Anzug und gab sich als Geschäftsreisender aus. Es gelang ihm zwar auf diese Weise als Armeeangehöriger unerkannt zu bleiben, aber er mußte sich dennoch länger als vorgesehen in der Stadt aufhalten, weil er einen Malariaanfall bekam, der sich in den folgenden Jahren mehrfach wiederholte.

Sobald sich das Fieber gesenkt hatte, brach er zum letzten und riskantesten Teil seiner Anmarschroute auf. Er verkleidete sich als Araber und bestieg einen Zug, der ihn bis an die westliche Landesgrenze brachte. An der Übergangsstelle zur Cyrenaika stutzten die wachhabenden ägyptischen Soldaten, als sie unter der weißen Kopfbedeckung zwei blaue Augen entdeckten. Sie sprachen den Verdächtigen an und

*Mustafa Kemal in arabischem
Gewand, 1911*

wurden noch mißtrauischer, denn das Arabisch, das sie zu hören bekamen, war ein einziges Kauderwelsch. Sie informierten daraufhin ihren
Vorgesetzten und übergaben ihm die suspekte Person. Glücklicherweise führte das Kommando ein muslimischer Ägypter, der die Engländer haßte und den Sultan-Kalifen verehrte. Nachdem Mustafa sich
zu erkennen gegeben hatte, unterhielten sich die beiden Offiziere angeregt über die bedrängte Lage des Osmanischen Reichs und versicherten sich ihrer gegenseitigen Hochachtung. Dann befahl der Kommandant seinen Soldaten, den aufgehaltenen Reisenden seines Wegs
ziehen zu lassen.[38]

Jenseits der ägyptischen Grenze traf Mustafa Kemal auf andere tür-
kische Offiziere, die sich ebenfalls durchgeschmuggelt hatten. Mit
Hilfe ägyptischer Untergrundkämpfer, die lieber den Sultan als den
englischen König unterstützten, stellten sie eine kleine Karawane aus
Reitpferden und Lastkamelen zusammen, die nach einer Woche das
Feldlager der aus Derna geflohenen türkischen Soldaten erreichte.
Trotz Behinderung durch einen erneuten Malariaanfall und einer
Augenkrankheit versuchte Mustafa Kemal als verantwortlicher Befehlshaber, die physisch und moralisch geschwächte Division wieder
aufzurichten. Die militärische Übermacht der italienischen Truppen,
die die Küste unter Kontrolle hatten, und die mangelnde Solidarität

75

der arabischen Stämme, die sich teils gegenüber den Italienern als bestechlich erwiesen, teils aus religiöser Überzeugung der Regierung der Jungtürken mißtrauten, machten jedoch jede Hoffnung auf einen wirkungsvollen Gegenschlag zunichte. Immerhin konnte sich Mustafa in der Guerillataktik üben, die er auf der Militärakademie studiert und bei den Drusen und in Mazedonien kennengelernt hatte, deren Feinheiten ihm aber erst jetzt die Senussi, Angehörige einer in der Oase Kufra ansässigen muslimischen Sekte, beibrachten.

Am sogenannten tripolitanischen Krieg, der ein Jahr später, am 15. Oktober 1912, endete, nahmen auch Ali Fethi (Okyar), der sich von seinem Posten als Militärattaché in Paris hatte entbinden lassen, und Husseyin Rauf (Orbay) teil, die beiden Freunde aus Saloniki. Rauf, der als junger Mann Schiffbau in Danzig studiert hatte, war Marineoffizier auf der »Hamidiye«, dem einzigen türkischen Kriegsschiff, das außerhalb der Dardanellen kreuzte. Der türkische Kreuzer transportierte Waffen nach Syrien, wo das Kriegsmaterial in Boote umgeladen und durch die italienische Seefront an die Küste der Cyrenaika geschmuggelt wurde. Als Italien im Frühjahr 1912 auch die dicht vor der türkischen Westküste liegenden, osmanisch verwalteten Inseln des Dodekanes und Rhodos besetzte, um die Hohe Pforte schneller zur Aufgabe ihres Widerstands in Nordafrika zu bringen, war es allerdings kaum noch möglich, die »Hamidiye« sicher durch die Ägäis zu steuern.[39]

Das Verhältnis Mustafa Kemals zu Enver verschlechterte sich im Lauf des Krieges, einer Serie von Kleinscharmützeln unter glühender Sonne, dermaßen, daß es sogar zu öffentlichen Auseinandersetzungen zwischen ihm und seinem Vorgesetzten kam. Fethi versuchte vergeblich, sie miteinander auszusöhnen, ihre Charaktere waren zu ähnlich und ihre politischen Ansichten unvereinbar. Beide führten gerne Streitgespräche, und beide duldeten aus Stolz, leichter Erregbarkeit und Eigensinn weder Widerspruch noch Kritik. Enver hatte großartige Zukunftsvisionen und kümmerte sich wenig um die Erfordernisse der Gegenwart, Mustafa Kemal dagegen mißtraute Schwärmereien, denn sie behinderten seine in Kenntnis der Details und Fakten getroffenen nächsten Entscheidungen. Enver, seit seiner Verheiratung mit der osmanischen Prinzessin Mitglied der Sultansfamilie, hielt in einem prachtvoll ausgestatteten Zelt hof, empfing zeremoniös die Vertreter der arabischen Stämme, verteilte Geschenke und gab Feste. Mustafa lebte betont spartanisch, grollte seinem jüngeren Vorgesetzten, dem er

Lagebesprechung in Tripolitanien, 1911

sich als Soldat und als Mensch überlegen fühlte, und verbreitete mit seinem sarkastischen Humor und seiner an Zynismus grenzenden harten Kritik eine Atmosphäre irritierender Wachheit und unpersönlicher Strenge. Ihm fehlten Freunde, ihm fehlten Aufgaben mit mehr Befehlsgewalt und Einfluß. Seine Beförderung im November 1911 zum Major veränderte diese Situation nur wenig.

Anläßlich der Feierlichkeiten zum dritten Jahrestag der Thronbesteigung von Mehmet V. Reşat hatte der französische Kriegskorrespondent Georges Rémond Gelegenheit zur Unterhaltung mit einem Offizier, der den Jungtürken nahestand. Die Schlußbetrachtungen, in denen der türkische Gesprächspartner seine Sorgen über die Zukunft offenbarte, hätten Mustafa Kemal, wäre er zugegen gewesen, angenehm in den Ohren geklungen, denn sie enthielten die Forderung nach einem Retter, eine Rolle, in der er sich selbst gern vor seinen Freunden in Saloniki sah. »Ich bin ein Revolutionär«, erklärte der Offizier dem französischen Journalisten, »denn ich habe dazu beigetragen, die Institutionen meines Landes zu verändern und den Sultan zu stürzen, den ich im übrigen selber anläßlich seiner Gefangennahme begleitete. Aber ich versichere Ihnen, daß sich diese Revolution, zumindest unter uns Offizieren, im Namen des in seinen Rechten bedrohten Vaterlands und nicht im Namen allgemeiner Utopien vorbereitete. Wir, die wir bei den gebildeten Völkern Europas gelebt und gelernt haben, wollten unserem Land die Ordnung bringen, die wir dort hergestellt sahen. Alles brach bei uns unter der furchtbarsten Tyrannei zusammen. Sind wir vielleicht zu spät gekommen? Erfüllten wirklich alle ihre Aufgaben nach bestem Vermögen? Gab es nicht zu viele Verräter? Wenn unter solchen Verhältnissen, wie sie bei uns herrschten, eine Krise ausbricht, stürzen mit dem Alten auch viele Anschauungen, die darin wurzelten. Wird es uns gelingen, dieses Reich zu retten, oder haben wir nur seinen Untergang beschleunigt? Auf jeden Fall brauchen wir beherzte Männer, die etwas wagen.[40]

Da die Istanbuler Regierung wegen der Bündnisverträge des Balkanvierbunds (Serbien und Bulgarien am 13. März, Griechenland und Bulgarien am 29. Mai, Montenegro und Bulgarien am 27. September, und Montenegro und Serbien am 6. Oktober 1912) mit einem Krieg auf dem Balkan rechnen mußte, war sie zu weitgehenden Konzessionen gegenüber Italien bereit, um alle militärischen Kräfte an der Westgrenze des Reichs konzentrieren zu können. Am 15. Oktober 1912 trafen beide Länder in Ouchy bei Lausanne die Vereinbarung, daß die Einheiten der osmanischen Armee aus den Provinzen Tripolitanien und Cyrenaika und die italienischen Einheiten vom Dodekanes zurückgezogen würden. Im Gegensatz zur Pforte, die umgehend ihre Zusage einlöste, hielt Italien die ägäischen Inseln weiterhin unter dem Vorwand besetzt, es müsse die dortige Bevölkerung vor dem drohenden Krieg schützen, den der Balkanvierbund schließlich am 24. Oktober dem Osmanischen Reich erklärte.

Mitte Oktober 1912 verließ Mustafa Kemal die verlorengegangenen nordafrikanischen Provinzen. Da ihm während der Behandlung seiner Augen im Feldlazarett geraten worden war, eine Spezialklinik in Wien aufzusuchen, folgte er nicht den anderen Offizieren und Soldaten auf ihrem Rückmarsch durch Ägypten und Syrien, sondern reiste erst mit dem Schiff von Tunesien nach Frankreich und von dort mit der Bahn bis Wien. Nach einem kurzen Klinikaufenthalt konnte er endlich die

Heimreise antreten. Da der Balkankrieg jedoch bereits begonnen hatte, mußte er den zeitraubenden Umweg über die neutralen Länder Ungarn und Rumänien und über das Schwarze Meer nehmen, um nach Istanbul zu gelangen.

Als er sich Mitte November beim Generalstab zurückmeldete, war nicht nur Mazedonien von den aus Serbien, Bulgarien, Montenegro und Griechenland einströmenden Truppen besetzt, sondern bulgarische Soldaten hatten in weniger als zwei Wochen auch Thrakien überrannt und standen vierzig Kilometer vor Istanbul, vor der letzten Festung zur Verteidigung der Hauptstadt, Çatalca. Unter den wenigen Städten, die noch Widerstand leisteten, erfuhr das von Bulgaren und Griechen belagerte Edirne besondere Anteilnahme der türkischen Bevölkerung, denn dort hatte Orhan, der zweite osmanische Sultan, 1361 seine Residenz errichtet, und dort stand das 1574 vollendete Meisterwerk des berühmten Architekten Sinan, die Selimiye-Moschee.

Der schnelle Sieg des Balkanvierbunds war wesentlich der griechischen Kriegsflotte zu verdanken, die den türkischen Truppennachschub aus Anatolien über die Ägäis nach Saloniki verhinderte. Nur die schleichwegeerprobte »Hamidiye«, diesmal unter dem direkten Kommando von Husseyin Rauf, tauchte wie ein Geisterschiff bald in der Agäis, bald im Schwarzen Meer auf und verteidigte in kurzen Seegefechten die Ehre der osmanischen Kriegsmarine. Der Regierung konnten jedoch weder der Hinweis auf die strategische Zwangslage noch die Heldenlegenden helfen, die sich um Rauf und seine Mannschaft bildeten. Die Bevölkerung war in hellem Aufruhr über die plötzlichen und immensen Gebietsverluste, und das »Komitee für Einheit und Fortschritt« forderte eine Neubildung des Kabinetts durch patriotische und über den Parteien stehende Männer, die womöglich besser in der Lage wären, die letzte Katastrophe, die Einnahme Istanbuls, abzuwenden. Da jedoch die »Liberale Union«, die einen dezentralisierten Staatenbund anstrebte und die im 1908 gewählten Parlament nur einen Sitz hatte, ihren Einfluß inzwischen bedeutend hatte erweitern können, stellte sie jetzt den Großwesir und mehrere Minister.

Das neue Kabinett stimmte am 3. Dezember einem Waffenstillstand auf dem Balkan zu, dem vom 16. Dezember an unter der Leitung des britischen Außenministers Sir Edward Grey Friedensverhandlungen in London folgten. Während die Gespräche noch andauerten, organisierte das »Komitee« einen bewaffneten Anschlag auf den Sitz der Regierung, um zu verhindern, daß die »Liberale Union« durch ihren Großwesir, Kâmil Paşa, zu weitgehende Konzessionen in der Frage der Grenzziehung in Thrakien machte. Enver, abermals zur richtigen Zeit an der richtigen Stelle, führte am 23. Januar 1913 den Überfall an, in dessen Verlauf der Kriegsminister während eines Handgemenges in seinem Arbeitszimmer erschossen wurde. Anschließend überredete Enver den Sultan, erneut einer Kabinettsumbildung zuzustimmen. Diesmal gehörten nur noch drei Minister der »Liberalen Union« an, alle anderen Ressorts übernahmen Mitglieder des »Komitees«.

Mahmut Şevket, der zum Großwesir und Kriegsminister ernannt worden war, bemühte sich, wie zur Zeit der Gegenrevolution 1909, für Ruhe und Ordnung zu sorgen und einen günstigeren Friedensvertrag auszuhandeln. Die Konferenz in London scheiterte jedoch an der überzogenen bulgarischen Forderung, das gesamte Thrakien vom Osmanischen Reich zu trennen. Am 30. Januar 1913 wurden die Verhandlungen abgebrochen, vier Tage später endete der Waffenstillstand. Während der Fortsetzung der Kämpfe gelang es Mahmut Şevket zwar, die türkische Stellung in Çatalca durch Verstärkung der Truppen zu halten, für ein Zurückdrängen der Bulgaren und eine Befreiung des belagerten Edirne fehlten ihm jedoch nach dem Wegfall der Steuereinnahmen aus Nordafrika, Mazedonien und Thrakien die finanziellen Mittel. Als sich am 28. März die durch Hunger zermürbten Einwohner von Edirne ergaben, sah er sich gezwungen, am 16. April einem zweiten Waffenstillstand zuzustimmen. Unter den gegebenen Umständen folgte zwangsläufig ein Friedensdiktat, das am 9. Juni 1913 in London unterzeichnet wurde und das im wesentlichen bestimmte, daß sowohl Thrakien mit Edirne als auch die ägäischen Inseln den Siegern zu überlassen seien.

Der im Januar abgesetzte Großwesir Kâmil Paşa hatte sich, während die Istanbuler vor einer bulgarisch-griechischen Invasion zitterten, nach Ägypten und Zypern begeben, um bei den dort tätigen englischen Kolonialbeamten Hilfe zu erbitten. Die »Liberale Union« wollte unter Ausnutzung der schwankenden Stimmung in der Bevölkerung die Mitglieder des »Komitees« endgültig aus dem Kabinett und dem Parlament vertreiben und bot dafür den Engländern, deren Begehrlichkeit auf osmanischen Besitz sie kannte, Schlüsselpositionen in der Verwaltung und im Finanzbereich an. Die Aufdeckung dieses hochverräterischen Plans führte zur Inhaftierung des Ende Mai nach Istanbul zurückgekehrten Kâmil Paşa.

Die »Liberale Union«, deren Existenz jetzt auf des Messers Schneide stand, trat die Flucht nach vorn an und versuchte die Macht des »Komitees« durch Attentate zu brechen. Nachdem Anfang Juni 1913 einer ihrer Anhänger den Großwesir und Kriegsminister Mahmut Şevket Paşa erschoß, gewannen die radikalen Kräfte im »Komitee« die Oberhand. Sie ließen Anfang Juni 1913 durch ihre Kabinettsmitglieder das Kriegsrecht über Istanbul verhängen, wodurch es möglich wurde, die bekanntesten Männer der »Liberalen Union« vor ein Kriegsgericht zu stellen, das sie ins Exil schickte bzw. sechzehn von ihnen wegen Beteiligung an der Ermordung Mahmut Şevkets zum Tode verurteilte.

Die Diktatur der Jungtürken, die mit der Verhängung des Kriegsrechts begann, wurde nach dem Zweiten Balkankrieg von der Bevölkerung und von den noch bestehenden politischen Splittergruppen ohne nennenswerten Protest hingenommen. Zu dieser stillschweigenden Duldung des ab Mitte 1913 herrschenden Triumvirates Enver – Talaat – Cemal, das sich hinter einem Scheinkabinett und dem Großwesir Sait Halim Paşa, einem ägyptischen Prinzen, verbarg, kam es vor allem durch die von der Öffentlichkeit enthusiastisch gefeierte Rückgewinnung Thrakiens und Edirnes.

Ausgelöst wurde der Zweite Balkankrieg durch die Streitigkeiten, die nach der Londoner Friedenskonferenz vom 9. Juni 1913 unter den siegreichen Parteien bei der Aufteilung Mazedoniens entstanden. Bulgarien griff schließlich am 29. Juni 1913 militärische Stellungen der Serben und Griechen an, die ihrerseits von Rumänien und Montenegro unterstützt wurden. Dieses Ringen um die gemeinsame Beute eröffnete dem Kabinett in Istanbul die einzigartige Chance, einen Teil der europäischen Gebietsverluste rückgängig zu machen. Enver und Talaat ergriffen als erste die Initiative und veranlaßten den Einmarsch in Thrakien. Da ein Großteil der bulgarischen Armee in Mazedonien kämpfte, stießen die türkischen Soldaten auf keinen nennenswerten Widerstand und erreichten nach wenigen Tagen, am 21. Juli, Edirne. Thrakien und die ehemalige Sultanshauptstadt waren wieder osmanisch. Am 10. August kam es zum Vertrag von Bukarest, der Mazedonien unter Griechenland, Serbien und Bulgarien, das am schlechtesten abschnitt, aufteilte. Die Westgrenze des Osmanischen Reichs entlang der Maritza wurde durch besondere Verträge bestätigt.

Enver, der Held der jungtürkischen Revolution von 1909, zog abermals Jubel und Verehrung auf sich, als er an der Spitze einer Kavallerieeinheit durch das befreite Edirne ritt. Wieder hatte er es verstanden, im richtigen Augenblick die Gunst der Menge auf sich zu lenken. Kurze

Enver Pascha, um 1916

Zeit danach wurde er durch Kabinettsbeschluß zum Kriegsminister ernannt und erhielt den Titel eines Paschas, der jedem Offizier von Generalsrang an aufwärts zustand. Als Regierungsmitglied bewies er ebensoviel Talent in der Verwaltung wie als Soldat im Feld. Die Bewunderung, die er für das deutsche Militär hegte, verleitete ihn jedoch zu Beginn des Ersten Weltkrieges, das Geschick des Osmanischen Reichs von demjenigen Deutschlands abhängig zu machen.

Der zweite Mann des Triumvirats war Talaat Paşa, geboren 1874 in Edirne. Nach dem frühen Tod seines Vaters mußte er seine Militärausbildung abbrechen. Karriere machte er schließlich im Postministerium und bei den Jungtürken, die ihn zum führenden Mitglied des »Komitees für Einheit und Fortschritt« und in das Parlament von 1908 wählten. Als Innenminister trug er zumindest formal die Verantwortung für die 1915 in Ostanatolien an Armeniern verübten Massaker. Von Februar 1917 bis Oktober 1918 bekleidete er den Posten des Großwesirs. Nach Kriegsende floh er nach Berlin, wo ihn ein armenischer Student am 15. März 1921 hinterrücks erschoß. Der Attentäter wurde, nachdem sich das Gericht ausführlich mit den politischen Hintergründen seines

Anschlags beschäftigt hatte, wegen mangelnder Zurechnungsfähigkeit freigesprochen.

Der dritte starke Mann des jungtürkischen Kabinetts, Cemal Paşa, war wie Enver Berufssoldat und während des Ersten Weltkriegs Marineminister und zeitweise Gouverneur von Syrien. In Mazedonien, wo er als Inspekteur die Eisenbahnlinien kontrollierte, gründete er eine der frühen Geheimzellen des »Komitees«, das ihn später in die Zentrale in Saloniki aufnahm. Nachdem er eine Division der »Aktionsarmee« in die Hauptstadt geführt hatte, erhielt er unter dem Oberkommando von Mahmut Şevket den Posten des Militärgouverneurs von Istanbul. Daß er sich, wie ein Gerücht besagte, als »Lustknabe« eines Paschas[41] seine ersten Verdienste erworben haben soll, ist ziemlich unwahrscheinlich – nicht nur seine äußere Erscheinung, sondern auch sein bis zur Brutalität reizbares Temperament sprechen eigentlich dagegen.

Während der Neuverteilung der politischen und militärischen Machtpositionen im Osmanischen Reich hatte Mustafa Kemal wieder einmal das Nachsehen. Seine offenen, vielleicht auch unüberlegten kritischen Äußerungen, die das »Komitee« als Beweis für seine politische Unzuverlässigkeit betrachtete, ließen ihn auf der Stelle treten. Der Generalstab in Istanbul hatte ihn im November 1912 zur sogenannten Bolayir-Armee versetzt, die die Dardanellen und die Halbinsel nördlich der Meerenge, Gallipoli, verteidigte. Chef des dortigen Operationsstabes war zunächst Ali Fethi; als dieser zum Generalsektretär des »Komitees« ernannt wurde, übernahm Mustafa seinen Posten. Während beider Balkankriege kam es an den Dardanellen weder zu Kämpfen noch zu besonders kritischen Momenten. Mustafa hatte daher viel Zeit, die er überwiegend in Istanbul verbrachte; dorthin bestand über das Marmarameer ein regelmäßiger Schiffsverkehr.

Ende des Jahres 1913 mußte er sich vor allem um seine Mutter und seine Schwester kümmern, die mit den aus Mazedonien und Thrakien fliehenden Menschen nach Istanbul gekommen waren. Zübeyde konnte nicht sehr viel mehr als ihr eigenes Leben und das von Makbule retten. Mustafa hatte die beiden Frauen in einem der Flüchtlingslager entdeckt, die er systematisch durchsuchte. Er mietete im Bezirk Beşiktaş, der sich über das hügelige Gelände zwischen dem Dolmabahçe- und dem Yıldız-Palast erstreckt, ein dreigeschossiges Haus, in dem Makbule und ihr Mann die erste Etage bezogen, Mustafa die zweite und Zübeyde die dritte. In der Nachbarschaft wohnten die ebenfalls

Zübeyde mit ihren Kindern
Makbule und Mustafa

rechtzeitig aus Saloniki entkommenen zwei Nichten von Zübeydes zweitem Mann Ragıp, Fikriye und deren jüngere Schwester Julide. Fikriye wurde etwa zehn Jahre später Opfer einer Eifersuchtsaffäre, in deren Mittelpunkt Mustafa Kemal stand.

Zübeyde bevorzugte auch in Istanbul den von ihr gewohnten alttürkischen Lebensstil, so schlief sie zum Beispiel lieber auf einer ausgerollten Matratze als auf einem Bettgestell. Ihrem außerhalb seines Dienstes nach neuester europäischer Mode gekleideten Sohn gestattete sie jedoch, daß er ihr zur Begrüßung die Wange und nicht, wie es die gute Sitte in islamischen Familien verlangte, die Hände küßte. Dafür nannte sie ihn »Mustafam«, etwa »mein kleiner Mustafa«, oder später, als er General geworden war, »Paşam«, also »mein kleiner Pascha«, auch darin ihren starken Eigensinn und ihre besitzergreifende Liebe ausdrückend. Ihr autoritäres Verhalten, durch das sie bereits bei Nachbarn in Saloniki aufgefallen war, hatte sich seit dem Tod ihres zweiten Mannes noch verstärkt und führte in der Folgezeit immer wieder Spannungen mit ihrem Sohn, der ihren konservativen Ratschlägen trotz der tiefen Zuneigung, die er für sie empfand, nur selten folgte.

Durch die kurze Bekanntschaft mit einem Hauptmann, der im ersten Balkankrieg fiel, erhielt er Zugang zu einem Salon in Pera, den die Witwe, Madame Corinne, führte. Die Hauptattraktionen waren Kammerkonzerte und Liedvorträge. Die Witwe fand gleich bei der ersten Begegnung Gefallen an dem etwas schüchtern wirkenden blonden Offizier, der in Gesprächen die erstaunlichsten Ansichten vertrat, so über eine vaterländische Türkei oder über die womöglich fatalen Folgen einer verstärkten Anwerbung deutschen Militärs, die seit der Niederlage in Mazedonien und Thrakien in Kreisen der Jungtürken um Enver und Talaat neuerlich diskutiert wurde.

Mit Madame Corinne, einer gebürtigen Genueserin, korrespondierte Mustafa Kemal zwischen September 1913, als er den Posten eines Militärattachés in Sofia übernahm, und 1917, als er an der türkisch-syrischen Grenze kämpfte. Die Briefe verfaßte er teils in Französisch, teils in Türkisch, das er, eine seiner Reformen vorwegnehmend, in lateinischen und nicht in arabischen Buchstaben schrieb. Madame Corinne hatte am Musikkonservatorium in Paris ein Diplom als Pianistin erworben, ging dann aber zu ihrem Vater zurück, der inzwischen als Dolmetscher bei der türkischen Marine in Istanbul lebte. Dort heiratete sie den Offizier Ömer Lütfü und eröffnete ihren Pariser Salon, der auch nach dem Tod ihres Mannes ein vielbesuchter gesellschaftlicher Treffpunkt blieb. Ihr Verhältnis zu Mustafa Kemal, der seine Briefe, wie später die meisten seiner Schriftstücke, mit M. Kemal unterzeichnete, war sehr herzlich, überschritt jedoch niemals die Grenzen einer Freundschaft.

Für die Erörterung brisanter politischer Themen stand ihm weiterhin Ali Fethi zur Verfügung. Beide waren sich darin einig, daß die militante Gruppe innerhalb des »Komitees für Einheit und Fortschritt« eine Gefahr für die Zukunft des Osmanischen Reichs darstellte. Als Fethi Generalsekretär des »Komitees« wurde, beging er die Unvorsichtigkeit, die gemäßigteren Jungtürken für eine Kürzung der Gehälter sämtlicher Regierungsmitglieder gewinnen zu wollen, was nach außen als Sparsamkeit erklärt werden konnte, im Grunde aber dazu verhelfen sollte, Männer wie Enver und Talaat aus der Regierung und auf ihre dann wieder lukrativeren Militärposten zurückzudrängen. Dieses Manöver wurde jedoch schnell durchschaut: Im Oktober 1913 bot man Ali Fethi an, als Botschafter nach Sofia zu gehen. Fethi wußte sofort, daß es sich bei diesem Angebot um eine diskrete Verbannung handelte und daß ihm kaum eine andere Wahl blieb, als zu akzeptieren. Einige Tage darauf wurde auch Mustafa Kemal, dem »konspirativen« Freund Fethis, durch den Marineminister Cemal Paşa mitgeteilt, daß er sich mit dem diplomatischen Status eines Militärattachés nach Sofia zu begeben habe. Mustafa reagierte auf seine Verbannung ebenfalls ohne Protest, was ihm allerdings leichter als Fethi fiel, denn als Randfigur der politischen und militärischen Ereignisse während des Balkankriegs konnte er durch einen Wechsel nur gewinnen.

6

Als Militärattaché in Sofia.
Das Bravourstück von Gallipoli
(1914 – 1915)

In Bulgarien, 1878 durch den Berliner Kongreß in seiner Autonomie bestätigt und seit 1908 ein unabhängiges Königreich unter Zar Ferdinand I., einem Sohn des Prinzen August von Sachsen-Coburg-Koháry, hatte seit der Loslösung vom Osmanischen Reich auch ein geistiger Orientierungswandel von Ost nach West stattgefunden. Die seit Ende des 19. Jahrhunderts nach europäischen Maßstäben umgestaltete Hauptstadt Sofia zeugte sichtbar von diesem Wandel. Dort, wo einst verwinkelte türkische Viertel lagen, entstanden gerade, breite Straßen mit mehrstöckigen Mietshäusern, pompösen Palais und ausgedehnten Parks, und 1909 wurde als Gipfel westlicher Kultur ein Opernhaus eröffnet.

Mustafa Kemal, der neue Militärattaché der von Ali Fethi geleiteten türkischen Botschaft, traf am 14. Oktober 1913 in Sofia ein. Er nahm sich zuerst ein Appartement im altmodischen Hotel »Bulgaria«, zog einige Tage später aber ins »Splendid Palaca« um, das erst kurze Zeit vorher fertiggestellt worden war. An Madame Corinne schrieb er: »Es ist wirklich ein bequemes Hotel. Es hat Badezimmer und ›femmes de chambre‹, kurz alles, was man sich nur wünschen kann, und es lohnt sich, wegen dieser Vorzüge hierzubleiben.« Spielerisch eine kleine Eifersucht bei der Adressatin voraussetzend, fügte er hinzu: »Aber nein, nein, Corinne – es ist unmöglich, in Sofia auch nur eine schöne Frau zu sehen. Ich wohne in dem Hotel, weil ich noch kein eigenes Haus gefunden habe.«[42]

Daß Mustafa Kemal bald darauf abermals seine Adresse wechselte, hing schließlich doch mit einer schönen oder zumindest für ihn reizvollen Frau zusammen. Allerdings war sie keine Einheimische, sondern eine Deutsche, die mit ihrem ebenfalls aus Deutschland stammenden Mann und ihren Kindern in einem stattlichen Haus wohnte. Der türkische Militärattaché, dem Hildegard Christianus ein Zimmer zur Untermiete angeboten hatte und von dem sie nicht ahnen konnte, daß er einst der berühmteste Türke des 20. Jahrhunderts sein würde, schien sich bei ihr sehr wohl zu fühlen. Er bat sie um Unterrichtsstunden in Deutsch und Französisch und verbrachte seine Abende oft im Kreis ihrer Familie. Während der Kämpfe auf der Halbinsel Gallipoli 1915 schrieb er ihr und ihrem Mann regelmäßig Briefe, die übrigens erst sehr spät und auf Umwegen in die Türkei zurückkamen.[43]

Das Haus, das Mustafa Kemal einige Zeit später als eigenen Wohnsitz mietete, lag in der Nähe der türkischen Botschaft. Er teilte es mit Şakir Zümre, einem bulgarischen Türken, mit dem er sich angefreundet hatte. Die Gesellschaften, die er gab, erfreuten sich bald allgemeiner Beliebtheit, nicht zuletzt wegen der großzügigen Bewirtung mit Kaviar, türkischem Rakı und Champagner. Einer der bedeutendsten Gäste war der bulgarische Kriegsminister, General Kowatschew, der an den Balkankriegen teilgenommen hatte. Mustafa Kemal schien einen guten Eindruck auf ihn gemacht zu haben, denn er lud ihn häufig zu sich und seiner Familie ein und führte lange Gespräche mit ihm. Mit der jüngsten Tochter des Generals, Dimitrina, genannt Miti, traf Mustafa auch auf Gesellschaften in anderen Häusern zusammen, wo er mit ihr tanzte. Und er ging sogar mit ihr, der unverheirateten Tochter einer angesehenen Familie, in der Stadt spazieren, was auf unerhörte Weise gegen muslimische Sitten verstieß und in Istanbul unmöglich gewesen wäre. Ob er sie wirklich heiraten wollte, wie einige türkische Quellen andeuten, kann nicht mit Sicherheit bewiesen werden. Er besuchte Miti nach dem Gallipoli-Feldzug im Jahr 1915 noch einmal in Sofia, aber die Warnung Ali Fethis, sich nicht unnötig von den christlich-bulgarischen Eltern eine Absage zu holen, wirkte wohl noch immer nach, denn von Ehe wurde auch bei dieser Gelegenheit nicht gesprochen. Ali Fethi hatte, als er um die Hand der Tochter eines bulgarischen Generals anhielt, als Antwort des Vaters zu hören bekommen: »Lieber lasse ich mir den Kopf abschlagen, als meine Tochter einem Türken zur Frau zu geben.[44]

Der westliche Lebensstil, den Mustafa Kemal bisher nur in beschränktem Rahmen in Saloniki und Istanbul und nur flüchtig während seiner kurzen Aufenthalte in Paris und Wien kennengelernt hatte, prägte in Sofia seine alltägliche Umgebung. Vieles, was er dort als Militärattaché erlebte und beobachtete, fand später in seinem Wirken als reformfreudiger Staatspräsident ein nachhaltiges Echo. Für einen gut erzogenen Türken, selbst wenn er eine europäische Ausbildung erhalten hatte, gab es genaue Verhaltensregeln, die nicht nur eine ruhige Miene und eine gedämpfte Stimme vorschrieben, sondern auch gesetzte Bewegungen, korrekte Kleidung und das Wo und Wie des Vergnügens. Wegen seiner Verschlossenheit und seinem leicht unbeholfenen, dazu gemessenen Auftreten sahen die Bulgaren in Mustafa den »türkischen Typ des Türken«, während Ali Fethi wegen seiner Gewandtheit und seiner gleichbleibenden Freundlichkeit in ihren Augen der neue Typ des europäisierten Türken war.

Im Laufe seines Aufenthalts in Sofia korrigierte Mustafa Kemal jedoch sein Verhalten und seine Einstellung zu gesellschaftlichen Normen. Die zahlreichen Empfänge, Bälle, Tanztees und geselligen Abende mit Damen im exklusiven Offiziersklub, zu denen Ali Fethi und er als türkische Diplomaten vor allem eingeladen wurden, um ihnen zu demonstrieren, daß die Balkankriege vergeben und vergessen waren, boten genügend Gelegenheiten, europäische Lebensart zu studieren. Und durch seine beruflichen Aufgaben, die ihn in den Kreis der Regierenden, ins Parlament und in die Gemeinden der türkischen Minderheit führten, erhielt er Einblicke in die Gesetzgebung und die Verwaltung.

Tribute, die er schon bald der europäischen Mode zollte, waren das Tragen eines europäischen Anzugs auch bei offiziellen Anlässen und das Tragen eines Huts anstelle des für türkische Offiziere üblichen Kalpaks oder des von Diplomaten häufig getragenen Fez. Seinen Oberlippenbart hatte er schon einige Jahre zuvor nach Art der Jungtürken um die beiden nach außen stehenden Spitzen gestutzt. Weitere und nicht gerade widerwillige Zugeständnisse an westliche Gepflogenheiten waren die Teilnahme an Gesellschaftstänzen wie dem Walzer, den er bereits aus Monastir kannte, oder dem Tango, den er nach einigen Unterrichtsstunden perfekt beherrschte, und die größere Freizügigkeit im Umgang mit Frauen, die anders als in der Türkei unverschleiert in der Öffentlichkeit auftraten und sich, wie Miti, von Herren ausführen ließen.

Zu den Höhepunkten der mondänen Aktivitäten gehörten für Mustafa Kemal ein Galaabend in der Oper und ein Maskenball. Im Opernhaus wurde in Anwesenheit von Ferdinand I. und einer glänzenden Gesellschaft »Carmen« von Georges Bizet aufgeführt. Mustafa war tief beeindruckt von der musikalischen Darbietung auf der Bühne und von der effektvollen Selbstdarstellung der Elite des Landes im Parkett. Während einer Aktpause ließ der bulgarische Zar ihn in seine Loge kommen. Als er ihn nach seinen Eindrücken fragte, konnte der türkische Attaché nur ausrufen: »Es ist wunderbar!«[45] Nach der Gala ließ

Mustafa seiner Begeisterung freien Lauf und überschüttete Şakir, der ihn begleitet hatte und gegen seine Müdigkeit ankämpfte, mit Zukunftsvisionen von einer modernen Türkei, in der es auch eine Oper geben müsse und Frauen, die gleichberechtigt in der Öffentlichkeit auftraten. Beide Wunschträume sollten in den frühen dreißiger Jahren durch ihn selbst erfüllt werden.

Der Maskenball fand im Schloß statt. Mustafa Kemal, den der alte Ehrgeiz gepackt hatte, nicht nur immer der Bewunderer, sondern auch einmal der Bewunderte zu sein, ließ sich aus den Museumsbeständen in Istanbul die historische Tracht eines Janitscharen kommen. Das Aufsehen, das er in diesem Kostüm mit den weiten Pumphosen, dem juwelengeschmückten Dolch und dem kunstvoll gewickelten Turban erregte, konnte nicht größer sein. Diplomatisch geschickt war die Wahl der Verkleidung allerdings nicht, denn die seit dem 14. Jahrhundert aus geraubten Christenknaben rekrutierten Janitscharen, die Elitetruppe des Sultans, hatten den Balkan während ihrer Eroberungszüge in Angst und Schrecken versetzt und sich seit dem 17. Jahrhundert zu einer einflußreichen konservativen Militärkaste entwickelt, die sich jeder Reform widersetzte. Erst Mahmut II. konnte sich 1826 von ihnen befreien, wenn auch auf äußerst brutale Weise: Er ließ das Janitscharenkorps auf dem dicht umbauten Platz neben der Blauen Moschee in Istanbul antreten und von seinen neu ausgebildeten Soldaten aus dem Hinterhalt niederschießen.

Als die Masken nach Mitternacht abgenommen wurden, sahen alle Gäste neugierig zu dem attraktiven, wenn auch etwas irritierenden Kostüm hin, in dem, gewissermaßen als doppelte Überraschung, der türkische Militärattaché steckte. Ferdinand I., der wohl ebenfalls die Entlarvung des Janitscharen mit Spannung beobachtet hatte, drückte sein Entzücken sehr königlich aus, indem er Mustafa Kemal zu sich bitten ließ und ihm ein silbernes Zigarettenetui überreichte. Viele Jahre später schickte der Staatspräsident Kemal Atatürk dem seit 1918 im Exil lebenden bulgarischen Zaren in dankbarer Erinnerung an diese öffentliche Auszeichnung ein goldenes Zigarettenetui.

Die leichteren Amüsements, die sich in Sofia anboten, befriedigten Mustafa Kemal weit weniger. Er entspannte sich zeit seines Lebens am liebsten bei Gesprächen oder bei musikalischen Darbietungen, vor allem Gesang. Lockere Damenbekanntschaften, Frivolitäten, Sektplaudereien, das ganze Ambiente der ausklingenden Belle Époque, wirkten auf einen muslimisch erzogenen Türken ohnehin be-

Mustafa Kemal im Kostüm
eines Janitscharen, Sofia 1913

fremdlich, denn in der Öffentlichkeit ausgetauschte Intimitäten, zumal mit Frauen, riefen in ihm ein tiefgehendes Unbehagen hervor. Die kurze Ehe, die Mustafa Kemal Anfang der zwanziger Jahre mit Lâtife führte, scheiterte letztlich an der Unvereinbarkeit der Gegensätze zwischen einer zu Beginn des 20. Jahrhunderts geborenen und in Europa erzogenen Frau und einem zwar geistig nach Europa ausgerichteten, emotional jedoch in der alten osmanischen Gesellschaft verankerten Mann.

Einen dieser Bummel durch das europäische Nachtleben von Sofia, den Mustafa mit Cevdet, einem Freund Şakirs, unternahm, schilderte er Madame Corinne: »Mit Cevdet vertragen wir uns sehr gut. Ich habe niemals gedacht, einen so charmanten und wahren Freund zu finden. Vorletzte Nacht nahm er mich mit zu Madame Denise, einer Pariserin, die er seit langem kennt. Unter ihren Gästen befanden sich eine hochgestellte Persönlichkeit, mehrere Minister und Herren, die Baccarat spielten. Da ich selber nicht spiele, begrüßten wir sie nur, tauschten einige höfliche Worte aus und gingen wieder. Die Pariser Dame war im übrigen keine Schönheit. Ich glaube, daß sie es war, die Cevdet bat, mich in ihr Haus zu bringen. Als ich mich von ihr verabschiedete, sagte sie: ›Mon Commandant, Sie scheinen sich heute abend nicht besonders amüsiert zu haben, ich versichere Ihnen jedoch, daß Sie sich das nächste Mal besser unterhalten werden.‹ Ich bin mir aber dessen nicht so sicher.

Anschließend gingen wir in ein Musik-Café, das ›Novia Amerika‹. Dort gab es viele Animierdamen aus Deutschland, Frankreich etc., die irgendwelche Lieder sangen oder an den Tischen vorbeiflanierten, in der Hoffnung, von einem der Herren eingeladen zu werden. Cevdet forderte zwei Ungarinnen auf, sich zu uns zu setzen. Die eine sprach Deutsch, die andere, die kleinere, nur Ungarisch. Ich weiß nicht warum, aber ich hatte überhaupt keinen Spaß, im Gegenteil, ich langweilte mich. Wir überließen die Damen sich selbst und machten uns davon. Als ich endlich ins Bett kam, war es bereits nach Mitternacht.«[46]

In seiner Eigenschaft als Mitglied der türkischen Botschaft besuchte Mustafa Kemal in Begleitung von Şakir mehrere Gemeinden der türkischen Minderheit. Ihn beeindruckte dort vor allem der hohe Lebensstandard, ein Ergebnis freien und erfolgreichen Handels, wie er in der Türkei nur von Ausländern betrieben wurde, und einer blühenden Industrie wie zum Beispiel in Pleven. Außerdem überraschten ihn die zahlreichen Schulen, von denen man in der türkischen Provinz nur träumen konnte, und das selbstsichere Auftreten der Frauen, die manchmal sogar das Haus ohne Schleier verließen. Şakir, einer der damals siebzehn Abgeordneten der türkischen Minderheit, sorgte auch dafür, daß sein Freund Einblick in die Parlamentsarbeit gewann. Von der Galerie aus verfolgte Mustafa die oft bis spät in die Nacht dauernden Debatten und Abstimmungsprozeduren, deren Taktiken und Finessen er später selber aus alter Kenntnis bei den Nationalkongressen in Sivas und Erzurum und in der Großen Nationalversammlung in Ankara anwandte.

Trotz seiner gesellschaftlichen Erfolge und lehrreichen Erfahrungen empfand sich Mustafa Kemal in Sofia als Verbannter. An seinen Freund aus Saloniki, den Militärarzt Tevfik Rüştü (Aras), schrieb er, daß er sehr darunter leide, dem politischen und militärischen Gärzentrum fern zu sein.[47] Madame Corinne erklärte er mit noch größerer Offenheit den Grund seiner Unruhe: »Ich habe ehrgeizige Pläne, sogar sehr ehrgeizige, doch sie bestehen nicht aus der Befriedigung materieller Wünsche wie dem Bekleiden einer hohen Stellung oder dem Anhäufen von Geld. Für meinen Ehrgeiz gibt es nur ein Ziel: die erfolgreiche Verwirklichung eines ideellen Projekts zum Wohl meines Landes. Erst in der Erfüllung dieser Aufgabe finde ich meine Befriedigung. Diese Grundeinstellung hatte ich schon mein Leben lang. Ich erwarb sie, als ich noch sehr jung war, und ich werde an ihr bis zu meinem letzten Atemzug festhalten.«[48] Eine zu diesem Zeitpunkt seines Lebens erstaunliche Aussage, wenn man bedenkt, daß er politisch und militärisch ohne jeden Einfluß war und der Sultan und das Kabinett von einer militanten Gruppe der Jungtürken beherrscht wurden. Seine Beförderung zum Oberstleutnant am 1. März 1914 mußte ihm nur noch deutlicher machen, daß man ihn, den kritischen Quertreiber und Unruhestifter, aus der Hauptstadt fernhalten wollte.

Während Mustafa Kemal bis zum Herbst 1914 seine Zeit in Sofia in der lähmenden Umgebung des diplomatischen Korps verbrachte, fand die folgenreiche Verbündung zwischen Deutschland und dem Osmanischen Reich statt. Ausgelöst durch den Schock der schnellen Niederlage in Mazedonien und Thrakien im Herbst 1912, hatte bereits der Großwesir Mahmut Şevket eine Verstärkung der deutschen Militärmission, die so erfolgreich von Colmar von der Goltz geführt worden war, als bestmögliche Schutz- und Vorsichtsmaßnahme in Aussicht genommen. Er äußerte zu diesem Zeitpunkt in einem Gespräch mit dem späteren Triumviratsmitglied Cemal Paşa, daß sich die türkische Armee nach mehr als dreißig Jahren den deutschen Methoden nicht mehr entziehen könne und er deshalb eine deutsche Militärmission großen Stils für geeignet halte, den Generalstab, die Militärschulen und die Waffenfabriken zu reorganisieren.[49] Politisch getragen wurde diese Absicht durch die veränderte Machtkonstellation. England, das 1882 Ägypten besetzt und mit dem Zaren in Sankt Petersburg einen Beistandspakt geschlossen hatte, kam nicht wie früher im 19. Jahrhundert als europäischer Schutzpartner gegen Rußland in Frage. Diese Rolle konnte nur noch Deutschland übernehmen, denn auch Frankreichs und Italiens Interessen waren gegen das Osmanische Reich, allerdings ebenso gegen das Deutsche Reich, gerichtet.

Zur endgültigen Entsendung einer neuen deutschen Militärmission kam es jedoch erst im Juni 1913 unter der ausschließlich von Jungtürken gebildeten Regierung. Diese Militärmission, deren Aufgaben von türkischer Seite als Inspektions- und Beratertätigkeiten definiert wurden, um England und Rußland nicht zu Maßnahmen gegen eine vermeintliche Kriegsvorbereitung herauszufordern, traf am 14. Dezember 1913 auf dem europäischen Bahnhof von Istanbul ein. Ihr Chef, General Otto Liman von Sanders, der auf Wunsch Wilhelms II. für diesen Posten ernannt worden war, hatte einige Wochen zuvor während einer Audienz die kaiserliche Ermahnung empfangen: »Ihnen muß es ganz gleich sein, ob die Jungtürken oder die Alttürken an der Herrschaft sind. Sie haben nur mit der Armee zu tun. Bringen Sie die Politik aus dem türkischen Offizierskorps heraus. Das Politisieren ist sein größter Fehler.«[50]

Die Wahl Liman von Sanders' war bei den Deutschen auf vielfache Kritik gestoßen. General Hans von Seeckt, der selber im Dezember 1917 in den türkischen Generalstab berufen wurde, schrieb: »Unglücklicher konnte die Wahl des Chefs der Militärmission kaum ausfallen. In Deutschland für die Führung eines Armeekorps nicht geeignet befunden, sollte er die Neubildung der gesamten türkischen Armee übernehmen.«[51] Der deutsche Botschafter in Istanbul, von Wangenheim, äußerte ironisch in einem Brief: »Liman ist, wie seine Conduite ergeben wird (warum ist diese vom Auswärtigen Amt nicht eingefordert worden?) wegen Mangel an Takt aus der höheren Generalstabskarriere ausgeschieden worden. Das scheint ihn für die hiesige Stellung, die einen ganz besonderen Takt erheischt, prädestiniert zu haben.«[52] Die endlosen Streitigkeiten, die sich bis zum Ende des Ersten Weltkriegs zwischen Liman von Sanders und anderen deutschen Offizieren höherer Ränge einerseits und türkischen Offizieren bis hin zum Vize-Generalissimus Enver Paşa andererseits an Etikette- und Kompetenzfragen entzündeten, bestätigten die Befürchtungen des deutschen Botschafters und ließen den bayerischen Offizier Kreß von Kressenstein später resümieren: »[Liman war] selbstbewußt und eitel, temperamentvoll und jähzornig, mißtrauisch und empfindlich.«[53] Er war aber auch ein sehr fähiger Stratege und besaß Mut zu unopportunistischen, klaren Entscheidungen.

Mit Beginn des Ersten Weltkriegs am 2. August 1914 schloß die Türkei, das heißt das Triumvirat Enver – Talaat – Cemal, einen Vertrag mit Deutschland über gegenseitige Waffenhilfe im Falle eines russischen Angriffs. Bei Vertragsunterzeichnung war der Bündnisfall bereits gegeben, die Mittelmächte Deutschland und Österreich-Ungarn befanden sich gemeinsam im Krieg mit Rußland. Das in sich uneinige Kabinett in Istanbul zögerte jedoch, den Status bewaffneter Neutralität zu verlassen, und bemühte sich statt dessen um eine Verständigung mit der Regierung des Zaren Nikolaus II., die schließlich an zu weit gehenden russischen Forderungen scheiterte.

Unabhängig von der Frage, ab wann und wo das Osmanische Reich sich auf seiten Deutschlands am Krieg beteiligen würde, enthielt der am 2. August 1914 von dem Großwesir Sait Halim Paşa und dem Botschafter von Wangenheim signierte Vertrag einen vorsorglichen Paragraphen über die deutsche Mission im Kriegsfall: »Im Kriegsfall wird Deutschland seine Militärmission zur Verfügung der Türkei belassen. Die Türkei ihrerseits sichert der genannten Militärmission, entsprechend den zwischen Seiner Exzellenz dem Kriegsminister und Seiner Exzellenz dem Chef der Militärmission unmittelbar getroffenen Vereinbarungen, einen wirksamen Einfluß auf die allgemeine Ausführung zu.«[54] Die von dem deutschen Reichskanzler Bethmann Hollweg gewünschte Formulierung, »Die Türkei stellt die tatsächliche Ausübung des Oberkommandos durch die Militärmission sicher«, war mit osmanisch-diplomatischem Geschick in dem französisch verfaßten Vertragstext um eine entscheidende Nuance verändert worden, so daß anstelle von »tatsächliche Ausübung« die Wendung »influence effective« (wirksamer Einfluß) trat. Mit dieser Korrektur drückte der Kriegsminister Enver seinen Willen aus, das Oberkommando der osmanischen Streitkräfte nicht deutschen Offizieren zu überlassen. In der Praxis sah es schließlich so aus, daß die deutsche und die türkische Kommandostelle, die Militärmission unter Liman von Sanders und der Vize-Generalissimus Enver, sich gegenseitig behinderten. Die daraus resultierende Rivalität drückte sich zum Beispiel in der grotesken Situation aus, daß Enver und Liman von Sanders, die beide ihre Diensträume im Kriegsministerium hatten, wochenlang nicht miteinander sprachen, während an den Fronten Entscheidungen erwartet wurden.

Die separaten Verhandlungen der türkischen Regierung nicht nur mit Rußland, sondern auch mit Bulgarien und Griechenland, vor einem Jahr noch die Erzfeinde, zeigen deutlich, daß die Mehrheit im Kabinett der Jungtürken, unter ihnen der fähige Finanzminister Cavid, alles unternahm, um die Neutralität zu wahren. Hauptgrund für dieses Beharren war die realistische Einschätzung der eigenen Streitkräfte und Mittel: Es fehlte an Kriegsmaterial und sogar an Munition – die Firma Krupp war nur gegen Barzahlung zu Lieferungen bereit, da die Türkei ihre Vorkriegsschulden noch nicht getilgt hatte –, eine Luftwaffe gab es überhaupt nicht, und die Flotte war, abgesehen von einigen modernen Torpedobooten, veraltet. Diese Ausrüstungsmängel mußten die Befürchtung nahelegen, ein starker Bündnispartner wie Deutschland werde alles an sich reißen.

In Deutschland wandelte sich das – ursprünglich skeptische – Urteil über das türkische Militär, da man sich von den im Vorkriegsrausch vollmundig vorgetragenen Kriegszielen beeinflussen ließ, die in der Vertreibung der Engländer aus Ägypten, dem Sieg über Rußland am Kaukasus und dem Gewinn freier Bahn bis Indien gipfelten und in Enver auf einen ebenso phantasievollen Planer trafen. Wilhelm II. hatte am 3. April 1914 in einem Privatbrief aus Korfu noch geschrieben: »Nachricht über die türkische Armee, die ich streng vertraulich erhielt, schildern die Lage als vollkommen trostlos – eigentlich so zu sagen – fast unrettbar und fast hoffnungslos; namentlich die große Menge von Seuchen und Todesfällen; über 2000 Kranke allein in Adrianopel [Edirne]. Darunter 60 Cholerafälle.«[55] Noch am 18. Mai 1914 warnte Helmuth von Moltke, Chef des deutschen Generalstabs der Armee: »Mit der Türkei in absehbarer Zeit zugunsten Deutschlands rechnen zu wollen, muß als ganz verfehlt bezeichnet werden.«[56] Nach Ausbruch des Kriegs gab es in der deutschen militärischen Führung und in der deutschen Presse einen Umschwung. Da man von der Türkei massive Hilfe benötigte, wurde der umworbene »Freund« illusorisch mit mehr Kraft ausgestattet, als er wirklich besaß. Der deutsche Militärschriftsteller und Offizier in türkischen Diensten, Hans von Kissling, faßte später zusammen: »Die maßgebenden militärischen Behörden in Deutschland hatten kein einwandfreies Bild von der militärischen und administrativen Leistungsfähigkeit des Osmanischen Reichs. Erst langsam erkannte man, daß das türkische Heer kräftiger war, als man es nach den Mißerfolgen des Balkankrieges hätte erwarten dürfen. Der ursprünglichen Unterschätzung folgte nun eine ebenso große Überschätzung, welche die türkischen Streitkräfte nun auch zu weitreichenden Operationen in Vorderasien für fähig hielt.[57]

Erst nachdem Deutschland die türkische Regierung unter Druck gesetzt hatte, indem es Munitionslieferungen und die Auszahlung einer beantragten Anleihe von einem effektiven Kriegseintritt abhängig machte, gelang es Enver mit Wissen seines Kollegen Cemal, das Kabinett durch eine geheimgehaltene Aktion zu überrumpeln und vor die vollendete Tatsche einer ersten kriegerischen Handlung zu stellen: Unter dem Kommando des deutschen Admirals Souchon, dem Befehlshaber der deutschen Mittelmeerdivision und der türkischen Flotte, wurde am 29. Oktober 1914 die russische Schwarzmeerküste zwischen Odessa und Sewastopol von türkischen Kreuzern bombardiert. Unter den Schiffen befanden sich neben der alten »Hamidiye« auch zwei moderne deutsche Kreuzer, die »Goeben« und die »Breslau«, die noch vor dem Krieg durch die Dardanellen nach Istanbul gebracht worden waren. Durch einen für die Öffentlichkeit inszenierten Scheinverkauf – um den Neutralitätsbruch der Türkei zu verschleiern – gingen sie an die türkische Flotte mit den neuen Namen »Yavuz Sultan Selim« (Sultan Selim I. der Gestrenge, 1512-1520) und »Midilli« (türkischer Name für die Insel Mytilene) über, wurden jedoch nach Kriegsende von der neuen Regierung in Istanbul zum Staatseigentum erklärt.

Kriegsminister Enver, der die Bombardierung russischer Häfen und damit den türkischen Kriegseintritt schriftlich abgesegnet hatte, galt nach dem verlorenen Krieg bei vielen seiner Landsleute als Verräter, der das Osmanische Reich endgültig Europa ausgeliefert und für seine Großmachtträume in die Waagschale des Zufalls geworfen habe. Andere meinten, er sei davon überzeugt gewesen, daß Deutschland den Sieg davontragen werde, daß aber im Falle seiner Niederlage selbst die strikt eingehaltene türkische Neutralität die feindlichen Siegermächte nicht von einer Teilung des Osmanischen Reichs abhalten werde. Gegen einen angeblichen Verrat sprechen der Bündnisvertrag mit Deutschland, der das Oberkommando über die türkischen Streitkräfte nicht preisgab, und die eindeutige Erklärung, die Enver dem amerikanischen Botschafter in Istanbul, Henry Morgenthau, in einem Gespräch gab: »Die Türken und Deutschen nehmen keine Rücksicht aufeinander. Wir gehen mit ihnen, weil es in unserem Interesse liegt; sie gehen mit uns aus ihrem Interesse. Deutschland wird die Türkei unterstützen, solange dies Deutschland hilft; die Türkei wird Deutschland unterstützen, solange es der Türkei hilft.«[58]

Diese Verknüpfung mit Deutschland, die das Ende der osmanischen und den Anfang der nationalen türkischen Geschichte markiert, wird in der Türkei aus heutiger Sicht eher als Fehlentscheidung der damaligen Verantwortlichen beurteilt. Der ehemalige türkische Ministerpräsident Sadi Irmak schrieb 1981: »Daß Deutschland im Ersten Weltkrieg die Türkei als Partner und Verbündeten sehen wollte und dafür zu jedem Opfer bereit war, ist verständlich. Im Falle des Anschlusses der Türkei an die Alliierten hätte eine Einkreisung Deutschlands die Folge sein können. Für die Alliierten wäre es einfach gewesen, durch die Dardanellen und den Bosporus Verbindung mit Rußland aufzunehmen, was den Ausgang des Kriegs von vornherein besiegelt hätte. Die Chance der Mittelmächte gegenüber der Entente war auch sonst gering, denn die Alliierten beherrschten die Meere, und sie verfügten über immense Rohstoffquellen. Außerdem wußten sie, daß die Deutschen eine spezielle Angriffsarmee entwickelt hatten, die für eine langfristige Verteidigung und langes Durchhalten nicht geeignet sein würde. Envers Begeisterung und Hoffnung mußten sich daher in einer Katastrophe auflösen.«[59]

Mustafa Kemal hatte Anfang August 1914 sein mit Şekir bewohntes Haus in Sofia aufgegeben und sich in der türkischen Botschaft einquartiert. Er wollte jederzeit in der Lage sein, seiner Rückberufung, das heißt seinem Kriegseinsatz, Folge zu leisten. Aber er wartete vergeblich, der Generalstab schien ihn vergessen zu haben. Als er schließlich voller Ungeduld an Enver schrieb und um einen Posten in der Armee bat, wurde er mit der Antwort vertröstet, daß er sich in Sofia ebenso verdient mache wie an irgendeiner Front. Enttäuscht und aufgebracht wandte er sich abermals an Enver und forderte ihn auf: »Wenn Sie der Ansicht sind, ich sei kein guter Offizier, dann sagen Sie es mir bitte ehrlich.« Enver reagierte mit keinem Wort.

Erst im Januar 1915 wurde Mustafa Kemal das Kommando über die auf der Halbinsel Gallipoli stationierte 19. Division der 5. Armee übertragen. Zu diesem Zeitpunkt hatte Enver gerade eine militärische Niederlage am Kaukasus hinnehmen müssen, die seinen Ruf als Held der jungtürkischen Revolution von 1908 und der Rückeroberung Edirnes von 1913 schnell verblassen ließ. Auf Wunsch des Großen Generalstabs in Deutschland, aber entgegen der auf realistischer Lagebeurteilung beruhenden Weigerung Liman von Sanders', bereits im ersten Kriegswinter einen Feldzug gegen Rußland zu führen, hatte Enver selbst das Kommando übernommen und im Dezember 1914 mit einer 90 000 Mann starken türkischen Armee die Ostgrenze des Osmanischen Reichs überschritten. Nach anfänglichen Vorwärtsmärschen bis an den Rand des Kaukasus wandelte sich der scheinbar nahe Sieg im Januar 1915 durch den sich verschärfenden Winter zu einer Katastrophe. Liman von Sanders schrieb in seinen Erinnerungen: »Von der gesamten Armee sind nach amtlichen Berichten nur ca. 12 000 Mann zurückgekommen. Alles andere war gefallen, gefangen, verhungert oder in den Schneebiwaks ohne Zelte erfroren. Bald brach unter den zurückkehrenden Soldaten, die körperlich stark heruntergekommen waren, der Flecktyphus aus und forderte noch zahlreiche Opfer.«[60]

Bei seinem Dienstbesuch im Kriegsministerium Ende Januar 1915 traf Mustafa Kemal mit Enver zusammen, der blaß und abgemagert wirkte, aber trotz des fatalen Fehlschlags am Kaukasus seine Gelassenheit und betont eleganten Manieren nicht verloren hatte. Am Beginn ihres Gesprächs stand folgender Dialog. Mustafa: »Fühlen Sie sich nicht etwas erschöpft?« Enver: »Wir wurden geschlagen, das ist alles.« Mustafa: »Und wie ist die allgemeine Lage?« Enver: »Sehr gut.«[61] Nach dieser kurzen Einleitung entwickelte Enver seinem etwas älteren und bisher wenig erfolgreichen Offizierskollegen den Plan, ihn mit drei Divisionen durch den Iran bis nach Indien zu schicken, um dort eine Rebellion gegen England zu entfachen. Mustafa lehnte jedoch diese Lieblingsphantasie des Vize-Generalissimus und Kriegsministers, vor dessen Schwärmerei er seine Freunde bereits in Saloniki gewarnt hatte, mit der trockenen Bemerkung ab: »Ich bin nicht fähig, solche Heldentaten zu vollbringen.«[62] Dann bat er um Instruktionen für die 19. Division, die erst noch komplettiert werden mußte, und verabschiedete sich.

Einige Zimmer weiter stellte er sich Liman von Sanders vor, der zwei Monate später, am 24. März 1915, das Oberkommando der 5. Armee auf Gallipoli übernahm. In einem anderen Raum des Kriegsministeriums hielt sich zur gleichen Zeit Colmar von der Goltz als Berater des türkischen Hauptquartiers auf. Mitte April 1915 wurde er Oberbefehlshaber der 1. Armee, die in Mesopotamien gegen die vom Persischen Golf vordringenden englischen Truppen kämpfte. Ende April 1916 starb der in der Türkei hochverehrte Generalfeldmarschall im Alter von zweiundsiebzig Jahren in Bagdad an Flecktyphus.

Die Halbinsel Gallipoli war während der ersten Monate des Jahres 1915 Brennpunkt der kriegerischen Auseinandersetzungen zwischen den europäischen Alliierten Frankreich und England einerseits und den von Deutschland unterstützten Türken andererseits. England, dessen Truppen am Suezkanal im Winter 1914/15 von türkisch-deutschen Einheiten attackiert worden waren – ihr erzwungener Rückzug brachte Enver einen weiteren Prestigeverlust –, wollte durch einen einzigen gezielten Schlag die Regierungs- und Militärzentrale des Osmanischen Reichs, Istanbul, ausschalten, um jedes Risiko einer Niederlage im Vorderen Orient zu vermeiden. Das Angriffsziel, auf das sich der britische Kriegsminister Lord Kitchener und der damalige Marineminister Winston Churchill geeinigt hatten, waren die Dardanellen, die das Mittelmeer mit dem Marmarameer verbinden und deren

Festungsanlagen seit Jahrhunderten die osmanische Hauptstadt vor feindlichen Schiffen aus dem Süden schützten.

Während Mustafa Kemal noch damit beschäftigt war, seine 19. Division auf volle Mannschaftsstärke zu bringen, bombardierten am 19. Februar 1915 französische und britische Kriegsschiffe die am Eingang der Dardanellen liegenden Forts. Wegen verschiedener Widrigkeiten wie mangelnder Koordination zwischen den Generalstäben in Frankreich und England, Verlusten durch Unterwasserminen und ungewöhnlich schlechtem Wetter, aber auch aufgrund einer massiven türkischen Gegenwehr unter Führung der deutschen Admirale Merten und von Usedom scheiterten auch wiederholte Angriffe. Dies zwang die Alliierten am 18. März, die Operation abzubrechen.

Durch diese gänzlich unerwartete Niederlage in seinem Ehrgeiz herausgefordert, setzte Winston Churchill im britischen Kabinett einen zweiten Angriffsplan durch, der diesmal eine Landung englischer, australischer und neuseeländischer Truppen auf der Halbinsel Gallipoli vorsah, um auf diesem Wege zur Meerenge und schließlich nach Istanbul zu gelangen. Im türkischen Kriegsministerium gingen die Meinungen über einen eventuellen zweiten Angriff auf die Dardanellen auseinander. Enver schwelgte in Siegerlaune, denn er hielt die Schlacht gegen die berühmte und gefürchtete britische Flotte für gewonnen. Liman von Sanders dagegen glaubte fest an eine bevorstehende große alliierte Landung auf der Halbinsel oder auf dem gegenüberliegenden asiatischen Festland. Auf sein Drängen wurde er am 24. März zum Oberbefehlshaber der 5. Armee auf Gallipoli ernannt. Als Teil dieser 5. Armee unterstand ihm auch die 19. Division, die durch ihren Kommandeur Mustafa Kemal zu ihrem bis heute anhaltenden legendären Ruf gelangen sollte.

Im Morgengrauen des 25. April 1915 gingen zur Ablenkung französische Truppen auf der asiatischen Seite der Dardanellen an Land, während britische Truppen, unter ihnen viele Freiwillige aus Neuseeland und Australien, an der Spitze von Gallipoli und in der Bucht von Arıburnu den Hauptangriff führten. Die wenigen türkischen Wachposten wurden schnell überwältigt, und den britischen Soldaten gelang es in wenigen Stunden, bis an die parallel zur Bucht verlaufende Hügelkette von Anafartalar vorzustoßen, deren Inbesitznahme die Schlacht bereits entschieden hätte.

Als Mustafa Kemal, der mit seiner 19. Division von Maydos (heute Eceabat) aus den westlichen Abschnitt der Halbinsel kontrollierte, die

Meldung erhielt, die Alliierten seien nicht nur gelandet, sondern schon nahe der Hügelkette von Anafartala, warf er sich auf sein Pferd, nahm einen Teil der ansteigenden Strecke im Galopp und erklomm dann zu Fuß eine der unwegsamen, felsigen Anhöhen. Die ihn anfangs begleitenden Soldaten hatte er weit hinter sich gelassen. Plötzlich kam ihm eine Gruppe türkischer Infanteristen in voller Flucht entgegen. Den Fortgang der Szene schilderte er später einem Journalisten: »Ich fragte: ›Warum lauft ihr davon?‹ Sie antworteten: ›Der Feind, Kommandant.‹ ›Wo ist der Feind?‹ wollte ich wissen. ›Dort‹, sagten sie und zeigten auf den benachbarten Hügel 261. Im selben Augenblick überrannten feindliche Soldaten den Hügel 261 und näherten sich uns. Stellen Sie sich diese Situation vor. Ich hatte meine Truppen verlassen, damit sie sich etwas ausruhen konnten, und vor mir, fast in Reichweite, der Feind. Mit anderen Worten, der Feind war näher als meine eigenen Männer, und in kürzester Zeit würde unsere Lage äußerst ungemütlich sein. Dann, ich weiß nicht mehr, ob aus Überlegung oder aus Instinkt, fuhr ich die Infanteristen, die fliehen wollten, an: ›Ihr könnt doch nicht vor dem Feind davonlaufen.‹ Als sie erwiderten, daß sie keine Munition mehr hätten, schrie ich: ›Wenn ihr keine Munition habt, benutzt eure Bajonette!‹ und befahl ihnen, die Bajonette aufzustecken und sich auf den Boden zu legen. Gleichzeitig ließ ich meiner Einheit, die sich zu dem entfernteren Conk-Hügel begeben sollte, durch einen der Männer übermitteln, sofort und im Eilmarsch zu mir zu kommen.«[63]

In der irrigen Annahme, sie hätten es bei den plötzlich vor ihnen auftauchenden und wieder verschwindenden türkischen Soldaten mit der gut getarnten Feindlinie zu tun, warfen sich die Männer der britischen Vorhut auf dem Hügel 261 ihrerseits auf den Boden. Während der Zeit, die sie benötigten, um neue Befehle einzuholen und eine vorläufig geschütztere Stellung zu beziehen, erreichte der Haupttrupp der 19. Division seinen Kommandanten Mustafa Kemal. Dessen kurze Ansprache lautete: »Ich befehle euch nicht nur anzugreifen, ich befehle euch zu sterben. Bis wir sterben, werden neue Truppen unseren Platz einnehmen.«[64] Der anschließende Kampf dauerte den Tag und die Nacht über an, und der Feind wurde bis zu den letzten Hängen an der Küste zurückgedrängt.

Durch seine in Syrien, Albanien und Tripolitanien geschulten Fähigkeiten, in einer kritischen Situation die bestmögliche Strategie zu erkennen und schnelle Entscheidungen zu treffen, gelang Mustafa Kemal an jenem 25. April 1915 eine hervorragende militärische Leistung. Daß

Im Schützengraben auf der Halbinsel Gallipoli, 1915

sich um dieses Bravourstück und die nachfolgenden brillant geführten Einsätze heute zahlreiche Legenden ranken, die kaum noch die realen Vorgänge durchschimmern lassen, hat nur scheinbar mit der nationalen Verehrung Atatürks zu tun. Die Bewunderung und Anerkennung, die Mustafa Kemal nicht nur im eigenen Lager, bei türkischen und deutschen Offizieren, sondern auch bei den Gegnern wie dem Oberbefehlshaber der Alliierten, Sir Ian Hamilton, fand, hatten ihre Ursache in der ungewöhnlichen Konstellation aus begrenzter Aktion und weitreichender Wirkung.

Durch das Handeln eines von Glück und Zufall begünstigten türkischen Offiziers, den Friedrich der Große als einen Mann mit der nötigen »fortune« bezeichnet hätte, wandelte sich der erhoffte schnelle Sieg der Alliierten zum Stellungskrieg und schließlich, Ende 1915, zur zweiten Niederlage. Winston Churchill, der trotz eindringlicher Warnung die Operation von Gallipoli mit unzureichenden Truppen durchführen ließ, mußte bereits am 26. Mai seinen Ministerposten räumen. Istanbul, wo schon zwei Züge im asiatischen Bahnhof »Haydarpaşa« warteten, um den Sultan, den Staatsschatz und das diplomatische Corps nach Eskişehir in Sicherheit zu bringen, war gerettet, und das Osmanische Reich und sein Militär hatten durch diesen Sieg, der der einzige türkische im Ersten Weltkrieg bleiben sollte, ihr Ansehen gewahrt. Lloyd George, der Churchill unterstützt hatte, verteidigte sich im britischen Parlament mit den Worten: »Wie sollte ich wissen, daß unseren Armeen ein Soldat gegenüberstand, wie ihn die Geschichte alle Jahrhunderte nur einmal hervorbringt.«[65]

Dem erfolgreichen Zurückdrängen der britischen Vorhut folgten bis zum 19. Mai andauernde Kämpfe, die schließlich entlang der Anafartalar-Linie zu einem ähnlich zermürbenden und verlustreichen Stellungskrieg wie bei Verdun führten. Für seine Bewältigung der kritischen Situation am Hügel 261 wurde Mustafa Kemal auf Vorschlag Liman von Sanders' am 1. Juni zum Oberst befördert. Während sich die Soldaten hüben wie drüben in den Schützengräben zwischen den einzelnen Attacken mühsam ihre Zeit vertrieben, wobei es auch zum Austausch von Lebensmitteln wie türkischem Honig und Rindfleischbüchsen zwischen Australiern und Türken kam, lenkte sich der Kommandant der 19. Division in seinem Zelt durch Lektüre von Romanen und durch private Korrespondenz von der harten Gegenwart und den erneut auftretenden Malariaanfällen ab. Am 6. Juni schrieb er an seine ehemalige Zimmerwirtin Hildegard Christianus in Sofia: »Gestern erhielt ich einen Brief von Ihnen, den Sie vor eineinhalb Monaten abgeschickt haben. Es sind jetzt fünf Monate vergangen, seit ich Sie verließ. Seitdem war ich ununterbrochen beschäftigt. Den Unterricht in Deutsch, den Sie mir gaben, vergaß ich dabei nicht. Ich kann Ihnen versichern, daß während des Krieges, selbst bei Kanonendonner und beim Niederhageln von Geschossen, die besten Erinnerungen meines Lebens die wunderschönen und freundlichen Unterrichtsstunden bei Ihnen waren. Daß auch Sie mich nicht vergessen würden, daran zweifelte ich niemals. Aber so gar nichts von Ihnen zu hören, machte mich sehr traurig.

Ihr Brief vom 28. April 1915 machte mich daher glücklicher, als Sie sich vorstellen können. Es ist eine psychologische Wahrheit, daß ein Mann seine Arbeit braucht und für bestimmte Freundschaften Opfer bringen muß. Als Sie mich zum Beispiel fragten: ›Wann werden Sie den Rang eines Oberst erhalten?‹ antwortete ich: ›Eine solche Beförderung kann man nur auf dem Schlachtfeld gewinnen‹, worauf Sie erwiderten: ›Beweisen Sie es.‹ Ihrem verpflichtenden Wunsch folgend, bin ich seit fünf Tagen Oberst. Ganz nebenbei, von übertrieben reagierenden Personen erhielt ich silberne und goldene Kriegsauszeichnungen. Der bulgarische Zar Ferdinand verlieh mir den Orden vom Heiligen Alexander im Rang eines Kommandeurs. Kaiser Wilhelm ehrte mich mit dem Eisernen Kreuz. Alle diese Würdigungen verdanke ich Ihrem edlen Einfluß.«[66]

Auch Madame Corinne wurde genau über den Regen der Auszeich-

Liman von Sanders und Mustafa Kemal

nungen informiert, der Anafartalar folgte. In einem Brief vom 20. Juli 1915, der mit der Feststellung beginnt, »Wir leben hier in der Hölle«, gestand er ihr: »Ich habe mich entschlossen, Romane zu lesen, die geeignet sind, meinen durch die gegenwärtigen Ereignisse rauh gewordenen Charakter zu mildern. Auf diese Weise hoffe ich dahin zu kommen, die guten und heiteren Seiten des Lebens zu empfinden. Wenn es nicht unmöglich für mich wäre, das Vergnügen Ihrer angenehmen und geistreichen Unterhaltung, die jeden verführt, persönlich zu genießen, würde ich es nicht nötig haben, Romane zu lesen, die Liebesempfindungen und Lebensansichten von Männern wiedergeben, die nur selten meine eigenen sind.«[67] Dann bat er Corinne, ihm einige Romane zu empfehlen und diese für ihn zu besorgen.

In der Nacht vom 6. zum 7. August unternahmen die Alliierten, die durch 20 000 Mann verstärkt worden waren, erneut einen Vorstoß auf die Anafartalar-Linie. Mustafa Kemal, der erkannte, daß er diesem Ansturm mit seiner 19. Division nicht lange würde standhalten können, ließ sich über das Feldtelefon mit dem Oberbefehlshaber von Gallipoli, Liman von Sanders, verbinden: »Ich habe Ihnen bereits früher gemeldet, wie ich die Lage beurteile. Jetzt besteht nur noch eine Hoffnung.« Liman: »Und welche wäre das?« Mustafa: »Alle Truppen, die sich in meiner Nähe befinden, meinem Kommando zu unterstellen.« Liman: »Wären das nicht zu viele?« Mustafa: »Nein, zu wenige«.[68] Am 8. August ernannte ihn Liman zum Kommandanten eines aus mehreren Divisionen gebildeten Armeekorps, das gegen die umkämpfte Hügelkette geworfen werden sollte.

Am 10. August gab Mustafa Kemal den Befehl zum Angriff. Sein Kriegstagebuch enthält eine Schilderung jener Morgenstunde: »Die ganze Nacht habe ich ruhelos verbracht. Von Anafartalar kamen schlechte Nachrichten. Verschiedene Truppen haben die Verbindung zu ihren Befehlshabern verloren. Sie meldeten sich bei mir und erwarteten meine Befehle. Während die Morgendämmerung heraufzog, traf ich die letzten Vorbereitungen. Ich durfte nicht mehr viel Zeit verlieren, denn in wenigen Minuten würde der Feind meine Truppen sehen und das Feuer eröffnen. Nach einem kurzen Rundgang zwischen meinen Soldaten hielt ich eine Ansprache: ›Soldaten, ich bin fest davon überzeugt, daß wir den Feind besiegen werden. Ich gehe jetzt voran, und sobald ihr seht, daß ich meine Peitsche hebe, folgt ihr mir alle nach.‹ Die Offiziere und Soldaten hatten alles andere vergessen, sie warteten nur noch ungeduldig auf mein Zeichen. Dann, als ich die Peitsche hob, sprangen die Offiziere mit gezückten Säbeln vor, und die Soldaten stürzten sich auf den Feind und kämpften sogar mit Fäusten und Zähnen. Überall hörte man den Ruf: ›Allah! Allah!‹«[69] Sehr viel später sagte Mustafa Kemal in Erinnerung an Gallipoli: »Verantwortung wiegt schwerer als der Tod.«[70]

Während Mustafa Kemal von einem Hügel aus den Fortgang der Kämpfe beobachtete, wurde er von einem Geschoß an der linken Brustseite getroffen. Ein junger Offizier, der neben ihm stand, rief aus: »Efendim, Sie sind verwundet!« Mustafa, der verhindern wollte, daß die Soldaten von der Verletzung ihres Kommandanten erfuhren, verschloß ihm mit der Hand den Mund und sagte: »Kein Wort darüber.« Erst am Abend, nachdem eine Kampfpause eingetreten war und er Liman von Sanders Bericht erstattete, kam er auch auf seine Verletzung zu sprechen. Wie sich herausstellte, war das Geschoß an seiner Uhr, die er in der Brusttasche trug, abgeprallt und hatte nur eine blutende Platzwunde verursacht. In einer Geste der Freundschaft überreichte er dem deutschen General die verbeulte Taschenuhr. Liman nahm sie gerührt entgegen und schenkte dafür dem türkischen Offizier seine eigene Uhr zur Erinnerung.[71]

Auch der dritte massive Angriff der Alliierten endete mit einer Niederlage, der bis Ende des Jahres 1915 mehr oder weniger nur noch Rückzugsgefechte folgten. Am 9. Januar 1916 wurden die letzten Soldaten evakuiert. Auf britischer Seite waren 213980 und auf türkischer Seite

120 000 Männer gefallen.[72] Die Regierung in Istanbul atmete auf, denn die Möglichkeit, daß der Krieg zugunsten des Osmanischen und des Deutschen Reichs entschieden würde, schien wieder nähergerückt.

Mustafa Kemal, der durch seinen ununterbrochenen Einsatz seit April 1915 und durch die Malariaanfälle sehr geschwächt war, ließ sich im Dezember, nachdem die Kämpfe endgültig aufgehört hatten, krankheitshalber beurlauben. Trotz der Begeisterung, die in der Bevölkerung über den Sieger von Gallipoli herrschte, wurde er bei seiner Ankunft in Istanbul von niemandem begrüßt. Enver hatte, wahrscheinlich aus Neid, verboten, ein Foto des neuen Lieblings der Menge und auch die Nachricht über den Zeitpunkt seines Eintreffens zu veröffentlichen. Die Mißgunst des Vize-Generalissimus war bereits im Juli 1915 anläßlich einer Inspektion auf Gallipoli deutlich geworden. Ohne Angabe von Gründen hatte er die 19. Division als einzige nicht besucht. Mustafa Kemal wollte daraufhin demissionieren, doch Liman von Sanders hielt dieses Entlassungsgesuch vorerst zurück, schrieb seinerseits einen Brief an Enver und überredete ihn zu einer gütlichen Beilegung der schwelenden Affäre. Dieser diplomatisch geschickte Brief, dessen Original in den Archiven der »Gesellschaft für Türkische Geschichte« in Ankara aufbewahrt wird, enthüllt eine interessante Beurteilung Mustafa Kemals durch eine militärisch kompetente und, was die türkischen Verhältnisse betraf, politisch unparteiische Persönlichkeit.

Das Schreiben vom 17. 7. 1331 (arabischer Kalender, nach dem gregorianischen das Jahr 1915) richtete sich an »Seine Exzellenz Enver Pascha, Vize-Generalissimus der Kaiserlich-Osmanischen Armee und Flotte, Generaladjutant Seiner Majestät« und hatte folgenden Wortlaut: »Euer Exzellenz beehre ich mich anzuzeigen, daß Oberst Mustapha Kemal Bey durch schriftliches Gesuch seine Verabschiedung erbeten hat. Ich kann dies Gesuch nicht befürworten, da ich Oberst Mustapha Kemal Bey als einen ganz besonders fähigen, tüchtigen und tapferen Offizier kennen und schätzen gelernt habe, dessen Dienste das Vaterland in diesem großen Kriege durchaus braucht. Oberst Mustapha Kemal Bey hat seit der ersten Landung vor 5 Monaten mit Auszeichnung an der Spitze der 19. Division gefochten, und bei der letzten großen Landung der Engländer auf dem Anafarta-Flügel im schwierigen Augenblick das Kommando übernehmen müssen...

Oberst Mustapha Kemal Bey hat auch hier seine Aufgabe mit großer Tapferkeit und mit guten klaren Anordnungen erfüllt, so daß ich ihm – wie dies meine Pflicht war – wiederholt meine Anerkennung und Dank ausgesprochen habe. Oberst Mustapha Kemal Bey will ausscheiden, weil er glaubt, das Vertrauen Euer Exzellenz, des Vize-Generalissimus der Kaiserlichen Armee, seines höchsten Vorgesetzten, nicht zu besitzen. Er glaubt dies besonders daraus zu ersehen, daß Eure Exzellenz ihn bei der letzten Anwesenheit nicht aufgesucht haben, obgleich er krank war und noch krank ist, während Eure Exzellenz die Führer der drei anderen Gruppen mit dem Besuch beehrt haben.

Ich habe Oberst Mustapha Kemal Bey ausgesprochen, daß der Besuch nur aus Mangel an Zeit unterblieben ist, und daß Eure Exzellenz sehr wohl seine Leistungen anerkennen. Eure Exzellenz bitte ich, das Abgeschiedsgesuch, das ich vorläufig nicht beifüge, unter dem Ausdruck Euer Exzellenz Vertrauen, gütigst ablehnen zu wollen. Euer Exzellenz stets sehr ergebener Liman von Sanders.«[73]

7

An der Ostfront in Anatolien und Syrien.
Reise nach Deutschland
(1916 – 1917)

Der schwache Hoffnungsschimmer, den die Niederlage der Alliierten an den Dardanellen für die deutsch-türkischen Kriegspartner bedeutete, schwand im Lauf des Jahres 1916 schnell dahin. Die Kämpfe, die an der Ostfront, gegen Rußland in Anatolien und gegen England in Syrien, dem trügerischen Sieg auf der Halbinsel Gallipoli folgten, konnten nur in einer Katastrophe enden. Die militärische Übermacht der Gegner, die unzureichende Ausrüstung und Schulung der osmanischen Truppen und die Fehlentscheidungen der deutschen Militärmission, die auf der Wunschvorstellung einer mächtigen türkischen Armee basierten, hätten realistische Beobachter wie Mustafa Kemal und einige Jungtürken, die sich von der Illusion eines Großreichs distanzierten und ebenfalls mit dem Gedanken eines türkischen Nationalstaats sympathisierten, bereits vor dem Bündnisvertrag zu düsteren Prognosen über die türkische Beteiligung an einem Krieg veranlaßt, der von europäischen Interessen diktiert wurde.

Als Mustafa Kemal im Dezember 1915 in Begleitung des seit Saloniki mit ihm befreundeten Militärarztes Tevfik Rüştü nach Istanbul kam, mußte er, wie schon so oft in den vergangenen Jahren, feststellen, daß er auch nach seiner allseits akklamierten militärischen Leistung auf Gallipoli keinen Einfluß auf die Mitglieder der Regierung oder des türkischen Generalstabs besaß. Wieder litt er unter der Abhängigkeit von erfolgreicheren Männern, die er für politische Abenteurer oder für Hörige der Deutschen hielt, und wieder mußte er sich in Geduld fassen und auf seinen nächsten Einsatzbefehl warten. Anfangs wohnte er in dem Haus in Beşiktaş, aber da ihn die Nähe seiner Mutter und seiner Schwester in seinem angespannten Zustand zu sehr irritierte, nahm er sich eine eigene Wohnung, um sich in Ruhe von seiner Malaria und seinen Erschöpfungszuständen zu kurieren. Moralischen Zuspruch, der ihm in seiner unbefriedigenden Situation wohltat, bekam er von Corinne, die weiterhin ihre musikalischen Soireen gab. Eines Abends, während sie am Klavier saß und für ihre Gäste spielte, schlich sich

Mustafa Kemal aus dem Salon. Sie unterbrach sich und wandte sich an die Zuhörer: »Wissen Sie, wer sich gerade auf Zehenspitzen hinausgeschlichen hat? Das ist Mustafa Kemal. Eines Tages wird er von sich reden machen und nicht nur in der Türkei, sondern in der ganzen Welt.«[74]

Da sich die Entscheidung des Generalstabs, ihn einer Einheit zuzuordnen, zu verzögern schien, unternahm Mustafa Kemal eine Privatreise nach Sofia, wo er ein letztes Mal Miti, die Tochter des bulgarischen Kriegsministers, und Hildegard Christianus sah. Noch während seines Aufenthalts trat Hildegard mit ihrer Familie die Heimreise nach Deutschland an. Mustafa begleitete sie zum Bahnhof, wo er sich mit Geschenken – handgeknüpften Teppichen und einem aus Holz geschnitzten Bilderrahmen – verabschiedete und seiner ehemaligen Zimmerwirtin ein Blatt Papier in die Hand drückte, auf das er in Deutsch die sinnigen Worte geschrieben hatte: »Von Herz zu Herz geht ein Weg.«[75] Kurze Zeit danach kam die telegrafische Nachricht aus Istanbul, daß er zum Kommandanten der von Gallipoli nach Edirne verlegten 16. Division ernannt worden sei.

Am 15. Januar 1916 traf er mit dem Zug aus Sofia in Edirne ein. Dort ritt er am Kopf einer Reiterschwadron von der Bahnstation in die Stadt, umjubelt von den Einwohnern. Diesmal hatte er, in Erinnerung an den vereitelten Empfang in Istanbul, seine Ankunft selber vorbereitet, so daß er schließlich doch noch öffentlich als Held von Gallipoli gefeiert wurde. So waren Envers Auftritte von 1908 auf dem Balkon in Saloniki und von 1913 im rückeroberten Edirne wenigstens optisch ausgeglichen. Lange konnte er sich seiner Popularität nicht erfreuen, denn bereits Ende Februar wurde er mit seiner 16. Division und zwei weiteren Einheiten, die die 2. Armee bildeten, nach Silvan, einem zwischen Diyarbakır und dem Van-See gelegenen Ort in Ostanatolien verlegt, um die im Winter 1914/1915 am Kaukasus geschlagene 3. Armee wieder zu verstärken. Wenige Tage, nachdem er sein Quartier bezogen hatte, schrieb er an Corinne: »Nach der langen und ermüdenden Wegstrecke von West nach Ost hierher, die fast zwei Monate in Anspruch nahm, fühlt man sich berechtigt, auf einige Augenblicke der Ruhe zu hoffen, meinen Sie nicht auch? Aber nein, es scheint so, daß erst der Tod diese Ruhe bringen soll. Wie dem auch sei, bis dahin werde ich nicht so ohne weiteres bereit sein, das Paradies Ihres ›Bon Dieu‹ zu betreten.«[76]

Von Ruhe konnte in der Tat keine Rede sein. Russische Truppen waren im Februar 1916 im Norden vom bereits besetzten Kars bis Er-

zurum und im Süden bis Muş und Bitlis jenseits des Van-Sees vorgedrungen und hatten Tausende muslimischer Bauern und Viehtreiber
getötet, denen es nicht mehr gelungen war, hinter die osmanischen
Linien zu flüchten.

Die Armenier, die sich seit den Pogromen Ende des 19. Jahrhunderts
in ihrem Hauptsiedlungsgebiet im Osten Anatoliens wieder sicherer
gefühlt hatten und einen nicht geringen Bevölkerungszuwachs ver-
zeichnen konnten, wurden jetzt, während der kriegerischen Auseinandersetzungen des zaristischen Rußlands und den von der jungtürkischen Regierung beherrschten Resten des Osmanischen Reichs, zu den
eigentlichen Opfern imperialistischer Großmachtträume. In diesem
Zusammenhang wurde später von »Völkermord« an den Armeniern
gesprochen, ein Vorwurf, dem sich nicht alle Historiker in gleicher
Schärfe anschlossen. [77]

Der angesehene amerikanische Geschichtswissenschaftler Roderic
H. Davison, ein profunder Kenner der osmansichen und türkischen
Geschichte, schrieb über die komplexe Situation, wie sie sich 1915/16
im Osten Anatoliens darbot: »Während die Schlacht um Gallipoli auf
ihrem Höhepunkt war und während die Russen in den Osten Anatoliens vordrangen, begann das ›Komitee für Einheit und Fortschritt‹ die
Armenier zu deportieren. Sie wurden aus allen Teilen Anatoliens, ausgenommen den westlichen Städten, vertrieben und in den Norden Syriens und des Irak geschickt. Eine der großen Tragödien des Kriegs
nahm ihren Anfang, als mehr als eine halbe Million Menschen ihr Leben durch Massaker, Erschöpfung, Nahrungsmangel und all die Gefahren eines langen Marsches unter primitivsten Bedingungen verloren. Talaat, Minister des Inneren, begründete die Deportationen als
eine militärische Notwendigkeit. Da einige Armenier mit den Russen
zusammenarbeiten würden, müsse der Gefahr einer Revolte hinter den
türkischen Linien im Osten vorgebeugt werden. Er gab zu, daß Exzesse
vorgekommen und unschuldige Menschen umgekommen seien. Deutsche offizielle Stellen protestierten gegen die Deportationen, aber
nicht sehr energisch, denn ihnen lag mehr daran, das Kriegsbündnis
nicht aufs Spiel zu setzen. Ohne Zweifel gab es für das Leiden der
Armenier zwei Ursachen. Zum einen lebte die Mehrzahl von ihnen eng
zusammen mit Türken und Kurden in Anatolien, dem türkischen
Kernland. Zum anderen hatte die jüngsten türkischen Erfahrungen mit
den christlichen Minderheiten auf dem Balkan eine extrem Empfind-
lichkeit gegenüber Revolten und Gebietsverlusten hervorgerufen.«[78]

Im April 1916 drangen russische Truppen bis nach Trabzon an der östlichen Schwarzmeerküste vor und schnitten Ende Juli die Verbindung zwischen Sivas und Erzurum, rund fünfhundert Kilometer hinter der türkischen Grenze, ab. Am 16. Mai 1916 unterzeichneten Sir Mark Sykes für England und Georges Picot für Frankreich geheime Vereinbarungen über die Aufteilung des Osmanischen Reichs, die am 17. April 1917 durch Abmachungen mit Rußland ergänzt wurden. Nach den Friedensverhandlungen von Brest-Litowsk Anfang 1918 veröffentlichte die junge Sowjetregierung diese rigorosen Teilungspläne, um die imperialistische Politik der westlichen Alliierten vor aller Welt bloßzustellen, aber auch um zu erklären, daß sie selbst die unter dem Zaren besetzten Gebiete Ostanatoliens freigeben würde und »der Vertrag über die Teilung der Türkei, der auch die Abtrennung Armeniens bestimme, null und nichtig« sei.[79] Die armenische Unabhängigkeitsbewegung, die bereits so viele Opfer gebracht hatte, wurde dadurch erneut an den Rand der Großmachtinteressen gedrängt und verlor sich nach dem Ersten Weltkrieg zwischen den vagen Garantien für ein unabhängiges Armenien, die Bestandteile der Friedensverträge von Brest-Litowsk und von Sèvres (1920) waren.

Das Sykes-Picot-Abkommen enthielt bereits die wesentlichsten Richtlinien der Aufteilung des Osmanischen Reichs unter den Alliierten und deren Verbündeten am Ende des Ersten Weltkrieges. Großbritannien erhielt den Süden Iraks vom Persischen Golf bis Bagdad und die Häfen Haifa und Akre (heute Akka) in Palästina, Frankreich die syrische Küstenprovinz um Alexandretta (heute Iskenderun) und die türkische Provinz Adana mit Umgebung (Kilikien) zugewiesen. Italien wurde 1917 (Vertrag von St. Jean de Maurianne vom 17. April) u. a. die Besetzung der türkischen Provinzen Konya und Izmir zugestanden, wobei die Unterhändler kurioserweise übersahen, daß Izmir bereits Griechenland für die auf seinem Territorium geduldeten alliierten Angriffsbasen versprochen worden war. Als Belohnung für ihre Unterstützung gegen die Osmanen sollten die Zionisten eine »nationale Heimstätte in Palästina für das jüdische Volk«[80] und die Araber die Anerkennung ihrer im Entstehen befindlichen Nationalstaaten erhalten, wobei sich wiederum ein Schönheitsfehler einschlich, denn weite Teile der arabischen Gebiete waren bereits in französische und britische Einflußzonen aufgeteilt.

Das Sykes-Picot-Abkommen war also höchst brisant. Die moralische Empörung, die seine Veröffentlichung im Westen hervorrief, wurde jedoch durch die letzte Kriegsphase schnell begraben, und wie sich bei der Verwirklichung der Teilungspläne ab Ende 1918 herausstellte, galt selbst das Versprechen des britischen Premierministers Lloyd George nichts, der am 6. Januar 1918 von der »Times« mit den Worten zitiert wurde: »Großbritannien hat nicht den Wunsch, die Türkei ihrer Hauptstadt oder ihrer reichen und berühmten Länder Kleinasien [Anatolien] und Thrakien, den Heimstätten der Türken, zu berauben.« Am 13. November 1918 gingen englische Kriegsschiffe in Sichtweite der Sultanspaläste vor Anker.

Mustafa Kemal, der noch nachträglich für seine effektive Teilnahme an den Kämpfen von Gallipoli zum General ernannt worden war und seitdem den Titel »Pascha« tragen durfte, versuchte während der Sommermonate 1916 aus der ihm unterstellten 16. Division eine kampffähige Einheit zu machen, um die russischen Truppen an ihrem Vormarsch zu hindern und, wenn möglich, einige der besetzten anatolischen Städte zurückzugewinnen. Die Reserven des Osmanischen Reichs gingen zur Neige, das Land war ausgepumpt durch den gleichzeitigen Kräfte- und Materialverschleiß in Anatolien, in Syrien und Mesopotamien, wo zusätzlich zur Bedrohung durch die Alliierten arabische Revolten ausgebrochen waren, und auf dem Balkan, wo die deutschen, österreichisch-ungarischen und bulgarischen (Bündnisvertrag mit Deutschland am 6. September 1915) Kriegspartner nach der Eroberung Serbiens weitere türkische Hilfstruppen anforderten, um die gegen den Willen der neutralen Athener Regierung auf griechischem Boden stationierten Franzosen und Engländer bekämpfen zu können.

Viele der eingezogenen Rekruten waren nicht älter als sechzehn Jahre, und zu ihrer Ausbildung war angesichts der näherrückenden russischen Front kaum Zeit. Der Mangel an Waffen, Munition, Kleidung – gewickelte Lumpen mußten oft Schuhe ersetzen – und Nahrungsmitteln ließ die Moral der Soldaten noch weiter sinken. Viele verhungerten oder erfroren in Schneelöchern.[81] Dennoch gelang es Mustafa Kemal, den Russen mit seiner Einheit die Städte Bitlis und Muş südlich und westlich des Van-Sees wieder abzuringen und sie dadurch an der Einnahme der wichtigen Garnisonsstadt Diyarbakır zu hindern. Für diesen einzigen Etappensieg an der ostanatolischen Front wurde er mit dem Orden vom Goldenen Schwert ausgezeichnet und Ende 1916 zum Kommandanten der 2. Armee ernannt.

Während der Kämpfe um Bitlis und Muş im August 1916 war Nuri (Conker) an seiner Seite, sein ihm tief ergebener Freund aus Saloniki, der in Gallipoli zu seinen Adjutanten gehörte und sich vor dem Krieg als Vertreter der Jungtürken mit seiner Frau und seinen Kindern in Berlin aufgehalten hatte. Am 17. September schrieb Mustafa an Corinne: »Wie gut ist es zu wissen, daß man von wertvollen Männern umgeben ist, während man seine Brust dem Gewehrfeuer und dem Tod entgegenhält.« Auf einen im Gefecht gefallenen General anspielend, fuhr er fort: »Großen Eindruck machte auf mich, wie Nuri Bey diesem Beispiel von Heldenhaftigkeit folgen wollte. Aber er hörte, Gott sei Dank, auf meinen Rat und wartet noch, bis sein Palast im Himmel für ihn fertig ist.«[82]

Ein anderer »wertvoller Mann«, ebenfalls aus dem Freundeskreis in Saloniki, war der 1884 in Izmir geborene und in Sivas aufgewachsene Ismet (Inönü). Seine Karriere war mit der von Mustafa Kemal fast identisch. Nach einer höheren Militärausbildung, während der er auch Deutsch und Französisch lernte und kurze Zeit mit dem »Komitee für Einheit und Fortschritt« sympathisierte, hatte er verschiedene Posten bei der Infanterie und Kavallerie inne, erst in Thrakien und Mazedonien, dann im Jemen, wo er sich durch Malariafieber eine Ohrenkrankheit zuzog, die ihm einen Urlaub in Wien, Paris und Berlin einbrachte und ihn später zwang, ein Hörgerät zu tragen. Seine noch heute im väterlichen Haus in Ankara lebende Tochter, Özden Toker (ihr Bruder, Erdal Inönü, Vorsitzender der Sozialdemokratischen Volkspartei, bildete im November 1991 mit Süleyman Demirel, dem Vorsitzenden der Partei Richtiger Weg, eine Regierungskoalition), erinnert sich, daß ihr Vater im Jemen während seiner Freizeit oft Musik aus dem Grammophon gehört habe. Als er seit den frühen zwanziger Jahren regelmäßiger mit Mustafa Kemal zusammenarbeitete, vertiefte sich durch ihre gemeinsame Vorliebe für Musik auch ihre Freundschaft, die für den Fortbestand der politischen und gesellschaftlichen Ordnung Atatürks, des Kemalismus, eine wesentliche Rolle spielte, denn Ismet übernahm 1938 als zweiter Präsident der Türkischen Republik das Erbe seines ihm geistig und menschlich eng vertrauten Vorgängers.[83]

Als sich Mustafa Kemal und Ismet Ende 1916 nach vielen Jahren, die seit Saloniki vergangen waren, in Silvan wiederbegegneten, der eine als Kommandant der 2. Armee, der andere als dessen zugeordneter Stabschef, lernten sie sich als ausgeprägte Charaktere erstmals besser kennen und aufgrund ihrer unterschiedlichen Eigenschaften gegenseitig schätzen. Ismet war »ein ernster, fleißiger und vertrauenerweckender Offizier, der seine Dienststunden meist mit dem Studium von Akten freiwillig verlängerte. Daneben galt er als vorbildlicher und treu ergebener Ehemann und Vater, der sein Heim und seine Familie liebte.«[84] Im Gegensatz zu dem auf sich und seine eigenen Ideen und Kräfte konzentrierten Mustafa Kemal dachte und lebte Ismet vorsichtiger, rücksichtsvoller, aber auch abhängiger von der Initiative und den Ideen anderer. In seinem um drei Jahre älteren Freund, dessen sprunghaftes Temperament und, bei allem Pragmatismus, intuitives Vorgehen eher Erfolge durch persönliches Engagement als durch genau kalkulierte Planung versprachen, traf er auf den Gegenpol seines eigenen verhalteneren und durchaus zu Pedanterie und Hartnäckigkeit neigenden Wesens – Züge, die ihm bei den Friedensverhandlungen 1922 in Lausanne außerordentlich zugute kommen sollten.

Der einbrechende Winter zwang sowohl die russischen wie die türkischen Truppen zu einer längeren Gefechtspause, während der beide Seiten neue Angriffspläne vorbereiteten. Mustafa Kemal und der Stab der 2. Armee bezogen in Diyarbakır Quartier. In den folgenden Monaten achtete Kemal Paşa wieder strenger darauf, daß die Offiziere zu den gemeinsamen Mahlzeiten korrekt gekleidet kamen und ihre Kalbaks bei Tisch abnahmen. Um auch darüber hinaus den Stil eines europäischen Offizierskasinos zu pflegen, ließ er Tanzabende veranstalten, zu denen Armenierinnen aus den besseren Kreisen der Stadt eingeladen wurden (muslimische Frauen tanzten nicht in der Öffentlichkeit). Meist folgte Mustafa Kemal jedoch seiner alten Gewohnheit und führte nach den Abendmahlzeiten lange Gespräche mit den Anwesenden, wobei er gern selbst die Themen bestimmte und der Dozierende war. Über seine Lektüre, für die er ebenfalls wieder mehr Muße hatte, schrieb er in sein Tagebuch: ›Lese weiter Est-il possible de renier Dieu?‹ [Ist es möglich, Gott zu verneinen?]«[85]

Die erste siegreiche Revolutionsphase in Sankt Petersburg (seit 1914 Petrograd und von 1923, nach dem Tode Lenins, bis 1990 Leningrad), die am 8. März 1917 zur Übernahme der Hauptstadt durch einen Arbeiterrat (Sowjet) führte und die Regierung lähmte, hatte einen allmählichen Zusammenbruch der russischen Kriegsfront und schließlich, vom 22. Dezember 1917 an, die Friedensverhandlungen von Brest-Litowsk zwischen Rußland und den Mittelmächten sowie ihren Verbündeten zur Folge. Diese Wende brachte für die deutsch-österreichischen und türkisch-deutschen Truppen an den jeweiligen Ostfronten eine erhebliche Entlastung. Da der Generalstab in Istanbul nicht mehr mit einem russischen Angriff in Anatolien rechnete, wurden trotz allgemeiner materieller Misere und der schlechten Verfassung, in der sich die meisten türkischen Soldaten befanden, Dispositionen getroffen, den Hedjas – die gebirgige Küstenlandschaft am Roten Meer mit den heiligen islamischen Städten Mekka und Medina – und den Süden Mesopotamiens von den Briten, die diese osmanischen Gebiete bis März 1917 fast vollständig eingenommen hatten, zurückzuerobern.

Mustafa Kemal erhielt den Befehl, für diesen Feldzug ein Sonderkorps zusammenzustellen, obwohl inzwischen ein gegen die Osmanen gerichteter arabischer Aufstand unter Şerif Hüseyin und seinem Sohn, Emir Faysal, dem späteren König Faysal I. von Irak, die Lage der Briten zusätzlich begünstigt hatte. (Die Bildung eines großarabischen Reichs scheiterte letztlich an den im Sykes-Picot-Abkommen bekundeten Interessen Frankreichs und Englands im Vorderen Orient.) Als Mustafa nach Damaskus kam, traf er dort auf den zur Inspektion angereisten Enver und unterbreitete ihm umgehend seine Einwände gegen das illusorische Vorhaben. Die Gesamtlage sei äußerst bedrohlich, und man solle auch die letzten isolierten türkischen Stellungen im Hedjas räumen und mit den dort freiwerdenden Truppen die syrische Front verstärken. Enver ging vorerst nicht von dem Plan ab, ließ aber Mustafa Kemal auf dessen Wunsch zur 2. Armee nach Diyarbakır zurückkehren.

Im Verlauf der nächsten Monate änderte Enver seine Meinung. Er nahm von der Hedjas-Expedition Abstand, wandte sich dafür jedoch dem ebenso aussichtslosen Unternehmen zu, die Briten in Mesopotamien zu schlagen und ihnen Bagdad zu entreißen. Phantasievoll wie stets, wenn er Eroberungspläne schmiedete, verfiel Enver diesmal auf den Gedanken, nicht nur ein einzelnes Korps, sondern eine ganze Armee aus dem dürren Boden zu stampfen. In Erinnerung an den erfolgreichen Eroberer Sultan Beyazit I. – wegen seiner im 14. Jahrhundert schnell erfochtenen Siege erhielt er den Beinamen »der Blitz« (Yıldırım) –, sollte sie als »Blitzarmee« (Yıldırım Orduları Gurubu) antreten. Das Oberkommando wurde auf deutschen Vorschlag hin General Erich Georg von Falkenhayn, dem Chef des Generalstabs des Feldheeres an der deutschen Westfront, übertragen, während Mustafa Kemal, auf Wunsch Envers, das Kommando über die der »Blitzarmee« untergeordnete 7. Armee erhielt.

Die türkisch-deutsche Offensive gegen die britischen Stellungen in Bagdad fiel jedoch bereits im Stadium ihrer Vorbereitung in sich zusammen. Türkische Soldaten, die jahrelang in Deutschland auf Exerzierplätzen gelebt hatten, desertierten massenweise, als sie auf dem Transportweg an die Südfront durch ihre anatolische Heimat kamen. Ihnen schlossen sich zahlreiche Kameraden an, die durch die unsäglichen Verhältnisse in den von deutschen und türkischen Offizieren geführten osmanischen Regimentern zu diesem verzweifelten Schritt getrieben wurden. Mustafa Kemal schrieb darüber in einem an das Oberkommando, also vor allem an Enver, gerichteten Memorandum: »Etwa 300000 Deserteure der türkischen Armee sind in das Innere des Landes geflohen und meutern. Der türkische Soldat ist von seinen Fähigkeiten her beispielhaft tapfer, furchtlos, genügsam und ausdauernd. Wenn diese Soldaten gut genährt, ausgebildet und geführt werden, kann man mit ihnen große Siege erringen. Seit zwei Jahren aber hat man sie nicht ausgebildet. Viele von ihnen kennen weder ihre Einheit noch ihre Vorgesetzten.«[86]

Nachdem Mustafa Kemal auch im Hauptquartier der »Blitzarmee« in Aleppo seine Kritik an der Offensive, die von dem österreichischen Militärattaché als verkapptes deutsches Finanzunternehmen (u. a. Ausbau der Bagdadbahn) und als türkische Wahnsinnstat bezeichnet wurde[87], leidenschaftlich vorgetragen hatte, inspizierte General von Falkenhayn persönlich die ihm unterstellten türkischen Einheiten (den Kern der »Blitzarmee« bildete das deutsche Asienkorps). Desillusioniert durch seine neuen Erkenntnisse, sprach auch er sich gegen die Bagdad-Offensive aus. Enver blieb nichts anderes übrig, als sich zu fügen, zumal auch sein Triumviratskollege, der Marineminister und damalige Militärgouverneur von Syrien, Cemal, die Kritiker unterstützte. Doch schon zog der Vize-Generalissimus, gedrängt vom enttäuschten General von Falkenhayn, einen nächsten Plan aus dem Hut. Wenn nicht nach Hedjas oder Bagdad, dann wenigstens mit den imaginären Heeren – von den planmäßig bis Oktober 1917 bei Aleppo zu versammelnden 75000 Mann der 7. Armee waren zu diesem Zeitpunkt nur 15000 am Ort – durch den Sinai eilen und hinein nach Ägypten stürmen. Mustafa Kemal bekam auch für diesen selbstmörderischen Angriff auf die britischen Streitkräfte das Kommando der 7. Armee übertragen, die die Flanke des Gegners bei Beersheba schwächen sollte, während die 8. Armee, gemeinsam mit dem deutschen Asienkorps, den Rest des britischen Widerstands zu brechen hatte.

Zusammen mit Ismet, der ebenfalls nach Syrien versetzt worden war, verfaßte Mustafa Kemal das bereits erwähnte Memorandum für das Oberkommando in Istanbul, um vor weiteren Offensiven zu warnen und sein eigenes Konzept, die ausschließliche Verteidigung des osmanischen Kernlands Anatolien, vorzuschlagen. Beide, Ismet und Mustafa, waren zu keiner Zeit Anhänger der jungtürkischen Idee eines panislamischen oder pantürkischen Großreichs, das die meisten arabischen Gebiete einschloß. Sie trafen sich in der nüchternen Erkenntnis, daß nur noch Rückzug und Defensive ihr eigenes Land vor einer Besatzung schützen könnten. Dieses auch für einen General kühne Memorandum, das fast einer hochverräterischen Insubordination gleichkam, enthielt u. a. die Passagen:

»Unser Land ist verarmt, unser Volk ist kriegsmüde. Die allgemeine Lage läßt darauf schließen, daß eine schnelle Beendigung des Krieges nicht abzusehen ist. Unsere Armee ist geschwächt, und wir sind nicht in der Lage, die fehlenden Kräfte zu ersetzen. Ich möchte aber nicht behaupten, daß alle Hoffnung aufgegeben werden muß. Ich schlage daher vor, folgende Maßnahmen zu treffen: die Regierung muß gestärkt werden [eine kaum verhüllte Aufforderung, Enver durch einen anderen Mann zu ersetzen]. Für die Ernährung der Bevölkerung muß Sorge getragen werden. Unsere militärische Politik muß auf Verteidigung umgestellt werden. Alle Truppen, die sich außerhalb der Landesgrenzen befinden, müssen zurückgerufen werden. Falkenhayn denkt in erster Linie an die Interessen seines eigenen Landes, wie er offen zugibt. Wir aber müssen unsere Unabhängigkeit ins Auge fassen.«[88]

Etwa zur gleichen Zeit schickte Liman von Sanders an General von Seeckt, der zum Stabschef des Generalquartiers der türkischen Armee ernannt worden war, einen ähnlich alarmierenden Bericht, in dem er kurz und bündig die Schlußfolgerungen zog: »Infolge vieler falscher Entscheidungen ist das türkische Heer sehr geschwächt.« Und: »Der ohne jegliche Aussicht auf Erfolg geplante Feldzug nach Ägypten muß als Abenteuer bezeichnet werden.«[89] Über die damalige britische Angriffstaktik äußerte sich Thomas Edward Lawrence, dessen Idealismus ihn zwischen der englischen und arabischen Seite schwanken ließ, in kluger Einschätzung des damals noch wenig einflußreichen Mustafa Kemal: »Unsere Hauptzielscheibe war die antideutsche Gruppe im Generalstab unter Mustafa Kemal, die sich zu sehr auf das National-Türkische ihrer Mission versteifte, um den arabischen Provinzen des Osmanenreichs das Recht auf Selbstbestimmung völlig zu versagen.«[90]

Enver, dessen Pläne nach und nach in nichts zerrannen, reagierte auf das Memorandum eines seiner fähigsten Offiziere, wie er spätestens seit Gallipoli sehr wohl wußte, fast gelassen, wenn auch mit einem ironischen Unterton. Wenn er, Mustafa Kemal, sich politisch aktivieren wolle, so schrieb er dem Sinn nach, möge er doch als Abgeordneter kandidieren. Er könne in diesem Fall sogar mit seiner, des Vize-Generalissimus und Kriegsministers, Unterstützung rechnen. Ansonsten müsse er schon militärische Disziplin wahren.[91] Mustafa, enttäuscht darüber, daß sich im Oberkommando und im Kabinett niemand fand, der seine Defensivpläne guthieß, setzte ein letztes Druckmittel ein, um vielleicht doch noch einen taktischen Umschwung in Syrien zu erreichen. Er übergab sein Kommando über die 7. Armee einem Stellvertreter. Als auch auf diese, zumal in Kriegszeiten, unerhörte Verhaltensweise nur der Vorschlag aus Istanbul kam, er möge wieder zu seiner Armee in Diyarbakır zurückgehen, begriff er, daß alle seine Einflußmöglichkeiten erschöpft waren. Resignierend lehnte er den Vorschlag seiner Rückversetzung ab. Enver, dessen Stern bei der kriegsmüden und zunehmend antideutschen Bevölkerung im Sinken war, versuchte sein Gesicht und einen Hauch von Disziplin zu wahren, indem er dem rebellischen General einen dreimonatigen Krankheitsurlaub erteilte.

Um seinen Vorgesetzten nicht zu zwingen, ihn in aller Öffentlichkeit zu degradieren, blieb Mustafa Kemal nichts anderes übrig, als diesen Kompromiß zu akzeptieren. Da er finanziell keine Reserven besaß, sah er sich gezwungen, ein Darlehen auf seine Pferde aufzunehmen. Cemal Paşa, dem er durch die gemeinsame Opposition gegen die Bagdad-Offensive nähergekommen war, lieh ihm großzügig eine Summe, von der er die nächste Zeit leben konnte. Während er im Oktober 1917 mit dem Zug nach Istanbul fuhr – nördlich von Adena mußte der Taurus wegen der noch im Bau befindlichen Tunnel mit Zug- und Lasttieren überwunden werden, was den Nachschub von Truppen und Kriegsmaterial nach Syrien erheblich erschwerte –, bereitete General Allenby die britische Offensive gegen Syrien vor. Im Dezember ging der Wunsch des Premierministers Lloyd George, Allenby möge England ein Weihnachtsgeschenk machen, mit der Einnahme Jerusalems in Erfüllung.

In Istanbul bezog Mustafa Kemal im europäischen Viertel am Galataturm das unter Abdul-Hamid II. erbaute Pera Palas Hotel. In seiner

Suite mit Blick auf das Goldene Horn – die Räume mit dem historischen Mobiliar gehören noch heute zum Stolz des weiterhin betriebenen Hauses – konnte er seine ihm auch politisch nahestehenden Freunde wie Ali Fethi (Okyar) und Rauf Hüsseyin (Orbay), den Oberbefehlshaber der türkischen Marine und legendären Kommandanten der »Hamidiye«, empfangen, ohne durch die übergroße Fürsorge seiner Mutter und Schwester in Beşiktaş gestört zu werden. Der Besuch Zübeydes im Sommer 1917 in Aleppo hatte zwar eine beruhigende Wirkung auf seine angespannten Nerven gehabt, für die Machtintrigen, die im politischen und militärischen Milieu in Istanbul gesponnnen wurden, benötigte er jedoch erfahrenere Ratgeber, die ihn vor seinem manchmal aufbrausenden Temperament und den Depressionen, die seiner vorläufigen Kaltstellung folgten, besser zu schützen vermochten.

In einem der pompös ausgeschmückten Salons des Pera Palas fand auch ein Versöhnungsessen zwischen Enver und Mustafa Kemal statt, das Rauf Hüsseyin angeregt und zustande gebracht hatte. Später äußerte sich Enver sehr wohlwollend über seinen aufsässigen Kontrahenten, fügte jedoch in dem Gespräch mit Rauf eine Mahnung hinzu, die er auch an sich selbst hätte richten können: »Ich möchte aber nicht, daß er Politik in die Armee trägt.«[92] Kurze Zeit nach dem Treffen im Pera Palas zögerte Enver jedoch nicht, Mustafa Kemal auf elegante Weise aus der Machtzentrale zu entfernen. Kaier Wilhelm II. hatte Sultan Mehmet V. Reşat nach seinem eigenen Besuch in Istanbul vom 15. bis 18. Oktober 1917, der die Kriegsmoral der Verbündeten nach dem amerikanischen Kriegseintritt stärken sollte, zu einem Besuch in das kaiserliche Hauptquartier in Spa eingeladen. Da der Sultan die Reise aus Krankheitsgründen nicht selber machen konnte – Rücksichtnahme auf die antideutsche Stimmung, die mit jedem neuen Kriegsverlust weiter um sich griff, mag ausschlaggebender gewesen sein –, wurde im Kabinett entschieden, den bereits über fünfzigjährigen Kronprinzen Vahidettin, Mehmets und Abdul-Hamids Bruder, als Vertreter des osmanischen Herrscherhauses nach Deutschland zu schicken. Mustafa Kemal wurde von Enver dazu ausersehen, die Hoheit als persönlicher Adjutant und Militärattaché zu begleiten.

Während der Audienz beim Kronprinzen Vahidettin lernte Mustafa Kemal ihn als scheinbar desinteressierten und über die Vorgänge außerhalb des Palasts kaum informierten Mann kennen, der mit halb geschlossenen Augen und fast unbeweglich in seinem Sessel saß und

Kaiser Wilhelm II. begrüßt bei seinem Besuch in Istanbul den Scheich ul-Islam, vorne in der Mitte Sultan Mehmet V., direkt hinter ihm Enver Pascha, 1917

ihn nach langem Schweigen mit den Worten würdigte: »Ich bin geschmeichelt und entzückt, Ihre Bekanntschaft zu machen.« Nachdem abermals mehrere Minuten vergangen waren, fügte er hinzu: »Wir werden zusammen reisen, ist es nicht so?« Damit war der Empfang beendet.[93]

Als der kaiserliche Hofzug den Bahnhof verlassen hatte und durch die Ebenen Thrakiens in Richtung Edirne fuhr, ließ der Kronprinz seinen Militärattaché zu sich kommen. Zu Mustafa Kemals Erstaunen empfing ihn ein völlig veränderter Mann. Vahidettin sah ihn mit offenen Augen an und entschuldigte sich, daß er erst vor kurzem erfahren habe, daß sein persönlicher Begleiter der Held von Gallipoli sei, zu dessen Bewunderern er gehöre. Und er wiederholte ganz unzeremoniös, daß es ihm eine Ehre sei, mit ihm zu reisen. Mustafa Kemal gewann bei dieser Begegnung und während der Gespräche in Deutschland den Eindruck, der Thronfolger sei womöglich in Richtung auf

119

Der osmanische Thronfolger Vahidettin bei einer Frontbesichtigung auf Gallipoli, 1915

einen veränderten Kriegskurs oder sogar einen separaten Friedensschluß mit den Alliierten zu beeinflussen.[94]

Die deutsche Presse kündigte gleichzeitig mit der Ankunft des türkischen Kronprinzen die Durchreise des türkischen Außenministers Ahmet Nessimi Bey durch Berlin zu den Friedensverhandlungen in Brest-Litowsk an. Die »Vossische Zeitung« schrieb am 19. Dezember 1917: »Einer Einladung des Kaisers folgend, ist der türkische Thronfolger Wahid Eddin im Großen Hauptquartier eingetroffen und wird nach dem Besuch beim Kaiser die Westfront besichtigen. Außer dem türkischen Botschafter in Berlin, Hakki Pascha, wird der Thronfolger von dem früheren ersten Kammerherrn des Sultans Lutfi Smavi Bei, dem bekannten Heerführer Mustafa Kemal Pascha, dem Generalinspektor der Depot-Truppen Oberst Nadji und anderen begleitet. In einer Begrüßung der ›Nordd. Allgem. Ztg.‹ heißt es: ›Wir begrüßen Seine Kaiserliche Hoheit bei diesem ersten Besuche in Deutschland als den erlauchten Freund Seiner Majestät des Kaisers und als den Thronfolger des edlen Osmanischen Reiches, mit dem wir in unerschütterlicher Treue verbunden und in allen Fragen des Kriegs und Friedens eines Sinnes sind.‹«

Wilhelm II., umgeben von General Erich Ludendorff, Generalfeld-marschall Paul von Hindenburg und anderen Mitgliedern des Haupt-quartiers, umarmte Vahidettin zur Begrüßung und rief, als Mustafa Kemal ihm vorgestellt wurde, enthusiastisch aus: »Ja, Dardanellen, Anafartar, 19. Division!« Der Angeredete bestätigte diese Annahme und fügte, protokollarisch einen Fauxpas begehend, die Anrede »Exzellenz« anstatt »Majestät« hinzu. In Einzelgesprächen mit dem Kaiser, Ludendorff und Hindenburg erfuhren die Gäste, daß es um die militäri-sche Lage Deutschlands bestens bestellt sei. Bei seinem Gegenbesuch in der Unterkunft des osmanischen Kronprinzen schwärmte Wilhelm II. von der Zuverlässigkeit des türkischen Volks und der guten Zusammen-arbeit mit Enver und erklärte, daß der deutsche Generalstab volles Vertrauen zur türkischen Armeeführung habe. Durch Mustafa Kemal über die prekäre Situation des deutschen Militärs informiert, erwiderte Vahidettin vorsichtig und in osmanisch-höfischen Wendungen, die ein Dolmetscher übertrug: »Die Worte, die Eure Majestät soeben über die Treue und Loyalität der Türken gegenüber Deutschland und über die Hoffnung ausdrückten, daß die Verbündeten des Deutschen Reichs bald die Verwirklichung der Kriegsziele erleben würden, haben in mir ein Gefühl der Freude und des Trostes hervorgerufen. Aber, abgesehen von Überlegungen, die durch die Prüfung der allgemeinen Lage entste-hen könnten, empfinde ich das Bedürfnis nach Aufklärung über einen bestimmten Punkt: die Angriffe, die gegen das Herz der Türkei geführt werden, lassen nicht nach, im Gegenteil, sie nehmen an Härte zu. Sollte sich diese Entwicklung fortsetzen, ist die Türkei bald ausgelöscht. Ich habe nicht das Glück gehabt, in Ihren Erklärungen irgendeine Versiche-rung zu entdecken, die zu der Hoffnung berechtigte, daß diesen Angrif-fen wirksam begegnet wird. Vielleicht könnten Sie den Punkt noch etwas mehr erhellen und mich in dieser Hinsicht beruhigen.«

Der Kaiser stand abrupt auf und sagte, er erkenne, daß gewisse Perso-nen versuchten, die Meinung des Prinzen zu verwirren. Und er fuhr fort: »Aber jetzt, nachdem ich, der Deutsche Kaiser, Ihnen von der Zukunft und dem kommenden Erfolg gesprochen habe, können Sie da noch irgendeinen Zweifel hegen?« Als der Kronprinz wieder zögernd ant-wortete, daß seine Zweifel noch nicht völlig beseitigt seien, blieb der Kaiser stehen, um die Beendigung seines Höflichkeitsbesuchs anzuzei-gen.[95]

Am 24. Dezember 1917 meldete die »Deutsche Tageszeitung«: »Auf Einladung Sr. Maj. des Kaisers hat der osmanische Thronfolger, Se.

Kais. Hoheit Prinz Wahid Eddin Effendi den südlichsten Abschnitt der deutschen Westfront besucht, um den deutschen Truppen die Größe des tapferen, zum siegreichen Kampf verbündeten türkischen Volks zu übermitteln. Nach der Vorstellung der gegenseitigen Begleitung am Bahnhof des Armee-Hauptquartiers fuhr der osmanische Thronfolger mit dem Oberbefehlshaber im Kraftwagen an die Front, um seinem Wunsche entsprechend deutsche Truppen in ihren Stellungen zu besuchen. Nach der Entgegennahme militärischer Meldungen wurde die vorderste Stellung einer Division besucht, Gräben, auf denen noch am Tage vorher schweres feindliches Feuer gelegen hatte. Der Prinz trat in die Unterstände und freute sich über die stramme Meldung und die vorzügliche Haltung der braven Landwehrleute, und bei seinem Abschied von den Truppen vorn am Feind gab er in herzlichen Worten der Hoffnung Ausdruck, daß der Tag bald kommen möge, da sie sieggekrönt heimkehren in die Heimat, mit dem stolzen Bewußtsein, das schöne Elsaß dem teuren Vaterland erhalten zu haben.«

Während des Abschiedsessens, das nach dem Besuch an der Westfront stattfand, gewann Mustafa Kemal den gleichen Eindruck wie an der Frontlinie: Die deutschen Offiziere täuschten eine militärische Stärke vor, die schon längst nicht mehr vorhanden war. Ludendorff, neben dem Mustafa Kemal bei Tisch saß, berichtete vom Einsatz von Kavallerie-Divisionen in Syrien, die es zu diesem Zeitpunkt aus Mangel an tauglichen Pferden gar nicht geben konnte. Nach Aufhebung der Tafel wandte sich Mustafa Kemal an Hindenburg und wies darauf hin, daß seiner Beobachtung nach schönfärbende Darstellungen in der Presse sogar von Oberkommandierenden geglaubt würden. Auf die Frage, wie man sich im deutschen Generalstab eine Offensive in Syrien vorstelle, wich Hindenburg aus, indem er seinerseits den etwas aufdringlichen türkischen Offizier um dessen Meinung über die Westfront bat. Dieser, nicht ganz frei von der Wirkung des genossenen Champagners, wollte erst wissen: »Exzellenz, darf ich meine Meinung offen darlegen?« Und als der Marschall ihm versicherte, daß er frei sprechen dürfe, sagte er: »Der Krieg ist bereits verloren.« Hindenburg, von dem Mustafa Kemal später sagte, er sei »ein Mann, dessen Augen ins Herz zu sehen scheinen und dessen Zunge den Wert des Schweigens kennt«, reagierte nicht weiter auf diese unverfrorene Behauptung, sondern holte nur sein Zigarettenetui aus der Tasche und fragte: »Darf ich Ihnen eine Zigarette anbieten?«[96]

Ende Dezember 1917 fuhren der Kronprinz und sein Gefolge noch für etwa zwei Wochen nach Berlin, weiterhin als Gäste des Kaisers. Am 24. Dezember meldete »Der Tag«: »Wahid-Eddin-Effendi traf von seinem Besuch an der Westfront gestern vormittag kurz vor 11 Uhr auf dem Bahnhof Friedrichstraße ein... Vom Bahnhof begab sich der Thronfolger mit den übrigen Herren zum Hotel Adlon, wo er und sein Gefolge Wohnung genommen haben. Der Prinz gedenkt, ungefähr zehn Tage in Berlin zu bleiben.« Mustafa Kemal sah sich manchen Abend im damals berühmt-berüchtigten Berliner Nachtleben um, wobei ihm das ungewöhnliche Ausmaß der Straßenprostitution auffiel. Eines Abends gelang es ihm nur mit Hilfe des ihn begleitenden türkischen Botschafters, sich einer allzu direkten Werbung zu entziehen.[97] Weniger riskant waren die Ausflüge ins Berliner Kulturleben, die der Prinz gelegentlich mit seinem Militärattaché unternahm. Am 27. Dezember hieß es im »Tag« in der Rubrik »Aus der Reichshauptstadt«: »Gestern vormittag gab die türkische Botschaft ihm [dem Prinzen Vahidettin] zu Ehren ein Frühstück, und abends besuchte der Prinz die Vorstellung des Königl. Opernhauses.« Auf dem Programm standen zwei Kurzopern von Erich Wolfgang Korngold, »Violanta« und »Der Ring des Polykrates«.

Über eine Anwesenheit des Prinzen bei einem der Konzerte der »Hofkapelle des Sultans« Anfang Januar 1918 gab die Presse zwar keine Auskunft, aber es ist wahrscheinlich, daß sich Vahidettin dieses Gastspiel nicht entgehen ließ. Für aufmerksame Leser enthielt der Artikel eines Musikrezensenten über die Hofkapelle aus Istanbul einige interessante Hinweise auf das Entstehen eines türkischen Nationalbewußtseins. Ludwig Renn schrieb am 1. Januar 1918 im »Tag« u. a.: »So wird denn auch bei den Berliner Konzerten, von denen bekanntlich eines Sonnabend abend im Marmorsaal des Zoologischen Gartens, das andere Sonntag mittag im Kgl. Opernhaus stattfindet, fast ausschließlich klassische deutsche Musik verabreicht werden... Bei beiden Veranstaltungen aber wird auch zur Probe etwas ›türkische Kost‹, aber auch nur als Kostprobe verabreicht werden: eine orientalische Rhapsodie und mehrere sogenannte ›Peschreffs‹ [peşrev ist eine der traditionellen Formen der türkischen Instrumentalmusik, die mit langen rhythmischen Mustern eine Folge klassischer Stücke einleitet]: das sind türkische Vorspiele, die für europäische Instrumente eingerichtet wurden... Und nun noch ein Wort über die Kapelle selber. Ihre Mitglieder sind, was vielfach bezweifelt wurde, durchweg Türken. Zu Zeiten Abdul-Hamids einst war es anders. Seit acht Jahren aber, wo unter dem

neuen Sultan und dem neuen Hofkapellmeister die osmanische Hofkapelle gänzlich neu organisiert wurde, ist kein fremdes Element mehr
unter ihnen, ist diese Musikvereinigung eine rein national türkische
geworden.«

Mustafa Kemal, der im Lauf der Reise in Vahidettin einen Mann mit
guten Absichten, wenn auch mit schwachem Willen erkannt hatte, versuchte ihn vorsichtig davon zu überzeugen, daß er als Kronprinz eine
aktivere Rolle spielen könne, um vielleicht auf diese Weise den Krieg
früher als die Deutschen zu beenden und dadurch einer Katastrophe
für die Türkei vorzubeugen. Eines dieser Gespräche fand in den »Für-
stenzimmern« des Hotels Adlon kurz vor Beendigung des Berliner Aufenthalts Mitte Januar 1918 statt. Mustafa: »Ich würde Ihnen gern einen
Vorschlag machen, für dessen Befolgung ich Ihnen mit meinem Leben
zur Verfügung stünde.« Vahidettin gab durch ein Zeichen zu verstehen, daß er bereit sei zu hören. Mustafa: »Fordern Sie das Kommando
über eine Armee. Alle deutschen Prinzen sind Befehlshaber, nicht aber
der türkische Thronfolger. Enver hat Sie durch die Vorenthaltung
eines solchen Postens in Ihrer hohen Stellung beleidigt. Und für mich
würde ich die Ernennung zum Chef des Stabes Ihrer Kaiserlichen
Hoheit erbitten.« Vahidettin: »Welche Armee sollte ich denn übernehmen?« Mustafa: »Die Fünfte.« Die 5. Armee, die Istanbul und die
Meerengen kontrollierte, war für die Durchsetzung politischer Veränderungen ein entscheidendes Instrument. Vahidettin: »Sie werden sie
mir verweigern.« Mustafa: »Das werden sie nicht wagen. Zeigen Sie
ihnen, daß Sie eine Persönlichkeit sind, mit der man zu rechnen hat.
Eure Kaiserliche Hoheit dürfen nicht im Schatten bleiben.« Vahidettin, der sich nicht zu einer Entscheidung hinreißen lassen wollte, beendete den Dialog mit den Worten: »Wir werden sehen, fahren wir erst
einmal nach Istanbul zurück.«

Auf der Rückfahrt nach Istanbul wurde Mustafa Kemal auf der
Bahnstation von Sofia von seinem Freund Şakir Zümre begrüßt. Er
sagte zu ihm: »Deutschland hat den Krieg verloren.«[98] In Istanbul, wo
er wieder seine Suite im Pera Palas bezog, wartete er wie schon so oft
auf neue Befehle. Sein dreimonatiger Urlaub ging seinem Ende zu, aber
Enver schien kein Interesse zu haben, ihn auf seinen alten Posten nach
Syrien zu schicken. Vom Kronprinzen hörte er ebenso wenig, das
Triumvirat wachte über jeden Schritt im Palast.

Ende März 1918 machten sich die Nierenschmerzen, die Mustafa Kemal seit einiger Zeit quälten – wahrscheinlich eine Folge des Winters in

Ostanatolien –, so stark bemerkbar, daß er auf Anraten seines Arztes einen Spezialisten in Wien aufsuchte. Die Behandlung gestaltete sich langwierig und erforderte einen vierwöchigen Aufenthalt in einer Klinik außerhalb Wiens. Anschließend wurde dem allmählich Genesenden eine Kur in Karlsbad empfohlen. Dort, in der ruhigen Atmosphäre des weltberühmten Kurorts in Böhmen an der Eger, verbrachte Mustafa Kemal fast zwei Monate. Zu seiner Gesellschaft war Şakir aus Sofia gekommen, und dann und wann erhielt er Besuch aus Istanbul, unter anderem von Ismet (Inönü), begleitet von seiner Frau und seinen Kindern.

Das Tagebuch, das er während dieser Zeit führte, verrät seine fortgesetzte innere Anspannung. Der ehrgeizige Wunsch, den er Corinne 1914 in einem Brief aus Sofia gestanden hatte, etwas Entscheidendes für sein Land zu tun, nahm angesichts der militärischen Niederlage, von der er seit seiner Deutschlandreise vollends überzeugt war, deutliche Konturen an. Bemerkenswert an dem folgenden Zitat ist die bereits ausgeprägte Vorstellung, daß die Reformen, die seit dem frühen 19. Jahrhundert angestrebt wurden, keinen Aufschub mehr duldeten und in einem neuen Staatswesen zügig, das heißt durch ihn, Mustafa Kemal, und eine von ihm ausgesuchte Elite, verwirklicht werden müßten. Die Rigorosität, mit der er später diese Reformen verordnete, brachte ihm bei europäischen Kritikern den Ruf eines Diktators ein. Nachhaltiger wirkte jedoch der durch die aufgezwungenen Reformen erzeugte Widerstand in weiten Teilen der Bevölkerung, der sich weniger gegen die Neuerungen selbst richtete als gegen die zu plötzlichen und ungewohnten Veränderungen, die tief in das religiöse und gesellschaftliche Leben eingriffen und bis heute nicht vollständig angenommen worden sind.

Am 6. Juni 1918 schrieb Mustafa Kemal in sein Karlsbader Tagebuch: »Sollte ich eines Tages großen Einfluß oder Macht besitzen, halte ich es für das Beste, unsere Gesellschaft schlagartig – sofort und in kürzester Zeit – zu verändern. Denn im Gegensatz zu anderen glaube ich nicht, daß sich diese Veränderung erreichen läßt, indem die Ungebildeten nur schrittweise auf ein höheres Niveau geführt werden. Mein Innerstes sträubt sich gegen eine solche Auffassung. Aus welchem Grund sollte ich mich auf den niedrigeren Stand der allgemeinen Bevölkerung zurückbegeben, nachdem ich viele Jahre lang ausgebildet worden bin, Zivilisations- und Sozialgeschichte studiert und in allen Phasen meines Lebens Befriedigung durch Freiheit erfahren habe? Ich werde dafür sorgen, daß sie auch dahin kommen. Nicht ich darf mich ihnen, sie müssen sich mir annähern.«[99]

Mitte Juni erhielt Mustafa Kemal die Nachricht, daß der Sultan gestorben sei und Prinz Vahidettin als Mehmet VI. die Nachfolge angetreten habe. Ein zweites Telegramm, diesmal von seinem Adjutanten, riet ihm dringend, nach Istanbul zu kommen, wo die verschiedenen Machtcliquen versuchten, Einfluß auf den neuen Herrn im Yıldız-Palast zu gewinnen. Am 27. Juni verließ Mustafa Kemal Karlsbad mit dem Zug. Seine Hoffnungen richteten sich auf Vahidettin, der jetzt die legalen Befugnisse besaß, als Oberbefehlshaber der türkischen Streitkräfte eigene Entscheidungen zu treffen.

8

Rückzugsgefecht in Syrien.
Besetzung Istanbuls durch die Alliierten
(1918)

In seiner Suite im Pera Palas, die er bis Anfang August 1918 bewohnte, empfing Mustafa Kemal als ersten Besucher den persönlichen Adjutanten des neuen Sultans, Izzet Paşa, einen verdienten General von der ostanatolischen Front, der die türkischen Offensivpläne ebenfalls ablehnte. Sie diskutierten die Chance einer Wende in der Militärstrategie, die der Thronwechsel versprach. Izzet hielt es für geboten, Vahidettin schleunigst über die wahre Lage in Syrien aufzuklären und ihn von der Notwendigkeit zu überzeugen, die eigenen Truppen zurückzuziehen. Mustafa Kemal stimmte dieser Meinung mehr als bereitwillig zu und meldete sich für eine Audienz im Palast an, die ihm umgehend gewährt wurde.

Mustafa schilderte später selbst diese Audienz: »Als ich den Empfangssalon des Sultans betrat, war ich im Zweifel darüber, ob mir der Sultan gestatten würde, so offen mit ihm zu reden wie damals während der Reise in Deutschland. Er empfing mich sehr höflich, forderte mich zum Sitzen auf, und da er mir sogar eine Zigarette und Feuer anbot, fühlte ich mich ermuntert, nochmals folgenden Plan vorzulegen: ›Übernehmen Sie das Oberkommando und ernennen Sie einen Stabschef. Sie müssen vor allem die Armee in Ihre Befehlsgewalt bekommen, erst dann können Beschlüsse für eine entscheidende Lösung gefaßt werden.‹ ›Gibt es andere Kommandanten, die ähnlich wie Sie denken?‹ ›Jawohl, auch andere Kommandanten sind dieser Meinung.‹ ›Wir wollen darüber nachdenken.‹ Damit war das Gespräch beendet.«[100]

Mustafa ließ jedoch nicht locker und bat um eine zweite Audienz und, als auch diese nichts weiter brachte als allgemeine Ausflüchte des Sultans, um einen dritten Empfang. Die Einladung in den Yıldız-Palast ließ jedoch auf sich warten, so daß er bereits ahnte, daß er sein Ziel nicht erreichen würde. Wieder mit seinen eigenen Worten: »Als ich die militärische Lage zu erörtern begann, unterbrach mich der Sultan und sagte: ›Pascha, ich muß vor allen Dingen die Ernährung der Bevölkerung von Istanbul sicherstellen. Das Volk leidet Hunger. Alle anderen Maßnahmen sind sinnlos, wenn wir dieser Not nicht abhelfen.‹ Er schloß seine Augen, und ich fühlte, daß ich einem schlauen, intriganten Fuchs gegenüberstand. Trotzdem konnte ich nicht umhin, noch Folgendes hinzuzufügen: ›Sie haben recht, Majestät, dennoch muß gesagt werden, daß die Sorge um die Ernährung der Bevölkerung von Istanbul Eure Majestät nicht daran hindern sollte, Maßnahmen zur Rettung des ganzen Landes zu treffen.‹ Der Sultan erwiderte kurz und lakonisch: ›Diese Frage habe ich bereits mit Enver und Talaat besprochen.‹ Mein Gewissenskonflikt gegenüber dem Sultan war damit gelöst.«[101]

Wie sein Vorgänger Mehmet V. Reşat hatte also auch Mehmet VI. Vahidettin dem Druck Envers und Talaats nachgegeben. Anläßlich eines der zeremoniösen Freitagsgebete des Sultans (Selâmlık) wurde Mustafa Kemal, der aus taktischen Gründen stets an diesen Prozessionen und den anschließenden Empfängen im Palast teilnahm, nochmals in den Privatsalon des Sultans gebeten. Zu zwei anwesenden deutschen Generälen sagte Vahidettin, indem er ihnen den eintretenden Helden von Gallipoli vorstellte: »Das ist ein Befehlsheber, den ich sehr schätze und zu dem ich großes Vertrauen habe.« Dann wandte er sich Mustafa Kemal zu und sprach das lange befürchtete Urteil: »Ich habe Sie zum Armeekommandanten in Syrien ernannt. Die Operationen dort sind von höchster Wichtigkeit. Es ist notwendig geworden, daß Sie dabei sind. Ich bitte Sie inständigst: lassen Sie diese Gebiete nicht in die Hände der Feinde fallen. Ich hege keinen Zweifel, daß Sie diese Aufgabe glänzend lösen werden. Der Posten ist ab sofort anzutreten.«[102]

Enttäuscht verließ Mustafa Kemal den neuen Sultan, in dem er seine letzte Hoffnung auf einen Menschen und Material schonenden Rückzug aus Syrien gesehen hatte. Vom Generalissimus persönlich einen Befehl zu erhalten, ehrte ihn zwar, aber hinter diesem Auftrag stand die boshafte Absicht Envers, den Helden von Gallipoli an der unlösbaren Aufgabe einer Verteidigung Syriens durch untaugliche und reduzierte Truppen scheitern zu sehen. Im Vorraum begegnete er Enver und sagte zu ihm: »Bravo! Ich gratuliere Ihnen! Sie haben gewonnen!«

Als Mustafa Kemal am 18. September 1918 das Kommando über die 7. Armee in Syrien übernahm, verlief die türkisch-britische Front südlich von Damaskus. Auf türkischer Seite lagen die Truppen von insgesamt drei Armeen, auf britischer Seite die doppelte Anzahl Soldaten, unterstützt durch arabische Nationalisten. Nachdem am 30. September Lawrence von Arabien und General Allenby in Damaskus eingezogen waren, bestanden nur noch die Reste von zwei türkischen Armeen. Mustafa Kemal erhielt daraufhin von Liman von Sanders, der General von Falkenhayn abgelöst hatte, das Einverständnis, endgültig den Rückzug einzuleiten. Liman übergab ihm das Kommando mit den Worten: »Das ist die einzig richtige Entscheidung, aber ich als Ausländer hätte einen solchen Befehl niemals erteilen können. Ich bin Ihnen im Dardanellen-Krieg begegnet. Es gab zwar manche Differenzen zwischen uns, aber diese haben nur dazu geführt, daß wir uns noch besser kennengelernt haben. Ich übergebe hiermit das Kommando an einen türkischen Soldaten, dessen Tugenden und Fähigkeiten ich immer geschätzt und bewundert habe. Sie sind nun Kommandant der Armeengruppe, und ich bin Ihr Gast.«[103]

Der Rückzug, an dem auch Ismet (Inönü) und Ali Fuat (Cebesoy) als Divisionskommandeure beteiligt waren, erfolgte erst bis Aleppo und dann, als die britischen Truppen näherrückten, bis zu einer Linie nördlich Aleppos, die heute die Grenze zwischen der Türkei und Syrien bildet. Die arabischen Provinzen des Osmanischen Reichs waren endgültig verloren. Jetzt ging es darum, das anatolische Land, in dem sich im 11. Jahrhundert die Seldschuken als erste Türken niedergelassen hatten, vor der Invasion der europäischen Alliierten zu schützen. Mustafa Kemal, der während dieser kräftezehrenden Wochen wieder an Nierenschmerzen litt – in Aleppo hatte er sich noch kurz vor der Evakuierung der türkischen Truppen im armenischen Krankenhaus der Stadt behandeln lassen –, fürchtete jedoch, daß selbst bei einem Stillstand der britischen Front die Sieger eine Teilung Anatoliens fordern würden.

Um diese Katastrophe eines Friedensdiktats vielleicht doch noch zu verhindern oder zumindest abzuschwächen, schickte er an den persönlichen Adjutanten des Sultans ein Telegramm, das Vahidettin zur Kenntnis gebracht werden sollte. Einleitend hieß es darin: »Die Lage ist äußerst ernst. Unsere Truppen sind mehr und mehr demoralisiert. Aber nicht nur unsere Armee ist bedroht, die Zukunft unseres Landes steht auf dem Spiel. Ich halte es daher für unbedingt notwendig, daß an allen Fronten Frieden geschlossen wird.«[104] Dann schlug er vor, ein neues Kabinett zu bilden, das im Gegensatz zum allesbeherrschenden Triumvirat Enver – Talaat – Cemal bereit wäre, einen Waffenstillstand anzubieten. Als Kabinettsmitglieder empfahl er Ali Fethi (Okyar), Hüsseyin Rauf (Orbay) und sich selbst als Kriegsminister.

Da inzwischen eine Durchbruchsoffensive der Engländer, Franzosen, Griechen, Serben und Italiener in Mazedonien erfolgt war und Bulgarien am 30. September 1918 einen Waffenstillstand geschlossen hatte, also auch an der türkischen Westfront mit einer baldigen Invasion gerechnet werden mußte, traf das Telegramm Mustafa Kemals auf weitgehendes Verständnis. Aber erst nachdem Anfang Oktober die Männer des Triumvirats auf deutschen Schiffen über das Schwarze Meer vor den Alliierten und dem Volkszorn geflohen waren, konnte die Bildung eines neuen Kabinetts verwirklicht werden. Mustafa Kemal hatte jedoch wieder das Nachsehen, denn General Izzet Paşa, am 14. Oktober 1918 zum Großwesir ernannt, übernahm auch den Posten des Kriegsministers. Er äußerte indessen, daß er ihm, der noch die syrische Front halten müsse, das Kriegsministerium überlassen wolle, sobald Frieden sei.[105] Andere Posten gingen an Hüsseyin Rauf (Marineminister), Ali Fethi (Innenminister) und Ismet (Inönü), der Staatssekretär im Kriegsministerium wurde.

Die erste wichtige Handlung der Izzet-Regierung war die Unterzeichnung des Waffenstillstands am 30. Oktober 1918 auf dem britischen Kreuzer »Agamemnon«, der auf der Höhe von Mudros, einem Küstenort der Insel Lemnos, vor Anker lag. Das Mudros-Abkommen wurde zwar nicht diktiert, berücksichtigte aber alle Wünsche und Forderungen der Engländer: Öffnung der Meerengen (Dardanellen und Bosporus) für den Welthandel, Besetzung der türkischen Küsten durch die Alliierten (Engländer, Franzosen, Italiener, Griechen), Einschränkung des türkischen Militärs auf die für die innere Sicherheit notwendige Stärke und Abzug aller türkischen Truppen aus den arabischen Gebieten. Auf türkischer Seite am meisten gefürchtet war der Artikel 7 des Abkommens, in dem die Alliierten sich vorbehielten, Gebiete in Anatolien und Thrakien zu besetzen, falls sie ihre eigene Sicherheit für bedroht hielten. Der Friedensvertrag von Sèvres, der im Sommer 1920 abgeschlossen wurde, verschärfte die Bedingungen nochmals und gab der türkisch-nationalen Befreiungsbewegung den letzten, entscheidenden Aufschwung.

Mustafa Kemal war zwar tief enttäuscht über Izzets Weigerung, ihn zum Kriegsminister zu ernennen, und er bombardierte ihn mit Telegrammen, um ihn umzustimmen, aber da sich einige seiner Freunde im Kabinett befanden, besaß er erstmals gute Kontakte zur Regierung. Dennoch konnten weder er durch militärischen Widerstand noch das Kabinett durch Verhandlungen die Besetzung der Ölstadt Mosul und des Hafens Alexandretta (Iskenderun) verhindern, da die britische Regierung beide Orte als nicht mehr zum türkischen Kernland gehörig betrachtete. Die Vieldeutigkeit des Mudros-Abkommens begann sich bereits auszuwirken. Mustafa Kemal schrieb an Izzet: »Meine ehrliche und freie Meinung ist es, daß wir keine Möglichkeit haben, die habgierigen Pläne der Briten zu durchkreuzen, wenn wir unsere Truppen demobilisieren und in allem, was die Briten wünschen, nachgeben, ohne Schritte zur Beendigung der Mißverständnisse und falschen Interpretationen des Waffenstillstandsabkommens zu unternehmen.«[106]

Unter dem deprimierenden Eindruck, den die schrittweise Auflösung der türkischen Armeen auf ihn machte, schrieb er aus Adana, wohin er sich mit seinem Stab zurückgezogen hatte, an Izzet: »Ich weiß sehr wohl, wie schwach und ohnmächtig wir sind. Das ändert aber nichts an meiner Überzeugung, daß wir uns entscheiden müssen, bis zu welcher Grenze der Staat sich opfern darf. Andernfalls, wenn wir, die wir zu den Verlierern eines Kriegs gehören, den wir bis zum Ende auf seiten der Deutschen geführt haben, auch noch den Briten helfen, sich das einzuverleiben, was sie ohnehin dabei sind, sich zu nehmen, werden wir der Geschichte der Osmanen wie der Geschichte der gegenwärtigen Regierung ein sehr dunkles Blatt hinzufügen.«[107]

Die ersten praktischen Ansätze zu einem Widerstand gegen die Besatzungspolitik der Alliierten bildeten sich mit Wissen Mustafa Kemals in der Provinz Adana. Er ermunterte zwangsweise abgemusterte Soldaten und Offiziere, sich zu Guerillagruppen zusammenzuschließen und sich im Inneren Anatoliens für zukünftige gemeinsame Operationen bereitzuhalten. Außerdem unterstützte er den heimlichen Transport von ausgelagerten Waffen in Verstecke weitab von der Küste. Zu einem dieser Männer, die die nationale Befreiungsarmee begründeten, sagte er: »Organisiert euch selbst. Formiert euch zu einer nationalen Kraft. Ich werde euch die nötigen Waffen geben.«[108]

Für den Rücktransport der deutschen Truppen hatte Liman von Sanders als Chef der Militärmission Sorge zu tragen. Er verabschiedete sich am 31. Oktober 1918, dem Tag des Waffenstillstands von Mudros, in Adana von den türkischen Verbündeten. In seinem letzten Tagesbefehl hieß es unter anderem: »Die ruhmreichen Tage von Gallipoli, die mich mit vielen Offizieren und Soldaten der Heeresgruppe aufs engste verbinden, werden in der Geschichte aller Zeiten unvergessen bleiben, ebenso wie viele kühne Unternehmungen an der Küste Kleinasiens... Die Erinnerung an diese Taten gibt mir die Überzeugung, daß das Osmanische Reich, auf seine tapferen Söhne bauend, mit festem Vertrauen in die Zukunft sehen kann. Ich vertraue auf Gott, der dem osmanischen Volke und seinen Verbündeten in Zukunft Frieden, Ruhe und Heilung aller Wunden, die jahrelange Kriege geschlagen haben, vergönnen möge.«[109]

Teilweise erfolgte der deutsche Rücktransport über das Schwarze Meer und die Ukraine, wobei sich jedoch erhebliche Probleme ergaben: »Die letzten über das Schwarze Meer gegangenen Transporte hatten bereits Wochen gebraucht, um bis Kiew zu gelangen, da sie streckenweise zwischen den Bahnfahrten Fußmarsch einschieben mußten und auch an einzelnen Stellen gezwungen gewesen waren, sich den Durchzug zu erkämpfen.«[110]

Für die aus dem Süden kommenden ca. 10000 deutschen Soldaten erhielt Liman schließlich vom britischen Hochkommissar, Admiral Calthorpe, die Erlaubnis, den Seeweg über das Mittelmeer zu nehmen: »In welchem Maße bereits der Wechsel des Klimas von Syrien nach Konstantinopel einen ungünstigen Einfluß auf die Gesundheit der durch harte Strapazen geschwächten Mannschaften ausübte, ist schon daraus ersichtlich, daß diese Truppen in den ersten vier Wochen nach dem Eintreffen in Konstantinopel 80 Todesfälle, zumeist durch Erkältungskrankheiten, zu zählen hatten. Das große deutsche Etappenlazarett in Haidar Pascha war mit über 1200 Kranken stark überfüllt.«[111] Da die Südküste bereits von den Alliierten kontrolliert wurde, mußten die deutschen und österreichischen Truppen von Syrien aus zuerst Anatolien bis zum Schwarzmeerhafen Samsun durchqueren, um von dort mit Schiffen über den Bosporus in die Hauptstadt zu kommen.

Nach zeitweiliger Umquartierung auf die Prinzeninseln erfolgte am 24. Januar 1919 der endgültige Rücktransport der letzten Soldaten und Offiziere. Liman von Sanders, der sich auf einem der fünf Schiffe in Richtung Bremerhaven und Hamburg befand, wurde vor Malta von Bord befohlen und ebenso wie einige jungtürkische Politiker, die in Istanbul verhaftet worden waren, von den Briten als Kriegsgefangene behandelt. Am 21. August 1919 durfte er die Mittelmeerinsel wieder verlassen. In seinen Anfang 1920 veröffentlichten Erinnerungen, die er bereits auf Malta vorbereitet hatte, schrieb er in einer abschließenden kritischen Würdigung der deutsch-türkischen Kriegsführung: »Auf militärischem Gebiet waren die deutschen Erwartungen der türkischen Betätigung weit überspannte und daher unmögliche! Die Türkei

Istanbul (im Vordergrund die Serailspitze) während der alliierten Besetzung, 1918

sollte nicht nur die Meerengen verteidigen, ihre eigenen Grenzen auf ungeheuren Entfernungen schützen, sondern sie sollte Ägypten erobern, Persien unabhängig machen, in Transkaukasien die Schaffung selbständiger Staaten vorbereiten, womöglich in der Folge durch Afghanistan Indien bedrohen und schließlich auch noch auf europäischen Kriegsschauplätzen aktive Hilfe leisten. Es scheint, daß die Gedanken an die Märchen von Tausendundeiner Nacht oder an die Luftspiegelungen der arabischen Wüste das scharf abwägende Urteil in der Heimat getrübt haben.«[112]

Auf Befehl des Großwesirs und Kriegsministers Izzet Paşa löste Mustafa Kemal sein Stabsquartier, dem keine Armee mehr zugehörte, auf und verließ Adana. Als er nach langer Fahrt durch das verelendete Land am 13. November 1918 den Kopfbahnhof der Anatolischen Eisenbahngesellschaft, Haydarpaşa, erreichte, liefen gerade britische und französische Kriegsschiffe in die Gewässer vor Istanbul ein. Die Stadt, die bereits von den Hochkommissaren Großbritanniens, Frankreichs

133

und Italiens und deren Schutztruppen besetzt worden war – offiziell behielten der Sultan und seine Regierung weiterhin die politische und administrative Verantwortung –, schien nur noch von Ausländern beherrscht zu sein. Zur Begrüßung der alliierten Kreuzer hatten die zahlreichen griechischen Einwohner Istanbuls die hellenische Flagge gehißt, und in den Straßen patrouillierten Soldaten der europäischen Siegermächte. Einer der Professoren des renommierten amerikanischen Robert Colleges, in dessen Gebäude oberhalb des Bosporus in Bebek heute eine der modernen Istanbuler Universitäten untergebracht ist, schrieb über jene chaotische Zeit nach Kriegsende: »Jedem Hochkommissar war ein Teil der Stadt unterstellt worden, und ich erinnere mich noch gut an die Behinderungen, die diese schlecht koordinierte Aufteilung verursachte. Wenn ich mitunter von einem Sektor in den anderen geriet, wurde ich von einem Polizisten angehalten und darüber belehrt, daß ich die Grenzregeln verletzt hätte. Als Ergebnis des Kriegsbündnisses mit Deutschland war das Osmanische Reich bis zur Unkenntlichkeit zusammengeschrumpft, denn es hatte mehr als achtzig Prozent seiner Gebiete verloren. Auf Monate lag es hilflos darnieder, der Gnade der Eroberer ausgeliefert. Uns, die wir damals in diesem Land lebten, schien es, daß die Türkei als Nation am Ende war.«[113]

Mustafa Kemal, dessen kritische Einstellung zu den Jungtürken ihn vor einer Internierung auf Malta bewahrte – seine bisherige politische Abstinenz oder Glücklosigkeit war auch den Geheimdiensten der Alliierten bekannt –, durfte sich zwar frei bewegen, dennoch gab es unliebsame Begegnungen und Zusammenstöße. Im Pera Palas, wo er wieder seine Suite bezogen hatte, saßen eines Abends an einem benachbarten Tisch des Eßraums mehrere ausländische Offiziere, unter ihnen General Harrington, der britische Stadtkommandant. Man erkannte den Helden von Gallipoli, und Harrington ließ ihn an seinen Tisch bitten. Mustafa Kemal beantwortete die Einladung jedoch nur mit den stolzen Worten: »Wir sind hier die Gastgeber, und wir sind es, die sich ihre Freunde aussuchen.«[114]

Während eines Besuchs, den er seiner Mutter und seiner Schwester in Beşiktaş machte, erschien eine italienische Patrouille, um das Haus nach Waffen zu durchsuchen. Mustafa verwehrte ihr den Zutritt und wies darauf hin, daß er General sei, aber seine Erklärung machte wenig Eindruck. So sah er sich gezwungen, den italienischen Kommandanten telefonisch um Hilfe zu bitten. Da zu vermuten war, daß sich ähnliche Kontrollen wiederholen würden, versteckte Zübeyde die kostbaren

Waffen, die ihr Sohn im Lauf seiner Militärkarriere zusammengetragen hatte, unter den Bodenbrettern eines zum Haus gehörenden Geräteschuppens. Zur Tarnung schaffte sie sich eine Kuh an, die dort über der geheimen Waffenkammer ihr Strohlager erhielt. Als einige Zeit später eine britische Patrouille eine Hausdurchsuchung vornahm, fand sie nichts, was als Vorwand hätte dienen können, Mustafa Kemal, dessen unbekannte Pläne und Absichten durchaus Irritationen verursachten, als Widerständler zu verhaften und doch noch nach Malta abzuschieben.

Mustafa Kemals Pläne zielten weiterhin darauf ab, über Izzet Paşa einen Posten in der Regierung zu bekommen. Seit dem Waffenstillstand von Mudros, der den Zusammenbruch des Osmanischen Reichs offiziell signalisierte, hatte sich das politische Klima in Istanbul wesentlich verändert. Durch die Entmachtung der Jungtürken von seinen Aufsehern befreit, witterte Mehmet VI. Vahidettin eine Chance, im Schutz der Alliierten seine eigene Politik zu machen. Vor allem ging es ihm darum, die Dynastie zu retten, denn trotz der Gebietsverluste blieb er als Sultan das durch Traditionen geschaffene Symbol staatlicher Kontinuität und Einheit und als Kalif der Beschützer des Glaubens für eine internationale muslimische Gemeinde. Um freie Hand zu haben, strebte er ein neues Kabinett unter dem schon betagten Ahmet Tevfik Paşa, dem letzten Großwesir Abdul-Hamids II., und die Auflösung des Parlaments an.

Nachdem Mustafa Kemal durch Izzet Paşa über den drohenden Alleingang des Sultans informiert worden war, sah er für seinen Aufstieg in die Regierung nur noch eine einzige Hoffnung. Zusammen mit Izzet und Ali Fethi (Okyar) plante er eine Art Wahlkampagne, um möglichst viele Abgeordnete dafür zu gewinnen, gegen ein Kabinett mit Tevfik Paşa als Großwesir und damit gegen eine Auflösung des Parlaments zu stimmen. Er selbst machte sich mit der ihm eigenen Impulsivität, die konkrete Aufgaben in ihm erweckten, an die Bearbeitung der Abgeordneten, die er im Parlament aufsuchte. Seine Erfahrungen, die er 1914 an der Seite von Şakir Zümre im bulgarischen Parlament in Sofia gesammelt hatte, kamen ihm dabei zugute, aber ihm fehlte noch die Erkenntnis, daß Volksvertreter, die nicht einem festen Parteiprogramm verpflichtet sind, leicht wieder ihre Meinung ändern. Als Tevfik schließlich sein Kabinett während einer Plenarsitzung vorstellte – Mustafa nahm auf der Besuchergalerie teil –, erhob sich nicht eine einzige Gegenstimme. Keine der zahlreichen Interessengruppen, die sich seit Mudros überwiegend aus den Resten der moderaten Anhänger des »Komitees für Einheit und Fortschritt« gebildet hatten und im Parlament vertreten waren, besaß genügend Mut und Stärke, den vom Sultan ernannten Großwesir abzulehnen. Mustafa Kemal sagte später über diesen Meinungswandel: »Warum sollte ich lügen? Ich war entsetzt! Die Zahl derjenigen Abgeordneten, die meiner Ansicht waren, durfte man als nicht unerheblich bezeichnen. Mehr noch, unter ihnen befanden sich einige, die mir den Eindruck vermittelten, daß ihre Worte und Positionen Einfluß hatten. Als Soldat konnte ich mich jedenfalls nicht genug darüber wundern, wie innerhalb eines Augenblicks Abgeordnete ihre Stimmungen ändern und tausend verschiedene Farben annehmen.«[115] Für das zukünftige Parlament in Ankara hatte er eine weitere Lektion gelernt.

Mit der Ablösung Izzet Paşas durch Tevfik Paşa war Mustafa Kemals Hoffnung auf einen Regierungsposten endgültig zerstört. In einer ersten Reaktion auf diese Enttäuschung wandte er sich, wie zur Zeit seiner Rückzugspläne für Syrien, direkt an den Sultan, der ihn während einer Freitagsaudienz unter vier Augen empfing. Vahidettin horchte ihn jedoch nur darüber aus, wie die Stimmung der Militärs sei, und verabschiedete ihn mit den Worten: »Sie sind ein intelligenter Offizier, und ich weiß, daß es Ihnen gelingen wird, Ihre Kameraden zu erleuchten und zu beschwichtigen.«

Am 21. November 1918 löste der Sultan unter einem fadenscheinigen Vorwand, den ihm die in vielen Punkten widersprüchliche Verfassung bot, das Parlament auf. Mustafa Kemal, jetzt berufs- und stellungslos, schrieb in der von Ali Fethi herausgegebenen Zeitschrift »Mimber« (die Kanzel in einer Moschee): »Erinnern wir uns daran, daß das Parlament heute das Symbol für die Konstitution der Osmanischen Nation ist. Die Wähler seiner Mitglieder befinden sich noch im Stadium des Aufbruchs, der für die Neuwahlen bestimmend sein würde. Das allein zeigt uns den Wahnsinn der Parlamentsauflösung. Die gegenwärtige Regierung, die über den Frieden verhandelt, sollte dies nur mit Unterstützung von Abgeordneten tun.«[116]

In seiner berühmten Marathonrede (Nutuk), die er an sechs aufeinanderfolgenden Tagen, vom 15. bis zum 20. Oktober 1927, in Ankara vor Mitgliedern der von ihm gegründeten und geleiteten »Republikanischen Volkspartei« hielt und in der er Rechenschaft über seine ab Mai 1919 getroffenen politischen Entscheidungen ablegte, beschrieb er einleitend die Situation Ende des Jahres 1918: »Die feindlichen Mächte befanden sich moralisch und materiell im Zustand des offenen Angriffs gegen das Osmanische Reich und das Land [Anatolien und Thrakien]. Sie waren entschlossen, beide zu zerstückeln und zu vernichten. Der Padischah-Kalif [Mehmet VI. Vahidettin] hatte nur eine Sorge, sein Leben zu retten und seine Ruhe zu sichern, ebenso die Regierung. Die Nation, die, ohne sich dessen bewußt zu sein, keinen Führer mehr hatte, lebte in Ungewißheit und Dunkelheit in der Erwartung der kommenden Ereignisse. Diejenigen, die sich über den Schrecken und den Umfang der Katastrophe klarzuwerden begannen, suchten jeder nach seinem Milieu und seinen Gefühlen nach Rettungsmitteln. Die Armee existierte nur noch dem Namen nach. Die Kommandeure und Offiziere litten noch unter der Erschöpfung des allgemeinen Krieges.« Und mit ähnlichem Pathos schloß er den Absatz: »Am Rande des düsteren Abgrunds, der sich vor ihren Augen öffnete, zermarterten sie sich das Gehirn, um einen Ausweg, ein Mittel zur Rettung zu finden.«[117]

9

Eine Fehlentscheidung mit historischen Folgen. Mustafa Kemals Ernennung zum Generalinspekteur in Anatolien (1919)

Im Januar 1919 begannen die Friedenskonferenzen in Versailles und, das Osmanische Reich betreffend, in Sèvres, einem Vorort von Paris. Während die Verhandlungen in Versailles zügig vorangingen, so daß die Verträge mit Deutschland bereits am 7. Mai und mit Österreich am 10. September 1919 unterzeichnet werden konnten, verzögerte sich der Abschluß des Friedens mit der Hohen Pforte bis zum 10. August 1920. Auf die Frage, warum man in Sèvres nicht schneller vorankomme, antwortete der britische Premierminister Lloyd George: »Überlassen Sie die Türkei sich selbst. Sie wird bald auseinanderfallen, und dann werden wir sie uns teilen.«[118]

Auch in Istanbul gingen die größten Feindseligkeiten gegenüber den Türken von den Briten aus. Admiral Calthorpe, der Hochkommissar, hatte jeden gesellschaftlichen Kontakt seiner Landsleute zur einheimischen muslimischen Bevölkerung verboten. Zusätzliche Spannungen erzeugten von den Briten unterstützte Missionare, denen die meisten Kriegswaisenhäuser übertragen wurden Da die alliierte Kriegspropaganda, anknüpfend an die Auseinandersetzungen zwischen armenischen Nationalisten und osmanischen Türken, seit Ende des 19. Jahrhunderts das Greuelmärchen verbreitet hatte, die Türken seien Christenschlächter, waren viele der Missionare noch von dieser Hysterie geprägt. Jedes Kind, das sie in die Waisenhäuser aufnahmen, behandelten sie wie ein Kind christlicher Eltern, das vor den Muslims gerettet werden mußte, es sei denn, es konnte sich bereits als beschnittener Knabe präsentieren.[119] Diese und andere Siegerallüren entzündeten in der Istanbuler Bevölkerung mehr Ausländerhaß als der anonym und in der Ferne geführte Krieg.

Mustafa Kemal mietete Anfang Januar 1919 ein Haus in Şişli, einem modernen Stadtbezirk nordöstlich des Taksim-Platzes. Seine Mutter bezog zusammen mit Makbule die zweite Etage, er selber die erste Etage, und im Dachgeschoß wohnte sein Adjutant, Arif Adana, ein Schulfreund aus Saloniki, mit dem er auch auf Gallipoli und in Syrien

*Mustafa Kemals Wohnhaus
in Şişli (Istanbul)*

zusammengetroffen war. Die äußere Ähnlichkeit beider Männer soll so verblüffend gewesen sein, daß Fremde glaubten, Zwillinge oder mindestens Brüder vor sich zu sehen. Ein häufiger Gast des Hauses war die entfernte Cousine Fikriye, die sich nach kurzer Ehe von ihrem Mann hatte scheiden lassen. Die Bewunderung, die sie seit ihrer ersten Begegnung 1912 in Beşiktaş für Mustafa empfand, verwandelte sich in tiefe Zuneigung, die jedoch nicht in gleichem Maße erwidert wurde und später in Ankara einen dramatischen Abschluß fand. Sie war weder physisch so anziehend wie Miti in Sofia noch geistig so anregend wie Corinne, an deren Soireen Mustafa wieder teilnahm.

Die Nachrichten, die von den Grenzen in Istanbul eintrafen, machten deutlich, daß die Geheimverträge, die die Alliierten während des Kriegs ausgehandelt hatten, bereits realisiert wurden, noch ehe die Friedensverhandlungen in Sèvres zu einem Abschluß gekommen waren. Französische und britische Truppen besetzten die arabischen Gebiete bis zur Hafenstadt Alexandretta (Iskenderun), Italien übernahm die türkische Mittelmeerküste, Griechenlands Premierminister Eleutherios Venizelos, den Lloyd George als den größten Staatsmann bezeichnete, den Griechenland seit Perikles hervorgebracht habe[120], forderte die Provinzen Izmir, Antalya, Aydin, Trabzon und Thrakien. Die armenische Delegation erhielt Anfang 1919 in Sèvres die vorläufige Zusage – entsprechend dem 12. Punkt der Weltfriedensrichtlinien des amerikanischen Präsidenten Wilson, der den nichttürkischen Völkern des Osmanischen Reichs nationale Autonomie zugestand – für ein eigenes Staatsgebiet, das weite Teile Ostanatoliens umfassen und von Trabzon an der Schwarzmeerküste bis Adana an der Mittelmeerküste reichen sollte.

Ein Hoffnungsschimmer ging von den nationalen Gruppen aus, die sich als »Vereinigungen zur Verteidigung der Rechte« bezeichneten und sich spontan dort bildeten, wo die Bedrohung des Landes durch die Alliierten am größten war: in Thrakien und Izmir gegen die Griechen, in Kilikien (Provinz um Adana) gegen die Franzosen und Italiener, in Ostanatolien gegen die Armenier und Briten, die einen armenischen Staat vorzubereiten begannen. Zu den nationalen türkischen Gruppen, die teilweise Waffen besaßen, die aus den Depots der Alliierten in Istanbul entwendet und nach Anatolien geschmuggelt worden waren, kamen noch einige reguläre Divisionen hinzu, die sich dem Befehl der Entwaffnung und Auflösung widersetzten. Unter diesen Aufständischen befanden sich auch die abgemusterten Soldaten, denen Mustafa Kemal bereits im Oktober 1918 in Adana heimlich Waffen für ihre Guerillakämpfe mitgegeben hatte.

Schwankend in seinen Entscheidungen und nicht zuletzt, um sich die Briten gewogener zu machen, ernannte Mehmet VI. Anfang März 1919 den sechsundsechzigjährigen Damat Ferit zu seinem neuen Großwesir (Damat, das türkische Wort für Schwiegersohn, durfte in Verbindung mit der Familie des Sultans – Ferit war mit einer Tochter des 1861 verstorbenen Abdul-Mecit I. verheiratet – dem eigenen Namen als Ehrentitel vorangestellt werden). Damat Ferit Paşa hatte in Oxford studiert und war in den achtziger Jahren unter Abdul-Hamid II. Botschaftssekretär in London. Wegen seiner europäischen Bildung und seiner höflichen Umgangsformen galt er als perfekter britisch-osmanischer Gentleman. Als Politiker dagegen wurde ihm von den türkischen Nationalisten wie von den englischen Diplomaten in Istanbul jede Eignung abgesprochen. Für Vahidettin war er vor allem ein Freund der Engländer und ein zuverlässiger Verteidiger der osmanischen Dynastie.

Sobald er sein Amt übernommen hatte, veranlaßte Damat Ferit eine neue Verhaftungswelle, die nicht nur ehemals aktive Mitglieder des »Komitees für Einheit und Fortschritt« erfaßte, sondern auch diejenigen, die den politisch gemäßigten Gruppen der Jungtürken nahestanden oder als deren Sympathisanten verdächtigt wurden. Da die der Kriegsverbrechen oder des Widerstands gegen den Sultan Beschuldigten vor ein Kriegsgericht kamen, das sie in summarischen Verfahren verurteilte, konnte sich die Regierung leicht ihrer Gegner aus dem nationalen Lager entledigen, indem sie sie der Komplizenschaft mit den Jungtürken bezichtigte. Die Folgen waren Denunziantentum und Servilität auf der einen und Gewissensnot und Furcht auf der anderen Seite. Es war das alte Klima aus den Jahren Abdul-Hamids II. und seiner allgegenwärtigen Spitzel.

Unter den jüngsten Insassen des dem Kriegsministerium unterstellten Gefängnisses befanden sich der ehemalige Großwesir Prinz Sait Halim und der nach dem Krieg zum Innenminister ernannte Ali Fethi (Okyar), dem absurderweise angelastet wurde, die Flucht des Triumvirats ermöglicht zu haben, obwohl er wegen seiner Kritik an dem Bündnis mit Deutschland und an der Idee eines islamischen oder turanischen Großreichs seinen Posten als Generalsekretär des »Komitees« bereits zu Beginn des Kriegs hatte abgeben müssen. Mustafa Kemal besuchte Fethi in seiner Zelle, aber sie wagten kaum zu sprechen, denn jedes ihrer Worte konnte abgehört werden. Kurze Zeit darauf wurde Fethi nach Malta gebracht. Zu Recht vermutete Mustafa Kemal, daß auch er als ranghoher Offizier, der während des Krieges dienstliche Kontakte zum jungtürkischen Kabinett gehabt hatte, auf einer schwarzen Liste der Briten oder der eigenen Regierung stehen würde. Am 28. Februar 1919 übersandte der britische Geheimdienst seinem Istanbuler Vertreter eine Liste von »Personen, die entfernt werden sollten«. Auf dieser Liste, die zusammen mit anderen britischen Geheimdokumenten über türkische Angelegenheiten 1973 veröffentlicht wurde, stand auch der Name von Mustafa Kemal.[121] Auf türkischer Seite erschien vorerst nur in einer regierungstreuen Zeitung ein Artikel, in dem gefragt wurde, warum Mustafa Kemal und Hüsseyin Rauf (Orbay) nahezu frei in Pera herumspazierten, während die Mitglieder des »Komitees« im Gefängnis säßen.[122] Ein überraschendes Angebot erhielt Mustafa vom italienischen Hochkommissar Graf Sforza, einem Bewunderer sowohl des Helden von Gallipoli als auch des späteren Präsidenten Atatürk. In einem Gespräch erklärte er ihm, daß jederzeit eine Wohnung in der italienischen Botschaft für ihn frei sei und daß diese Tatsache genüge, den britischen Geheimdienst von seiner Verhaftung abzuhalten.[123]

*Mustafa Kemal und
Hüsseyin Rauf*

Hüsseyin Rauf gehörte wie Fethi und Ismet auch in jenen Tagen zu Mustafa Kemals engsten Vertrauten, mit denen er – ausgenommen Fethi nach seiner Verhaftung – frei über die gegenwärtige Situation des Landes sprechen konnte. Noch drängender als während der despotischen Herrschaft Abdul-Hamids II. stellte sich ihnen jetzt, wo der Sultan selbst zum Spielball ausländischer Mächte geworden war, die Frage: Was können wir tun? Ihre Diskussionen, die sich wie einst in Saloniki bis spät in die Nacht hineinzogen, bewegten sich um zwei grundsätzliche Wege zu ihrem Ziel, die Teilung ihres Landes, die durch die Veröffentlichung des geheimen Sykes-Picot-Abkommens längst als beschlossen und von Dauer angesehen werden mußte, rückgängig zu machen und einen unabhängigen nationalen Staat zu errichten. Der eine war, Einfluß auf die liberaleren Mitglieder des Kabinetts zu nehmen, um die osmanisch-konservativen Minister nach und nach durch Männer aus den eigenen Reihen zu ersetzen. Die andere Möglichkeit lief auf eine nationale Revolution hinaus, die jenseits der Hauptstadt ihre notwendigen Kräfte sammeln müßte.

Für die politische Lösung, einen Kurswechsel der Regierung, gab es vage Pläne aus fortschrittlichen Kreisen, die die Bildung eines »Nationalkongresses« vorschlugen, und aus konservativeren Kreisen, die im Zusammenfügen der verschiedenen politischen Gruppierungen zu einem »Nationalen Block« einen akzeptablen Kompromiß sahen. Jedes dieser Projekte mußte aber ohne Aussicht auf Verwirklichung bleiben, solange Damat Ferit zu keinem Zugeständnis bereit war. Rauf, der sich als einer der ersten Freunde Mustafa Kemals entschlossen hatte, zu den Widerständlern nach Anatolien zu gehen, also die revolutionäre Lösung zu wählen, wurde wenige Tage, nachdem er seine Entlassung als Marineoffizier eingereicht hatte, vom Großwesir zu einem Gespräch gebeten. Das Ergebnis dieser Unterhaltung bestärkte nicht nur ihn in seiner Entscheidung, sondern auch seine Freunde in ihren Zweifeln an der Wandelbarkeit des Regierungschefs.

Damat Ferit empfing den in Zivil gekleideten Rauf in seiner gewohnt höflichen und freundlichen Art und bat ihn, der Armee des Sultans treu zu bleiben. Rauf erklärte ihm daraufhin in aller Offenheit, daß die Armee schon bald rebellieren werde, wenn die Regierung auf ihrem alten Kurs beharre. Er wies auf die demobilisierten Truppen hin, für deren Rückkehr in ihre Heimatorte nichts getan werde. Die Soldaten, die keine Unterkünfte und keine Verpflegung mehr erhielten, seien ihrem eigenen Schicksal überlassen. In den Straßen Istanbuls bettelten sie sogar ausländische Passanten an. Diese Männer, die in Feuer und Blutvergießen für ihr Land gekämpft hätten, lebten jetzt in einem Zustand, der schlimmer sei als der Tod. Als Damat Ferit nur murmelte: »Aber was sagen Sie da? Was meinen Sie denn nur?« fuhr Rauf fort: »Ich berichte Ihnen nur, was ich mit eigenen Augen gesehen habe. Ich bin Zeuge von Revolutionen gewesen, die in diesem Land vor und nach der Konstitution [von 1908] stattfanden, und als ein Mann, der diese Dinge kennt, sage ich Ihnen, daß es zu einem Aufstand kommen muß. Und da ich bereit bin, an einer solchen Bewegung teilzunehmen, möchte ich alle meine Titel und Privilegien zurückgeben, um in eigener Verantwortung handeln zu können.« Damat Ferit, erstaunt über so viel Freimut und Kühnheit, brachte wieder nur die wenigen Worte hervor: »Also gut, mein Herr, so sei es.«[124] Dem Entlassungsgesuch wurde stattgegeben, und Rauf beeilte sich, so schnell wie möglich nach Anatolien zu gelangen, noch bevor Damat Ferit sich seiner entledigen konnte.

Ein weiterer Anstoß zu einer gewaltsamen Lösung durch eine nationale Erhebung kam von Ali Fuat (Cebesoy), dessen Divisionen bei Adana noch nicht aufgelöst waren. Während eines Krankheitsurlaubs, den er in Istanbul verbrachte, besuchte er häufig seinen Freund in Şişli, mit dem ihn nicht nur Erinnerungen an gemeinsam verträumte Nächte unter freiem Himmel auf den Prinzeninseln verbanden, sondern auch die Erlebnisse in Syrien, wo Mustafa Kemal als Oberbefehlshaber der Armeengruppe sein Vorgesetzter gewesen war. Er berichtete von der in Anatolien herrschenden allgemeinen Unsicherheit und von der kopflosen, ohnmächtigen Verwaltung. Zwischen den sich ortsweise bildenden politischen Gruppen gebe es keine einheitliche Verständigung, obwohl die Alliierten die Demobilisierung und das Einsammeln der Waffen beschleunigten und immer mehr fähige Männer in Verwaltung und Armee durch opportunistische Kollaborateure ersetzten. Man müsse sich daher, so Ali Fuats Folgerung, dem nationalen Widerstand anschließen.

Durch einen Freund seiner Familie, Mehmet Ali, der Zugang zu Damat Ferit und dessen Kreis hatte, erhielt Fuat vertrauliche Informationen über den gegenwärtigen Zustand der Regierung. Während eines Essens in Fuats Elternhaus, an dem auch Mustafa Kemal teilnahm, erklärte Mehmet Ali, daß er zwar sehr gute Kontakte zu mehreren Ministern habe, die Aussicht aber für gering halte, Damat Ferit dazu zu bringen, die wichtigen Ministerien für Krieg und Inneres Männern zu übertragen, die nicht seiner eigenen Wahl entsprächen. Er sehe daher große Schwierigkeiten, frisches nationales Blut in die Regierung einfließen zu lassen. Es sollte jedoch nur kurze Zeit vergehen, bis Mehmet Ali als Innenminister seinem neuen Bekannten und Gesprächspartner, Mustafa Kemal, von dessen Ruf als »intelligentem, energischem und patriotischem jungen Offizier« er gehört hatte, einen guten Dienst erweisen konnte.

Während ihres letzten Treffens in Şişli waren sich Fuat und Mustafa darin einig, daß die Regierung kaum umzustimmen sei und man daher der Idee eines organisierten Widerstands nähertreten müsse. Als Schlüsselstellungen kämen Erzurum in Ostanatolien und Ankara in Zentralanatolien in Frage, da beide Städte weit von den durch die Alliierten kontrollierten Gebieten entfernt lagen. Um einen praktischen Anfang zu machen, entschieden sie sich beide zu einem ersten rebellischen Akt, dem sie jedoch als noch vereidigte Offiziere der osmanischen Armee den Anstrich einer offiziellen militärischen Bewegung geben konnten. Fuat nahm von seinem Vorgesetzten Mustafa Kemal den Befehl entgegen, seine restlichen syrischen Divisionen von Adana in die Nähe Ankaras zu verlegen, um dort auf weitere, telegrafisch oder persönlich übermittelte Weisungen zu warten. Man trennte sich in der Hoffnung, sich zur richtigen Zeit am richtigen Ort wiederzusehen.

Allmählich setzte sich das Puzzle für den Plan eines nationalen Widerstands in Anatolien zusammen, wenn auch noch der Schlußstein fehlte, der das Ineinanderfließen ermöglichte. Der letzte ausschlaggebende Impuls ging von General Kâzım Karabekır aus, der 1917 während der Kämpfe an der russischen Front dem Stab Mustafa Kemals angehört und nach dem Waffenstillstand den Befehl erhalten hatte, die türkischen Truppen in Thrakien zu demobilisieren. Auf seiner Durchreise durch Istanbul in Richtung Ostanatolien, wo er sich um das Schicksal des noch verbliebenen 15. Armeekorps kümmern sollte, suchte er seinen Freund in Şişli auf. Beliebt bei seinen Soldaten und populär bei der Bevölkerung im Osten des Landes, vertrat dieser etwas träge wirkende, korpulente Mann aus alttürkischer Militärtradition politisch einen kompromißlosen, nationalen und demokratischen Kurs, der ihm ebenfalls die Ehre einbrachte, auf der britischen Liste derjenigen Personen zu stehen, die »entfernt werden sollten«. Knapp und kurz teilte er Mustafa Kemal mit, daß er das 15. Armeekorps zu dessen Verfügung halte, denn die Rettung der Türkei liege im Osten. Sein Quartier befinde sich in Erzurum, und sollte es Mustafa Kemal nicht möglich sein, dorthin zu kommen, werde er selbst im Sinne der Freiheitsbewegung handeln. Die günstige Konstellation, daß schon bald zwei Truppenkontingente, das von Ali Fuat vor Ankara und das von Karabekır vor Erzurum, für die nationale Sache in Bereitschaft stehen würden, duldete wegen ihrer zeitlichen Begrenzung kaum noch einen Aufschub für das Hervortreten eines Koordinators.

Mustafa Kemal ahnte die Chance seines Lebens, Retter des Vaterlands zu werden, eine Vision, die ihn seit frühester Jugend begleitete und der er in seinen Briefen an Corinne Ausdruck gegeben hatte. Als Berufssoldat mußte ihm die Aussicht, zwei ausgebildete Truppeneinheiten in Anatolien zur Verfügung zu haben, die endgültige Sicherheit verschaffen, seine Ideen von einem modernen Staat verwirklichen zu können. Auch er hatte, wie Rauf, die Spielregeln kennengelernt, nach denen eine Rebellion zugunsten konstitutioneller Kräfte ablief: Eine neue Ordnung konnte nicht durch eine Revolution von unten, sondern nur durch eine geordnete Rebellion von oben entstehen. Nicht die Zerstörung des bisher durch Reformen Erreichten sollte das Ziel sein, sondern die Fortsetzung und Weiterführung dieser Reformen.

Anders als Rauf, der sich mit Leidenschaft in den Gärungsprozeß der nationalen Erhebung stürzte, und anders als die jungen Offiziere, die 1908 als Rebellen gegen Abdul-Hamid II. in die mazedonischen Berge gegangen waren, scheute Mustafa Kemal sowohl den offenen Bruch mit einer Gesellschaft, der er sich durch Ausbildung und Karriere zugehörig fühlte, als auch das Engagement für eine Unternehmung, deren Rechtmäßigkeit noch Zweifel aufwarf. Seine Stärken lagen im emotionslosen Registrieren von Einzelheiten und Fakten, die einer Sache dienlich sein konnten, und im vom Verstand kontrollierten Handeln, selbst dann noch, wenn eine Situation hoffnungslos schien. Für einen Revolutionär war er ein zu nüchterner Taktiker und vorsichtiger Rechner, für einen Diktator fehlte es ihm an Menschenverachtung und hausgemachten Utopien.

Wie aber sollte er nach Anatolien kommen, wenn er nicht wie Rauf sein Offizierspatent abgeben und sich als anonymer Zivilist der nationalen Bewegung anschließen wollte? Die Loyalität, die er dem Sultan und der legitimen Regierung gegenüber noch empfand, und die gleichzeitige Einsicht in die Notwendigkeit, diese Regierung durch eine Rebellion zu hintergehen, lähmten ihn in seiner Entscheidungs- und Handlungsfreiheit. Ismet, den er um Rat fragte, hielt sich mit seiner Meinung zurück. Als Staatssekretär im Kriegsministerium – diesen Posten hatte er seit den letzten Kriegsjahren inne – bereitete er gerade Unterlagen für die Friedenskonferenz in Sèvres vor, an der er hoffte, als Delegierter teilnehmen zu dürfen. In seiner bedächtigen und abwägenden Art bot er dem Freund wenig Hilfe in einem Konflikt, der nur durch Handeln gelöst werden konnte.

Aus einem zufälligen Zusammenwirken von Ereignissen und Personen bildete sich ab Ende April 1919 ein Sprungbrett, durch das Mustafa Kemal fast wie durch schicksalhafte Fügung nach Anatolien und an den Anfang der modernen Geschichte der Türkei gelangte. In Samsun an der Schwarzmeerküste waren Unruhen zwischen der dort seit langem ansässigen griechischen Bevölkerung und türkischen Guerillagruppen, Anhängern der »Verteidiger der Rechte«, ausgebrochen. Da sich diese Unruhen in das Innere Anatoliens auszubreiten drohten und zusätzlich durch das Bandenunwesen der Lazen – eine ebenfalls am Schwarzen Meer angesiedelte Volksgruppe, deren Männer als besonders attraktiv, aber auch als kriegerisch galten – verstärkt wurden, forderte der britische Hochkommissar die Regierung des Sultans energisch dazu auf, Maßnahmen zur Beruhigung der betroffenen Provinzen zu ergreifen.

Unter dem Druck, den britischen Truppen zuvorkommen zu müssen, in Vollzugszwang versetzt, bat Damat Ferit, dem die Kenntnisse über die osmanischen Offiziere fehlten, seinen neuen Innenminister, Mehmet Ali, einen geeigneten Mann für die Befriedungsoperation im nördlichen Anatolien auszusuchen. Mehmet Ali, der anläßlich des Essens mit Ali Fuat einen guten Eindruck von Mustafa Kemal gewonnen hatte und insgeheim mit den türkischen Nationalisten sympathisierte, erinnerte sich an den jungen General und Helden von Gallipoli und schlug ihn dem Großwesir als zuverlässigen und fähigen Kandidaten vor. Damat Ferit zögerte einige Zeit, denn die Informationen, die er über Mustafa Kemal einholte, bekundeten zwar dessen Gegnerschaft zum jungtürkischen Triumvirat, aber auch Anzeichen von Insubordination und eigenbrötlerischen Ideen. Aus Mangel an eigenen Vorschlägen schließlich vor die Wahl gestellt, diesen zwielichtigen General vor der Schwelle der Hohen Pforte lauern zu sehen oder ihn dorthin zu schicken, wo sich Fuchs und Hase gute Nacht sagten, entschied er sich für Mehmet Alis Kandidaten.

Noch aber waren einige Hürden zu nehmen. Zuerst mußte der Sultan gewonnen werden. Dieser gab wahrscheinlich im sentimentalen Gedenken an die Deutschlandreise bereitwillig seine Zustimmung zur Ernennung Mustafa Kemals zum Generalinspekteur. Der Kriegsminister, zuständig für die Abgrenzung der Befehlsgewalt des Generalinspekteurs, delegierte seine Weisungen wegen »Unpäßlichkeit« an den Generalstab. Dort traf Mustafa Kemal – ein weiterer glücklicher Umstand – auf einen alten Bekannten und Gesinnungsgenossen, der unter Ausnutzung der Unordnung in der Verwaltung die Vollmachten des Inspekteurs auf Zentral- und Ostanatolien erweiterte, eingeschlossen die zum Gehorsam verpflichteten Provinzgouverneure. Als sich der Kriegsminister noch einmal die Ernennungsurkunde vorlesen ließ und über die ausgiebigen Korrekturen staunte, räumte der Vertreter des Generalstabs sämtliche Einwände geschickt beiseite, indem er erklärte, daß diese Sondervollmachten kein Präzedenzfall für die osmanische Armee seien. Lächelnd reichte der Kriegsminister daraufhin seinem Kollegen den Amtsstempel und sagte: »Meine Unterschrift ist nicht nötig, bringen Sie den Stempel an.« Jetzt fehlte nur noch die Bestätigung durch das Kabinett. Zu diesem Zeitpunkt ergriff der Innenminister Mehmet Ali ein weiteres Mal die Initiative. Er plauderte einen Abend mit Damat Ferit im Klub und ließ den Großwesir ganz nebenbei die bereits besiegelte Urkunde unterzeichnen. Dadurch sollte auf die anderen Kabinettsmitglieder ein diskreter Druck ausgeübt werden, was schließlich auch zum erhofften Ziel führte.

Als Mustafa Kemal die Ernennungsurkunde im Kriegsministerium übergeben wurde, war er außer sich vor Glück. Sein Dilemma hatte ein Ende gefunden. Mit ordnungsgemäßem Auftrag konnte er jetzt in Anatolien die Zukunft seines Landes bestimmen, auch wenn diese Zukunft nicht mit den Vorstellungen des Sultans und der Verteidiger der osmanischen Dynastie übereinstimmen sollte. Später erinnerte er sich an diesen entscheidendsten Augenblick seines Lebens: »Was für eine wundervolle Sache! Das Glück lächelte mir zu, und es ist kaum zu beschreiben, wie berauscht ich war, als mich dieses Lächeln umfing. Ich weiß noch, wie ich mir vor Erregung auf die Lippen biß, während ich die Amtsräume verließ. Der Käfig hatte sich geöffnet, und das ganze Universum lag vor mir. Ich fühlte mich wie ein Vogel, der sich zum erstenmal auf seinen Flügeln erhebt.«[125]

Einen Tag vor Mustafa Kemals Abreise verbreiteten die Telegrafen im ganzen Land die Nachricht, daß zwanzigtausend griechische Soldaten in Izmir gelandet seien. Die Bevölkerung, für die diese Invasion völlig unvorbereitet kam, reagierte mit Massenaufläufen und Demonstrationszügen und lauschte begierig den Reden einiger Intellektueller, unter ihnen die Schriftstellerin Halide Edib, um eine Erklärung dafür zu erhalten, warum die Griechen, die seit fast einem Jahrhundert mit allen Mitteln gegen die Osmanen für ihre Unabhängigkeit gekämpft hatten, das Land, das sie am meisten hassen mußten, besetzen durften.

Halide, ebenso überrascht über diesen von Lloyd George ermöglichten Coup, aber besser vorbereitet durch ihre Kenntnis der Teilungspläne für die Türkei, hielt auf dem von Menschen wogenden Sultan-Ahmet-Platz eine pathetische Ansprache, in der sie unter anderem sagte:

»Brüder, Schwestern, Landsleute! Von den hoch in den Himmel aufragenden Minaretten schauen siebenhundert Jahre des Ruhms auf diese neue Tragödie der osmanischen Geschichte herab. Ich rufe die Seelen unserer großen Vorfahren an, die so oft in feierlicher Prozession über diesen Platz hier gezogen sind. Ich erhebe meinen Kopf vor dem gerechten Zorn dieser unbesiegbaren Herzen und sage: ›Ich bin eine unglückliche Tochter des Islam und eine unglückliche Mutter der ebenso heldenhaften, aber vom Schicksal betrogenen Generation meiner eigenen Tage. Ich beuge mich vor dem Geist unserer Vorfahren und erkläre im Namen der neuen türkischen Nation, die hier vertreten ist, daß diese entwaffnete Nation von heute noch immer die gleichen unbesiegbaren Herzen besitzt. Wir vertrauen auf Allah und unsere Rechte.‹

Hört, Brüder und Schwestern, hört den Urteilsspruch, den die Welt über euch gefällt hat. Die feindselige Politik der vereinten europäischen Kräfte hat während der letzten Generation die Türkei immer ungerecht, oft sogar verräterisch behandelt. Die europäischen Mächte würden selbst noch einen Weg gefunden haben, die Sterne und den Mond zu erobern, wenn diese Himmelskörper von Muslims und Türken bewohnt gewesen wären. Schließlich fanden sie einen Vorwand, eine Gelegenheit, den letzten Teil des von der Mondsichel beherrschten Reichs zu zerstückeln. Und gegen diese Entscheidung können wir vor keiner europäischen Macht aufbegehren. Ihr habt zwei Freunde: die Muslims und jene zivilisierten Völker, die früher oder später ihre Stimmen für eure Rechte erheben werden. Die einen sind schon mit euch, die anderen werden wir durch die Unanfechtbarkeit unserer Sache gewinnen. Regierungen sind unsere Feinde, Völker sind unsere Freunde, und das gerechte Aufbegehren unserer Herzen ist unsere Stärke.«[126]

Die 1884 geborene Schriftstellerin Halide Edib (Adıvar), die in zweiter Ehe mit dem Rechtsanwalt Adnan (Adıvar) verheiratet war und 1964 in Istanbul starb, hatte sich von einer schwärmerischen Anhängerin des Turanismus, der ein Reich der Turkvölker anstrebte, zu einer überzeugten Nationalistin gewandelt. An der Seite Mustafa Kemals kämpfte sie für die Befreiung des Landes, übte jedoch bereits in der Frühzeit der Republik zusammen mit ihrem Mann so heftige Kritik am Führungsstil des Präsidenten, daß sie beide in die Verbannung geschickt wurden. Halides zweibändige Erinnerungen, die in englischer Übersetzung in London 1926 (Memoirs of Halide Edib) und 1928 (The Turkish Ordeal) erschienen, bieten einen informativen und sehr lebendigen Einblick in die Zeit der Umwandlung des Osmanischen Reichs in die Türkische Republik.

Zu der Landung griechischer Truppen in Izmir, der bedeutendsten Hafenstadt an der türkischen Ägäisküste, die ursprünglich den Italienern zugedacht war, kam es maßgeblich durch Lloyd George, der keinen Hehl aus seiner antitürkischen und prohellenischen Einstellung machte. Einerseits hatte er den idealistischen amerikanischen Präsidenten Wilson für die Unterstützung der griechischen Invasion gewonnen, die von dem Gedanken der Errichtung eines Groß-Griechenlands unter christlichem Kreuz getragen wurde, andererseits die italienische und französische Regierung davon überzeugt, daß Kleinasien zu einem europäischen – gemeint war: britischen – Stützpunkt gemacht werden müsse. Vorbehalte gab es nicht nur bei den Franzosen und Italienern, sondern auch im britischen Kabinett. Außenminister Lord Curzon warnte: Wie sollten die Griechen, »die nicht einmal fünf Meilen außerhalb Salonikis für Ordnung sorgen können«, in der Lage sein, einen so wichtigen Teil Kleinasiens zu verwalten? Im Falle einer Realisierung dieses Plans, so fuhr er fort, würde man [türkische] Flüchtlinge beliebig herumstoßen und wahrscheinlich das Türkische Reich und das Kalifat praktisch auslöschen, was zur Folge hätte, daß die Muslims der östlichen Welt »in wilde Raserei ausbrechen«.[127]

Trotz Warnungen und Protesten beharrte Lloyd George auf der Unterstützung der griechischen Invasion, die am 15. Mai 1919 begann und die der Premierminister Venizelos »so schnell wie eine Ente schwimmen kann« vorantrieb (Winston Churchill). Das von Wilson geforderte Recht auf Selbstbestimmung aller Nationen galt offensichtlich nicht für Türken. Mit dem Ruf »Lang lebe Venizelos!« schwärmten die griechischen Soldaten durch Izmir und tanzten mit den griechischen Einwohnern der Stadt. Die türkischen Soldaten und Offiziere, die sich angesichts der Übermacht des Gegners ohne Widerstand abführen ließen, wurden beschimpft, mit Stöcken geschlagen und angespuckt. Als sich ein Oberst weigerte, seinen Fez abzunehmen, traf ihn eine tödliche Kugel aus der fanatisierten Menge. Im Lauf des ersten Tages gerieten die griechischen Truppen außer Kontrolle, und es kam zu Massakern an Hunderten von Türken, sowohl Soldaten als auch Zivilisten, deren tote Körper über die Kaimauern in das Hafenbecken geworfen wurden. Da die Invasoren während der folgenden Tage in das Landesinnere vorzudringen begannen – auch hier wurde, wie in den nächsten beiden Jahren des Eroberungsfeldzugs, die Zivilbevölkerung in den Dörfern und Kleinstädten grausam mißhandelt –, intervenierte der britische Hochkommissar, Admiral Calthorpe, bei der griechischen Armeeführung, aber es gab kein Halten mehr. Ein neuer Krieg, diesmal im Herzen des türkischen Kernlands, war vorprogrammiert.

In Istanbul herrschten Ratlosigkeit und Resignation. Der Sultan brach bei der Hiobsbotschaft über die Besetzung Izmirs in Tränen aus, und Damat Ferit zuckte mit den Schultern und konstatierte: »Was können wir schon tun?« Mustafa Kemal wurde am 16. Mai 1919, also

Die »Bandırma«

einen Tag nach der Invasion, von Vahidettin in Privataudienz empfangen. Am selben Abend sollte die »Bandırma« ihn und seine militärische Begleitung nach Samsun bringen. Der Sultan überreichte dem Generalinspekteur eine goldene Taschenuhr und verabschiedete ihn mit den niemals ganz geklärten Worten: »Pascha, Pascha, bis heute haben Sie dem Land viele Dienste erwiesen, die in das Buch unserer Geschichte gehören. Vergessen Sie das alles, denn der Dienst, der jetzt von Ihnen verlangt wird, ist wichtiger als alle anderen zuvor. Pascha, Pascha, vielleicht gelingt es Ihnen, das Land zu retten.«[128] Fraglich blieb, ob der Sultan mit dem zu rettenden Land den Status des Osmanischen Reichs und der eigenen Dynastie meinte, was wahrscheinlicher ist, oder die türkische Nation in den Grenzen Anatoliens und Thrakiens, was einem Verrat des Sultans an sich selbst und an seiner auch in den nächsten drei Jahren fortgesetzten Politik gleichgekommen wäre.

Am Abend des 16. Mai aß Mustafa Kemal ein letztes Mal mit seiner Mutter und seiner Schwester in ihrem Haus in Şişli. Erst jetzt teilte er ihnen mit, daß er mit einer besonderen Mission betraut sei und daher Istanbul verlassen müsse. Zu bewegt über die erneute Trennung, deren Grund ihnen diesmal verschwiegen werden mußte, brachten die beiden Frauen nicht die Kraft auf, ihn zum Hafen zu begleiten. Mustafa Kemal, der erst acht Jahre später nach Istanbul zurückkehren sollte, verließ bei einbrechender Dunkelheit das schicksalträchtige Haus, in dem Ali Fethi und Kâzım Karabskir ihm ihre militärische Unterstützung in Anatolien zugesagt hatten und in dem er von seiner Ernennungsurkunde überrascht worden war, und ging an Bord der »Bandırma«, einem in England gebauten und von einer griechischen Reederei weiterverkauften Frachter. Begleitet wurde er von achtzehn Männern, unter ihnen Arif Adana, sein »Zwilling«, der inzwischen sogar seine

Stimme und Ausdrucksweise imitieren konnte, der Militärarzt Refik (Saydam), später Mitglied des Kabinetts in Ankara und nach Atatürks Tod Ministerpräsident, und der kurzfristig angeheuerte Oberst Refet (Bele), der keinen Passierschein mehr bekommen hatte und sich solange zwischen seinen Pferden an Deck versteckt hielt, bis das Schiff ausgelaufen war.

Nachdem die Anker gelichtet worden waren und die »Bandırma« Kurs auf das Schwarze Meer nahm, regten sich in der britischen Paßbehörde Zweifel, ob man mit Mustafa Kemal nicht einen Wolf im Schafspelz nach Anatolien gelassen habe. Einem jüngeren Offizier, der als erster auf diese Möglichkeit hinwies, wurde von seinem Vorgesetzten erklärt, es sei alles in Ordnung, der Sultan selbst bürge für die Entsendung dieses türkischen Generals. Als man sich schließlich erinnerte, daß Mustafa Kemal zu den Personen gehörte, die der Geheimdienst in London zu »entfernen« wünschte, eilte der britische Militärattaché noch um Mitternacht des 16. Mai zur Hohen Pforte, dem Amtssitz des Großwesirs, um die türkische Regierung zu warnen. Damat Ferit, der sich noch in seinem Arbeitszimmer befand, nahm die Warnung gelassen zur Kenntnis, legte seine Fingerspitzen zusammen und sagte mit ruhiger Stimme: »Exzellenz, Sie kommen zu spät. Der Vogel ist ausgeflogen.«[129]

10

Die Inspektionsreise wird zur Sammelbewegung des nationalen Widerstands (1919)

Die »Bandırma« erreichte nach einer unruhigen Fahrt entlang der Schwarzmeerküste am 19. Mai 1919 den Hafen von Samsun. Mustafa Kemal hatte den Kapitän aufgefordert, möglichst nahe am Ufer zu bleiben, um einer eventuellen Verfolgung durch britische Schiffe leichter entkommen zu können. Sturm und schwerer Seegang, die unerläßlichen Zutaten der zu Legenden stilisierten Ankünfte historischer Helden, sind in diesem Fall überzeugend belegt durch die banale Tatsache, daß fast alle Herren der Inspektionskommission an Seekrankheit litten. Der Generalinspekteur stand allerdings nicht mit leuchtenden Augen und ausgestrecktem Arm an einem Mast oder am Bug, er saß »grübelnd« in einer Ecke und mied Gespräche und Bewegungen.

Ein Teil der offiziellen Literatur über Atatürk rafft und glättet manche Lebensphase des nationalen Helden, um ihm, wie einem mythischen Giganten, konstante Willensstärke, eiserne Entschlußkraft und vorausschauenden Blick zu verleihen. Mit seiner Großen Rede (Nutuk) aus dem Jahr 1927, die die Ereignisse seit der Landung in Samsun – die Rede beginnt mit den Worten: »Am 19. Mai 1919 landete ich in Samsun« – wie eine Geschichte aus einem Guß darstellten, um auch die letzten Zweifler von der Legitimität der 1927 herrschenden Verhältnisse zu überzeugen, trug Mustafa Kemal, der seinen nicht genau bekannten Geburtstag später auf den 19. Mai festlegte, nicht wenig zur Legendenbildung bei. Die Klischees, die sich seitdem verfestigt und durch ständige Wiederholung den Schein der Wahrheit angenommen haben, verhinderten in erheblichem Maße die Auseinandersetzung mit den zahlreichen Widersprüchlichkeiten und komplexen Situationen, die das von Zufällen, persönlichen Entscheidungen und historischen Turbulenzen geprägte Leben Mustafa Kemals erst wirklich lehrreich und bewundernswert machen.

Die Spannung zwischen der türkischen und der griechischen Bevölkerung in Samsun und Umgebung hatte sich seit der Invasion in Izmir noch verschärft. Die eine Seite sah die Erfüllung des seit langem geheg-

ten Traums eines unabhängigen Pontischen Staats der Hellenen näher-
rücken (der Pontus ist ein Gebirgszug, der, parallel zur Schwarzmeerküste, über mehrere hundert Kilometer von Inebolu im Westen bis
Hopa im Osten verläuft), die andere Seite war trotz Erschöpfung und
Verarmung durch den Weltkrieg, der für viele bereits 1912 auf dem
Balkan begonnen hatte, im innersten Lebensnerv getroffen, denn der
abstrakten Niederlage des Osmanischen Reichs folgte jetzt die Bedrohung vor der eigenen Haustür. Gerüchte kursierten, daß die etwa zweihundert britischen Soldaten und Offiziere, die die Region um Samsun
ohne den gewünschten Erfolg zu kontrollieren versuchten, durch griechische Soldaten der Invasionsarmee verstärkt würden, während die
von den Alliierten geduldeten türkischen Resttruppen weit verstreut
im Inland und in Thrakien lagen.

Als Mustafa Kemal von einem Fischerboot an Land gebracht wurde,
empfing ihn nur ein Häufchen waffenloser Soldaten. Die türkischen
Einwohner und selbst der Gouverneur waren aus Angst vor griechischen Überfällen, die eine größere Begrüßungsversammlung hätte provozieren können, gar nicht erst erschienen. Die Soldaten führten den
Generalinspekteur zu einer einfachen Familienpension, in der ein leid-
lich repräsentatives und bequemes Quartier – die Ausstattung bestand
aus Leihgaben benachbarter Häuser – hergerichtet worden war. Das
wichtigste Mittel, dessen sich Mustafa Kemal in seinem Mehrfronten-
krieg gegen die Istanbuler Regierung, die Alliierten und die seine Autorität bekämpfenden Lokalpolitiker von Anfang an bediente, war der
Telegraf, den Abdul-Hamid II. in seinem manischen Verfolgungswahn
hier wie überall im Lande hatte installieren lassen. Bereits seit den Tagen der jungtürkischen Revolution gewohnt, mit diesem Schreibbehelf
umzugehen, schickte er gleich nach seiner Unterbringung Botschaften
an Ali Fethi nach Ankara und an Kâzım Karabekır nach Erzurum. An
Karabekır schrieb er: »Ich bin in großer Sorge über die Lage des Landes, die fortwährend schlechter wird. Ich habe dieses neue Amt [des
Generalinspekteurs] aus dem Gewissenszwang heraus angenommen,
unsere letzten Dienste, die wir unserem Land schuldig sind, mit Ihnen
gemeinsam leisten zu können. Ich würde gern so schnell wie möglich
zu Ihnen kommen, aber die Verhältnisse in Samsun und Umgebung
sind dermaßen angespannt, daß ich noch einige Tage hierbleiben
muß.«[130]

General Kâzım Karabekır Paşa hatte es seit seiner Rückkehr zum
15. Armeekorps im April 1919 verstanden, sich den Forderungen der

Briten nach Auflösung seiner Truppen zu widersetzen. Oberst A. Rawlinson, der den Auftrag hatte, die Verhältnisse in Ostanatolien im Hinblick auf die Gründung eines armenischen Staats zu prüfen, besuchte den General in Erzurum und staunte über dessen erzieherische Aktivitäten, die ihm vollen Rückhalt bei der Bevölkerung verschafften. Karabekır sorgte für etwa tausend Waisenknaben, die er nach osmanischem Recht adoptiert hatte. Er schickte sie zum Lernen in die staatliche Schule und ließ sie gleichzeitig militärisch ausbilden. Zum Erziehungsprogramm dieses Paschas im traditionellen Sinne gehörte außerdem Unterricht in Musik, da er selbst gern Violine spielte. Die der Schule entwachsenen jungen Männer übernahm er teilweise in seinen Haushalt, wo sie auch Waffen tragen durften. Durch diese Fürsorge und Ausbildung und mit Hilfe eines Minimums an Bestrafung ermutigte er seine Adoptivsöhne, sich zu freien Menschen zu entfalten. Oberst Rawlinson schrieb beeindruckt: »Wenn sich diese Erziehungsmethode im Land verbreitet, erlangt der Türke der Zukunft mit seinen zusätzlichen natürlichen Gaben des Muts und der Ausdauer eine Macht im Osten und vielleicht auch im Westen, mit der die europäischen Kräfte auf ihrer gegenwärtigen Nachkriegskonferenz nicht rechnen.« Den Pascha bezeichnete er als »das unverfälschteste Beispiel eines erstklassigen türkischen Offiziers, dem ich jemals das Glück hatte zu begegnen«.[131]

Die Anwesenheit des britischen Militärs in Samsun, die einen engeren Kontakt zu den Einwohnern wegen des Verdachts der Konspiration nicht ratsam erscheinen ließ, und wiederholt auftretende Nierenschmerzen veranlaßten Mustafa Kemal bereits am 25. Mai, die Hafenstadt zu verlassen und nach Havza zu fahren, einem 75 Kilometer südwestlich gelegenen Thermalbad, das sich auf seiner offiziellen Inspektionsroute in Richtung Sivas und Erzurum befand. Der Konvoi von drei Automobilen, darunter ein alter Mercedes-Benz, kam auf den schlechten Gebirgsstraßen nur im Schrittempo voran. Mustafa Kemal war trotz Nierenschmerzen und langsamer Reisegeschwindigkeit in bester Laune, denn schon bald würde er erstmals einige seiner Landsleute über seine wahre Mission aufklären und die Möglichkeit seiner Einflußnahme überprüfen können.

In Havza wurde die militärische Abordnung der Sultansregierung von den Gemeindevertretern mit Erleichterung empfangen. Endlich konnten sie sich mit ihren Klagen über die Überfälle von pontischen Griechen und Lazen an eine kompetente Autorität wenden. Die Einwohner reagierten freundlich und neugierig, aber sie schienen weniger Interesse an der Idee einer Nation als an der Behebung ihrer kriegsbedingten Verluste zu haben. Enttäuscht über ihr Schweigen und ihre Apathie angesichts der Invasion in Izmir hielt Mustafa Kemal dennoch öffentliche Ansprachen, in denen er unter Hinweis auf die »Vereinigungen zur Verteidigung der Rechte« zur Teilnahme am nationalen Widerstand gegen die das Land bedrohenden Siegermächte aufrief.

Die Regierung in Istanbul, für die diese Wende nicht ganz unerwartet kam, forderte den Generalinspekteur am 8. Juni auf, sofort in die Hauptstadt zurückzukehren. Am 12. Juni, dem Tag seiner Weiterfahrt nach Amasya, dem nächsten größeren Ort auf der Strecke nach Erzurum – die Thermalbäder im Maarif-Hotel waren ihm gut bekommen –, schickte er ein Telegramm an den Sultan, worin er unmißverständlich, wenn auch im blumigen Stil osmanisch-höfischer Sprache, zu verstehen gab, daß er nicht daran denke, seine Landsleute in Anatolien im Stich zu lassen. Gleichzeitig warnte er indirekt vor den Kräften des Volkes: »Gott schütze Eure Majestät, den Inhaber des Throns und den heiligen Kalifen! Im Unglück unseres Landes, das in Gefahr steht, aufgeteilt zu werden, brauchen wir Eure Majestät an der Spitze einer heiligen nationalen Macht. Nur diese Macht kann die Zukunft unseres Landes und des Staats und Ihren heiligen Thron retten. Das Volk ist einstimmig dieser Meinung. Eure Majestät hatten die Gnade, mir am Tag meines Besuchs diesbezügliche Anordnungen zu erteilen. Gestärkt durch diese Richtlinien, werde ich meinen Auftrag fortsetzen. Während der bisher vergangenen kurzen Zeit hatte ich Gelegenheit, die Gedanken und den Willen der anatolischen Bevölkerung und der Militärkommandanten zu erforschen. Als Resultat darf ich feststellen, daß unser Volk erwacht und durchdrungen davon ist, die nationale Unabhängigkeit und den heiligen Thron Eurer Majestät zu verteidigen. Als ich noch in Istanbul war, konnte ich die Stärke dieses nationalen Entschlusses nicht in gleicher Weise erkennen.«

Die Möglichkeit seiner Entlassung vorwegnehmend, schloß er den Text, in dem er seine noch nicht erfüllte Hoffnung auf allgemeinen Volkswiderstand als bereits vollendete Tatsache hinstellte, mit dem Bekenntnis, alles auf eine Karte setzen und notfalls seine Karriere als osmanischer Offizier opfern zu wollen: »Majestät, ich möchte nicht das Schicksal mancher Kommandanten erleiden, die verhaftet und verbannt worden sind. Selbst wenn ich unter größten Druck geraten sollte, würde ich es vorziehen, meinen Posten aufzugeben und an der gnädigen Brust unseres Volkes als einfacher Soldat mitzukämpfen, bis das Vaterland gerettet ist.«[132]

Während der nächsten zwei Wochen hagelte es Telegramme aus Istanbul, in denen Mustafa Kemal aufgefordert wurde, zurückzukommen, zurückzutreten oder – eine elegante Lösung – Urlaub zu nehmen. Noch unsicher über den Ausgang seiner Kontaktaufnahme mit den Honoratioren von Amasya und Sivas, zwei bedeutenden Gemeinden auf dem Weg zu Karabekırs Standort Erzurum, versuchte er so lange wie möglich diese Telegramme zu ignorieren. Denn zu diesem Zeitpunkt, da sein Kampf um Unterstützung seiner politischen Pläne und um Bestätigung seiner Person als maßgeblichem Koordinator der nationalen Widerstandsbewegung gerade erst begann, beunruhigte ihn die Kraftprobe mit dem Kabinett nicht wenig. Der Besuch in Amasya, romantisch in einer Schlucht des Yeşilırmak (Grüner Fluß) gelegen und aus der älteren Geschichte als Refugium für osmanische Kronprinzen und der sie auf das Sultanat vorbereitenden Lehrer bekannt, wurde ein großer Erfolg. Die Würdenträger, allen voran ein Vertreter der einflußreichen muslimischen Theologen und Gelehrten, bereiteten Mustafa Kemal einen herzlichen Empfang und bestätigten die Notwendigkeit, den nationalen Widerstand zu organisieren. Vom Balkon des Rathauses wandte er sich an die Einwohner von Amasya, die in ihm den Helden von Gallipoli bejubelten. Er erklärte ihnen, daß der Sultan den Alliierten ausgeliefert sei und die nationale Sache dem Volk zwischen den Fingern zerrinne und daß er zu ihnen komme, um gemeinsam an einer Lösung dieser Probleme zu arbeiten.

Einige Tage nach seiner Ankunft waren auf seine Bitte hin auch seine engsten Verbündeten, Ali Fuat (Cebesoy), Hüsseyin Rauf (Orbay) und Oberst Refet (Bele), in Amasya eingetroffen. Sie berieten über die aktuelle Lage des Landes und die zu ergreifenden Maßnahmen und unterzeichneten am 21. Juni 1919 das sogenannte »Protokoll von Amasya«, das allen Behörden in Anatolien übermittelt wurde. Mit den Unterschriften so verdienter und populärer Männer wie Ali Fuat, der noch immer eine reguläre Division in Ankara hielt, Hüsseyin Rauf, dem legendären Helden der »Hamidiye«, und Mustafa Kemal konnte dieses halboffizielle Dokument, der erste Schritt auf dem Weg zur Gründung einer legitimen nationalen Macht, seine Wirkung auf die Gouverneure und auf die Bevölkerung nicht verfehlen. Die acht Artikel des Amasya-Protokolls sind eine Mischung aus Grundsatzerklärungen – wagemutigen Versuchsballons, denn sie forderten gleichermaßen die Bevölkerung, die Sultanatsregierung und die Alliierten in aller Öffentlichkeit heraus – und praktischen Angaben, welche Prozeduren zunächst erforderlich seien:

1. Die Einheit der Nation und ihre Unabhängigkeit sind in Gefahr.
2. Die Regierung in Istanbul ist nicht in der Lage, ihre Aufgaben zu erfüllen. Dieser Umstand führt dazu, daß unser Volk für das Ausland nicht mehr vorhanden ist.
3. Die Unabhängigkeit der Nation kann nur durch den Willen und Entschluß des Volkes selbst gerettet werden.
4. Um der Welt die wahre Lage der Nation und ihre legitimen Rechte zu zeigen, ist es notwendig, ein nationales Gremium zu bilden, und zwar an einem Ort, wo keine fremden Einflüsse möglich erscheinen.
5. Für diesen Zweck ist die Stadt Sivas gewählt worden. Dort muß so bald wie möglich ein Nationalkongreß abgehalten werden.
6. Daher müssen aus jeder Provinz drei Delegierte gewählt und nach Sivas geschickt werden.
7. Auf alle Fälle muß diese Aktion als ein nationales Geheimnis gehütet werden.
8. In den Ostprovinzen wird ab 10. Juli [tatsächlich am 23. Juli in Erzurum] ein regionaler Kongreß abgehalten, dessen Delegierte später nach Sivas kommen.[133]

Mustafa Kemal konnte fürs erste zufrieden sein, was die allgemeine Sache betraf. Die Stellung, die er selbst bei den Versammlungen einnehmen würde, war dagegen noch ungeklärt. Das bedeutete für ihn, weiterhin für sich werben zu müssen, bei den Soldaten und Bauern, den Händlern und Honoratioren, den Großgrundbesitzern und Gouverneuren und selbst bei seinen Freunden wie den Generälen Ali Fuat und Kâzım Karabekir, die ihrerseits auch nicht ganz unempfänglich waren gegenüber den Versuchungen der sich auf nationaler Basis neu bildenden staatlichen Macht. Daß es ihm schließlich gelang, die Mehrheit dieser verschiedenen Gruppen hinter sich zu bringen, hing teilweise mit seinem überragenden Organisationstalent und seinen allgemein bekannten Leistungen als Offizier in Tripolitanien, auf Gallipoli und in Syrien zusammen. Teilweise war es aber auch – an den Umbruchstellen der Geschichte scheint Irrationalität wie der Geist aus der Flasche aufzusteigen – seine Persönlichkeit, die Willensstärke, geistige Konzentration und, in kleinerem Kreis, individuellen Charme ausstrahlte und durchdrungen wirkte von der Aufgabe, ein Land, eine Nation, ein Ideal – das einer aufgeklärten, humanen Gesellschaft nach europäischem Muster – für sich und sein Volk zu retten.

Einige Tage nach der Unterzeichnung und telegrafischen Verbreitung des Amasya-Protokolls, am 26. Juni 1919, erfuhr Mustafa Kemal, daß Ali Galib, der neue Gouverneur von Erzincan, in Sivas angelangt sei und alle Anstalten treffe, ihn im Namen der Regierung festnehmen zu lassen. Umgehend brach er mit seiner Begleitung in Richtung Sivas auf und gab während eines Aufenthalts in Tokat ein Telegramm in Auftrag, das seine Ankunft in Sivas mitteilen, aber erst sechs Stunden nach seiner Abfahrt von Tokat abgeschickt werden sollte. Auf diese Weise hoffte er, einer Verhaftung unterwegs zu entgehen und durch seine überraschende Ankunft Ali Galib zu überrumpeln. Etwa fünfzig Kilometer vor Sivas ließ er den Konvoi an einem Bauerngehöft halten. Er atmete wieder freier, denn die gewaltigen Gebirgsbarrieren, die vor der Schwarzmeerküste lagen, waren überwunden, und vor ihnen erstreckten sich die von langen Bergketten gesäumten Ebenen des anatolischen Hochlands. Das Aufatmen währte aber nur kurz, denn ein Adjutant übergab Mustafa Kemal ein verspätet dechiffriertes Telegramm, in dem ihm einer seiner Vertrauten mitteilte, daß die Regierung alle Provinzgouverneure über die Entlassung des Generalinspekteurs in Kenntnis gesetzt habe, was praktisch bedeutete, daß keine seiner Anordnungen mehr befolgt werden durfte.

Fast zur gleichen Zeit, in der Mustafa Kemal von seiner Demissionierung erfuhr – Istanbul hatte ihn persönlich noch nicht informiert –, erreichte sein Telegramm aus Tokat den Gouverneur von Sivas, Reşit Paşa. Dieser gab das Telegramm an seinen hohen Gast, den Gouverneurskollegen von Erzincan, weiter und sagte: »Er kommt gleich, jetzt können Sie ihn verhaften.« Ali Galib, der in der angespannten Atmosphäre des sich formierenden nationalen Widerstands nicht die Verantwortung für die Ergreifung des Helden von Gallipoli übernehmen wollte, erwiderte: »Wenn ich sagte, daß ich ihn verhaften wollte, bezog sich das auf meinen eigenen Amtsbezirk Erzincan.« Reşit Paşa, der trotz der Entlassung des Generalinspekteurs weiter zu Mustafa Kemal hielt und bereits einen großen Empfang vorbereiten ließ, meinte daraufhin lapidar: »In diesem Fall wollen wir ihm entgegenfahren.«[134]

Als Reşit Paşa den Ehrengast begrüßt hatte – nach altem osmanischen Brauch geschah dies vor den Toren der Stadt, in diesem Fall bereits bei dem Bauerngehöft – überredete ihn Mustafa Kemal, neben ihm im Fond des Mercedes Platz zu nehmen. Während seiner Großen Rede im Jahr 1927 brachte er die Zuhörer an dieser Stelle seines Berichts zum Schmunzeln, als er sagte: »Man wird ohne Mühe die Absicht erraten, die mich bei dieser Einladung leitete.«[135] Seine Absicht verwirklichte sich: An der Seite des Gouverneurs im offenen Wagen sitzend, fuhr er am Abend des 27. Juni nach Sivas hinein, umjubelt von einer dichten Menschenmenge, unter ihnen Soldaten und Offiziere, die mit ihm in Gallipoli gekämpft hatten.

Seiner amtlichen Autorität als Generalinspekteur verlustig gegangen und ohne Befehlsgewalt, war es ihm dennoch gelungen, eine Stadt – und nicht nur irgendeine, sondern die für den geplanten Nationalkongreß vorgesehene – durch persönlichen Einsatz für sich zu gewinnen. Diesen ersten Triumph kostete er in einem Gespräch mit Ali Galib aus, der sich verlegen vor ihm wand und ihm weiszumachen versuchte, daß er sich in Sivas nur aufgehalten habe, um ihn zu treffen und Instruktionen von ihm entgegenzunehmen. Mustafa Kemal: »Ich muß gestehen, daß es ihm gelang, uns bis zum Morgen zu beschäftigen.«[136] Daß er noch acht Jahre später den erfolgreichen Einzug in Sivas als entscheidende Feuerprobe für seinen nationalen Werbefeldzug empfand, geht aus der Ausführlichkeit hervor, mit der er diese Episode, die im nachhinein neben dem Befreiungskrieg und der Ausrufung der Republik relativ banal erscheinen mußte, seinem Parteiauditorium in Ankara schilderte. Fast entschuldigend beendete er daher die minutiöse Darstellung seiner Fahrt von Amasya nach Sivas mit den Worten: »Ich möchte diese Einzelheiten nicht allzusehr in die Länge ziehen, die, wie ich vermute, bereits ziemlich langweilig sind.«[137] Nur er selbst empfand wohl noch das Unbehagen von damals, als sein Weg zwischen dem Abgrund der Anonymität (Internierung auf Malta oder Hinrichtung wegen Hochverrats) und den Höhen historischen Ruhms (von Sivas in das Präsidentenpalais von Çankaya) verlief.

Nach einer Übernachtung in Sivas brach die Kommission wieder auf und legte die fünfhundert Kilometer lange Strecke bis Erzurum in sechs Tagen zurück. Besondere Behinderungen gab es nicht, weder durch die Landbevölkerung, die die Automobile mit den uniformierten Insassen geflissentlich übersah, noch durch Provinzgouverneure, die so taten, als wüßten sie nichts von der Entlassung des Generalinspekteurs. Mustafa Kemal, dem fast auf jeder Telegrafenstation ein neues Telegramm der Regierung mit der Aufforderung zugereicht wurde, von sich aus zurückzutreten, versank während der eintönigen Fahrt durch das vegetationsarme und dünn besiedelte Hügelland in melancholisches Nachdenken darüber, ob er bei dem Tauziehen mit dem Sultan und dessen Kabinett nicht doch am Ende der Verlierer sein werde. Konnte er wirklich als Zivilist den Kampf in Anatolien gewinnen? War Sivas vielleicht nur ein Glücksfall? Mußte er nicht mit Widerstand der orthodoxen Muslims rechnen, wenn sie ihn als Feind des Kalifen betrachteten? Wie würde sich Karabekır zu ihm, dem Offizier mit entzogenen Vollmachten, verhalten?

Als sich der Konvoi am 3. Juli Erzurum näherte – einer der ältesten osmanischen Garnisionsstädte, deren Wahrzeichen, eine Festung des Kaisers Theodosius aus dem 5. Jahrhundert, die Minarette der ehrwürdigen seldschukischen Moscheen und Medresen überragte –, tauchte aus einer Staubwolke eine Reiterschar auf. General Kâzım Karabekır und die Offiziere seines Stabes waren zum Zeichen besonderer Ehrerbietung bis weit vor die Stadt gekommen, um Mustafa Kemal und seine Begleiter zu begrüßen. Der anschließende Empfang durch die Einwohner von Erzurum war fast noch enthusiastischer als in Sivas. Mustafa Kemals Stimmung hellte sich wieder etwas auf, aber in den Tagen danach packten ihn erneut düstere Gedanken. In der Nacht zum 8. Juli wurde er überstürzt in das Telegraphenbüro gerufen. Am anderen Ende des Drahts befanden sich der Sultan Mehmet VI. Vahidettin und der Großwesir Damat Ferit. Beide beschworen ihn nochmals, nach Istanbul zu kommen oder Urlaub in einem Ort seiner Wahl zu nehmen. Wie immer, wenn er zum Handeln gezwungen wurde, entschied sich Mustafa Kemal schnell, nüchtern und der Sachlage entsprechend. Havza, Sivas und Erzurum gaben den Ausschlag. Er konnte mit der Unterstützung der Bevölkerung und der Provinznotabeln rechnen, und er mußte daher seine Mission, die Organisierung der nationalen Kräfte, fortsetzen. Um 22 Uhr 50 gab er nach Istanbul durch, daß er nicht nur als Generalinspekteur, sondern auch als Offizier der osmanischen Armee zurückgetreten sei.

Am Morgen darauf kleidete er sich in Zivil – nur anstelle des üblichen Fez trug er weiterhin seinen Kalpak – und erwartete den Besuch von Karabekır, mit dem er die neue Lage besprechen wollte. Aus dem Telegraphenbüro hatte er bereits zu früher Stunde erfahren, daß das Kriegsministerium – ein raffinierter Schachzug Damat Ferits, um Zwietracht unter den Nationalisten zu säen – Karabekır den Posten des Generalinspekteurs angeboten habe. Noch einmal ging es um alles oder nichts. Rauf, der an diesem Morgen zugegen war, erzählte später, daß er Mustafa Kemal niemals zuvor in einer solchen Anspannung und Nervosität gesehen habe. Nachdem Karabekır mit einer Reiterschwadron eingetroffen war, kam er in das Haus und betrat den Raum, in dem ihn sein demissionierter Vorgesetzter erwartete. Er grüßte den vor ihm Sitzenden mit der gewohnten militärischen Ehrenbezeugung, nahm Haltung an und sagte: »Ich überbringe Ihnen den Respekt meiner Offiziere und Männer. Sie sind weiterhin, wie in der Vergangenheit, unser verehrter Kommandant. Ich habe Ihnen den offiziellen Wagen und eine Kavallerieeskorte gebracht. Wir stehen Ihren Befehlen zur Verfügung, Pascha.«[138]

Karabekır wurde ab 1922 zu einem von Mustafa Kemals entschiedensten politischen Gegnern, die die neue türkische Demokratie vor diktatorischen Eingriffen zu schützen versuchten. Die angeblich aus Gründen der Staatsräson erfolgte Trennung von seinen alten Kampfgefährten umgab Mustafa Kemal in den Augen seiner Anhänger mit der Aura eines Märtyrers, letztlich war sie jedoch die logische Folge der Machtfülle, die man dem sogenannten Vaterlandsretter – wie viele andere Männer und Frauen opferten der Sache ihr Leben! – auch über die unmittelbare Notlage hinaus eingeräumt hatte. Auf sein persönliches Leben wirkten Mustafa Kemals »einsame« Entscheidungen, wie beispielsweise die Verbannung korrigierender Kräfte, ebenso negativ wie auf den Fortgang der Demokratisierung des Landes.

Einen zweiten wichtigen Dienst erwies Karabekır dem selbsterwählten Vorgesetzten, dessen Befehle und Anordnungen er vorerst mit seinem eigenen Namen unterzeichnete, durch die Übertragung eines Delegiertenmandats. Dieses Mandat war nicht nur für die Teilnahme am Regionalkongreß in Erzurum obligatorisch, sondern auch die Voraussetzung dafür, in den ersten Nationalkongreß nach Sivas geschickt zu werden. Leicht war es Karabekır nicht, den bereits ernannten Delegierten – Händler, Bauern, Journalisten, Rechtsanwälte, muslimische Gelehrte, kurdische Scheichs und Anführer der Lazen – je ein Mandat für Mustafa Kemal und für Hüsseyin Rauf abzuhandeln. Sie kannten die Verdienste beider ehemaligen Offiziere, aber einige fragten sich, ob diese aus dem Westen kommenden Rebellen dem Sultan und Kalifen noch loyal gegenüberstanden, oder ob sie das Land nicht nur vor den Alliierten, sondern auch vor der osmanischen Dynastie retten wollten. Andere argumentierten, daß nur Männer aus Ostanatolien sich energisch genug einsetzen würden, um die Bildung eines armenischen Staats in ihrer Region zu verhindern. Eher Lappalien waren zu diesem

*Mustafa Kemal zur Zeit
des Kongresses in Erzurum,
Juli 1919*

Zeitpunkt die Vorwürfe, Mustafa Kemal führe sich despotisch auf, denn er trage auch nach seiner Entlassung Uniform – seine Reisegarderobe mußte erst noch in den Schneiderateliers von Erzurum um zivile Kleidung ergänzt werden –, und er sei, wie man gehört habe, allzusehr dem Rakı zugeneigt. Trotz dieser Kritik, hinter der sich unter anderem ehemalige Mitglieder des »Komitees für Einheit und Fortschritt« versteckten, gelang es Karabekır durch Einsatz seiner Popularität, zwei Delegierte zum Verzicht auf ihren Sitz zu bewegen.

Der Kongreß in Erzurum wurde am 23. Juli 1919, dem elften Jahrestag der restaurierten Konstitution von 1908, mit einem Picknick eröffnet, dessen künstlerisches Begleitprogramm, musikalische und theatralische Darbietungen, Karabekırs Offiziere und Waisenknaben gestalteten. Während der ersten Sitzung traf bei den Provinzgouverneuren die Anordnung aus Istanbul ein, daß alle Versammlungen mit parlamentarischem Charakter zu unterbinden seien. Diese Anordnung kam jedoch zu spät, die nationale Bewegung war bereits in ihre konstituierende Phase eingetreten. Gewonnen durch die überzeugende Tatsache, daß der Held von Gallipoli und Generalinspekteur des Sultans seinen offiziellen Posten und sein Offizierspatent für das gemeinsame Ziel der »Verteidigung der Rechte« geopfert hatte, wählte die große Mehrheit der Delegierten Mustafa Kemal zum Vorsitzenden des Kongresses. In seiner Eröffnungsrede, deren Kernsätze zwei Wochen später in die Abschlußresolution aufgenommen wurden, sagte er, daß es in der Geschichte unmöglich sei, einer Nation ihre Existenz und ihre Rechte abzusprechen, und daß daher die gegen die türkische Nation getroffenen Maßnahmen der Alliierten zum Scheitern verurteilt seien. Die Beschlüsse des Kongresses, die als »Nationalpakt« bezeichnet und der Verfassung der Türkischen Republik zugrunde gelegt wurden, lauteten:

1. Das Vaterland bildet in seinen nationalen Grenzen eine unlösbare Einheit.
2. Wir sind gegen fremde Einmischungen und Besatzungen. Wenn das von der Regierung nicht sichergestellt wird, verteidigt das Volk sein Land.
3. Wenn die Regierung die Unabhängigkeit des Landes nicht verteidigen kann, wird eine provisorische Regierung gebildet.
4. Das Grundprinzip ist die Souveränität des nationalen Willens und die Machtergreifung der nationalen Kräfte.
5. Den Minoritäten räumen wir ihre natürlichen Rechte ein, geben ihnen aber keine Privilegien.
6. Mandate und Schutzregime lehnen wir strikt ab.
7. Das Parlament muß sofort zur Versammlung einberufen werden.

Mit der Wahl eines Ständigen Repräsentativen Komitees, zu dessen Vorsitzendem wiederum Mustafa Kemal ernannt wurde, endete am 7. August der Kongreß von Erzurum. Als Reaktion auf die »Rebellion« forderte der Großwesir die Verhaftung Mustafa Kemals, worauf dieser in seiner neuen Eigenschaft als Politiker zurücktelegraphierte: »Falls die Regierung ihren Widerstand gegen die nationale Bewegung, die legitim ist und vom Volk gestützt wird, aufgibt, muß sie ein Parlament garantieren, das für die Nation Sorge trägt und deren Willen ausführt.«[139] Ende Juli wurde bekannt, daß der Großwesir den Gouverneur von Erzincan beauftragt hatte, den Kongreß von Sivas mit Waffengewalt zu verhindern. Nachdem daraufhin Ali Galib und die von ihm befehligten kurdischen Freiwilligen durch nationale Truppen in die Berge vertrieben worden waren, geriet Damat Ferit, der bereits im

Der Nationalkongreß in Sivas, September 1919

Juni durch seinen devoten Auftritt auf der Friedenskonferenz in Sèvres sein Gesicht vor den türkischen Nationalen verloren hatte, vollends in den Ruf, den Sultan und das Land den Alliierten ausliefern zu wollen.

Noch während der Tagung des Nationalkongresses in Sivas, der vom 4. bis zum 13. Septemper stattfand, verfaßte Mustafa Kemal ein Telegramm an den Sultan, das von den Kommandanten aller Divisionen unterzeichnet wurde, die noch in Anatolien bereitstanden. Die wichtigsten Sätze lauteten: »Die Regierung hat es unternommen, das Blut der Muslims in einem Bruderkampf zu vergießen, indem sie einen Handstreich [durch Ali Galib] gegen den Kongreß [in Sivas] versuchte. Die Nation hat kein Vertrauen zu einer Zentralregierung, die derartige Verbrechen organisiert. Die Nation verlangt, daß gegen diese Verräter Maßnahmen ergriffen werden und eine neue Regierung aus ehrenhaften Männern gebildet wird.«[140] Der Sultan gab nach einer seiner Würde angemessenen Frist der Bedrohung aus Anatolien nach und ernannte am 2. Oktober den General Ali Riza Paşa zum neuen Großwesir, der seinerseits ein neues Kabinett berief. Damat Ferit tauchte 1920 nochmals für einige Monate aus der Versenkung auf und krönte seine unselige Amtsführung mit der Unterzeichnung des vernichtenden Friedensvertrags von Sèvres.

Der Nationalkongreß in Sivas bestätigte im wesentlichen den in Erzurum vorgezeichneten Nationalpakt über die Verteidigung der Landesinteressen und beschloß, Ali Riza die Wahl eines neuen Parlaments in Ankara abzuverlangen. In einem Gespräch, das Mustafa Kemal nach Beendigung der Sitzungen in Sivas mit einem Vertreter des Großwesirs über die Wahlprozeduren führte, mußte er widerstrebend die Konzession machen, das Parlament doch wieder in Instanbul zusammentreten zu lassen. Dafür versprach Ali Riza, die Wahl der Abgeordneten nicht zu beeinflussen, die Beschlüsse des Kongresses von Sivas zu billigen, falls sie von dem neuen Parlament angenommen würden, und Mustafa Kemal in seinen alten Offiziersrang zurückzuversetzen.

Am 7. November versammelten sich die im ganzen Land gewählten Abgeordneten in Istanbul, unter ihnen erstmals eine Gruppe von Nationalisten. Nur der Delegierte von Erzurum, Mustafa Kemal, blieb abwesend – die Gelegenheit, ihn auszuschalten, wäre für konservative Kreise oder den britischen Hochkommissar zu verlockend gewesen. Am 22. Dezember 1919 verließ er mit seinem Wagenkonvoi und im Bewußtsein, einen Zipfel der sich bildenden nationalen Macht ergriffen zu haben, als Vorsitzender des Repräsentativen Komitees Sivas in Richtung Ankara.

11

Die Gegenregierung in Ankara
(1920)

Als die kleine Autokarawane Mustafa Kemals am 27. Dezember 1919 die Hügel erreichte, die Ankara in einem weiten Kreis umgeben, herrschte klares Winterwetter. Die Ansammlung grau brauner Häuser, die auf die Entfernung fast noch mit den bleichen Farben ihrer Umgebung verschwamm, war ein Provinznest wie viele andere auf der in diesem westlichen Teil durchschnittlich 800 Meter über dem Meeresspiegel liegenden anatolischen Hochebene. Nur die auf einem Bergrükken sich erhebende byzantinische Festung zeugte sichtbar vom Alter dieser unscheinbaren Siedlung, deren Gründung sich in den vorchristlichen Jahrtausenden verlor und deren glänzendere Zeiten als römische und seldschukische Garnison ebenfalls seit langem vorüber waren.

Mustafa Kemal hatte dieses offenbar von sämtlichen Göttern, Geistern und osmanischen Beamten vergessene Ankara (auch Angora oder Engüriya) niemals zuvor gesehen. Er kannte aber die strategisch günstige Lage, die Schutz nicht nur vor den allmählich aus dem Südwesten sich nähernden griechischen Armeen bot, sondern auch vor schnellen militärischen Eingriffen der Regierung in Istanbul oder des Befehlshabers in Erzurum, Kâzım Karabekır, der mißtrauisch, vielleicht auch eifersüchtig, beobachtete, wie der Mann, dem er in den Sattel repräsentativer Macht geholfen hatte, sich anschickte, diese Macht für sich und seine Ziele gefügig zu machen. Innerhalb weniger Jahre sollte sich die damals 20000 betragende Einwohnerzahl der neuen Hauptstadt durch den Zustrom von Abgeordneten, Beamten, Militärs und Intellektuellen vervierfachen und bis 1990 fast die Viermillionengrenze erreichen.

Nachdem die Reisegesellschaft, die sich aus mehreren Mitgliedern des Nationalkomitees, dem Militärarzt Refik (Saydam), Hüsseyin Rauf und dem von Karabekır überlassenen Adjutanten Ali zusammensetzte, die Hügel hinter sich gelassen hatte und in das ausgedehnte Tal gelangte, näherte sich aus dem Ort General Ali Fuat Paşa, Kommandant des 20. Armeekorps, mit mehreren Offizieren, um Mustafa Kemal zu begrüßen. Der Jubel, mit dem der Held von Gallipoli und Vorsitzende des Nationalkomitees in den Straßen empfangen wurde, fand einen Tag später in einem Artikel der Lokalzeitung seinen lyrischen Ausdruck, ein Vorgeschmack auf die pathetischen Texte zur Verherrlichung Atatürks, die man selbst heute noch lesen kann: »Die das Licht des Tages spendende Sonne stieg aus der Morgendämmerung von Erzurum empor. Sich in vollem Glanz in Sivas erhebend, erleuchtet sie heute die ganze Nation. Überall öffnen sich Herzen und Seelen dieser neues Leben verheißenden Sonne. Sie hat das Land der Türken in eine strahlende Welt verwandelt.«[14]

Als Wohn- und Arbeitsquartier wurde Mustafa Kemal ein Gebäude der Landwirtschaftsschule zugewiesen, das mehrere Kilometer vom Stadtrand entfernt lag. Zu seiner unmittelbaren persönlichen Umgebung gehörten nach und nach Arif, der »Zwilling«, Doktor Refik (Saydam), der seine liebe Not mit dem erneut an Nierenschmerzen und Malariafieber leidenden Patienten hatte, Halide Edib, die mit ihrem Mann Adnan aus Istanbul gekommen war, um am nationalen Widerstand und am Aufbau eines demokratischen Staatswesens teilzunehmen, sowie Ismet (Inönü) und Refet (Bele), die engsten Ratgeber in offiziellen Angelegenheiten. Über ihre erste Begegnung mit Mustafa Kemal, der sie bei ihrer Ankunft mit dem Zug willkommen hieß, schrieb Halide Edib: »Eine Ansammlung von Menschen, die in den Schatten der hereinbrechenden Nacht düster wirkte, und eine schlanke graue Gestalt, die aus dem dämmerigen Zwielicht Angoras auftauchte, fielen mir zuerst auf. Die graue Gestalt näherte sich schnell dem Zug, nacheinander beide Handschuhe abstreifend. Die Konturen des Gesichts, über dem sich der eckige Kalpak abzeichnete, verschwammen in der zunehmenden Dunkelheit. Es war schwierig, die scharfen Linien der militärischen Silhouette Mustafa Kemals wiederzuerkennen, die ich auf der Straße an der Hohen Pforte gesehen hatte. Plötzlich wurde die Tür unseres Wagens geöffnet, und Mustafa Kemals Hand streckte sich mir entgegen, um mir beim Aussteigen behilflich zu sein. Bei den Lichtverhältnissen, die herrschten, konnte ich in diesem Augenblick nur diese Hand erkennen, die das Charakteristischste seiner physischen Erscheinung ist. Sie ist schmal und makellos geformt, mit zierlichen Fingern und einer glatten hellen Haut. Obwohl sie nicht eigentlich weiblich ist, würde man sie nicht für die Hand eines Mannes halten.«

Und eine Seite später schilderte Halide in ihren Erinnerungen, die sie

*Mustafa Kemal und
Halide Edib*

1928 in ihrem Londoner Exil nach der Verbannung durch Mustafa Kemal verfaßte, die zweite Begegnung mit dem Hoffnungsträger der Nation: »Die graue Gestalt trat ein, doch das Lampenlicht war nicht hell
genug, um sie genauer studieren zu können. Mustafa Kemal setzte sich
auf den Diwan und begann zu sprechen, aber dieses erste Zwiege-
spräch wäre enttäuschend gewesen, wenn ich es für möglich gehalten
hätte, ihn an einem einzigen Tag zu erfassen. Er besaß zwei Seiten wie
die Laterne eines Leuchtturms. Manchmal taucht der Lichtstrahl alles,
was man zu sehen hofft, in fast blendende Klarheit, manchmal irrt er
herum und verliert sich im Dunkeln. An diesem Abend herrschte das
Dunkel vor. Während ich ihm zuhörte, fühlte ich mich verwirrt, denn
er brachte nichts mit der erwarteten Deutlichkeit hervor, die ich bereits aus seinen Briefen und von seinen kurz und bündig getroffenen
Entscheidungen in dem oft und schnell sich wandelnden Panorama der
ersten Revolutionstage kannte. Als er aufbrach und mich fragte: ›Werden Sie morgen in die Landwirtschaftsschule kommen, um die Unter-

haltung fortzusetzen?‹ dachte ich bei mir: ›Dieser Mann befindet sich entweder in hoffnungslosen Schwierigkeiten oder er ist zu vielschichtig in seinem Wesen, um auf Anhieb verstanden zu werden.‹ Ich wünschte mir das letztere.«[142]

Die Schwierigkeiten, die Halide andeutete und deren Zeugin sie war, schienen in der Tat oft hoffnungslos und stellten Mustafa Kemal weiterhin vor Situationen, von deren Bewältigung das ganze nationale Unternehmen abhing. Nachdem das neue Parlament am 11. Januar 1920 in Istanbul eröffnet worden war und die Mehrheit der Abgeordneten den in Sivas beschlossenen Nationalpakt angenommen hatte, besaß das Nationalkomitee in Ankara praktisch keine Funktion mehr. Mustafa Kemal zögerte jedoch, dieses Gremium aufzulösen, ohne das er jeden Einfluß auf legitimer Basis verloren hätte. Er mißtraute dem Frieden zwischen Parlament, Regierung und Alliierten, denn welchen Vorteil sollten sich die den Sultan unterstüzenden Konservativen und die auf den Teilungsvertrag in Sèvres wartenden Hochkommissare von einem Abgeordnetenhaus versprechen, in dem eine große nationale Fraktion völlig entgegengesetzte Interessen vertrat? Selbst das dringliche Telegramm Kâzım Karabekırs aus Erzurum, alle weiteren Aufgaben dem Parlament zu überlassen, blieben wirkungslos gegenüber seiner festen Überzeugung, daß die Existenz der türkischen Nation bei den Delegierten in der Schlangengrube am Bosporus keineswegs sicher aufgehoben war.

Die Verstärkung der griechischen Invasionstruppen ab Mitte Februar, die nicht gerade den Beginn eines Entspannungskurses verhieß, brachte Mustafa Kemal die erste Bestätigung, daß er die Verhältnisse realistisch beurteilt hatte. Den endgültigen Beweis für die Richtigkeit seiner Befürchtungen lieferten ihm die Maßnahmen der Briten, die angesichts der konzilianteren Haltung der französischen und italienischen Regierungen in der türkischen Frage – die nationale Bewegung begann auch im Ausland Respekt und Anerkennung zu gewinnen – ihre in Sèvres und Istanbul verteidigten Machtinteressen durch die nationalen Abgeordneten zusätzlich gefährdet sahen. Vom 6. März an besetzte britisches Militär die Regierungsgebäude in Istanbul. Es folgte die Verhaftung von Parlamentariern der nationalen Fraktion, unter ihnen Hüsseyin Rauf, der wenig später mit seinen Kollegen nach Malta gebracht wurde. Ab 16. März 1920 stand die Hauptstadt unter Kriegsrecht.

Mehr denn je um seinen Thron und um den Fortbestand der osmanischen Dynastie bangend, ernannte der Sultan erneut Damat Ferit zum Großwesir, der am 11. April das Parlament auflösen ließ und einige der einflußreichsten islamischen Geistlichen dazu brachte, Mustafa Kemal und seine Anhänger für Abtrünnige des Glaubens und damit für vogelfrei zu erklären. Auf der Liste der auf diese Weise indirekt zum Tode Verurteilten standen bald auch die Namen von Ismet und Halide Edib. Die von dem inzwischen schwer erkrankten amerikanischen Präsidenten Wilson erhobene Forderung nach dem Selbstbestimmungsrecht der Völker war der Türkei durch die rigorose britische Besatzungspolitik, die das Beharren des Sultans auf der Rechtmäßigkeit seiner Minderheitsregierung als Alibi für ihr Vorgehen benutzte, vollends verweigert worden. In einem Interview, das Mustafa Kemal einem amerikanischen Journalisten gab, sagte er in bezug auf die Prinzipien des Präsidenten Wilson: »Warum werden diese Prinzipien nicht auf die Türkei angewandt? Warum räumt man der Türkei erst das Recht ein, ihr Schicksal selbst zu bestimmen, und warum beschränkt man jetzt dieses Recht auf die Minoritäten der Armenier und Griechen? Die Bedingungen des Vertrages [von Sèvres] werden ohne Achtung vor der Gerechtigkeit von den Großmächten vorbereitet.«[143]

Unter Berufung auf den Parlamentspräsidenten aus Istanbul, der die Auflösung des Hohen Hauses am 11. April als unrechtmäßig bezeichnete, erklärte Mustafa Kemal, daß seit diesem 11. April das in Sivas gewählte Nationalkomitee die einzige legitime Vertretung des Volkes sei. Als Vorsitzender des Komitees rief er daraufhin zu Wahlen für ein neues Parlament in Ankara auf. Bereits am 23. April konnte die Große Nationalversammlung in einem ehemaligen Schulgebäude mit 190 neu gewählten und knapp 100 aus Istanbul geflüchteten Abgeordneten eröffnet werden. Der erste Akt war die einstimmige Ernennung Mustafa Kemals zum Präsidenten. Die Eigenarten dieses Gründungsparlaments, das mit außerordentlichen Vollmachten ausgestattet war und am 20. Januar 1921 eine neue Verfassung verabschiedete, bestanden darin, daß es die legislative und exekutive Gewalt in sich vereinigte – die Trennung der Gewalten erfolgte erst im Jahre 1961! –, daß es die Mitglieder des Kabinetts, das eigentlich einer Parlamentskommission entsprach, wählte (in geheimer Abstimmung und mit Vorschlagsrecht des Präsidenten) und seinem Präsidenten zusätzlich den Vorsitz der Ministerrunde übertrug.

Paul Williams, Korrespondent der »Chicago Tribune«, schrieb am 3. Mai 1920 über die Eröffnung der Großen Nationalversammlung:

»Den heutigen Tag [den 23. April] könnte man als den 14. Juli der Türken [Erstürmung der Pariser Bastille am 14. Juli 1789] bezeichnen. Bereits der frühmorgendliche Gebetsruf des Muezzin schien einen besonderen Sinn zu enthalten. Etwas später saßen auf dem mit Teppichen bedeckten Boden der Hauptmoschee Generäle, junge Soldaten, muslimische Gelehrte und Menschen ohne besonderen Rang dicht nebeneinander. Der Hodja [geistlicher Lehrer] sprach heute nicht von religiösen Dingen, sondern von dem Ereignis des Tages. Nach dieser Gebetsstunde wurde die Nationalversammlung eröffnet. Die Abgeordneten, die den Schwur ›Entweder die Unabhängigkeit oder den Tod‹ ablegten, waren entschlossen zu kämpfen, bis Anatolien von ausländischen Truppen befreit oder der letzte Türke in dieser Erde begraben sei. Viele der Versammelten kamen aus schwer zugänglichen Gebirgslandschaften, und sie waren gewohnt, hart für ihren Lebensunterhalt zu arbeiten. An den Berghängen weideten zahllose Herden, und frisch grünende Saat überzog die Täler. Das genügte diesen anspruchslosen Menschen, die bereit sind, auch mit halbleerem Magen Äußerstes zu leisten. Auf den Straßen sah ich viele Männer, die Munition in ihren Gürteln und Waffen über ihren Schultern trugen. Sie alle glauben fest daran, daß sie von jetzt an die ganze Türkei beherrschen und ihre neue Regierung das Land retten wird. Die Abgeordneten saßen auf Schulbänken, die mit Messerschnitzereien übersät waren. Neben dem Rednerpult saß ein Hodja, der in seinen Händen einen Kasten mit der heiligen Schrift des Propheten hielt. Von diesem Rednerpult aus sagte Mustafa Kemal, der Vorsitzende, daß die alliierten Mächte die Prinzipien Wilsons nicht respektiert hätten und daher die nationale Widerstandsbewegung des Volkes als Reaktion entstanden sei.«

Trotz der erfolgreichen Konstituierung dieses ersten nationalen Parlaments, mit der theoretisch das Osmanische Reich endete und ein neuer türkischer Staat begann, wurde Mustafa Kemal mit weiteren Schwierigkeiten konfrontiert, die das soeben Erreichte zu zerstören drohten. Während der folgenden Monate der Auseinandersetzungen mit Abgeordneten und Aufständischen rauchte er mehr Zigaretten und trank mehr Kaffee als sonst, verzichtete jedoch weitgehend, wie auch später während der Befreiungskämpfe, auf seinen geliebten Rakı. Probleme bereiteten die orthodoxen Muslims unter den Abgeordneten, für die der Sultan und Kalif noch immer als Oberhaupt des Staates galt. Um sie nicht vor den Kopf zu stoßen und Unstimmigkeiten zu vermeiden, hatte Mustafa Kemal in seiner ersten Rede vor der Großen Nationalversammlung betont: »Nach der Befreiung des Landes nimmt der Sultan-Kalif die Stellung ein, die ihm vom Parlament übertragen wird.«[144] Diese Absichtserklärung, die bei den ersten Schritten auf dem Weg zur Republik als Tarnung notwendig war, genügte jedoch den klerikalen Konservativen nicht. Ihr Sprecher, ein angesehenes Mitglied des in Konya zur Zeit der Seldschuken gegründeten muslimischen Ordens der Tanzenden Derwische, forderte, daß der Sultan telegraphisch um sein Einverständnis mit der »provisorischen« Regierung in Ankara gebeten werden müsse.

Für Mustafa Kemal war diese Forderung so gut wie unannehmbar, denn er konnte unmöglich als Vertreter des neuen Nationalstaats das Oberhaupt der überholten Feudaldynastie um Erlaubnis bitten, zeitweilig gegen ihn zu regieren. Eine negative Antwort war im übrigen vorprogrammiert: Vahidettin hatte in aller Öffentlichkeit der Liste der zum Tode verurteilten Anführer der Nationalisten zugestimmt, an deren Spitze Mustafa Kemal stand. Andererseits mußte ein Übergehen der klerikalen Gruppe zu einer Spaltung des Parlaments führen, was zu diesem Zeitpunkt der materiellen und militärischen Schwäche einer Katastrophe gleichgekommen wäre.

Mustafa Kemal aber hatte, wie schon oft in seinem Leben, die »fortune«, die sich erfolgreichen Menschen so gern zugesellt. Diesmal trat das Glück in Gestalt des Anfang April auf Druck der Alliierten entlassenen Kriegsministers Fevzi Paşa auf, der, empört über das ihm von den Besatzern zugefügte Unrecht, kurz entschlossen nach Ankara gekommen war, um sich als Militär der nationalen Regierung zur Verfügung zu stellen. Mustafa Kemal, der den General Fevzi (Çakmak) 1910 anläßlich der Niederschlagung einer Revolte in Albanien kennengelernt hatte und seinen frommen Ruf kannte, benutzte diesen ihm vom Schicksal gesandten Mann, wie er es später mit vielen anderen tat, als Schachfigur. Er nahm ihn mit in das Parlament, geleitete ihn zum Rednerpult und bat ihn, den Abgeordneten über die Verhältnisse in Istanbul und im Palast zu berichten. Mit tragisch bewegter Miene und vibrierender Stimme schilderte Fevzi, wie er mißhandelt worden sei und wie herrisch sich die Briten in der Hauptstadt aufführten. Er schloß mit der Feststellung: »Der Sultan ist praktisch Gefangener der Besatzungsmächte und nicht mehr in der Lage, frei zu sprechen und sich frei zu bewegen.«[145] Schockiert und gerührt durch die Rede des Generals, dessen Glaubensgehorsam gegenüber dem Kalifen allgemein bekannt war, zog die muslimisch-orthodoxe Gruppe ihren Antrag zurück und verzichtete auf das Telegramm an den im Yıldız-Palast isolierten »Schatten Gottes auf Erden«. Am 25. Mai 1920 fügte der Sultan der Todeskandidatenliste auch den Namen Fevzi Paşa hinzu.

Noch gefährlicher für die Existenz des jungen Nationalstaats, dessen Territorium bis zum Friedensvertrag von Lausanne eine Schimäre blieb, waren die zahllosen Aufstände, die fast den Charakter eines Bürgerkriegs annahmen und auch in Istanbul erhebliche Unruhe verursachten. Die Ziele und Motive der Aufständischen zeugten von den vielfältigen Konflikten, denen sich die Türken damals ausgesetzt sahen. Einige Gruppen bekämpften aus nationalen Gründen den Sultan, aber auch die ihre Freiheit einengende autoritäre Regierung in Ankara, andere verteidigten die osmanische Dynastie, die ihnen noch immer Ruhm und Glanz bedeutete, andere wiederum wollten ihre Ungebundenheit als Guerilleros nicht gegen militärische Disziplin eintauschen, und auf der untersten Stufe der Skala standen jene, die nur danach trachteten, sich zu bereichern.

Zu den stärksten dieser für das Jahr 1920 auf etwa sechzig geschätzten »Privatarmeen« gehörte die sogenannte »Grüne Armee«, die von ehemaligen Mitgliedern des »Komitees für Einheit und Fortschritt« aufgestellt worden war, um den alten Traum von einem islamischen Großreich unter dem neuen Vorzeichen des seit 1917 in Rußland praktizierten Sozialismus zu verwirklichen. Ihr militärischer Befehlshaber, der Tscherkesse Etem, unterstützte anfangs die Nationalisten, bedrohte jedoch später Mustafa Kemal, als er in ihm nur noch einen Rivalen sah. Der ebenfalls aus dem Kaukasus stammende Tscherkesse Anzavur, der im Gebiet südlich des Marmarameers operierte, wo sich viele seiner Landsleute Mitte des 19. Jahrhunderts angesiedelt hatten, besaß seinerseits eine schlagkräftige Einheit, mit der er sowohl gegen Istanbul als auch gegen Ankara kämpfte.

Die Anhänger des Kommunismus bildeten unter den Aufständischen eine vor allem politisch ernstzunehmende Gruppe, denn sie organisierten sich zu einer Partei. Ihrem Vorsitzenden, Mustafa Suphi, der als Kriegsgefangener in einem Arbeitslager im Ural Kontakt zu intellektuellen Bolschewiki bekam und bereits im Juli 1918 in Moskau eine türkische kommunistische Partei gründete, war es nach seiner Rückkehr aus der Sowjetunion gelungen, auch die in der Türkei entstandenen sozialistischen Zellen – u. a. Arbeiter aus Istanbul und führende Mitglieder der »Grünen Armee« – an sich zu binden. Da die TKP mit den Nationalen das gemeinsame Ziel verfolgte, die »Imperialisten«

zu bekämpfen, wurde sie anfangs in Ankara geduldet, wohin Suphi mit Genehmigung der Großen Nationalversammlung vom 20. Dezember 1920 den Sitz des Zentralkomitees von Istanbul aus verlegte.[146]

Die zunehmenden Aktivitäten der Kommunisten, die sich prinzipiell gegen die den nationalen Widerstand finanziell unterstützenden »Bürgerlichen« richteten, veranlaßten schließlich die Regierung in Ankara, die einflußreichsten Mitglieder der TKP im Januar 1921 als Hochverräter vor Gericht zu stellen. Die drakonischen Strafen wurden jedoch wesentlich gemildert, um die sowjetische Regierung nicht zu verstimmen, die sich nach längeren Verhandlungen bereit erklärt hatte, den Unabhängigkeitskampf gegen die »Imperialisten« durch Waffenlieferungen zu fördern (ein entsprechender Vertrag wurde im März 1921 unterzeichnet).

Die Ermordung Mustafa Suphis und vierzehn seiner Genossen, die während ihrer von Ankara genehmigten Ausreise in die Sowjetunion im Schwarzmeerhafen Trabzon auf ein Motorboot gelockt und erstochen wurden – ihre Leichen warfen die Handlanger über Bord –, war ein Akt der regionalen Willkür, die zu dieser Zeit der Gruppenkämpfe in Anatolien herrschte. Noch vor dem allgemeinen Verbot von Parteien im Jahr 1924 – die von Mustafa Kemal gegründete Volkspartei sollte alle nationalen Kräfte für die Durchsetzung der Reformen vereinigen – sah sich die TKP bereits im Juli 1922 gezwungen, in den Untergrund zu gehen.

Die Maßnahmen, die von den Regierungen in Istanbul und in Ankara gegen die Bedrohung durch die »Privatarmeen« getroffen wurden, erhöhten noch die Gefahr eines Bürgerkriegs. Mit Unterstützung der Briten stellte der Sultan eine militärische Spezialeinheit auf, die unter dem volkstümlichen Namen »Kalifatsarmee« alle Aufstände in Anatolien bekämpfen sollte, die gegen die »Sultanstürkei« gerichtet waren oder autonome Ziele verfolgten. Indirekt galten diese offiziell als »Inspektionen« bezeichneten Feldzüge auch den Guerilleros und ehemaligen osmanischen Divisionen, die sich für die Seite der Nationalisten entschieden hatten. Die große Nationalversammlung wehrte sich ihrerseits gegen jede Art antinationaler Rebellen durch ein am 29. April 1920 verabschiedetes Gesetz, das Verrat an der Nation unter Strafe stellte, und, als dies wenig Wirkung zeigte, durch die Schaffung sogenannter »Unabhängiger Schnellgerichte«, die am Ort der Tat eingesetzt werden konnten – eine aus der Not geborene Lösung, die sich nach den Unabhängigkeitskämpfen als schwere Belastung für die junge Republik erwies.

Damat Ferit unterzeichnete in Sèvres den Friedensvertrag, 1920

Durch die erstmalige Bekanntgabe des Vertragsentwurfs von Sèvres am 22. Mai 1920 vor der Großen Nationalversammlung erhielt die nationale Widerstandsbewegung einen ungeheueren Auftrieb, denn selbst konservative Osmanen wurden in Anbetracht der Friedensbedingungen zu Partisanen Mustafa Kemals. Die Einheitsfront für eine »Verteidigung der Rechte«, die sich jetzt bildete, fand sich ideell vereinigt im sogenannten »Kemalismus«, dessen Grundlinien bereits der »Nationalpakt« verkündet hatte: nationale Unabhängigkeit, Integrität der Landesgrenzen (das osmanische Kernland zwischen Edirne in Thrakien und Kars in Nordost- und Iskenderun in Südostanatolien) und Volkssouveränität.

Der Vertrag von Sèvres, der am 10. August 1920 zur Empörung der Regierung in Ankara von Damat Ferit und Mitgliedern seines Kabinetts unterzeichnet wurde, legte im wesentlichen Folgendes fest: Abtrennung der ehemaligen arabischen Provinzen; Griechenland erhält Ostthrakien – einschließlich Edirne – bis zur Çatalca-Linie (40 Kilometer westlich von Istanbul) und die Hafenstadt Izmir mit Umgebung (endgültige Bestätigung durch eine Volksabstimmung nach fünf Jahren); Italien bekommt die Inseln des Dodekanes und Rhodos zugesprochen; Armenien wird als unabhängiger Staat anerkannt; die kurdischen Gebiete östlich des Euphrat können innerhalb eines Jahres auf Autonomie optieren; die Meerengen (Dardanellen und Bosporus) sind zu entmilitarisieren und kommen unter internationale Kontrolle; die Sonderrechte für Ausländer – die seit langem von den Sultanen gewährten »Kapitulationen« – bleiben bestehen; alliierte Kommissionen kontrollieren das Staatsbudget (mit Staat ist die Regierung in Istanbul gemeint), das heißt die Steuereinnahmen, die Zölle und das Finanzierungswesen (Hauptposten: Rückzahlung der alten osmanischen Schulden an europäische Banken).

Dem osmanischen Staat blieben die Hauptstadt Istanbul, das amputierte Anatolien – die französischen und italienischen Truppen waren allerdings bis Frühsommer 1920 durch nationale Einheiten weitgehend aus Südostanatolien vertrieben worden –, eine auf 50 000 Mann reduzierte Armee und der Verwaltungsapparat. Nachdem Damat Ferit und einige seiner Minister im August 1920 ihre Unterschrift unter diesen Vertrag gesetzt hatten, der für die Türkei ein politisches Todesurteil bedeutete, erklärte sie das Parlament in Ankara zu Verrätern. Mit Rücksicht auf seine Kalifenwürde blieb der Sultan von einer Anklage verschont.

Das Szenario, das sich im Lauf der zweiten Hälfte des Jahres 1920 um Mustafa Kemal und seine Regierung in Ankara aufbaute, war komplex und voller Unwägbarkeiten. Wie bereits erwähnt, nutzten einige »Privatarmeen« die Zeit der doppelten Regierung für widerstreitende Ziele, woraus die britische Regierung den Schluß zog, daß Mustafa Kemal nicht wirklich die Mehrheit der türkischen Bevölkerung auf seiner Seite habe und daher weder als neuer Regierungschef anerkannt noch als echte Gefahr für die praktische Umsetzung der Friedensbedingungen angesehen werden müsse. Da sich jedoch einige nationale Bewaffnete zur Wehr gesetzt hatten – gegen die Franzosen in Kilikien, gegen die in den Norden Westanatoliens vordringenden Griechen, gegen die Alliierten am Golf von Izmit und im Oktober, unter Kâzım Karabekır, gegen die Armenier (der am 2. Dezember 1920 in Leninakan zwischen Ankara und der Sowjetunion geschlossene Friedensvertrag gab die armenisch bewohnten Gebiete Ostanatoliens vorerst an die Türkei zurück, während die Gebiete um Eriwan der sowjetischen Völkergemeinschaft eingegliedert wurden) –, unterstützte der englische Premierminister Lloyd George die neuen griechischen Invasionspläne, um notfalls die Nationalisten mit Waffengewalt zur Anerkennung von Sèvres zwingen zu können.

Trotz zahlreicher Einwände britischer Parlamentarier sowie italienischer und französicher Kabinettsmitglieder, die auf eine Milderung der Friedensbedingungen drängten, verteidigte Lloyd George das Vorrücken griechischer Truppen, die Ende 1920 Bursa besetzten, die erste Hauptstadt der Osmanen. Abgerundet wurde dieses Szenario durch die Strafexpeditionen der »Kalifatsarmee«, aber auch durch die Zusicherung der Sowjetunion, den Nationalen Waffen zu liefern, was bis zu den Friedensverhandlungen in Lausanne zu der Vermutung führte, Mustafa Kemals Türkei sei ein Satellit der Bolschewiki. Der bedrohlichste Gegner blieb die britische Regierung, die unmißverständlich in einem Memorandum erklärte: »Wir ziehen uns nicht vor einem Banditen wie Mustafa Kemal aus Konstantinopel zurück, denn das würde unserem Ansehen im Osten einen empfindlichen Schlag versetzen.«[147]

Mustafa Kemals nervöse Verfassung äußerte sich im Schwanken zwischen tiefer Depression und Phasen konzentrierter Arbeit. Was ihn und seine Umgebung ständig beunruhigte war unter anderem der Mangel an bewaffneten Männern, die die weit vor der Stadt liegende Landwirtschaftsschule vor feindlichen Guerilleros hätten schützen können. Da das Armeekorps Ali Fuats weit entfernt im Westen sein Quartier hatte, stand dem Präsidenten und seinen Mitarbeitern zeitweilig nur eine knappe Hundertschaft Freiwilliger zur Verfügung, die in dem offenen Gelände leicht zu überwältigen gewesen wäre. Nachdem immer häufiger nachts die Telegraphenleitungen in die Stadt durchschnitten und eines Tages sogar die Wachhunde in der Nähe der Schule vergiftet aufgefunden wurden, entschloß sich Mustafa Kemal, ein kleineres Gebäude bei der Bahnstation zu beziehen, denn die Angstpsychose hatte einen solchen Grad erreicht, daß die Bewohner der Schule bei abendlicher Dämmerung die auf den Hügeln auftauchenden Schafherden für heranrückende Banditen hielten.

Das neue Quartier, das Mustafa Kemal diplomatisch als »Direktion« bezeichnete, erwies sich jedoch als zu beengt, um dort den gesamten Stab unterzubringen. In dieser Situation schenkte der Mufti (oberste geistliche Richter) von Ankara dem Präsidenten der Großen Nationalversammlung im Namen der Stadt ein Sommerhaus, das im Randbezirk Çankaya auf einem Hügel lag. Diese von einem weiten Garten umgebene ländliche Villa, neben der heute das moderne Palais des Präsidenten der Republik steht, ließ Mustafa Kemal vor seinem endgültigen Einzug mehrfach umbauen und nach seinem Geschmack einrichten. Noch im Jahr 1921 vermachte er die Villa der Armee, um sein Desinteresse an persönlichem Besitz zu demonstrieren.

Für den Haushalt sorgte, anfangs zwischen der »Direktion« und Çankaya wechselnd, die im Juni 1920 auf eigenen Wunsch aus Istanbul herbeigereiste zweiundzwanzigjährige Fikriye, die nicht länger auf die Gegenwart ihres angebeteten Helden und Cousins verzichten wollte. Da zur Umgebung Mustafas kaum Frauen gehörten – Halide Edib war verheiratet und wohnte außerdem mit ihrem Mann bei Freunden in einem Stadthaus –, hatte er das Angebot Fikriyes, ihm als First Lady, Wirtschafterin und Begleiterin zur Seite zu stehen, bereitwillig angenommen. Er überließ ihr, da er selber lieber motorisiert fuhr, Wagen und Pferde des Präsidenten, und schon bald nach ihrer Ankunft in Ankara gehörte Fikriye in ihrer offenen Kutsche zum gewohnten Bild der Stadt. Trotz Anzeichen von Tuberkulose, an der bereits ihre jüngere Schwester Julide gestorben war, machte sie ihre Ausfahrten auch bei schlechter Witterung. Halide Edib begegnete ihr an einem dieser kälteren Tage zum erstenmal, als sie selber gerade in die Stadt ritt (da es zu dieser Zeit nur wenig Automobile in Ankara gab, benutzten die couragierteren Frauen das Pferd als Transportmittel): »Als sich die Kutsche [des Präsidenten] mir näherte und fast schon mein Pferd berührte, sah ich nicht Mustafa Kemal Paşa darin sitzen, sondern eine junge Frau mit einem sehr hübschen Gesicht, obwohl es müde und verfroren wirkte – ihre Nasenspitze war fast blau, und ihre Lippen hatten kaum noch Farbe. Schwarz eingehüllt, kamen die zarten Linien ihres ovalen Gesichts besonders gut zur Geltung. Ihre Augen waren dunkelbraun, und ihre langen Wimpern bogen sich ausdrucksvoll nach oben.«[148] Als sie ihrem Mann, Doktor Adnan Adıvar, von ihrer Begegnung erzählte, äußerte er, der Fikriye bereits kannte, den Verdacht, daß die extrem blasse und tiefäugige Frau aus der Kutsche wahrscheinlich an Schwindsucht leide.

Ob auch Mustafa diesen Verdacht teilte und deshalb Fikriye nicht heiratete oder ob er dem Wunsch seiner Mutter nachgab, keine geschiedene und nicht mehr unberührte Frau zu ehelichen, ist sein Geheimnis geblieben. Der Frauenheld, zu dem ihn Biographen und Legenden gern machen, war er sicher nicht, aber selbst ein gewisses Maß an privatem Glück blieb ihm aufgrund der selbst gestellten Anforderungen verwehrt, und seit seiner Erhebung an die Spitze der nationalen Bewegung, die ihn als militärischen Befehlshaber, Staatsmann, Diplomat und Reformer gleichermaßen forderte, galt dies um so mehr.

12

Die erste Phase des Befreiungskriegs (1921)

Das Jahr 1921 begann für Mustafa Kemal mit einer Farce, die fast zu einer Tragödie hätte werden können. Der Tscherkesse Etem, der mit seiner Privatarmee kreuz und quer durch Anatolien gezogen war, kämpfte angeblich für den nationalen Widerstand, entpuppte sich jedoch mit zunehmendem Erfolg, den ihm der Zulauf vagabundierender Männer bescherte, als eine Art »Warlord«. Als die Nationalregierung seit Herbst 1920 verstärkt Anstrengungen unternahm, die irregulären Waffeneinheiten durch eine organisierte Armee zu ersetzen und mit den restlichen osmanischen Divisionen Ali Fuats und Kâzım Karabekırs zu einer Streitmacht zu verbinden, verweigerte Etem die Umwandlung seiner bewaffneten Anhänger in nationale Truppen. Um sich seines eigenen Einflusses zu versichern, versuchte er seinen erklärten Rivalen Mustafa Kemal zu desavouieren, indem er verbreitete, dieser habe durch die kürzliche Versetzung des Kommandanten der 20. Division, Ali Fuat, auf den Posten des Botschafters in Moskau (die Sowjetunion hatte Ankara als rechtmäßige Regierung anerkannt) deutlich gemacht, selber Oberbefehlshaber werden zu wollen, um schon bald als Diktator zu herrschen. Diese Unterstellung war zu einem Zeitpunkt der Kräftesammlung gegen die griechische Invasionsarmee besonders hinterhältig, denn sie traf auf bereitwillige Zuhörer unter den konservativen Abgeordneten, die für den Austausch ihres Präsidenten durch einen wahrhaft frommen Muslim sogar eine Spaltung der Nationalversammlung und damit eine gefährliche Schwächung gegenüber den feindlichen Truppen in Kauf genommen hätten.

An einem der ersten Januartage erschien Etem plötzlich mit starker Bewachung vor dem Gebäude der »Direktion«. Mustafa, der gerade im Bett lag, um einen Malariaanfall auszukurieren, sah überrascht auf, als der Tscherkesse, den er bereits mehrfach wegen Verrats hätte verhaften lassen müssen, persönlich in sein Zimmer trat und, allem Anschein nach, nicht ganz bei sich war. Trotz seines fiebrigen Zustands reagierte Mustafa kaltblütig und schnell. Er griff unter sein Kopfkissen, zog seinen Revolver hervor und richtete die Waffe auf den vermutlichen Attentäter. Etem mimte von einer Sekunde auf die andere den Erstaunten, gab sich traurig und beteuerte, er habe nur vorbeischauen wollen, um dem Kranken gute Genesung zu wünschen und ihm zu versichern, daß er ihn gegen die Griechen unterstützen werde. Da die »Direktion« nur durch wenige Freiwillige bewacht war, blieb Mustafa nichts anderes übrig, als den Tscherkessen davonziehen zu lassen, der sich wenige Tage später, als die Schlacht bei İnönü entbrannte, mit seinen beiden Brüdern und seinen Männern auf die Seite des Feindes schlug. Nach Beendigung der Befreiungskämpfe flüchtete Etem außer Landes. Mustafa Kemal zog aus dem Überfall die seit langem von seiner Umgebung erwartete Konsequenz und umgab sich mit einer starken und in Sold stehenden Leibgarde. Er ließ sie aus dem an der östlichen Schwarzmeerküste lebenden Volksstamm der Lazen rekrutieren, und nicht ohne Stolz hörte er später seine Besucher die besondere Schönheit dieser schlanken und dunkelhäutigen Männer loben, deren schwarze Trachten und schwarze, eng gewickelte Turbane ihrer auffälligen Erscheinung noch eine besondere Note verliehen.

Da die griechischen Truppen von Oktober 1920 bis Januar 1921 in weiten Etappen bis nach Bursa und bis dicht vor Kütahya, eine für ihre Kachelmanufakturen berühmte, knapp neunzig Kilometer südlich vom Eisenbahnknotenpunkt Eskişehir liegende Stadt, vorgedrungen waren, entschloß sich die Regierung in Ankara, trotz ihrer beschränkten Möglichkeiten – es fehlte an Munition und genügend ausgebildeten Rekruten – eine Gegenoffensive zu wagen. İsmet Paşa, dem der Befehlsposten Ali Fuats übertragen worden war, stellte westlich von Eskişehir sowie bei Refet (Bele) südlich von Eskişehir je eine Angriffslinie auf. Für den Fall einer Niederlage war geplant, Regierung und Parlament nach Sivas zu verlegen. Zwischem dem 6. und 10. Januar fand die Erste Schlacht bei İnönü statt, benannt nach einer kleinen Ortschaft südwestlich von Eskişehir. Der Sieg, den die Türken errangen, war im wesentlichen General İsmet zu verdanken, der sich als erfahrener Stratege erwies und dem es gelang, die unterschiedlichsten Verbände, die noch nicht in die nationalen Regierungstruppen eingegliedert waren, für das gemeinsame Ziel zu mobilisieren und zusammenzuhalten. Der Verlust an Material und die Erschöpfung der am Leben gebliebenen Soldaten waren jedoch so groß, daß İsmet auf die Verfolgung der sich nach Bursa zurückziehenden griechischen Truppen verzichten mußte.

Nach diesem ersten, erfolgreichen Schlag gegen die griechischen Invasoren atmete man in Ankara erleichtert auf. Für Freudenausbrüche gab es allerdings keinen Anlaß, denn noch besaß die gegnerische Armee die Übermacht, und es konnte nicht lange dauern, bis sie einen neuen Vorstoß unternahm. Die Alliierten reagierten auf die Erste Schlacht von Inönü mit erstaunlichen diplomatischen Aktivitäten, deren Höhepunkt eine Konferenz in London mit Vertretern der griechischen und türkischen Regierung und der »Rebellen« aus Ankara war. Man wollte noch einmal über den Vertrag von Sèvres diskutieren, wobei die Franzosen und Italiener unter Diskutieren ein Abmildern und die Engländer ein mit anderen Worten wiederholtes Diktieren der Friedensbedingungen verstanden.

Erwartungsgemäß brachten die Londoner Gespräche über die »Östliche Frage«, die vom 23. Februar bis zum 12. März geführt wurden, keine befriedigende Lösung. So blieb fast alles beim alten: Die britische Regierung unterstützte weiterhin die griechische Invasionspolitik, hielt jedoch mit Rücksicht auf die konzilianteren Partner in Rom und Paris ihre materielle Hilfe begrenzt. Der griechische Delegierte, der verstärkten Rückhalt für sein Land gefordert hatte, äußerte nach der Konferenz: »Die griechische Regierung kann nicht für sich in Anspruch nehmen, einen diplomatischen Triumph in London errungen zu haben.«[49] Nur Mustafa Kemal hatte auf diplomatischer Ebene einen Erfolg verbuchen können: Durch Duldung der Nationalisten auf der Londoner Konferenz erkannten die Alliierten ihn erstmals gemeinsam als den tatsächlichen Machthaber der Türkei an.

Mit großem Gefolge begrüßte Mustafa Kemal auf dem Bahnhof von Ankara die aus England zurückkehrende Delegation. Einer der beteiligten Diplomaten schrieb über diesen Empfang: »Es war ein strahlendes Wetter, und das Lächeln des asiatischen Frühlings verzauberte die Natur und hüllte alles in glitzerndes Licht. Sobald der Zug zum Stillstand gekommen war, näherte sich unserem Wagen der Präsident, dieser von klarem Verstand geleitete Mann, der seit zweieinhalb Jahren unser Schicksal in seinen Händen hielt. Mustafa Kemal, von mittlerer Statur, schlank und blond, besitzt ein Paar durchdringend und forschend blickender hellblauer Augen und eine hohe Stirn, meist überragt von einem breit geformten großen schwarzen Kalpak. Er trug einen unauffällig eleganten, dunkelgrauen Anzug, dazu Handschuhe in gleicher Farbe und einen Rohrstock. Mit festen Schritten kam er auf uns zu und hielt eine freundschaftliche Ansprache, worauf unser Delegationsleiter sich verbeugte und ihn, in den alle ihre Hoffnungen setzten, herzlich umarmte. Das Zeremoniell dauerte nur wenige Minuten.

Anschließend ging die ganze Gesellschaft hinüber zur Villa des Großen Chefs. Als Mustafa Kemal Pascha das Haus betrat, präsentierte seine bewundernswerte Garde die Waffen. Diese Lazen waren großartige Burschen mit dunklem Teint, kräftigen Armen und von tadelloser Disziplin. Ihre gut sitzende Kleidung aus schwarzem Wollstoff, die von einem mattglänzenden Silbergürtel gehalten wurde, betonte noch ihre schlanken Körper. Ihre wilden, stolzen Gesichter lagen im Schatten ihrer unvergleichlichen schwarzen Turbane, von deren golddurchwirkten Rändern ein schmales, reich besticktes Band herabhing.

Der Große Chef stieg hinauf in die erste Etage, wo sich das Empfangszimmer befand. Alles dort verriet den nationalen Geist. Die Möbel, die Teppiche, die Vorhänge und selbst die kleinsten Gegenstände und Zierobjekte waren von diesem Geist geprägt: handwerkliche Arbeiten des Landes, die während der Jahre der Gefahren in Anatolien angefertigt und zur Erinnerung überreicht worden waren.«[150]

Bereits einige Wochen zuvor, am 20. Januar 1921, hatte ein ebenso wichtiges innenpolitisches Ereignis stattgefunden: Die Große Nationalversammlung hatte die neue Verfassung verabschiedet. Sie folgte weitgehend der Verfassung von 1909, ausgenommen die Gesetze, die die Machtverteilung betrafen. Angesichts der provisorischen Phase, in der sich der Nationalstaat befand, und unter Berücksichtigung des Sultan-Kalifen als nominellem Staatsoberhaupt, waren dem Parlament mehr Befugnisse zugefallen, als man erwarten konnte. Es kontrollierte nicht nur die Minister und den als Regierungschef fungierenden Parlamentspräsidenten, sondern auch die Provinzgouverneure, die ihrerseits mehr Rechte als zur Zeit der Sultansherrschaft eingeräumt bekamen. Neu waren außerdem die Verankerung des Nationalpakts und das Strafgesetz für Verräter an der nationalen Bewegung.

Bedroht durch die Besetzung der wichtigsten Teile des Landes und durch die aggressive griechische Politik, schlossen sich die Abgeordneten, trotz unterschiedlicher Interessen, während der Zeit des nationalen Widerstands zusammen. Dennoch stießen Entscheidungen wie zum Beispiel die Sondervollmachten Mustafa Kemals im Verlauf der Befreiungskriege immer auch auf Opposition und wurden hart diskutiert. Die größten einheitlichen Gruppen waren mit 40 Prozent der Sitze Staatsbeamte aus dem zivilen und militärischen Bereich, mit je

20 Prozent Berufspolitiker und wohlhabende Kaufleute und Landbesitzer und mit 17 Prozent einflußreiche muslimische Führer. Ein türkischer Beobachter schrieb über dieses Interessengeflecht: »Da gab es die Konflikte zwischen Laizismus und religiösen Empfindungen, zwischen Radikalen und Reaktionären, zwischen Republikanern und Monarchisten und zwischen Anhängern eines Reichs der turksprachigen Völker und eines Reichs der osmanischen Völker. Da standen sich gegenüber die Verteidiger einer Einheit aller Türken und die Verteidiger einer Einheit aller Muslims. Und diese Gruppen, von denen jede ihren eigenen Rahmen forderte, saßen im Parlament zusammen, wo sie sich tagtäglich befehdeten und wechselnd als Sieger hervorgingen.«[151]

Ein deutscher Ingenieur, der sich in jenen Jahren in der Türkei aufhielt, schrieb über die Nationalversammlung: »Seit die Türkei parlamentarische Einrichtungen besitzt, hat man gelegentlich von Kinderkrankheiten ihres Parlamentarismus gesprochen. Einen solchen Eindruck empfängt aber kaum, wer in dem heutigen Abgeordnetenhaus, das sich laufend gerade auch mit brennenden Tagesfragen beschäftigt, einer Sitzung beiwohnt. Unter den Männern, die zum Teil in der Stunde höchster Not aus den einzelnen Landschaften in dieses Parlament entsandt wurden und von denen so mancher auch Vergewaltigungen und Kränkungen durch die Entente [Alliierten] erlitten hat, sieht und hört man sehr viele, die den Eindruck von Persönlichkeiten großen Wurfes machen.«[152]

Am 16. März 1921 wurde in Moskau der Freundschaftsvertrag zwischen der russischen Sowjetregierung und Ankara von den jeweiligen Außenministern unterzeichnet. Die wichtigsten Zugeständnisse gegenüber den türkischen Nationalisten waren die Anerkennung ihrer Regierung, die Zustimmung zur türkischen Souveränität über die Meerengen und über die von den Armeniern beanspruchten Gebiete in Ostanatolien, die Ablehnung der Friedensbedingungen von Sèvres, die Annullierung sämtlicher mit dem Zaren geschlossener Verträge und, für den Moment besonders wertvoll, die Bewilligung von Waffenlieferungen und einem Hilfsfonds über zehn Millionen Goldrubel (6,5 Millionen Goldrubel wurden noch im selben Jahr zur Verfügung gestellt). Der Volkskommissar für Auswärtige Angelegenheiten, Georgi Wassiljewitsch Tschitscherin, den Lenin während der Moskauer Konferenz jeden Abend telefonisch fragte, was sich am Tage ereignet habe[153], erläuterte am 9. Januar 1922: »Unsere Politik gegenüber den Ländern des Ostens zielt auf eine selbständige ökonomische und politische Entwicklung der Völker des Ostens und wird sie dabei in jeder Weise unterstützen.«[154]

Von Ende November 1921 bis Mitte Januar 1922 besuchte General Michail Wassiljewitsch Frunse die Ankara-Türkei und unterzeichnete einen Freundschaftsvertrag zwischen der ukrainischen Sowjetrepublik und der Nationalregierung, um den Vertrag von Moskau zu zementieren. Vor seiner Abreise aus Moskau sagte Tschitscherin zu Frunse: »Für uns ist die Freundschaft mit der Türkei Mustafa Kemal Paschas nicht konjunkturbedingt, sondern eine prinzipielle Linie.«[155] Nach Abschluß des Moskauer Vertrags erklärte der nationale Ministerrat unter Vorsitz Mustafa Kemals, daß die politische Annäherung an Rußland auf keinen Fall eine Annäherung beider Staatssysteme bedeuten dürfe. Für die türkische Außenpolitik wurde daher der bis heute geltende Grundsatz aufgestellt, Rußland nicht zu provozieren und die eigene Unabhängigkeit zu wahren.[156]

Die reale Hilfe der Sowjets versetzte die türkische Nationalregierung in die Lage, dem nächsten Aufmarsch der griechischen Truppen in Richtung Eskişehir mit besser ausgerüsteten Soldaten Widerstand zu leisten. Abermals kam es am 27. März 1921 bei dem Dorf Inönü zu einer entscheidenden Schlacht, und abermals siegten die Türken unter dem direkten Befehl von Ismet Paşa, der in Erinnerung an diese beiden Siege 1934 den Familiennamen Inönü annahm. Refet (Bele), der im südlichen Abschnitt der Kampflinie weniger Glück hatte, wurde nach der Schlacht gleichwohl der Ministerposten für Verteidigung übertragen, während der bisherige Verteidigungsminister Fevzi (Çakmak) den Oberbefehl des Generalstabs der nationalen Armee übernahm. Am 1. April telegraphierte Ismet an Fevzi: »Morgens, 6 Uhr 05. Die Lage, die ich vor mir sehe: nach dem Gegenangriff unseres rechten Flügels ziehen sich die feindlichen Truppen unregelmäßig zurück. Die Stadt Bozüyük [westlich von Inönü] brennt. Das Schlachtfeld ist mit Tausenden von Toten bedeckt.« Die Antwort, die Mustafa Kemal drahtete, lautete: »In der Geschichte gab es nur selten Persönlichkeiten, die eine so schwere Verantwortung getragen haben wie Sie bei Inönü. Die ganze Zukunft unseres Volkes lag in Ihrer Hand. Sie haben nicht nur den Feind, sondern auch das unglückliche Schicksal unseres Volkes besiegt. Die feindliche Invasionsgier zerschellte an Ihrem Siegeswillen. Ihr Name wurde in das Ehrenbuch der Geschichte eingeschrieben.«[157]

Nach einer dreimonatigen Pause griffen die griechischen Truppen erneut im Gebiet von Eskişehir an, diesmal unter dem Kommando

König Konstantins, der persönlich nach Anatolien gekommen war. Da die Invasionsarmee mit erheblicher Verstärkung auftrat, um der Regierung in Ankara endgültig den Garaus zu machen, befanden sich die türkischen Streitkräfte in einer äußerst schwierigen Lage. Die Unterstützung aus Rußland reichte bei weitem nicht aus, um sofort einen Gegenschlag zu riskieren, und für die eigene Waffenproduktion benötigte man noch erheblich mehr Zeit: In den notdürftig ausgestatteten Munitionsfabriken arbeiteten Tag und Nacht Männer und Frauen jeden Alters, und aus Mangel an Güterzügen transportierten auch Ochsenkarren, Kamele, Traktoren und Maultiere die an der Front benötigten Waffen und Soldaten quer durch das gebirgige Land.

In diese prekäre Situation griff Mustafa Kemal mit einer Entscheidung ein, die einen ungeheuren Aufruhr in der Nationalversammlung und einen erheblichen Schock unter der Bevölkerung auslöste. Er ließ die Bewohner der Stadt Eskişehir – dem nächsten Ziel eines griechischen Angriffs – zusammen mit sämtlichen Truppen aus dem Westen hinter das Ostufer des Sakarya evakuieren, eines Flusses, der etwa hundert Kilometer westlich von Ankara bei Polatlı in südwestlicher Richtung verläuft (und nach zweimaligem Richtungswechsel bei Karasu ins Schwarze Meer mündet). Viele Abgeordente, unterstützt von Kâzım Karabekır, sahen in dieser eigenmächtigen Entscheidung ihres Präsidenten den Versuch, sich mit Hilfe des Militärs zum Diktator zu machen, und in der Bevölkerung verbreitete sich das Schreckensgerücht, die Griechen seien im Vormarsch auf Ankara, und die türkische Nationalarmee befinde sich auf dem Rückzug nach Ostanatolien. Die panische Stimmung war das Ergebnis der griechischen Massaker und Brandschatzungen in den muslimischen Dörfern im Südwesten Anatoliens, von denen zahlreiche Flüchtlinge berichtet hatten.

Die unpopuläre Evakuierungsmaßnahme erklärte Mustafa Kemal in seiner Großen Rede von 1927 folgendermaßen: »Wenn der Feind uns verfolgt, ohne haltzumachen, wird er sich von seiner Operationsbasis entfernen und genötigt sein, neue Etappenlinien zu organisieren. Auf jeden Fall wird er sich zahlreichen Schwierigkeiten gegenübersehen, mit denen er nicht rechnen konnte. Unsere Armee wird sich unterdessen sammeln und dem Feind unter günstigeren Bedingungen entgegentreten. Der größte Nachteil einer derartigen Taktik ist die moralische Erschütterung, die die Tatsache hervorruft, daß dem Feind ein großes Gebiet und so wichtige Plätze wie Eskişehir überlassen sind. Aber diese Nachteile werden infolge der glücklichen Ergebnisse, auf die wir

Mustafa Kemal als Oberbefehlshaber der nationalen Truppen

zählen, von selbst verschwinden. Führen wir also ohne Zögern durch, was die Notwendigkeit der Kriegskunst uns gebietet.«[158]

Während der heftigen Debatten im Parlament bildete sich allmählich eine Mehrheit, die Mustafa Kemal beauftragen wollte, den von ihm eingeleiteten Feldzug auch zu Ende zu führen, wobei einige hofften, er werde durch eine militärische Niederlage von der Bildfläche verschwinden. Da er jedoch absolute Vollmachten verlangte, entbrannte die Debatte abermals. Am 6. August 1921 übertrug ihm schließlich die Nationalversammlung nach namentlicher Abstimmung einmütig das Oberkommando und ermächtigte ihn für drei Monate – diese Frist wurde mehrmals verlängert –, Befehle mit Gesetzeskraft zu erlassen. Die Voraussetzungen für eine Diktatur waren geschaffen, aber zwei hervorragende Fähigkeiten Mustafa Kemals, das Machbare nicht aus den Augen zu verlieren und sich selbst Beschränkungen aufzuerlegen, verhinderten den Mißbrauch dieser Sondervollmachten. Nach der Abstimmung richtete er an die Abgeordneten die Worte: »Meine Herren! Mein Vertrauen und meine Überzeugung, daß wir imstande sind, die Feinde, die unsere unglückliche Nation unterjochen wollen, endgültig zu besiegen, sind nicht einen einzigen Augenblick erschüttert worden. Diesen festen Glauben verkünde ich hier und jetzt im Angesicht Ihrer Hohen Versammlung, im Angesicht der Nation, im Angesicht der ganzen Welt.«[159]

Am nächsten Tag gab Mustafa Kemal den Befehl, daß jeder Haushalt Wäsche und jeder Textilhändler alle verfügbaren Stoffe für die Ausstattung der Soldaten abzugeben habe. Ebenso ließ er Nahrungs- und Transportmittel für die Armee konfiszieren. Während einer Geländebesichtigung bei Polatlı, wo er und Fevzi ab 12. August ihre Hauptquartiere aufschlugen, scheute sein Pferd, als er sich eine Zigarette anzündete, und warf ihn zu Boden. Die Folge war eine gebrochene Rippe. Er ließ sich in Ankara einen Verband anlegen und kehrte trotz Warnung seines Arztes, Refik (Saydam), er könne seiner Gesundheit schweren Schaden zufügen, binnen vierundzwanzig Stunden nach Polatlı zurück. Wie in Gallipoli, wo er von einem Geschoß an der linken Brustseite getroffen worden war, wollte er nicht die Frontlinie verlassen, solange er die Kraft besaß, seine Befehle persönlich zu überprüfen und notfalls umgehend zu korrigieren.

Die Kampfhandlungen am Sakarya-Fluß begannen mit einem Angriff der griechischen Truppen am 23. August 1921 auf einer Frontlänge von etwa hundert Kilometern und einer Breite von etwa zwanzig Kilometern. Als persönlicher Adjutant stand Arif, der »Zwilling«, neben Mustafa Kemal, und Halide Edib war im Rang eines Feldwebels für Hilfsdienste eingesetzt. Ihre pazifistische Einstellung verteidigte die Schriftstellerin kompromißlos. Als ein Abgeordneter in Ankara zu ihr sagte: »Mustafa Kemal Pascha bedauert Ihr schwaches Herz, das zu keiner Gewalttat fähig ist«, antwortete sie: »Was der Pascha Schwachheit nennt, ist meine größte Stärke. Wenn die Welt allgemein zu Gewalttaten neigt, muß man sie nicht noch dazu ermutigen – allein gegen sie zu stehen, ist Stärke.«[160]

Am 13. September zog sich die griechische Armee vorerst wieder zurück. Mustafa Kemals Taktik, nicht in den Stellungskrieg zu gehen, sondern eine ganze Fläche zu verteidigen – man sprach von einer Neuheit in der Kriegsstrategie –, hatte die Gegner zermürbt. Mustafa Kemal: »Es gibt keine Verteidigungslinie, es gibt eine Verteidigungsfläche. Und diese Fläche ist das ganze Vaterland. Keine Handbreit von diesem Vaterlandsboden darf verlassen werden, bevor er nicht von Blut benetzt ist.«[161] Trotz mehrerer Tausend Opfern auf beiden Seiten gaben König Konstantin und seine Regierung noch immer nicht auf,

fanatisch angetrieben durch den Traum der »megalo idea«, der Neube-
lebung des antiken griechischen Reichs. Ihr Rückzug diente abermals
nur einer Aufrüstung und Verstärkung der dezimierten Truppen. Die
britische Regierung lobte diese »Standfestigkeit«, hielt sich aber mit
Hilfslieferungen zurück, denn der Sieg der türkischen Nationalisten
am Sakarya legte den Schluß nahe, daß der Staat von Ankara, der so
vehement seine Existenz und Unabhängigkeit verteidigte, bald nicht
mehr übergangen werden könne. Ein Sondierungsgespräch zwischen
einem Regierungsvertreter aus London und Refet (Bele) im September
1921 in Inebolu an der Schwarzmeerküste brachte jedoch außer einer
Beschleunigung des Austauschs von Kriegsgefangenen keine wesentliche Positionsveränderung der britischen Regierung. Noch gab es die
Chance, Mustafa Kemal mit Hilfe der Griechen in die Knie zu zwingen
und die Strafmaßnahmen gegen die Türkei vielleicht doch in aller
Härte durchzuführen.

Der Jubel, der nach dem dritten Sieg der nationalen Armee in Ankara ausbrach, war gewaltig. Die Große Nationalversammlung verlieh
Mustafa Kemal den Titel eines Ghazi, der früher nur dem Sultan zustand, wenn dieser über ein Heer der Ungläubigen triumphiert hatte,
und ernannte ihn zum Feldmarschall. Sein ehemaliger Offiziersrang
als Generaloberst, der ihm trotz gegenteiliger Versprechungen von der
osmanischen Regierung nicht zurückgegeben worden war, stand jetzt
im Schatten dieser höchsten militärischen Auszeichnungen, die ihm
wieder gestatteten, Uniform zu tragen. Während der Sakarya-Schlacht
hatte man ihn nur in feldgrauer ziviler Kleidung gesehen, allerdings
nicht ohne den gewohnten Kalpak, der einzigen Erinnerung an seine
militärische Karriere.

Der Wille zu Unabhängigkeit und Freiheit, den die nationale Türkei
am Sakarya unter Beweis stellte, bewog Frankreich als erstes westliches Land, die Regierung in Ankara anzuerkennen. Der französische
Diplomat Henri Franklin-Bouillon, der bereits Anfang des Jahres auf
der Londoner Konferenz mit der nationalen türkischen Delegation
Kontakt aufgenommen hatte, hielt sich mehrere Wochen lang in Ankara auf. In einem ihrer zahlreichen Gespräche unter vier Augen sagte
Mustafa Kemal zu ihm: »Aus dem alten Osmanischen Reich ist ein
neuer Staat entstanden, den man anerkennen muß. Der Vertrag von
Sèvres ist ein so verhängnisvolles Todesurteil für die türkische Nation,
daß wir erwarten, diesen Namen nicht aus dem Mund eines Freundes
zu hören. Es ist nicht möglich, daß Europa nichts von unserem Natio-

nalpakt weiß, es muß von dieser Willenskundgebung erfahren haben. Es ist nicht möglich, daß Europa und die ganze Welt, die beobachten, wie wir Jahr um Jahr unser Blut vergießen, nicht über die Ursachen nachdenken, die diese furchtbaren Kämpfe hervorgerufen haben.«[162]

Die Freundschaft, die sich zwischen Mustafa Kemal und Franklin-Bouillon entwickelte – Mustafa: »Ich glaube, daß wir schließlich dazu kamen, uns gegenseitig so, wie wir wirklich waren, in unseren Gedanken, Gefühlen und Charakteren kennenzulernen«[163] –, hielt auch nach Abschluß der Verhandlungen an. Mustafa: »In der Folge kam Herr Franklin-Bouillon noch mehrmals in die Türkei und suchte jedesmal Gelegenheit, den freundschaftlichen Gefühlen Ausdruck zu geben, die sich zwischen uns in Ankara seit den ersten Tagen hergestellt hatten.«[164] Das Abkommen zwischen Paris und Ankara, das am 20. Oktober 1921 unterzeichnet wurde, enthielt außer der Anerkennung der nationalen Regierung und des Nationalpakts die französische Garantie, die Gebiete von Adana, Urfa und Maraş zu räumen und der neuen Türkei zu überlassen. Dadurch wurde es möglich, die türkischen nationalen Truppen aus dem Südosten Anatoliens abzuziehen und an die Sakarya-Front zu verlegen. Eine wertvolle Zugabe bildeten die Waffen und die Munition der nach Frankreich zurückkehrenden Soldaten. Die Briten protestierten gegen diesen französischen Alleingang, machten aber schließlich selbst das Angebot, Teile der alliierten Truppen aus der Türkei abzuziehen und neue Friedensverhandlungen zu beginnen. Mustafa Kemal erklärte dieses Angebot jedoch für nicht annehmbar. Er forderte als Bedingung für Neuverhandlungen den Rückzug sämtlicher ausländischer Soldaten. Lord Curzon, der britische Außenminister, winkte indigniert ab. Der Ausgang des Ringens um eine nationale Türkei blieb in den Händen König Konstantins und seiner Generäle.

Im Lauf der letzten Monate des Jahres 1921 trafen in Ankara nicht nur Hüsseyin Rauf und Ali Fethi ein, deren Haftzeit auf Malta beendet war, sondern auch Zübeyde, die Mustafa aus Istanbul abholen ließ – seit Sakarya und dem Abkommen mit Paris konnte er sich eine solche Kühnheit erlauben. Zübeyde wohnte in einem eigenen Haus neben der Präsidentenvilla in Çankaya. Fikriye litt jetzt doppelt, denn zwischen ihr und ihrem Helden stand nicht nur ihre zunehmende Schwäche, die sie jeden Abend mit einem Glas warmer Milch zu kurieren versuchte, sondern auch die Mutter ihres Helden, die zusammen mit ihrem Hausmädchen aus Istanbul die Herrschaft über Çankaya übernehmen wollte. Da jedoch Mutter und Sohn, nach Beobachtung eines Besuchers, wie zwei befreundete Großmächte nebeneinander lebten, wobei jeder den anderen respektierte, aber die Zähne zeigte, sobald einer des anderen Grenzen verletzte, blieb Fikriye die Gunst Mustafas und die Schlüsselgewalt über sein Haus – die »Direktion« war nur noch Arbeitsquartier – erhalten. Zu den Distanz schaffenden Ritualen zwischen Zübeyde, die ihre weiße Trauerkleidung erst nach der Befreiung ihrer Heimatstadt Saloniki ablegen wollte, und »Mustafam« gehörte die morgendliche zeremoniöse Begrüßung, bei der der Sohn der Mutter die Hände küßte. Als Fikriye eines Tages ihrer Wartestellung zu entfliehen versuchte, indem sie alles auf eine Karte setzte und von Heirat sprach, entgegnete ihr Mustafa, daß er in der türkischen Nation bereits eine Braut besitze.[165]

13

Die zweite Phase des Befreiungskriegs
(1922)

Die fast einjährigen Vorbereitungen auf die Offensive gegen die Griechen, die sich in Eskişehir und Afyon, einer südöstlich von Kütahya in einem weiten Mohnanbaugebiet liegenden Provinzhauptstadt, verschanzt hatten und diesmal auf die Blockadewirkung ihres langgezogenen Frontabschnitts setzten, verschafften Ankara eine Pause, während derer sich das Leben fast normalisierte: Man stritt sich im Parlament, die Bautätigkeit in der Stadt nahm einen ersten Aufschwung, und aus aller Welt kamen Neugierige, um sich davon zu überzeugen, ob sich tatsächlich in einem bisher unbekannten Winkel des Osmanischen Reichs ein moderner Staat zu entwickeln begann. Daß aus Deutschland trotz der Wiederaufnahme diplomatischer Beziehungen 1924 nur selten so prominente und befähigte Beobachter wie der Biograph Emil Ludwig nach Ankara kamen (seine Notizen blieben leider unveröffentlicht) [166], lag in den zwanziger Jahren an der Ablenkung durch eigene politische Probleme der Nachkriegszeit und in den dreißiger Jahren an der nationalsozialistischen Propaganda, die den Präsidenten der Türkischen Republik als vorbildlichen Diktator pries und von der sich auch redliche Intellektuelle beeinflussen ließen. Der Mangel an zuverlässigen Informationen über die Entstehung und das Wesen der modernen Türkei, der lange in Deutschland bestand, ist sicher eine der Ursachen dafür, daß diesem Land bis heute nur selten verständnisvolles Interesse entgegengebracht wird. Die einseitige Darstellung Atatürks als »Führer« war um so unheilvoller und nachhaltiger in ihrer Wirkung, als sie teilweise den Gegebenheiten entsprach. Aber eben nur teilweise, denn anders als bei seinen Zeitgenossen Hitler, Mussolini und Stalin übte ein immer intaktes Parlament letzte Kontrolle über ihn aus, und anstelle einer aggressiven Eroberungspolitik verfolgte Atatürk nach seiner eigenen und bis heute für die Türkei verbindlichen Devise, »Frieden in der Heimat, Frieden in der Welt«, einen Kurs des Ausgleichs und der Versöhnung mit anderen Staaten, nicht zuletzt mit den ehemaligen Gegnern Griechenland (freundschaftliches Treffen mit

Venizelos 1930 in Ankara) und England (Empfang König Eduards VIII. durch Atatürk 1936 in Istanbul).

Wie verschwommen die Kenntnisse über Atatürk und die Türken bei den Nationalsozialisten waren, mag ein Zitat deutlich machen, das den Tischgesprächen im Führerhauptquartier »Wolfsschanze« entnommen ist. Über die notwendige Eroberung und Beherrschung fremder Völker extemporierend und dabei jeden, der ihm für seine Pläne nützlich schien, für germanisch erklärend, fiel Hitler unvermutet auch Atatürk ein: »Entscheidend ist, daß man aus der Beengtheit des Kantönli-Geistes herauskommt. Deshalb bin ich froh, daß wir in Norwegen und da und dort sitzen. Die Schweizer sind nichts als ein mißratener Zweig unseres Volkes. Wir haben Germanen verloren, die als Berber in Nordafrika und als Kurden in Kleinasien sitzen. Einer von ihnen war Kemal Atatürk, ein blauäugiger Mensch, der mit den Türken doch gar nichts zu tun hatte.«[167]

Die Streitigkeiten in der Großen Nationalversammlung, die sich bis Mitte des Jahres 1922 hinzogen, waren durchaus ernster Natur. Ausgelöst wurden sie durch den Antrag Mustafa Kemals, seine Sondervollmachten noch ein drittes Mal um drei Monate zu verlängern. Er verteidigte seine Forderung mit der Erklärung, daß sich das Land weiterhin in Gefahr befinde und nur durch eine wiederholte militärische Aktion wie die am Sakarya seine Freiheit und Unabhängigkeit endgültig erlangen könne. Die Opposition, die sich um Karabekır, Rauf und Refet gebildet und sich zur »Zweiten Gruppe zur Verteidigung der Rechte« zusammengeschlossen hatte (in Anspielung auf die Vereinigungen, die nach dem Waffenstillstand von Mudros den nationalen Widerstand repräsentiert hatten), argumentierte, daß die Notlage des Landes und die Notwendigkeit eines militärischen Befreiungsangriffs gegen die Griechen nicht zwangsläufig bedeuten müsse, dem Präsidenten der Nationalversammlung weiterhin das Oberkommando über die nationalen Streitkräfte zu belassen, geschweige denn, ihn abermals mit Sondervollmachten auszustatten.

Das Dilemma war groß, denn die einen betrachteten vorrangig die bedrohliche Gegenwart, die zu militärischen Mitteln und zur Konzentration der Befehlsgewalt zwang, um dem neuen Staat überhaupt eine Chance zu geben, die anderen – unter ihnen Ismet in seiner wie üblich konzilianten, aber in der Zielrichtung beharrlichen Art – sahen vor allem den idealen Staat der Zukunft, den sie nicht durch undemokratische Geburtsfehler belasten wollten. Mustafa Kemal war sich dieses

Konfliktes durchaus bewußt: Vor ein praktisches Problem gestellt, wurde er zu einem Mann der Tat, der mit den realen Gegebenheiten nüchtern und unter Einsatz auch seiner eigenen Physis virtuos umging; vor ein theoretisches Problem gestellt, wurde er, wie sein umfangreiches Reformwerk demonstrierte, zu einem Mann mit hoher moralischer Verantwortung, der in mitunter fast naiver Weise seinen Jugendtraum, die geistige Befreiung und materielle Unabhängigkeit der Türken seines Vaterlands, zu verwirklichen suchte.

Rasches Handeln, das immer auch Zerstörungen und Verletzungen verursacht, auf der einen Seite, langsames Voranschreiten bei der Umwandlung der islamisch-osmanischen in eine laizistisch-nationale Gesellschaft auf der anderen Seite: ein Kraftakt, dem keine glückliche Vollendung beschieden sein konnte, sondern vielmehr ein tragisches Scheitern. Noch heute wird in der Türkei die Vermutung geäußert, Atatürk sei an seiner Trauer über die schleppende Realisierung der Reformen so früh gestorben. Nicht lange vor seinem Tod sagte er: »Wenn eines Tages alles, was ich sagte und bezweckte, verwirklicht sein sollte, habe ich eine Bitte an die zukünftigen Generationen und die zivilisierte Welt: erinnert euch an mich. Es gibt zwei Mustafa Kemal, den einen, der vergänglich ist, und den anderen, den das Volk in seinem Herzen weiterleben läßt.«[168] Als Atatürk bereits so krank war, daß er nicht mehr laufen konnte, sang anläßlich des Gedenktags der Ausrufung der Republik (29. Oktober) eine Schülergruppe unter seinem Fenster vor dem Dolmabahça-Palast sein Lieblingslied, das ihn an die heitere und hoffnungsvolle Fahrt im Mai 1919 von Samsun nach Havza erinnerte: »Der Morgennebel ist auf die Gipfel der Berge gesunken...« Er ließ sich tief gerührt an das offene Fenster tragen, winkte den Schülern zu und sagte: »Freuen ist euer gutes Recht.« Anschließend seien ihm Tränen in die Augen gestiegen. Was er begonnen hatte, konnten nur andere beenden.[169]

Im Juli 1922 einigte man sich schließlich auf einen Kompromiß. Mustafa Kemal wurde der Oberbefehl über die nationalen Streitkräfte auf unbeschränkte Zeit übertragen, dafür mußte er auf die Sondervollmachten verzichten, den Posten als Premierminister abgeben – auf seinen Wunsch folgte ihm an dieser Stelle Hüsseyin Rauf – und den Abgeordneten das ursprüngliche Privileg einräumen, aus ihren Reihen in geheimer Abstimmung die Minister zu wählen. Seine Befugnisse als Chef des Militärs und als Präsident der Nationalversammlung blieben jedoch groß genug, um seine Entscheidungen auf allen Sektoren durchzusetzen. Die Opposition machte sich verstärkt erst wieder 1924 und 1930 bemerkbar, nachdem die äußeren Gefahren durch den Sieg über die Alliierten beseitigt waren.

Während die Vorbereitungen für die Großoffensive gegen die Griechen liefen – die Waffen und Goldrubel aus der Sowjetunion und das von den Franzosen in Kilikien überlassene Kriegsmaterial spielten dabei eine bedeutende Rolle –, pflegte Mustafa Kemal, nicht ohne persönliches Vergnügen, Kontakte zu ausländischen Besuchern und Diplomaten. Sein unsentimentaler Charakter befähigte ihn dazu, freundschaftliche Beziehungen zu sehr unterschiedlichen Menschen anzuknüpfen und, wenn sie ihm nicht mehr in sein Konzept paßten, ebenso leicht wieder zu beenden. Dauerhafte Sympathien brachte er der französischen Journalistin Berthe Georges-Gaulis und ihrem Landsmann, dem Schriftsteller Claude Farrère, entgegen. Georges-Gaulis schrieb mehrere Bücher über ihre Aufenthalte in Ankara, wo sie als Gast des Präsidenten in Çankaya wohnte. Während der Friedensverhandlungen in Lausanne betreute sie kenntnisreich und fürsorglich Ismet (Inönü) und dessen Frau, denen das diplomatische Milieu und die gesellschaftlichen Verhältnisse anfangs mancherlei Schwierigkeiten bereiteten. Ihre erste Begegnung mit Mustafa Kemal hatte Berthe Georges-Gaulis im Spätherbst 1921 nach der Schlacht am Sakarya. Zuerst lernte sie die Umgebung des Paschas, wie ihn seine Freunde und Mitarbeiter anzusprechen pflegten, kennen: »Mehrere Kilometer außerhalb [Ankaras] erhebt sich der Hügel von Çankaya, eine der unzähligen Erdfaltungen der anatolischen Hochebene. Eine erst kürzlich erbaute Straße, die sich in weiten Schleifen aufwärts windet, verbindet die Stadt mit dem Haus des Pascha. Wenn er ankommt, präsentiert seine Garde die Waffen. Der Betrieb, der auch sonst dort zu allen Stunden des Tages herrscht, macht Çankaya allmählich zu einem Teil Ankaras. Zwischen Weinreben eingebettet, liegen reizende einfache Häuser, von denen jedes seine eigene Note hat. Im weiteren Umkreis dieser teils wie Berghütten, teils wie Villen aussehenden Sommerdomizile promenieren zu Fuß oder zu Pferd junge Frauen, deren Gesichter unverschleiert und deren Haare von einem Tuch bedeckt sind. Çankaya hat sich noch die Vorzüge ländlichen Lebens bewahrt.

Wenige Schritte vom großen Haus [Mustafa Kemals] und seinem terrassenförmig angelegten Garten entfernt, befindet sich ein kleiner orientalischer Pavillon, meine Unterkunft. Dort besaß ich völlige Freiheit, die mir erlaubte, nach Wunsch und Laune meine Tage zu gestalten, zu arbeiten, Besucher zu empfangen oder in die Stadt zu fahren, so daß ich mich wie zu Hause fühlte und niemals das Unbehagen empfand, das sich in einem fremden Land so leicht einstellt. Auf mich wirkte diese erlesene Gastfreundschaft ganz besonders orientalisch. Sie ist immer unsichtbar und immer gegenwärtig, kommt den Wünschen des Gastes zuvor und nimmt Rücksicht auf sein Ruhebedürfnis, seine Mußestunden, ohne sich ihm jemals aufzudrängen, doch ihn stets bewachend, diskret und aufmerksam.«

Von ihrem Pavillon aus beobachtete Berthe das »große Haus« des Pascha und die alltäglichen Aktivitäten, die sich dort abspielten: »Wie jeder, der sich unablässig einer Aufgabe widmet, hielt Mustafa Kemal einen fast unbeweglichen Zeitplan ein. Bereits am Morgen zu früher Stunde empfing er Abgeordnete und Minister, die mit dem Auto oder zu Pferd kamen. Dann widmete er sich den Kommandanten von Ankara oder anderen militärischen Persönlichkeiten und erwartete die Berichte der Offiziere seines Generalstabs. Jeden Tag blieben einige Besucher zum Mittagessen, was eine Beendigung der eingeleiteten Gespräche ermöglichte.

Zwischen ein und zwei Uhr nachmittags verkündete das Brummen des Autos, daß es Zeit war, in die Stadt zu fahren. In Begleitung von einigen Freunden stieg der Pascha mit festen Schritten vom großen Haus zum Wagen hinunter, nicht ohne vorher einige Augenblicke seinen Garten betrachtet und etwas Sonne eingeatmet zu haben. Innerhalb weniger Sekunden war das Signal zur Abfahrt gegeben, das Auto und die Pferde verteilten sich entlang der Straße, und über Çankaya fiel das große Schweigen. Nach zwölf Stunden ununterbrochener Tätigkeit zeigte das Brummen des Wagens die Rückkehr an. Mitunter, wenn auch sehr selten, begegnete man ihm auf den schmalen Wegen zwischen den Weinstöcken. Die Hände in den Taschen vergraben, ging er spazieren oder überraschte seine Nachbarn, sich der Illusion hingebend, ein normales Leben zu führen und Herr seiner Zeit und seiner Muße zu sein.«

Über Mustafa Kemal selbst, der zu dieser Zeit intensiv den alles entscheidenden Angriff auf die griechischen Okkupanten vorbereitete, schrieb die Französin: »Vor allem anderen ist er ein unermüdlicher Kämpfer, mit düsterer Entschlossenheit der Handlung hingegeben, leidenschaftlich seinem Werk verbunden, dabei unabhängig von dem, was andere über ihn denken, und in einem Maße uneigennützig, daß er sich wundert, dafür gelobt zu werden. Sein Mitempfinden, das jedes Leiden eines anderen in ihm hervorruft, verbirgt er, wie andere ihre Härte verbergen. Er ist lebhaft und geduldig zugleich, und er hält seinen Freunden die Treue, wenn er sich auch nicht gern von ihnen beherrschen läßt. Einer von ihnen sagte zu mir: ›Er lobt seine Freunde niemals, aber sobald sie in Gefahr sind, steht er ihnen mit unglaublicher Energie zur Seite.‹

Er verabscheut Bombast oder zeremoniösen Aufwand, fordert jedoch Rücksichtnahme und Aufmerksamkeit und duldet keinerlei Nachlässigkeit um sich. Er liebt schöne Dinge wie Teppiche mit seltenen Mustern, alte Waffen und kunstvolle Buchbinderarbeiten, aber wenn es sein muß, fühlt er sich ebenso wohl in einem Bauernhaus oder einem improvisierten Feldlager. Das, was mir vor allem von ihm persönlich in Erinnerung geblieben ist: die Klarheit seiner Argumentation, die Ausgewogenheit seiner Urteile, seine wohlklingende Stimme, die niemals heftig wird, eine harmonische Stimme aus geschmeidigem Stahl.

Drei Faktoren scheinen mir der Grund für seinen Erfolg zu sein: seine Intuition, seine Vorsicht und seine Sorgfalt in der Vorbereitung. Seine Beobachtungsgabe ist ungewöhnlich ausgeprägt, und nichts bleibt dem Zufall überlassen. Sein Selbstvertrauen ist unerschütterlich, und es gibt niemanden, der mehr an seinen Stern glaubt als er selber, aber in allem versteht er abzuwarten und die Zeit zu nutzen, die er dem Feind durch Ausdauer abringt. In einigen Augenblicken ist er von erstaunlicher Einfachheit, dann wieder rätselhaft oder von plötzlichem Übermut, der unweigerlich ansteckt, oder sein wieder verhangenes Wesen strahlt eine Entschiedenheit aus, die ihn befähigt, an der militärischen oder an der politischen Front mit allen Waffen zu kämpfen.«[70]

Der andere Zeuge dieser noch von Gefahren und Ängsten erfüllten Anfangszeit des neuen Nationalstaats war Claude Farrère. Seine Berichte und Romane über die Türkei – zum Beispiel »Die vier Damen aus Angora« – brachten ihm so große Sympathien ein, daß die Stadt Istanbul eine Straße nach ihm benannte (die »Klotfarer Caddesi« hinter dem Justizpalast nahe dem Sultan-Ahmet-Platz). Mit Mustafa Kemal traf er zum erstenmal in Izmit zusammen, einer bedeutenden Hafenstadt am gleichnamigen Golf im östlichen Marmara-Meer, die den westlichsten Punkt des von der nationalen Armee kontrollierten Anatolien bildete. Der Ghazi inspizierte dort neu aufgestellte Truppen und versuchte durch Gespräche in den Straßen und durch Reden vor Versammlungen die Moral der Bevölkerung für die bevorstehende Vertreibung der Griechen zu stärken. Ebenso wie Georges-Gaulis war Farrère von der

Persönlichkeit und Gastfreundschaft des Ghazi beeindruckt: »Eine unglaubliche Selbstbeherrschung, ein unbeugsamer Wille und, schließlich, Geduld und Aufmerksamkeit. Es scheint unmöglich, daß er jemals lächelt, und dennoch, plötzlich geht ein Lächeln über sein Gesicht, dessen Sanftheit überrascht. Mustafa Kemal Pascha hört mir lange zu, überlegt dann eine Weile und antwortet nur kurz. Als ich von mir zu sprechen beginne, macht er sich Notizen, denkt einen Augenblick nach und lädt mich zum Mittagessen, zum Tee, zum Abendessen für heute, morgen und kurz, für meinen gesamten Aufenthalt ein. Und das alles klar, entschieden, mit charmantester Höflichkeit und in einem Französisch, das unsere Abgeordneten vermissen lassen und unsere Journalisten verlernt haben.« Dann beschrieb Farrère die Tafelrunde des Ghazi: »Das Mittagessen ist ganz militärisch. Bis auf drei Ausnahmen sind nur Soldaten anwesend. Ein eigenartiger Gegensatz: alle Soldaten tragen Zivil, ihnen voran der Ghazi. Und es gibt keine Rangordnung, Leutnants und Generäle plaudern miteinander von gleich zu gleich, und, was ebenfalls bemerkenswert ist, sie sind zwischen fünfundzwanzig und dreißig Jahre alt. Die Tafel selbst könnte nicht einfacher sein: eine Suppe aus Sauermilch, Fisch aus dem Golf von Izmit und das klassische gegrillte Hammelfleisch. Dazu trinkt man Wasser und bedient sich aus Schüsseln mit Joghurt. Mustafa Kemal entschuldigt sich lächelnd: ›Wir haben leider keinen Wein, Anatolien ist zu trocken.‹«

Anläßlich einer nachmittäglichen Teestunde auf der Terrasse des Hauses, in dem Mustafa Kemal während seines Aufenthalts in Izmit residierte, erlebte Farrère eine Begegnung zwischen dem Ghazi und der Bevölkerung: »Um mich und Mustafa Kemal Pascha sitzen etwa fünfzig Gäste – Generäle, Sekretäre, Offiziere, Honoratioren, Journalisten – an einem langen Tisch, der sehr schlicht und auf türkische Art gedeckt ist: schwarzer Tee und Sorbet aus Zitronensaft. Das Landhaus befindet sich in der Mitte einer ebenen Fläche, auf deren Grasboden da und dort Kirschbäume stehen. Fast die gesamte Einwohnerschaft Izmits und der umliegenden Dörfer, etwa zwanzigtausend Seelen, bildet einen Halbkreis um unseren Tisch und hält in dicht gedrängten Reihen das freie Gelände besetzt.«

Unter dem Vorwand, sich bei seinem französischen Gast für dessen Besuch zu bedanken, hielt Mustafa Kemal vor den Bewohnern der Region eine Ansprache, die eine Art Premiere war, denn niemals zuvor in der osmanischen Geschichte hatten ein Regierungschef, also der Großwesir, oder ein Sultan sich herabgelassen, dem einfachen Volk gegenüber persönlich Rechenschaft über Staatsgeschäfte abzulegen. Und wie seine europäischen Kollegen als Präsident der türkischen Nationalversammlung, wie sie damals noch konzipiert war, hatte er faktisch den Rang eines Staatschefs, während der Premierminister, zu dieser Zeit Hüsseyin Rauf, die schwächere Position eines Vorsitzenden des Ministerrats bekleidete – wandte er sich mit seiner öffentlichen Rede (am 18. Juni 1922) indirekt auch an die Regierungen der angesprochenen Staaten: »Und er spricht. Nun, ganz einfach so, von seinem Platz aus. Er ist nur aufgestanden. Er hat sich zu mir gewandt, lächelnd, und nicht einmal seine Zigarette abgelegt, im Gegenteil, nachdem sie verglimmt war, unterbrach er sich, zündete sich die nächste an und rauchte sie fast bis zu Ende, und während dieser zwei, drei langen Minuten blieb die Menge in erwartungsvoller Spannung, ohne sich zu rühren, ohne laut zu atmen und ohne etwas von ihrer bewundernswert leidenschaftlichen und ungeteilten Aufmerksamkeit zu verlieren... Es ist außerordentlich beeindruckend, wenn Mustafa Kemal Pascha zu seinen Landsleuten spricht. Noch beeindruckender aber ist es, wie seine Landsleute ihm zuhören.

Er spricht ohne Pathos und ohne Glanz, ich würde fast sagen, ohne Überredungskunst, wenn das Wesen dieser Kunst nicht darin bestünde, innerlich zu bewegen, und wenn nicht tragischste Empfindungen seinen kurzen und vertrauten Worten entströmten, die, ohne daß er seine Stimme erhebt, das gebannte Schweigen vernehmlich durchdringen. Das, was er sagt, sind nur Bestätigungen des für alle Zuhörer Selbstverständlichen: das Recht der Türken auf Besitz des Landes ihrer Vorfahren, und zwar das uneingeschränkte Recht und ihr Wille, in diesem Land entweder frei zu leben oder sich töten zu lassen, die Eindringlinge aus diesem Land zu vertreiben oder zu sterben. Nicht mehr und nicht weniger.«[71]

Ebenso intensiv wie um die französischen Gäste, von denen er wußte, daß sie jedes seiner Worte in Frankreich publik machen würden, kümmerte sich Mustafa Kemal um die diplomatischen Vertreter der Sowjetunion in Ankara. Seine Kontaktpflege in dieser Richtung, die wodkareiche Empfänge durch den russischen Botschafter Aralov einschloß, rief jedoch öffentlichen Unwillen hervor. Es wurde von Annäherung an das kommunistische Regime gemunkelt, und das Gerücht tauchte auf, daß die Sowjets den Ghazi umgarnten, um ihm eines Tages Enver Paşa vor die Nase zu setzen, den sie selbst gern losgeworden wären. Enver hatte sich nach seiner Flucht von Berlin nach Mittelasien begeben, wo er in Vertretung des ins Exil gegangenen Emirs von Buchara mit diplomatischen und militärischen Mitteln versuchte, das Emirat vor der Einnahme durch russische Truppen zu bewahren. Ob der russische Plan wirklich existierte, ihm die Rückkehr nach Anatolien zu ebnen, damit er die diskreten Eroberungszüge in die muslimischen Gebiete nicht länger störte, bleibt ungeklärt. Da Enver am 4. August 1922 während eines Angriffs der von ihm befehligten Kavallerie im Kampf für seine Glaubensbrüder fiel, erübrigte sich bereits ab diesem Zeitpunkt jede weitere Spekulation.

Von einer Annäherung an den Kommunismus konnte bei Mustafa Kemal, der nur während der Unabhängigkeitskämpfe die materielle Hilfe der Sowjets in Anspruch nahm, keine Rede sein. Im Jahr 1921, als er auf der Suche nach Hilfsquellen nach jedem Strohhalm griff, verteidigte er den Freundschaftsvertrag von Moskau mit den Worten: »In unseren Beziehungen zu den Sowjets wurde weder von Kapitalismus noch von Kommunismus gesprochen. Niemand hat uns gesagt, daß wir Kommunisten werden sollen, und wir haben niemandem gesagt, daß wir Kommunisten werden.« Mit Stalins Alleinherrschaft und nach dem türkischen Sieg über die Alliierten änderte sich sein Ton, denn mit einigem Sarkasmus äußerte er 1924: »Unsere Politik ist von Abenteuergelüsten weit entfernt«, und 1931: »In der Türkei wird es keinen Bolschewismus geben, denn die türkischen Regierungen bemühen sich um das Wohlergehen des Volkes.« Zwei Jahre vor seinem Tod und drei Jahre vor Beginn des Zweiten Weltkriegs warnte er: »Wenn die europäischen Staatsmänner sich nicht von ihrem nationalen Egoismus lösen, fürchte ich, daß eine Weltkatastrophe unvermeidlich ist. Der Sieger in einem solchen Krieg wird weder England noch Deutschland, sondern der Bolschewismus sein. Der Bolschewismus mobilisiert alle seine materiellen und moralischen Kräfte, um den Konflikt zwischen den europäischen Staaten zu schüren und die Weltrevolution zu entfachen.«[172]

Nicht weniger wichtig waren die Begegnungen Mustafa Kemals mit Vertretern der Muslims aus Afghanistan und Indien, die neben moralischer auch materielle Unterstützung brachten. Man beobachtete in diesen ebenfalls besetzten Ländern sehr aufmerksam den Befreiungsversuch der Türken. Der 1981 von radikalen Muslims in Kairo ermordete ägyptische Staatspräsident Anwar as Sadat erwähnte in seiner 1979 veröffentlichten Autobiographie, daß im Haus seiner Eltern ein

Foto Mustafa Kemals aufgestellt gewesen sei und daß sein Vater voller Bewunderung von dem »großen Führer Atatürk« gesprochen habe.

Der Angriffsplan gegen die griechischen Stellungen in Afyon und Eskişehir, den Mustafa Kemal lange vor der Nationalversammlung geheimhielt, um keine Zeit durch endlose Diskussionen zu verlieren, näherte sich Ende Juli 1922 seiner Verwirklichung. Unter dem Vorwand, ein Fußballspiel ansehen zu wollen, das von Soldaten verschiedener Einheiten ausgetragen wurde, traf er sich in Akşehir, einer etwa neunzig Kilometer südöstlich von Afyon gelegenen Kleinstadt, mit Ismet (Inönü), dessen Hauptquartier sich dort befand, und Fevzi (Çakmak). Er erklärte beiden Armeeführern seine Kampfstrategie, die mit einem Täuschungsmanöver vorbereitet werden sollte. Um den Griechen den Eindruck zu vermitteln, daß der Hauptangriff gegen Eskişehir gerichtet sein würde, sollten während der nächsten Wochen Truppen tagsüber in Richtung Westen marschieren, Tarnlager errichten und nachts nach Osten zurückkehren. Die List verfehlte ihre Wirkung nicht. Unfreiwillig wurde sie durch diejenigen Abgeordneten unterstützt, die nach Bekanntgabe der Angriffspläne Mitte August auch außerhalb des Parlaments die Ansicht ausposaunten, daß die militärischen Kräfte der nationalen Armee noch nicht ausreichten, um schon einen neuen Kampf zu wagen. Das griechische Oberkommando, diesmal unter General Trikopis, sammelte die Berichte seiner Kundschafter und kam zu der Erkenntnis, daß die Türken voraussichtlich keine Offensive starten würden, da die Zustimmung des Parlaments fehlte, und daß im Falle eines Überraschungsangriffs das Hauptziel Eskişehir sein würde. Von Afyon aus könnten die griechischen Truppen dann leicht die ausgedünnten Linien überwinden und Ankara einnehmen.

Am 21. August verließ Mustafa Kemal erneut Ankara in Richtung Akşehir, diesmal heimlich, um die Spione der Griechen nicht zu alarmieren, und besprach mit Ismet und Fevzi die letzten Details für einen Angriff auf das besetzte Afyon. Abends las er zur Entspannung einen populären Roman, der das mit dem nationalen Widerstand in Anatolien verwobene Leben einer jungen Türkin schildert. Einen Tag vor dem Beginn der Kampfhandlungen inspizierte er zusammen mit Fevzi noch einmal das Gelände vor Afyon, und am Morgen des 26. August um 3 Uhr bezogen sie beide Position auf dem Kocatepe-Hügel, nur sechs Kilometer von der Stadt des Mohns entfernt. Die folgende siegreiche »Schlacht der Kommandanten«, der ein Umzingelungsplan zugrunde lag, wurde für die moderne türkische Geschichte ein entscheidendes Datum, denn sie leitete die Befreiung des Landes von den Alliierten ein und führte zum Friedensvertrag von Lausanne, der das Diktat von Sèvres annullierte und die Forderungen der Nationalisten weitgehend erfüllte. Selbst ein radikaler politischer Gegner wie der Lyriker Nâzım Hikmet, der entfernt mit Ali Fuat (Cebesoy) verwandt war und wegen seiner kommunistischen Ideen von 1938 bis 1950 in türkischen Gefängnissen saß, schilderte in seinem »Epos vom Befreiungskrieg« die Morgenstunde auf dem felsigen Kocatepe-Hügel:

> »Da sah er ihn, Mustafa Kemal, fünf, sechs Schritte zur Rechten.
> Hinter ihm Generäle.
> Er fragte: ›Wie spät?‹
> Sie sagten: ›Drei.‹
> Er glich einem blonden Wolf
> mit funkelnden blauen Augen.
> Er lief zum Abgrund, bückte sich, stand still.
> Doch hätten sie ihn gelassen, wie er wollte,
> dann hätte er sich über langen Beinen zur Feder gebogen
> und wäre, ein gleitender Komet,
> von Kocatepe hinab nach Afyon geflogen.«[173]

Am 29. August traf sich Mustafa Kemal, der eine einfache Soldatenuniform trug, mit Ismet und Fevzi im befreiten Afyon, wo sie von der Bevölkerung mit unbeschreiblichem Jubel empfangen wurden. Zwei Tage später folgte die zweite entscheidende Schlacht bei dem Dorf Dumlupınar, fünfzig Kilometer westlich von Afyon. Abermals schwer getroffen, zogen sich die griechischen Truppen panikartig in Richtung Izmir zurück, eine Spur der Verwüstung und der Grausamkeit hinter sich lassend. Halide Edib schrieb in Erinnerung an das Städtchen Alaşehir, das westlich von Izmir in einem breiten Flußtal liegt: »Die Stadt ist nur noch ein Haufen Asche. Weder die Griechen noch unsere Männer hatten Zeit gefunden, die Toten zu begraben. Die türkische Armee stürmte so schnell sie konnte voran, aber die vor ihr Fliehenden setzten trotz ihrer Hast die Ortschaften in Brand und verübten ihre Schreckenstaten. Es war die Hölle auf Erden.«[174]

Mustafa Kemal erzählte später einem Journalisten, daß er nach dem Sieg von Dumlupınar das Kampfgebiet besichtigt habe: »Als ich über das Schlachtfeld lief, war ich tief bewegt über den gewaltigen Sieg unserer Armee und über die schreckliche Tragödie, die er für unsere Feinde bedeutete. Die Täler, Wasserläufe und Hügelketten waren bedeckt von zurückgelassenen Kanonen, Fahrzeugen, Ausrüstung und Proviant, und zwischen all diesen Trümmern des Todes lagen Massen lebloser Körper und bewegten sich Gruppen Gefangener, die zu unseren Quartieren geführt wurden. Die ganze Szenerie ähnelte dem Tag des Jüngsten Gerichts.[75]

Nach einem Gespräch mit dem ebenfalls in Gefangenschaft geratenen Oberkommandierenden der griechischen Truppen in Anatolien, General Trikopis, den die Jugendlichkeit und kollegiale Freundlichkeit des Ghazi überraschten, folgte Mustafa Kemal seinen Truppen in südwestlicher Richtung. Am 9. September stand er auf den Hügeln, die Izmir umgeben, blieb aber noch für eine Nacht in Nif, heute Kemalpaşa, wohin er die Konsuln der Alliierten telegraphisch zu einem Treffen gebeten hatte: »Ich gab als Datum der Verabredung den 9. September und als Ort das Städtchen Nif, in der Nähe Izmirs, an. Ich bin zur Verabredung pünktlich erschienen, aber von den Konsuln ließ sich keiner blicken. Wahrscheinlich dachten sie, ich hätte nur Spaß gemacht.«[76]

Für einen »Spaß« oder eher einen Bluff hielt auch Lloyd George die Nachricht von dem türkischen Sieg, aber als kurz darauf der Außenminister Lord Curzon ihm einen detaillierten Bericht des britischen Konsuls aus Izmir vorlegte, in dem es hieß, daß die Griechen vernichtend geschlagen worden seien und einen »ekelerregenden Rekord in Bestialität und Barbarei« aufgestellt hätten[77], wußte er, daß auch er die Partie verloren hatte. Am 19. Oktober 1922 mußte er mit seinem Kabinett zurücktreten.

14

Ehemann und Staatspräsident.
Heirat mit Lâtife und Ausrufung der Republik
(1922–1923)

Woran niemand außer Mustafa Kemal, dem seit seiner Landung in Samsun unermüdlichen Motor der Befreiungsbewegung, wirklich glauben mochte, war eingetreten. Fast genau vier Jahre nach dem Waffenstillstand von Mudros, der nicht nur die Auflösung des Osmanischen Reichs besiegelte, sondern auch das türkische Kernland den westeuropäischen Alliierten zur Disposition stellte, unterzeichneten am 11. Oktober 1922 die Vertreter Englands, Frankreichs, Italiens, Griechenlands und der Großen Nationalversammlung in Ankara, Ismet (Inönü), den Waffenstillstand von Mudanya (Fährhafen von Bursa am Marmara-Meer), der die Territorialansprüche der türkischen Nationalisten fürs erste sicherte: Räumung Ostthrakiens bis zur Maritza, einschließlich der alten Sultansstadt Edirne, durch die griechischen Truppen; Stillegung der militärischen Bewegungen und Halt der türkisch-nationalen Truppen einige Kilometer vor den Dardanellen bis zum neu ausgehandelten Friedensvertrag.

Abschluß und Höhepunkt der türkischen Befreiungskämpfe, für die die anatolische Bevölkerung schwerste Opfer gebracht hatte, war die Fahrt Mustafa Kemals entlang der Hafenpromenade von Izmir am 10. September 1922. Die Einwohner drängten sich lachend und weinend vor Freude um den Wagen des Ghazi, überhäuften ihn mit Rosen und Nelken in den alttürkischen Farben Weiß und Rot, küßten seine Hände oder, wenn sie nicht nahe genug an ihren in graue Uniform gekleideten Helden herankamen, die Karosserie. Ebenso erging es den Soldaten. Frauen, Männer und Kinder hielten ihnen Blumen entgegen, jeder wollte sie berühren, und selbst die Pferde der Kavalleristen wurden umarmt.

Während der nächsten Tage spielten sich ungleich weniger glückliche Szenen ab. Griechische Soldaten und Zivilisten versuchten in dem chaotischen Durcheinander, das im Hafen herrschte, auf die kleinen Boote zu gelangen, die sie zu den draußen vor Anker liegenden Transportschiffen bringen sollten. Einige stürzten sich in ihrer Angst

Rückeroberung Izmirs durch türkische Truppen, 9. September 1922

vor Racheakten ins Wasser, andere trieben hilflos in den überladenen Booten umher, da die Kreuzer der Alliierten niemanden an Bord lassen durften und leere griechische Schiffe noch nicht wieder eingetroffen waren. Aus dem Inland nachrückende griechische Soldaten, die von ihren Einheiten getrennt wurden, verursachten in dem Irrtum, Izmir sei noch nicht von den Türken eingenommen, zusätzliche Straßenkämpfe in den Außenbezirken, woraus sich die letzte Katastrophe dieses unseligen Feldzugs ergab: Izmir, eine der schönsten altosmanischen Städte, deren Häuser überwiegend aus Holz erbaut waren, brannte vollständig nieder. Nur die auf den Hügeln liegenden neueren Viertel blieben verschont.

Mustafa Kemal hatte noch vor dem Brand eine stattliche Villa am Nordrand des Hafenbeckens bezogen. Als er seinen Wagen verließ und zum Eingangsportal gehen wollte, sah er vor sich ausgebreitet die griechische Nationalfahne liegen. Auf seine Frage, was das bedeuten solle, erklärte ihm ein Begleiter, daß König Konstantin vorher in dieser Villa gewohnt habe und seinerseits über eine türkische Fahne geschritten sei. Der Ghazi befahl mit scharfer Stimme, das Tuch sofort einzurollen, und zu den ihn umgebenden Männern sagte er: »Eine Flagge stellt das Symbol für die Ehre eines Landes dar, und es verbietet sich, auf ihr herumzutrampeln.«[78] Eine weitere Gelegenheit, sich gegenüber König Konstantin zu profilieren – dieser mußte noch im September zugunsten seines Sohns, Georg II., abdanken –, bot ein Abendessen, das

Mustafa Kemal im Restaurant des renommierten Hotels Kramer einnahm. Nachdem die anderen Gäste, unter ihnen wohlhabende Griechen aus Izmir, ihn erkannt hatten – er trug wieder Zivil –, erhob er sich von seinem Platz, hielt ein Glas mit Rakı zum Zuprosten in die Runde und fragte: »Kam König Konstantin jemals hierher, um einen Rakı zu trinken?« Und da seine Frage verneint wurde, erwiderte er : »Warum hat er sich dann die Mühe gemacht, Izmir zu erobern?«[79]

Noch am Tag seines Eintreffens in Izmir kam es zur ersten Begegnung zwischen Mustafa Kemal und Lâtife, der ältesten Tochter des vermögenden Kaufmanns Muammer Bey. Sie war vierundzwanzig Jahre alt, besaß eine perfekte europäische Ausbildung und wirkte durch ihr kultiviertes und selbstsicheres Auftreten wie das Idealbild einer modernen Frau. Wie viele andere junge Türkinnen für den Sieger von Sakarya, Afyon und Dumlupınar schwärmend, hatte sie ihr Jurastudium in Paris unterbrochen, um ihrem Helden persönlich für die Befreiung ihrer Heimatstadt zu danken. Als sie bis zum diensthabenden Adjutanten Salih (Bozok) vorgedrungen war, setzte sie ihm heftig zu, weil er sich weigerte, sie zum Ghazi vorzulassen. Hilflos gegenüber so viel Hartnäckigkeit, machte er seinem Chef über die Situation im Vorzimmer Meldung. Während Mustafa Kemal noch erklärte, daß er gerade jetzt, da die Kriegsschiffe der Alliierten ihre Geschütze auf die Stadt richteten, um ihn zum Verlassen Izmirs zu zwingen, keine Zeit habe, Huldigungen von in Ekstase geratenen Frauen entgegenzunehmen, ging die Tür auf, und Lâtife kam mit energischen Schritten herein. Sie stellte sich dem Ghazi vor und gestand ihm, daß sie sich geschworen habe, nicht eher zu ruhen, als bis sie von ihm empfangen worden sei. Dann öffnete sie ein Medaillon, das sie an einer Kette um den Hals trug, und hielt ihm sein eigenes Bild entgegen. Sie habe es aus einer französischen Zeitung ausgeschnitten, erklärte sie, und bewahre es seit der Schlacht am Sakarya bei sich auf.

Mustafa Kemal war diesem Ansturm jugendlicher Begeisterung und disziplinierter Willenskraft nicht gewachsen – weder in dieser Minute noch während der nächsten Tage, noch nach vier Monaten, als er Lâtife heiratete. Zu Salihs Überraschung bat sein vielbeschäftigter Chef und alter Freund aus legendären Tagen in Saloniki, auf dessen Schreibtisch ein britisches Ultimatum über den Abzug der türkischen Truppen lag, die ganz in Schwarz gekleidete Besucherin, Platz zu nehmen und von sich zu erzählen. Lâtife setzte sich und sprach von ihrem Studium, ihren Eltern, die sich noch zur Erholung in Biarritz befänden, und von der schikanösen Kontrolle durch griechische Soldaten bei ihrer Rückkehr in die Türkei. Schließlich bot sie Mustafa das geräumige und schön über der Stadt gelegene Haus ihrer Eltern für seinen Aufenthalt in Izmir an, denn dort, am südlichen Ende der Hafenbucht, sei er besser vor Überfällen geschützt als in der offiziellen Villa. Der Ghazi war nun vollends überwältigt und nahm die Einladung an.

Mustafa Kemal zog jedoch erst in das »weiße Haus« von Muammer Bey um, als die Flammen der brennenden Stadt seine Villa bedrohten. Das erste, worum er die Hausherrin bat, war die Übersetzung seiner Antwort auf das britische Ultimatum. Da sich die französischen und italienischen Truppen bereits von der Halbinsel Gallipoli zurückgezogen hatten, schien ihm das Risiko nicht mehr groß, den englischen Flottenkommandanten unter Hinweis auf die Mitschuld der Alliierten an der Besetzung Izmirs und Westanatoliens aufzufordern, das Hafenbecken innerhalb von vierundzwanzig Stunden von den insgesamt vierundsechzig feindlichen Schiffen zu räumen. Im Gegensatz zu den Generälen seines Stabs, die das Schlimmste, nämlich eine Fortsetzung des Kriegs, befürchteten, wartete er gelassen die von ihm gesetzte Frist ab. Daß sein Gegenultimatum tatsächlich erfüllt wurde und die Schiffe der Alliierten und Griechen nach Abfeuerung von Salutschüssen aus der Bucht ausliefen, lag im wesentlichen an der Weigerung verschiedener Länder des Balkans und des Commonwealth, der britischen Bitte um militärische Hilfe nachzukommen.

Der Abzug der alliierten Flotte aus Izmir war der letzte Erfolg, der Mustafa Kemal als Militär beschieden war. Sein herausragendes Talent in Strategie und Taktik, seine Kaltblütigkeit und die Sicherheit, mit der er Kühnheit von Leichtsinn unterschied, galten auf den Feldern der Politik und Diplomatie nicht mehr nur als Tugenden. Von nun an hieß es, Tag für Tag im Dickicht von Gesetzen und Verträgen, von gegensätzlichen Meinungen und widerborstigen Traditionen zu kämpfen, um das seit Jahrzehnten erhoffte Reformwerk zur Demokratisierung und Modernisierung der türkischen Gesellschaft zu verwirklichen. Als Journalisten ihn fragten, ob er mit der Befreiung seines Landes alles erreicht habe, was er sich wünschte, antwortete er: »Nein, das Wichtigste beginnt erst jetzt.«[180] Hüsseyin Rauf gestand er zur gleichen Zeit, daß er, sobald der Frieden gesichert sei, seinem innersten Wunsch nachgeben und sich auf einen kleinen Hof mit Obstplantagen an der türkischen Ägäisküste zurückziehen wolle.[181]

Dieses kurze Versinken in Träumen von einem privaten Leben

mochte ihm auch die Ehe als Möglichkeit erscheinen lassen, der Mammutarbeit der Reformen, die vor ihm lag, nicht ohne persönlichen Beistand ausgeliefert zu sein. Einen Augenblick lang hielt ihn die Sehnsucht nach den Segnungen einer ausgeglichenen bürgerlichen Existenz gefangen, aber die Zeit, einen Zipfel dieses alltäglichen, besänftigenden Glücks zu fassen, war für ihn längst vorbei. Seiner Liebe zu den Künsten, die er unter freiem Himmel auf der Prinzeninsel als Student der Militärakademie so stark in sich zu spüren geglaubt hatte, war er nicht gefolgt, denn ihn zog es ungleich mächtiger auf den Weg des Erfolgs, erst durch militärische Taten, dann durch Koordinierung des nationalen Widerstands und schließlich durch erzieherisches Umformen eines durch Analphabetentum und Koranschulen entmündigten Volks, immer mit dem Ziel, einen modernen europäischen Staat auf altem islamischen Boden zu errichten. Die individuelle Erfüllung in der Ausübung einer künstlerischen Betätigung zu suchen war nur ein Jugendtraum, wie ihn sensible und starke Charaktere mitunter hegen. Das späte Liebäugeln mit einem normalen Familienleben entsprach dagegen dem programmatischen Bemühen Mustafa Kemals, seinen eigenen Reformen, zu denen eine standesamtliche Einehe und die Emanzipation der Frau gehören sollten, mit gutem Beispiel voranzugehen, das hieß in diesem Fall, eine selbstbewußte, gebildete und politisch aufgeklärte Frau zu heiraten. In einem Moment charmanter Schwäche jedoch täuschte er sich wohl darüber hinweg, daß er seit über zwei Jahrzehnten als Soldat gelebt hatte, ohne wie Ismet oder Ali Fethi bereits als jüngerer Mann eine Familie gegründet zu haben, und daß seine gesamte Persönlichkeit von den gestalterischen Aufgaben, die es zu diesem Zeitpunkt in der türkischen Gesellschaft zu bewältigen galt, absorbiert werden würde.

Und doch war es Ismet, das Muster eines ausgeglichenen und umsichtigen Ehemannns und Vaters, der das zunehmend vertrautere Verhältnis zwischen Mustafa Kemal und Lâtife mit Befriedigung zur Kenntnis nahm. Nicht zuletzt hofften er und andere Freunde des Ghazi, daß ein geregeltes Privatleben ihren Chef von seiner »Tafelrunde« ablenken würde, die oft bis zum Morgen dauerte und Gelegenheit bot, dem Rakı zu frönen. Da Mustafa Kemal bereits seit früher Jugend unter Schlaflosigkeit litt, hatte er sich an diese Abendtafeln gewöhnt. An einen Freund schrieb er: »Ja, ich trinke jeden Tag etwas Rakı. Mein Gehirn arbeitet so schnell, so rastlos, daß ich keine Ruhe finde und nicht schlafen kann.«[182] Und als seine Gegner in den späten zwanziger Jahren diese Gewohnheit politisch gegen ihn auszuspielen versuchten, erklärte er: »Man sagt von mir, ich sei ein Trinker. Ja, ich trinke seit meiner Jugend, aber ich höre damit auf, wann ich will. Während wichtiger Entscheidungen trinke ich nie. Ich habe nie meine Aufgaben wegen Alkohols vernachlässigt. Schon als junger Offizier traf ich mich mit den Kameraden zum Gespräch, und wir tranken auch zusammen, manchmal bis in die frühen Morgenstunden. Ich stand aber rechtzeitig auf und ging zu meiner Truppe, ohne mich eine Minute zu verspäten. Alkohol und Pflicht sind für mich zwei getrennte Dinge. Wenn sie kollidieren, muß man die Pflicht vorziehen.«[183]

Unter den Gästen, die Lâtife zur Feier der Befreiung Izmirs in das Haus ihres Vaters einlud, befand sich auch Halide Edib, die gerade zum Hauptmann befördert worden war. Der Ghazi hatte sie mit seinem Wagen abgeholt, und sie fuhren zusammen zu dem prachtvollen Anwesen Muammer Beys, der während seiner Abwesenheit in Biarritz mehrere Häuser durch den Brand in der Altstadt verloren hatte. Halide Edib erinnert sich: »Mustafa Kemal Pascha sprach sehr anerkennend über Lâtife, während wir Izmir durchquerten. Er erzählte mir, wie gut erzogen sie sei, welche ausgezeichneten Manieren sie habe und daß ihr Patriotismus sie die materiellen Verluste ihres Vaters leichten Herzens hinnehmen lasse. Das alles hörte sich an, als würde der harte Soldat nun doch noch an die Gründung eines Hausstands denken.

Wir kamen durch einen entzückenden alttürkischen Garten, der oberhalb des blauen Wassers der Bucht lag. Die Stufen, die zur Veranda hinaufführten, und die Veranda selbst waren dicht umgeben von Efeu, blühendem Geißblatt, Jasmin und Rosen, die ineinanderwuchsen und eine reizende Unordnung bildeten. Eine sehr kleine Dame in Schwarz stand auf der obersten Stufe und empfing uns. Obwohl es hieß, sie sei erst vierundzwanzig, wirkte sie durch ihre ruhige Art und ihre Reife viel älter. Ihre formvollendete Begrüßung besaß Würde und den Zauber der alten osmanischen Welt. Sie trug ihr Haar in ein schwarzes Tuch eingebunden, und dieser dunkle Rahmen ließ ihr Gesicht, das wie ihre Figur etwas dicklich war, vorteilhaft hervortreten. Ihre harten, schmalen und wenig weiblichen Lippen verrieten ungewöhnliche Kraft und Willensstärke, und ihre schönen, ernsten und strahlenden Augen waren von Intelligenz beherrscht. Wie ich mich noch genau erinnere, schimmerte in ihnen ein eigenartiges Licht, das die Faszination der grau-braunen Farbmischung noch erhöhte.

Mustafa Kemal Pascha zog sich für einen Augenblick zurück und erschien dann in einem weißen Anzug. Sein farbloses, lichtes Haar hatte er nach hinten gebürstet, während seine buschigen Brauen, wie sonst auch, widerspenstig abstanden. Seine blaßblauen Augen leuchteten vor innerer Befriedigung, als er neben dem von Getränken beladenen Tisch stand. Lâtife hatte sich neben mich auf ein Sofa gesetzt und sah die ganze Zeit zu ihm hin. Sie schien wie geblendet von ihm, und er war offensichtlich in sie verliebt. Innerlich stimmte ich seinem Geschmack zu. Obwohl ich mich niemals für seine Privataffären interessierte, mußte ich mir eingestehen, daß sowohl Fikriye als auch Lâtife, die beiden einzigen Frauen, die echte Gefühle in ihm erweckten, ungewöhnlich bemerkenswerte Erscheinungen waren. Ich empfand Mitleid für Fikriye, denn ich wußte, sie würde sehr leiden, wenn sie von der neuen Zuneigung des Paschas hörte.«[184]

Einen Tag, nachdem Mustafa Kemal mit Franklin-Bouillon über den Waffenstillstand konferiert hatte, der am 11. Oktober in Mudanya geschlossen werden sollte, fuhr er ohne Lâtife nach Ankara zurück, wo er am 2. Oktober 1922 eintraf. Lâtife sollte ihn anläßlich einer Siegesfeier am 12. Oktober in Bursa erwarten. Am 4. Oktober hielt er vor der Großen Nationalversammlung eine Rede und ernannte Refet (Bele) zum Sonderbevollmächtigten, der durch persönliches Auftreten in Istanbul und Ostthrakien den Anspruch der nationalen Regierung auch auf diese Gebiete in aller Öffentlichkeit demonstrieren sollte. Die Wahl Refets, der zu den erklärten Kritikern des Ghazi gehörte, hatte zwei Gründe: Durch die ehrenvolle Aufgabe, die ihm übertragen wurde, wollte Mustafa Kemal die Opposition besänftigen, und er hatte ihn als Reisebegleiter für Fikriye nach Istanbul vorgesehen. Die Situation, in die Mustafa durch die beiden ihn umwerbenden Frauen geraten war, erforderte ebensolches diplomatisches Geschick wie der Umgang mit seinen politischen Gegnern, die sich seit dem endgültigen militärischen Sieg mit einer von der Mehrheit der Bevölkerung abgöttisch verehrten Autorität konfrontiert sahen. Fikriye, deren Tuberkulose inzwischen eindeutig feststand, hatte einer Kur in der Schweiz nur unter der Bedingung zugestimmt, daß sie den Ghazi vorher nach Bursa begleiten dürfe. Lâtife mußte daher wieder ausgeladen werden, und Refet erhielt den Auftrag, Fikriye, die sich noch von ihren Verwandten verabschieden wollte, im Anschluß an die Feierlichkeiten in Bursa nach Istanbul zu bringen.

Am 12. Oktober präsentierte sich Mustafa Kemal, umgeben von Kâzım Karabekır, Refet, Fevzi und Ismet, einer zehntausendköpfigen jubelnden Menge in Bursa. In der folgenden Nacht erlitt Fikriye, die mit ihrem Helden im Haus des Bürgermeisters logierte, einen Nervenzusammenbruch. Sie stürzte in das Zimmer des erst spät von den Nachfeiern zurückgekehrten Ghazi, stammelte: »Mein Pascha! Mein Pascha!« und flehte ihn an, bei ihm bleiben zu dürfen, denn sie spüre, daß sie während der nächsten Tage sterben werde. Lâtife im Herzen, blieb der Pascha fest in seinem Entschluß, Fikriye über Istanbul in die Schweiz zu schicken. Sie nahm ein Beruhigungsmittel und fügte sich.

Nach einer kurzen Fahrt über das östliche Marmara-Meer gingen Refet, Fikriye und eine Hundertschaft Militärpolizei am 19. Oktober in Istanbul an Land, enthusiastisch begrüßt von den Einwohnern, die sogar von den Dächern der Häuser mit rot-weißen türkischen oder grünen islamischen Fahnen winkten. Während Fikriye eigene Wege ging, erfüllte Refet das mit Mustafa Kemal abgesprochene Programm: Er hielt eine Rede am Grab des Eroberers von Istanbul, Sultan Mehmet II., in der er versicherte, daß die Stadt niemals wieder in die Hände von Ungläubigen fallen werde, stattete dem britischen Hochkommissar einen Höflichkeitsbesuch ab, und trennte auf Geheiß aus Ankara das Kalifat vom Sultanat, indem er zuerst ein Gespräch mit Vertretern des Kalifenamts führte und anschließend Mehmet VI. Vahidettin im Yıldız-Palast aufsuchte und ihn aufforderte, seine Regierung aufzulösen, da die Souveränität jetzt beim Volk und seiner Vertretung, der Großen Nationalversammlung, liege. Die Sultansregierung selbst ignorierte er.

Noch während Refets Aufenthalt in Istanbul wurde das Sultanat endgültig abgeschafft. Wie bereits in den Jahren zuvor beschleunigte Vahidettin unfreiwillig auch diesen letzten Akt der Auflösung durch seine eigenen Entscheidungen. Über seinen Großwesir Tevfik Paşa, der bereits Anfang 1909 und Anfang 1919 dieses Amt bekleidet hatte, erwirkte er bei den europäischen Teilnehmern der Friedenskonferenz – diese sollte am 20. November in Lausanne beginnen – eine Einladung auch an die Istanbuler Regierung. Dieser in Ankara als unerhörte Anmaßung empfundene Schachzug, der abermals auf den Versuch hinauslief, die Dynastie auf Kosten der türkischen Nation zu retten, empörte selbst diejenigen Abgeordneten, die aus religiösen Gründen oder aus Furcht vor einem Machtzuwachs Mustafa Kemals Bedenken gegen eine Trennung des Sultanats vom Kalifat hatten. Um auch die ausdauerndsten Opponenten zum Schweigen zu bringen, scheute sich der Ghazi nicht, am 1. November, dem Tag der Abschlußdebatte, zu drohen, daß im Falle einer Abstimmungsniederlage »einige Köpfe abgeschlagen werden«.[185] Der diktatorische Ton verfehlte seine Wirkung nicht. Noch am selben Tag konnte Mustafa Kemal als Präsident der Großen Nationalversammlung verkünden, daß das Sultanat abgeschafft sei.

Am 4. November trat das Kabinett des Sultans zum letztenmal zusammen. Refet, der Sonderbeauftragte, erklärte gleichzeitig, daß die osmanischen Minister entlassen seien. Am 17. November verließ Mehmet VI. Vahidettin heimlich mit seinem Sohn und einem reduzierten Hofstaat auf einem englischen Schiff Istanbul. Er beschloß sein Leben vier Jahre später an der Côte d'Azur. Mit seiner Flucht endete die fast sechshundertjährige osmanische Herrschaft. Am Tag darauf entzog die Große Nationalversammlung dem ehemaligen Sultan auch die Würde eines Kalifen und bestimmte zu seinem geistlichen Nachfolger den osmanischen Prinzen Abdul-Mecit, der dieses Amt noch einein- halb Jahre lang ohne jede Machtbefugnis ausübte.

Trotz der Drohung Mustafa Kemals anläßlich der Sultanatsdebatte unternahm die Opposition im Abgeordnetenhaus bereits im Dezember 1922 einen weiteren Versuch, die Macht des Parlamentspräsidenten, Oberbefehlshabers und Helden der Nation zu beschneiden. Sie legte ein Gesetz zur Verabschiedung vor, das alle Personen von der Wahl in die Nationalversammlung ausschließen sollte, die nicht am Stichtag nachweisen könnten, innerhalb der aktuellen Grenzen der Türkei ge- boren zu sein oder, im Falle von türkischen oder kurdischen Emigran- ten aus ehemals osmanischen Gebieten, seit fünf Jahren auf dem natio- nalen Territorium und innerhalb eines bestimmten Wahlkreises gelebt zu haben. Diese Gesetzesvorlage zielte eindeutig auf den in Saloniki geborenen Ghazi, der sich in einer von Ironie durchdrungenen Rede für seine Geburt in Saloniki entschuldigte und auf seine militärischen Leistungen an den Dardanellen, in Ostanatolien und Syrien und auf seine maßgebliche Beteiligung am nationalen Widerstand hinwies. Ab- schließend fragte er: »Wer hat Ihnen denn, meine Herren, den Auftrag erteilt, mich meiner bürgerlichen Rechte zu berauben? Von dieser Tri- büne herab richte ich diese Frage offiziell an die Hohe Versammlung, an die Bevölkerung der Wahlbezirke dieser Herren, an die ganze Na- tion, und ich fordere eine Antwort.«[186] Die Folge war eine Flut von Telegrammen, in denen Delegierte aus allen Wahlkreisen dem Ghazi ihre Liebe und Treue versicherten. Die Revision des Wahlgesetzes wurde durch Abstimmung niedergeschlagen.

Während die am 20. November 1922 eröffnete Lausanner Friedens- konferenz, auf der Ismet (Inönü) zäh und gewitzt die Interessen der

Türkei vertrat, mühsam voranschritt und in Ankara über das Sultanat und die Veränderung des Wahlgesetzes diskutiert wurde, blieb Mustafa Kemal kaum Zeit, sich um sein Privatleben zu kümmern. Da er Lâtife jedoch nicht länger auf einen Beweis seiner Heiratswilligkeit warten lassen wollte, verknüpfte er, gewohnt, strategisch vorzugehen, zwei Ziele durch eine Entscheidung. Er schickte seine Mutter, die an schwerer Arthritis litt, in das trockenere und wärmere Mittelmeerklima nach Izmir, wo sie nicht nur ihrer Gesundheit leben, sondern auch durch ihre Anwesenheit als Gast im Haus von Lâtifes Eltern ihr Einverständnis mit der zukünftigen Ehefrau ihres Sohnes bekunden sollte. Das Gastgeschenk, ein schwarzes Rassepferd mit dem Siegesnamen »Sakarya«, behagte Zübeyde wenig, denn da es für Lâtife bestimmt war, argwöhnte sie, daß sie damit der Heirat zustimmte, bevor sie die Braut kennengelernt hatte.

Während ihrer Reise sah Zübeyde vom Zug aus – wegen ihrer Schmerzen saß sie in einem Rohrsessel, den man in einem Abteil installiert hatte – die durch den Unabhängigkeitskrieg zerstörten Städte und Dörfer, und auf den Stationen blickte sie erstaunt zu den versammelten Honoratioren, denn zur Ehrung der Mutter des Ghazi waren sie, dem neuen Trend aus Ankara folgend, mit ihren Frauen erschienen. Ihrerseits beeindruckte sie die Menschen, die sie zum erstenmal sahen, durch ihre würdevolle Erscheinung. Sie trug einen weißen Umhang und einen weißen Schal, der ihr Haar bedeckte. Ihr Gesicht war trotz ihres Alters noch immer faltenlos und von schöner Blässe, und hinter einer silberumrandeten Brille lagen zwei große dunkelblaue Augen, die gleichzeitig zu lächeln und in tiefen Ernst versunken schienen.

Auch ohne die Altersdifferenz konnte der Unterschied zwischen Zübeyde und Lâtife, die zur Begrüßung in das Zugabteil gekommen war, nicht größer sein. Lebenserfahrung stand gegen Bildung, Fatalismus gegen Selbstbestimmung und ursprüngliche Empfindung gegen kühlen Verstand. Von Anfang an hatte Zübeyde eine Abneigung gegen diese wenig attraktive Frau; sie bevorzugte ihre jüngere Schwester, wie sie Ali, dem sie begleitenden Adjutanten Mustafa Kemals, gestand. Eine wesentliche Rolle spielte dabei sicherlich die mütterliche Eifersucht, die im Lauf von vierzig ereignisreichen Jahren, in denen sie die engste weibliche Vertraute ihres Sohns gewesen war, das übliche Maß überschritten hatte. Über ihre wahren Empfindungen schwieg sie jedoch. Nur einmal fragte sie zweifelnd Ali, den sie aus Ankara gut kannte und der seinerseits ihre Reaktionen genau zu deuten wußte:

»Glaubst du, daß diese Dame meinen Mustafa glücklich machen kann?«[187]

Seltsamerweise verschlechterte sich Zübeydes Gesundheitszustand bereits während der ersten zehn Tage in Izmir erheblich. Sie wollte wieder zurück nach Ankara, aber der Arzt riet ihr dringend von der beschwerlichen Zugfahrt ab. Aus dem Gefühl heraus, dem Ende entgegenzugehen und ihren Sohn nicht mehr wiederzusehen, ließ sie einen muslimischen Geistlichen kommen, mit dem sie die Angelegenheiten ihrer Seele (und auch die ihres geringen Besitzes) regelte. In einer besonderen schriftlichen Verfügung vermachte sie ihrem Mustafa einen Diamantring.

Beunruhigt über diese Entwicklung, fuhr Ali nach Ankara und erstattete dem Ghazi Bericht. Dieser nahm noch am selben Abend, am 14. Januar 1923, den Nachtzug, aber noch bevor der Morgen dämmerte, war Zübeyde, umgeben von der Familie Muammer Beys, gestorben. Als Mustafa Kemal das Telegramm mit der Todesnachricht im Schlafabteil des Zuges erhielt, sagte er, noch ehe er es gelesen hatte: »Ich weiß, meine Mutter lebt nicht mehr.«[188] Und nachdem er das Telegramm überflogen hatte, erzählte er Ali, daß er vor wenigen Stunden im Traum mit seiner Mutter durch grüne Felder gelaufen sei und ein plötzlich auffahrender Sturm sie von seiner Seite gerissen habe.[189]

Ebenso seltsam wie der plötzliche Tod Zübeydes in der sie irritierenden Umgebung des luxuriösen, mondänen Haushalts der Muammers in Izmir – in Çankaya, wo sie ihr eigenes Haus hatte, wohnte sie in der gewohnt schlichten Art einer frommen muslimischen Frau ländlicher Herkunft – war die Reaktion Mustafa Kemals auf den Tod seiner Mutter. Er ordnete telegrafisch ihre Beerdigung im traditionellen islamischen Ritus an – die Abschaffung des Kalifats und die Trennung von Staat und Religion waren im stillen längst beschlossene Sache –, fuhr aber selbst nicht weiter nach Izmir, um an der Seite von Lâtife seine Trauer zu lindern, sondern dirigierte den Zug nach Izmit um. Dort hielt er zwei Wochen lang Reden und versuchte, die Verhandlungen in Lausanne, die sich wegen der Unnachgiebigkeit Lord Curzons immer schwieriger gestalteten, zu beeinflussen, indem er Truppen im Westen konzentrierte, wo die Alliierten militärisch noch präsent waren. Erst am 27. Januar traf er in Izmir ein, wo er sich direkt von der Bahnstation zum Friedhof begab und am Grab seiner Mutter eine kurze Ansprache hielt, die mit den Worten endete: »Ich leide sehr unter ihrem Tod. Eines aber tröstet mich, und das ist die Tatsache, daß das Land von der

Mustafa Kemal mit Lâtife (ganz rechts) und ihrer Familie

Herrschaft, die es zerstört und in eine ausweglose Situation gebracht hat, befreit wurde. Ich schwöre auf das Grab meiner Mutter und in Gegenwart Allahs, daß ich nicht zögere, ihr ins Grab zu folgen, sollte die Souveränität des Volkes, für die so viel Blut vergossen worden ist, zu ihrem Schutz nach einem solchen Opfer verlangen.«[190]

Zwei Tage später, am 29. Januar 1923, fand die Heiratszeremonie zwischen Lâtife und Mustafa Kemal, der die beiden Zeugen Kâzım Karabekır und Fevzi (Çakmak) stellte, vor dem Kadi statt. Nachdem die symbolische Summe von »dreißig Silberdirham«, wie sie alte Korankommentare als unterste Grenze festsetzten, für die Gewinnung und für den Fall der Verstoßung der Braut »ausgehandelt« war und beide Heiratswillige sich mit dem Preis und dem Partner einverstanden erklärt hatten – entgegen orthodoxer Tradition trat das Paar gemeinsam auf –, sprach der geistliche Richter ein Abschlußgebet, das, auf Wunsch des Ghazi neu formuliert, den Segen Gottes nicht nur für die Vermählten erflehte, sondern auch für deren Familien und die ganze Nation. Mit der einige Jahre später erfolgten Einführung der zivilen Trauung fielen die religiöse Formel und die Festlegung eines »Brautpreises« offiziell fort. Ein festliches Essen im kleinen Kreis beendete den Tag. Zum Schluß blieben an der Tafel nur Karabekır und Fevzi, mit denen Mustafa Kemal noch einmal die schwierigsten Etappen der Befreiungskämpfe Revue passieren ließ.

Lâtife akzeptierte an diesem Abend die Rolle, die ihr Bräutigam ihr zugewiesen hatte, als er scherzhaft zu den beiden Generälen sagte: »Die Frau eines Soldaten verbringt ihre Hochzeitsnacht in der Küche.«[191] In Ankara jedoch, wo das Paar am 20. Februar eintraf, begann sie umgehend ihre Vorstellungen von einem würdigen und vorbildlichen bürgerlichen Eheleben an der Spitze der Nation umzusetzen. Enttäuscht über die Bescheidenheit des Hauses in Çankaya, in dem außerdem viele Spuren an Fikriye erinnerten, ließ sie die Inneneinrichtung neu gestalten, forderte von dem ausschließlich männlichen Dienstpersonal, daß es weiße Handschuhe beim Servieren trage, und verlangte von den Adjutanten, daß sie nur mit ihrer Erlaubnis das Schlafzimmer des Ghazi betraten. In späterer Zeit, als sie versuchte, Mustafa Kemal in teilweise provozierender Weise von seiner »Tafelrunde« abzuhalten – einmal klopfte sie zum Beispiel verärgert mit dem Schuhabsatz auf den Fußboden, als die Diskussionen im Speiseraum darunter sich in die Länge zogen –, wurde noch deutlicher, daß sie nicht geneigt war, sich dem privaten Lebensstil ihres Helden zu fügen. Da auch der Ghazi es bald aufgab, Konzessionen zu machen, mußte der Versuch der beiden zwangsläufig scheitern, eine moderne und patriotische Ehe zu führen, in der persönliche Leidenschaft nur eine untergeordnete Rolle spielte.

Am 31. Januar 1923 brach Mustafa Kemal mit Lâtife zu einer Rundreise durch Anatolien auf. In Balıkesir, einer östlich von Bursa gelegenen Stadt mit strenggläubiger Gemeinde, hielt er eine Rede über die Notwendigkeit, sich auch in der Moschee mit den Fragen der Nation zu befassen, »mit der Zukunft, unserer Unabhängigkeit und unserem Recht auf Selbstbestimmung«.[192] Die sehr förmliche Hochzeitsreise endete bereits am 19. Februar in Eskişehir, wo Ismet (Inönü) den Ghazi erwartete. Die Lausanner Konferenz war am 4. Februar gescheitert, und Ismet wollte noch vor seiner Ankunft in Ankara den Stand der Dinge mit dem Ghazi erläutern. Offengeblieben waren die Frage nach den Privilegien der Ausländer in der Türkei (Kapitulationen), die Regelung der osmanischen Schulden und die Zugehörigkeit des Ölgebiets um Mosul. Lord Curzon, der britische Delegationsleiter, hatte sich an Ismet, der seine Schwerhörigkeit taktisch einsetzte, indem er durch wiederholtes Nachfragen Zeit für seine Antworten gewann, die Zähne ausgebissen. Ein Konferenzbeobachter schrieb: »Lord Curzon verhielt sich oft wie ein Lehrer, der seinem dummen Schüler einen Verweis erteilt. Ismet weigerte sich jedoch zu lernen. Als der amerikanische Delegierte die beiden Männer zusammenbrachte, um die juristische Seite der Kapitulationen zu diskutieren, schrie Curzon herum und schlug mit seinem Stock gegen die Wand. Ismet, der auf uneingeschränkter Souveränität bestand, sagte, daß die Klärung von Einzelheiten eben ihre Zeit brauche.«[193]

Unmittelbar nach der gemeinsamen Rückreise mit Mustafa Kemal und Lâtife nach Ankara wurde Ismet von mehreren Abgeordneten scharf angegriffen. Er habe weder einen Abschluß der Friedensverhandlungen erreicht noch genügend Durchsetzungsvermögen bei der Verteidigung der türkischen Forderungen bewiesen. Der Parlamentsvertreter aus Trabzon, Ali Şükrü, brachte die Kritik auf die provozierende Formel: Der Sieg, den die türkischen Bajonette errungen hätten, sei in Lausanne weggeworfen worden. Mustafa Kemal, der sich für das bisherige Ergebnis in Lausanne verantwortlich fühlte, reagierte auf diese Unterstellung mit einer heftigen Rede, in der er Ali Şükrü direkt ansprach und ihn fragte, welchen Zweck er denn mit seiner Hetzkampagne verfolge. Am nächsten Tag war der Abgeordnete aus Trabzon wie vom Erdboden verschwunden. Sofort verbreitete sich das Gerücht, Mustafa Kemal habe den Störenfried umbringen lassen, und vor der Nationalversammlung erklärte einer der Opponenten, daß die Ehre der Nation beschmutzt worden sei und der dafür Verantwortliche den Tod verdient habe.

Noch prekärer wurde die Situation für den Ghazi, als sich nach Auffinden der Leiche von Ali Şükrü herausstellte, daß es sich bei dem Mörder um den Chef der Lazen-Garde handelte, der noch eine alte Rechnung mit seinem Landsmann von der Schwarzmeerküste zu begleichen gehabt hatte.[194] Nachdem die sich leidenschaftlich verteidigenden Lazen in ihren Unterkünften in Çankaya von Regierungstruppen niedergeschossen worden waren – der Haupttäter tötete sich selbst –, zog Mustafa Kemal aus der gegen ihn gerichteten Verleumdungsaffäre, deren Drahtzieher er nicht mehr für geeignet hielt, als Volksvertreter zu dienen, die Konsequenz und forderte Neuwahlen: »Die Verwirrung der Geister in der ersten Nationalversammlung der Türkei hatte zu diesem Zeitpunkt einen Charakter angenommen«, sagte er später, »der tatsächlich zu ernsten Betrachtungen Anlaß geben konnte. Es war unmöglich geworden, die ernsten und verantwortungsvollen Angelegenheiten der Nation und des Landes zu leiten, sofern man nicht die Versammlung

erneuerte.«[195] Über die einstimmige Annahme des Gesetzes für Neuwahlen – sie sollten künftig alle vier Jahre stattfinden – äußerte Mustafa Kemal in dem Bewußtsein, einen entscheidenden Sieg errungen
zu haben: »Diese Abstimmung der Versammlung bildete einen wichtigen Punkt in der Geschichte unserer Revolution, denn mit dem Be-
schluß gab die Versammlung das Übel zu, an dem sie litt, und zeigte,
daß sie die Mißstimmung begriffen hatte, die das Volk diesem Schau-
spiel gegenüber empfand.«[196] Dem zweiten Parlament, das am 11. August 1923 eröffnet wurde, gehörten erheblich mehr Kemalisten an.

Mit den fürs erste wieder disziplinierten Abgeordneten im Rücken
konnte Ismet in Lausanne, wo die Teilnehmer am 23. April 1923 erneut
zusammentrafen, die türkischen Interessen entschiedener denn je vertreten. Der Ghazi telegrafierte ihm einige Wochen später, die Türkei
besitze die militärische Kraft, ihren Willen durchzusetzen, die Armee
stehe bereit und warte ungeduldig, und die Bevölkerung wolle sich
nicht länger hinhalten lassen.[197] Sir Horace Rumbold, dem Nachfolger
Lord Curzons, wurden die vom britischen Geheimdienst entzifferten
Depeschen aus Ankara jeweils vorgelegt, ehe sie die türkische Delegation erreichten. Mustafa Kemal, der mit dieser Spionagetätigkeit rechnete, konnte so indirekt Druck auf die Briten ausüben, die es zu diesem
Zeitpunkt nicht mehr für ratsam hielten, die im Aufbau begriffene türkische Nation abermals in eine militärische Auseinandersetzung zu
stürzen. Am 24. Juli wurde der Friedensvertrag in Lausanne endgültig
unterzeichnet und am 24. August von der inzwischen neu gewählten
Großen Nationalversammlung mit nur vierzehn Gegenstimmen angenommen.

Als am 25. Juli die Nachricht in Çankaya eintraf, daß nach neun Jahren Krieg und Verwüstung wieder Frieden sei, waren Mustafa Kemal
und Lâtife gerade von ihrer im Februar unterbrochenen Reise durch
die Provinzen zurückgekehrt. Wegen der frühen Stunde noch im Morgenmantel, empfing er Hüsseyin Rauf und Ali Fuat, um mit ihnen die
befriedigenden Ergebnisse der Lausanner Verhandlungen zu feiern.
Rauf bemängelte jedoch die türkischen Konzessionen, die gemacht
worden seien, und stellte überraschend seinen Posten als Ministerpräsident zur Verfügung. Der eigentliche Grund seiner Resignation lag im
Unbehagen darüber, daß Mustafa Kemal, der seit Anfang des Jahres
die Gründung einer Partei vorbereitete, bald auch außerhalb des Parlaments gezielt Einfluß auf die Bevölkerung ausüben würde. Die heitere
Morgenstimmung in Çankaya war schnell verflogen.

Einige Tage später wurde Ismet auf Vorschlag des Ghazi vom Parlament zum neuen Ministerpräsidenten und Ali Fuat zu dessen Stellvertreter ernannt. Aber auch Ali Fuat zog es nach der Gründung der »Volkspartei« am 9. September 1923 – nach Mustafa Kemals Definition »eine Schule, die dem Volk Politik beibringen soll«[198] – vor, der Politik zu entsagen und sich wieder seiner militärischen Karriere zuzuwenden. So verließen Mustafa Kemal zum Zeitpunkt des Triumphs der türkischen Widerstandsbewegung zwei seiner ältesten Freunde. Er bemühte sich allerdings nicht, sie zurückzuhalten, denn, befangen in einer Aura der Omnipotenz, die durch seine Verehrung als Retter des Vaterlands und die Bedürftigkeit des Volks nach geistigen und materiellen Grundlagen verstärkt wurde, vermochte er kritische Freunde und konstruktive Gegner kaum noch von den wirklichen Feinden der Demokratie zu unterscheiden.

Der Lausanner Friedensvertrag, der erstmals die nationale Regierung in Ankara als legitime Nachfolgerin des Sultanats international anerkannte, enthielt trotz einiger Einschränkungen die Garantien für die Unabhängigkeit und Souveränität eines neuen türkischen Staats. Die wichtigsten Punkte lauteten: Die Türkei behält Ostthrakien und bekommt die beiden vor dem Eingang der Dardanellen liegenden Inseln Imbros und Tenedos zugesprochen (sämtliche Ägäis-Inseln fallen endgültig Griechenland zu); die Dardanellen werden entmilitarisiert und unterstehen einer internationalen Kommission, wobei die Türkei das Recht hat, Truppen durch die neutrale Zone zu führen und 12 000 Soldaten in Istanbul zu stationieren (1936 erhielt die Türkei im Abkommen von Montreux die vollständige Kontrolle der Meerengen zurück); die Grenze zu Syrien entspricht den Vereinbarungen vom 20. Oktober 1921 mit Franklin-Bouillon, schließt jedoch bis zu einem zukünftigen Termin über eine Volksabstimmung oder Verhandlungen die Städte Iskenderun (Alexandretta oder Hatay) und Antakya (Antiochia) aus; das Gebiet von Mosul bleibt trotz seiner überwiegend türkisch-kurdischen Bevölkerung britisches Mandatsgebiet (später durch den Völkerbund Irak zuerkannt); die Sonderrechte für Ausländer auf türkischem Boden (Kapitulationen) entfallen, nicht jedoch die osmanischen Schulden (bis 1929 wurden die vor dem Ersten Weltkrieg von der Sultanatsregierung teilweise an die Gläubiger abgetretenen Steuereinnahmen weiter an die europäischen Kreditgeber überwiesen, und bis 1949 liefen die Abzahlungen internationaler Darlehen, die das Osmanische Reich aufgenommen hatte). Nicht erwähnt im Vertragstext sind

Armenien und Kurdistan. Die Türkei erklärte jedoch, daß sie das Leben und die Freiheit aller Bewohner ohne Ansehen der Geburt, der Nationalität und der Sprache schützen wolle. Alle fremdsprachigen Bewohner, die die türkische Nationalität besäßen, hätten das Recht, ihre eigene Sprache privat, öffentlich und sogar vor Gericht zu benutzen. Nichtmuslimischen Türken sei erlaubt, Institutionen der Wohlfahrt, der Religion und der Erziehung zu errichten und zu betreiben.[199]

Nach der Annahme des Friedensvertrags, dessen Vollendung Mustafa Kemals Ansehen und Autorität so sehr festigte, daß er seine radikalen Reformen ohne größere Widerstände durchführen konnte, folgten mehrere Entscheidungen, die den Beginn der neuen Ära markierten. Daß sich Mustafa Kemal trotz der wirtschaftlich katastrophalen Lage des Landes nicht zum Diktator entwickelte, sondern seine Autorität und Machtfülle für die Umgestaltung der Gesellschaft und den Aufbau des Landes verwandte, brachte ihm sogar in England den Ruf eines »großen Staatsmannes«[200] ein. Am 2. Oktober 1923 verließen die alliierten Truppen Istanbul, am 6. Oktober marschierten die ersten Soldaten der nationalen türkischen Armee in die alte Hauptstadt ein, am 13. Oktober bestimmte die Große Nationalversammlung per Gesetz Ankara zur neuen Hauptstadt, und am 29. Oktober erklärte sie in einer revidierten Verfassung den türkischen Staat zu einer Republik, deren Souveränität vom Volk ausgeht. Mustafa Kemal wurde zum ersten Staatspräsidenten (über hundert Abgeordnete enthielten sich der Stimme) und Ismet (Inönü) zum ersten Ministerpräsidenten der Republik gewählt.

15

Rebellion im Land und im eigenen Haus (1924–1925)

Nachdem der Traum von einem neuen türkischen Staat durch den Friedensvertrag von Lausanne und durch die Ausrufung der Republik Gestalt angenommen hatte, konnte Mustafa Kemal mit der Verwirklichung der Reformen beginnen. Ihre Grundprinzipien, die teilweise bereits in die Verfassung vom 29. Oktober 1923 eingeflossen waren und die später die Basis des am 9. Mai 1935 veröffentlichten Programms der »Republikanischen Volkspartei« und den Inhalt des Artikels 6 der Verfassung vom Februar 1937 bilden sollten, lauteten: Republikanismus (Souveränität des Volkes), Nationalismus (Absage an den Vielvölkerstaat), Populismus (das Volk und nicht eine politische Klasse ist Träger der Souveränität), Revolutionismus (stetige Fortführung der Reformen), Laizismus (Trennung von Staat und Kirche) und Etatismus (partielle staatliche Lenkung der Wirtschaft). Das wechselnde Tempo, in dem die Umwandlung des öffentlichen Lebens vor sich ging, entsprach dem Temperament ihres Initiators: Mit seinem ausgeprägten Gespür für das Machbare wartete er geduldig den günstigsten Augenblick für die Neuerungen ab, überraschte aber auch immer wieder mit plötzlichen Entscheidungen, wenn die Sache oder seine spontan hervorbrechende Energie keinen Aufschub duldeten.

Über das Phänomen dieses Reformers, dessen »zerstörerische Schöpfung«[201] die Türkei der islamischen Welt entfremdete, ohne sie der westlichen Welt kompromißlos einfügen zu können, schrieb die britische Journalistin Lilo Linke in ihrem Reisebericht mit dem treffenden Titel »Allah entthront«: »Mustafa Kemal wurde geleitet durch seinen Nationalismus und seine Liebe zur Macht, zwei oft untrennbar miteinander verbundene Motive. Niemals jedoch gab er der Versuchung nach, seine Popularität zu erhöhen, indem er an die niederen Instinkte der Bevölkerung appellierte, und er besaß den Mut, Reformen, wann immer er es für notwendig hielt, zu beschleunigen, auch wenn er die erheblichen Widerstände kannte, die sie hervorrufen würden.

Er wollte geliebt und respektiert werden als unbeirrbarer, aber gerechter Führer und nicht als Demagoge, der die Massen durch die rücksichtslose Gewalt flammender Worte davonträgt. Wie die meisten seiner Landsleute verfügte er über einen trockenen Humor, der ihn wenig Gefallen daran finden ließ, starke Gefühle zur Schau zu stellen. Seine Reden waren langatmig und an Tatsachen orientiert. Wenn sie überzeugten, dann deshalb, weil seine Zuhörer genausowenig wie er selbst hohles Getöne schätzten und weil sie aus Erfahrung wußten, daß sie ihm und seinen Zielen trauen durften.«[202]

Der riskanteste und gleichzeitig notwendigste Kraftakt unter den Reformen, den sich Mustafa Kemal gleich nach der Absicherung der republikanischen Verfassung vornahm, war die Abschaffung des Kalifats und die Säkularisierung der geistlichen Gerichtshöfe, Koranschulen und anderer Einrichtungen wie Klöster und Grabstätten. Riskant, weil die Gefahr bestand, daß fromme Muslims in der Türkei wie im islamischen Ausland ein solches »gottloses Vorgehen« mit Gegenmaßnahmen beantworten würden. Notwendig, weil die konservativ-religiösen Kräfte sich um den Kalifen zu scharen begannen, um die ihre Privilegien bedrohende laizistische Regierung – der Satz, daß der Islam Staatsreligion sei, wurde 1928 aus der Verfassung gestrichen – zu stürzen.

Als sich Mustafa Kemal schon bald mit einer anwachsenden Gruppe orthodoxer Muslims konfrontiert sah, die mehr Befugnisse für den Kalifen forderten, ging er an die breite Öffentlichkeit, indem er eine Pressekonferenz einberief. Da die meisten Journalisten auf seine Frage nach der Zukunft des Kalifats positive Antworten gegeben hatten, erklärte er ihnen seinen eigenen Standpunkt: »Alle Ihre Argumente sind falsch. Das Kalifat muß abgeschafft werden, aber ich sehe, daß Sie noch Ihre Schwierigkeiten und Zweifel haben. Die Beseitigung des Kalifats ist unvermeidlich, denn obwohl das Sultanat nicht mehr besteht, sehe ich, daß die alten Traditionen noch in Erinnerung geblieben sind. Wenn jedoch die alte Dynastie [der Osmanen] im Namen des Kalifen weiterhin dieselbe Rolle spielt, haben wir bald zwei rivalisierende Mächte, die die Ruhe des Landes, die wir sehr benötigen, stören werden.« Und auf den Zwischenruf, daß die dreihundert Millionen Muslims außerhalb der Türkei berücksichtigt werden müßten und daß das Amt des Kalifen der Türkei Ansehen und Verehrung verschaffe, antwortete er mit einem kurzen historischen Exkurs: »Die Behauptung, daß dreihundert Millionen Muslims aus moralischen Gründen am Kalifat hängen, ist nur eine Illusion. Haben wir nicht die indischen Muslims im Ersten Weltkrieg auf der Seite des Feindes [der Briten] gegen uns kämpfen sehen? Hatte der Kalif nicht denselben Krieg zu einem Heiligen Krieg erklärt und alle Muslims aufgefordert, uns zu helfen? Und brachte dieser Ausruf irgendein Ergebnis? Und was die Vorstellung betrifft, das Kalifat würde unsere Politik stärken, trat nicht eher das Gegenteil auf dem Balkan und während des Weltkriegs ein? Die Freiheitsbestrebungen der Muslims begrüßen wir von Herzen, aber ihre Freiheit wird nicht durch das Kalifat, sondern durch ihre eigenen Opfer errungen. Wir können auch nur unsere eigenen Möglichkeiten für unser eigenes Land nutzen, für Abenteuer und Phantastereien dagegen vergeuden wir keine Kräfte.«[203]

Da der Prophet Mohammed (arabisch Muhammed) nach seiner Auswanderung (Hidschra) 622 von Mekka nach Medina nicht nur religöser Führer, sondern auch Organisator eines Gemeinwesens war, entwickelte sich keine gesonderte religiöse Institution, keine Kirche, und es entstand in der Nachfolgezeit kein Konflikt zwischen dem Staat und einer Schicht von Klerikern. Mit seiner Entstehung in staatlicher Form hängt ebenfalls zusammen, daß der Islam – wie das Judentum, aber im Gegensatz zum Christentum – eine Gesetzesreligion wurde: Alle Regelungen, die der Prophet als Staatsoberhaupt zu treffen hatte, galten von Anfang an als heilig und wurden so zu ewig gültigen, im Prinzip unabänderlichen Normen. Da Mohammed seine Nachfolge nicht geregelt hatte, bestimmten die führenden Männer der islamischen Gemeinschaft seinen engsten und würdigsten Vertrauten, Abu Bekır, zum Kalifen, das heißt zum »Nachfolger des Gesandten Gottes« (arabisch chalîfa = Nachfolger). Er übernahm damit die Leitung des Staates, nicht die Funktion des Propheten oder eines geistlichen Oberhaupts. Im Lauf der Jahrhunderte ergab die Praxis, daß sich die Kalifen zwar von den Gläubigen huldigen ließen, sich in Wirklichkeit aber auf ihre weltliche Macht stützten.[204]

Weder die Aufhebung des Kalifats noch die Einführung des Laizismus konnten daher als religionsfeindlicher Akt betrachtet werden, denn die moralische Kraft, die das Kalifat durch seine Bindung an die Macht verloren hatte, ging wieder an die Gläubigen und ihr religiöses Gewissen über. Für die Erfüllung der religiösen Gebote galt im Islam einzig und allein der Koran als Wegweiser, Vermittler dagegen konnte jedes Gottesgeschöpf sein. In einer berühmten Gedichtzeile bekannte ein islamischer Gelehrter: »Eine Ameise führt mich zu Gott.«

Mustafa Kemal, der die Religion niemals verhöhnte, beseitigte mit dem Kalifat nur den politischen Mißbrauch dieses Amts, nicht jedoch die Grundsätze der Moral und des Glaubens, die die ersten vier »rechtgeleiteten« Nachfolger Mohammeds ursprünglich vertreten hatten. In seinem Sinne interpretierten auch fortschrittliche Muslims den Islam als eine der Demokratie verwandte Religion, da in ihr verankert seien: »Beratung, vom Volk gewählte Autorität, Gehorsam gegenüber der gewählten und ihrem Eid getreuen Autorität, strenge Einhaltung der Gerechtigkeit und Toleranz gegenüber Andersgläubigen.«[205] Ebenso setzte sich unter aufgeklärten Muslims die Auffassung durch, daß die Gepflogenheiten des Wohnens, der Kleidung, des Essens und Trinkens aus der Zeit Mohammeds, wie sie der Koran vorschreibt, für den modernen Menschen in seiner veränderten Umwelt nicht mehr verpflichtend sein können.

Daß die Türkei unter Mustafa Kemal diesen und andere revolutionäre Schritte unternommen hat, um sich aus der Erstarrung durch islamische Traditionen zu lösen, wurde im Westen, der in seine eigenen Orientträume von verschleierten Frauen und säbelschwingenden Reitern verliebt ist, nur vereinzelt gewürdigt, obwohl die Roßkur der Reformen Atatürks einem Selbstmord nahekam. Daß in der Türkei nach Atatürks Tod reaktionäre Kräfte zeitweise wieder die Oberhand gewannen, gehört zu den tragischen Folgen dieser radikalen Reformen, denn das beinahe erreichte Ziel einer gesicherten Demokratie verlor sich noch einmal in der Ausgangssituation rivalisierender Gruppen (Militär, Intellektuelle, islamische Fundamentalisten, Großgrundbesitzer, liberale Mittelschicht), von denen jede bald vom Osten, bald vom Westen mal gelobt und mal verschmäht wurde und wird. Die Visionen Atatürks sind den einen ein ewiger Fluch, den anderen eine ständige Verpflichtung. Um sie in Vollendung zu realisieren, braucht es Freunde, die nicht nur das Ideal bewundern, sondern die Türkei auch auf dem Weg dorthin begleiten.

Der entscheidende Durchbruch für das Gesetz über die Abschaffung des Kalifats erfolgte nach der Veröffentlichung eines Schreibens von Sultan Sir Mohammed Schah aus Indien an den Ministerpräsidenten Ismet (Inönü). Sir Mohammed (1877–1957), der dritte Inhaber des Titels Aga Khan und Führer der im 11. Jahrhundert gegründeten, Mitte des 19. Jahrhunderts nach Indien ausgewanderten und heute auch in Pakistan, Iran, Syrien und Ostafrika verbreiteten islamischen Nizari Ismaelis, drückte den Wunsch aus, die Ehre und den Einfluß des Kalifen zu erhalten, damit die Einheit der Muslims und die Macht des Islam bewahrt blieben. Dieser Brief löste in der türkischen Öffentlichkeit gewaltige Emotionen aus. Die Nationalisten waren empört über die Einmischung in ihre Angelegenheiten, und die Anhänger des Kalifen witterten Morgenluft. Die Reaktion der Regierung bestand im Verbot von Zeitungen, die die Stellungnahme des Aga Khan positiv besprachen, und in der Verhaftung von Journalisten, die sich als Parteigänger des Kalifen verdächtig machten. Mustafa Kemal erkannte instinktiv, daß der richtige Zeitpunkt gekommen war, in der Nationalversammlung abstimmen zu lassen.

Am 3. März 1924 nahmen die Abgeordneten das Gesetz über die Abschaffung des Kalifenamts mit überwältigender Mehrheit an. Am 4. März verließ Prinz Abdul-Mecit, der bisher letzte Kalif der islamischen Welt, zusammen mit seinen engsten Angehörigen die Türkei. Am 8. April wurden die religiösen Gerichtshöfe geschlossen, bald darauf das Amt des Scheich-ul Islam (des höchsten Vertreters des islamischen Rechts) und das Amt für Religiöse Güter aufgehoben und dem Innenministerium unterstellt. Über diese fundamentalen Veränderungen schrieb ein hoher Beamter des britischen Außenministeriums, D. G. Osborne: »Kemal hatte schon immer die Absicht, mit einem Schwung alles wegzufegen, was zum Untergang des türkischen Reichs beigetragen hat, damit der neue türkische Staat einen klaren und frischen Anfang nehmen kann. Seitdem sind die Kapitulationen verschwunden, die Griechen und Armenier haben sich zurückgezogen, Konstantinopel wurde als Hauptstadt entthront, das Sultanat ist beseitigt, und jetzt folgen auch noch die Abschaffung des Kalifats und – ebenso wichtig – der islamischen Gesetze. Eine gewaltige Revolution wurde durch friedliche Absichten bewirkt, und man muß den Mut, die Entschlossenheit und die staatsmännische Befähigung Kemals bewundern.«[206]

Teils gelangweilt von den repräsentativen Aufgaben, die er seit Herbst 1923 als Staatspräsident zu erfüllen hatte, teils angestrengt von den öffentlichen Reden, Parlamentsdebatten und Interviews mit türkischen und ausländischen Journalisten, die der Propagierung der nächsten und übernächsten Reform galten, ersehnte Mustafa Kemal immer stärker seine Tischrunden zurück, die ihm während seiner langen Militärzeit Entspannung, Unterhaltung und immer auch den Schlaf brachten, um den ihn sein nervöses Temperament schon seit seiner Jugend betrog. Die häusliche Atmosphäre in Çankaya hatte sich jedoch mit dem Einzug Lâtifes so wesentlich verändert, daß selbst alte Freunde wie Nuri (Conker) und Salih (Bozok) immer seltener erschienen.

Lâtife veränderte nicht nur die Einrichtung der Räume, sie versuchte auch, einen gesellschaftlichen Rahmen zu geben, den sie aus dem Haus ihres Vaters kannte. Ohne die persönlichen Eigenschaften und Gewohnheiten ihres Mannes zu berücksichtigen, achtete sie wie eine Offiziersfrau streng auf zeremonielles Verhalten und offizielle Etikette. Das Kasino, in das sie ihrer Ansicht nach geraten war, wollte sie in das kultivierte Heim eines anständigen Bürgers verwandeln. Zu ihren »Abendgesellschaften« durfte nicht mehr jeder kommen, der wollte, sondern sie selbst bestimmte im voraus die Anzahl der Gäste, unterließ Einladungen an diejenigen, die sie nicht mochte, und verlangte, daß die Herren in Begleitung ihrer Ehefrauen erschienen. Ihren Wunsch nach eleganter Abendgarderobe mußte sie jedoch wieder aufgeben, nachdem ein erster Versuch gescheitert war: als sich die Damen in langen Kleidern und die Herren in Dinnerjacketts in der mit Palmen geschmückten Empfangshalle versammelt hatten und ein kleines Unterhaltungsorchester zu spielen begann, kam Mustafa Kemal in gleicher steifer Aufmachung die Treppe hinunter und zeigte seinen Gästen durch ein entschuldigendes Zucken mit den Schultern und ein belustigt-gequältes Grimassieren, wie wenig er von dieser Maskerade zu privater Stunde hielt. Seine angeborene Schüchternheit, die sich in der Öffentlichkeit hinter Schroffheit, Strenge oder Exaltiertheit verbarg, machte ihn im Kreis von Freunden zu einem hingebungsvollen Gastgeber, der sich mit größter Aufmerksamkeit um jeden einzelnen kümmerte. Er verlor jedoch seine Natürlichkeit, sobald er sich in einen Rahmen gezwängt sah, der zu viel Eigengewicht besaß.

Noch gravierender waren die Eingriffe Lâtifes in den öffentlichen Bereich ihres Ehepartners. Wenn ausländische Besucher den Hausherrn nicht antrafen, gab sie vor, den Ghazi zu vertreten. So sagte sie zum Beispiel zu einem Zeitungskorrespondenten: »Wenn ich Ihnen etwas erkläre, dann können Sie es für ebenso authentisch halten, als hätten Sie mit dem Ghazi selbst gesprochen.«[207] Und die Informationen, die sie bei solchen Gelegenheiten erhielt, gab sie nicht selten falsch oder mißverständlich weiter. Ähnlich ungeschickt drängte sie sich in die Intimität der »Tafelrunde«, die trotz ihres zunehmenden Widerstands bestehen blieb. Ohne selbst etwas zu trinken, blieb sie mitunter nach dem Essen am Kopf der Abendtafel sitzen und versuchte durch ihre Konversation die Aufmerksamkeit der Anwesenden auf sich zu lenken. Bei ihrem persönlichen Feldzug gegen den Alkohol hielt sie sich auch nicht mit entsprechender Polemik vor den meist kampferprobten Militärs zurück. Als sie eines Nachts feststellte, daß Mustafa Kemal und seine Freunde noch immer bei ihrem Rakı saßen, öffnete sie die Tür zum Eßraum und sagte mit wütender Stimme: »Was denn, Kemal, schon wieder beim Trinken?«[208]

Daß diese Ehe nicht gutgehen würde, habe ihm, wie Mustafa später belustigt erzählte, ein erleuchteter Abgeordneter prophezeit. »Mein Ghazi, Sie werden dieses Mädchen unglücklich machen und sie Sie auch.« Darauf Mustafa: »Woher wissen Sie das?« Der Abgeordnete: »Sie ist von Natur aus sehr eifersüchtig.« Mustafa: »Woran erkennen Sie das?« Der Abgeordnete: »Ihre Augenbrauen sind nach unten gerichtet.«[209]

Am stärksten belastet wurde die Beziehung zwischen diesen beiden gleich eigensinnigen und egozentrischen Naturen durch die Rückkehr von Fikriye. Diese hatte in München, wo ihre Tuberkulose im Anschluß an den Schweizer Aufenthalt behandelt wurde, zufällig von der Heirat ihres Cousins mit Lâtife erfahren. Entgegen dem Rat der Ärzte verließ sie bald darauf das Sanatorium und fuhr mit dem Zug über Istanbul nach Ankara. Noch am Abend ihrer Ankunft ließ sie sich nach Çankaya bringen. Als sie Lâtife durch Ali angekündigt wurde, sagte diese zu Mustafa, der bereits aus der Stadt zurückgekommen war: »Wir wollen diese Dame, die dir in der Vergangenheit so ergeben gedient hat, jetzt nicht auf uns warten lassen.«[210]

Fikriye war beim Anblick des Paars wie versteinert, und Mustafa schwieg verlegen. Lâtife ergriff daraufhin als überlegene Rivalin die Initiative und arrangierte ein Abendessen zu dritt. Während der Mahlzeit erklärte Mustafa, daß er ihr, Fikriye, alle finanziellen Sorgen abnehmen und ihr außerdem ein Haus in Istanbul kaufen wolle. Sie reagierte kaum auf dieses Angebot, denn sie hörte nur heraus, daß sie ein für allemal aus der Umgebung ihres geliebten Helden abgeschoben werden sollte. Über drei Tage zögerte sie ihren Abschied hin und reizte Lâtife durch ihr stilles, hingebungsvolles Verhalten Mustafa gegenüber, den sie wie in vergangenen Zeiten mit »mein Pascha« und nicht in der europäisch-fashionablen Weise nur mit »Kemal« anredete, zu Wutausbrüchen.

Nachdem Fikriye in ein Hotel gezogen war, brach ein neuer Sturm in Çankaya aus, als Mustafa beim Spielen mit jungen Hunden zu Lâtife sagte: »Sieh mal her, Fikriye, wie niedlich sie sind.«[211]

Lâtife, die in diesem Versprecher den Beweis für heimliche Untreue sah, geriet außer sich und bat ihre Eltern, zu ihr zu kommen. Muammer Bey und seine Frau folgten diesem Hilferuf, reisten jedoch schon bald nach Izmir zurück, taktvoll die Ehekrise sich selbst überlassend. Da zu vermuten war, daß Fikriye über kurz oder lang nach Istanbul fahren würde, um sich dort ein eigenes Leben aufzubauen, beruhigte sich das Klima in Çankaya allmählich wieder.

Eines Nachmittags jedoch rollte eine Pferdedroschke vor, der Fikriye entstieg, wahrscheinlich, um ein letztes Lebewohl zu sagen. Da der diensthabende Adjutant am Eingang des Hauses sie nicht kannte, wies er sie mit der Erklärung ab, daß nur angemeldete Besucher zum Ghazi vorgelassen würden. Fikriye besaß wohl nicht mehr die Kraft, diesen Irrtum aufzuklären. Sie bestieg wieder die Droschke und bat den Kutscher, sie in ihr Hotel zurückzubringen. Während der Adjutant dem Wagen noch mit den Augen folgte, hörte er plötzlich einen Schuß und sah gleich darauf die Droschke halten. Er stürzte die Straße hinunter und stellte mit Entsetzen fest, daß die junge Frau, mit der er gerade noch gesprochen hatte, wie leblos im Fond der Kutsche lag. Fikriye hatte mit einem kleinen Revolver, den sie »ihrem Pascha« zur Erinnerung schenken wollte, ihrer Verzweiflung ein Ende gesetzt. Als Mustafa Kemal im Krankenhaus anrief, konnte man ihm nur noch mitteilen, daß Fikriye eine Stunde nach ihrer Einlieferung an der Schußverletzung gestorben sei.

Nach diesem tragischen Vorfall verbrachte Mustafa Kemal die meiste ihm privat zur Verfügung stehende Zeit in der Nähe der Landwirtschaftsschule, die ihm während der ersten Monate in Ankara als Hauptquartier gedient hatte. Auf seinen Wunsch hin war dort ein Stück Land abgeteilt worden, auf dem er sich als Ackerbauer und Pflanzenzüchter betätigen wollte. Diesen Traum vom einfachen Leben, den er im September 1922 Rauf anvertraut hatte, konnte er sich jedoch nur illusorisch, als Auftraggeber und Zuschauer, erfüllen. Anfangs erkundigte er sich nach jedem einzelnen Baum, der dort in der trockenen anatolischen Landschaft mühsam herangewachsen war. Einmal fragte er die Gärtner: »Da stand doch ein Gummibaum, was ist aus ihm geworden?« Da sich niemand erinnern konnte und er wohl zu Recht annahm, daß er aus Mangel an Pflege eingegangen war, sagte er: »Es war ein schwächliches altes Bäumchen, aber es lebte, und im Frühling strömte es einen wunderbaren Duft aus.« Und er ermahnte die Männer, keinen Baum mehr zu vernachlässigen.[212]

Später wurde aus diesem Hobbygelände durch umfangreiche Bewässerungsanlagen die staatliche Modellfarm »Orman«, auf der auch eine Bierbrauerei mit Ausschankgarten entstand, eine für ein islamisches Land recht ungewöhnliche Einrichtung. Als auch die beiden künstlichen Seen fertig waren, die auf Verlangen des Ghazi die Umrisse des Marmarameeres und des Schwarzen Meers zeigen und mit Springbrunnen ausgestattet sein sollten, erschien Mustafa Kemal zur abendlichen Einweihung bei farbiger Illumination. Verwundert betrachtete er die ganz und gar unnatürliche Szenerie, und in einem Anflug heiterer Selbstkritik sagte er: »O Kemal, du, hast du jemals Landwirtschaft studiert? Nein. Bist du ein Bauer? Nein. War dein Vater Bauer? Nein. Siehst du, daher darf sich sogar das Wasser über dich lustig machen, weil du deine Nase in Dinge steckst, von denen du nichts verstehst.«[213]

Im Juli 1924 machte Rudolf Nadolny als deutscher Gesandter – nach Überwindung der ersten Berührungsängste wurde ihm auch der Rang eines Botschafters konzediert – seinen Antrittsbesuch im Haus des Staatspräsidenten in Çankaya. Die Wiederaufnahme diplomatischer Beziehungen war bereits im Jahr 1922, vermutlich von beiden Seiten, diskret angestrebt worden, als die Schlachten von Afyon und Dumlupınar noch bevorstanden. Der »vorläufige« deutsche Vertreter in Moskau, Wiedenfeld, schrieb am 15. Mai 1922 an das Auswärtige Amt: »Der hiesige türkische Botschafter Ali Fuat Pascha [Cebesoy], der für drei bis vier Monate Moskau verläßt, um in Angora an der Schlußsession der Nationalversammlung als Abgeordneter teilzunehmen, hat mir zwei Tage vor seiner Abreise einen Abschiedsbesuch gemacht und dabei – neben allerhand Nebensächlichkeiten – die Frage aufgeworfen, ob Deutschland an den Plänen festhielte, einen amtlichen Vertreter nach Angora zu senden; ... Ich habe Ali Fuat erwidert, daß ich von einer solchen Absicht der deutschen Regierung keine Kenntnis hätte; ich hielte es auch für unwahrscheinlich, daß man im jetzigen Augenblick an die Entsendung eines in aller Form amtlichen Vertreters dächte. Ali Fuat erkannte das Berechtigte dieses Zweifels durchaus an, schien aber recht großen Wert darauf zu legen, daß er nun nicht seinerseits bei seiner Regierung ... völlig desavouiert würde. Ich sagte ihm, daß ich ihm gar nichts Bestimmtes mitteilen könnte, und vermied eine ausdrückliche Zusicherung, daß ich in Berlin anfragen würde. Trotzdem bat er mich, ihm doch noch vor seiner Abreise eine Mitteilung zu machen, falls ich von Berlin in dieser Sache etwas hörte.«[214]

Das vorrangige Interesse beider Länder, die durch den Ersten Weltkrieg gleichermaßen ruinöse Verluste erlitten hatten, war wirtschaftlicher Natur. Zudem rangen beide Länder noch um ihre vollgültige internationale Anerkennung, die Türkei durch bewaffneten Widerstand gegen die alliierte Besetzung, Deutschland auf dem Verhandlungsweg, um eine nachträgliche Besetzung zu verhindern. Eine Aufzeichnung des Auswärtigen Amts in Berlin vom 4. August 1922 vermerkte: »Der großbritannische Botschafter teilte mit, daß der Zulassung deutscher Konsuln in der Türkei einstweilen noch nicht zugestimmt werden könne, da sich die Alliierten Mächte noch als technisch im Kriegszustand (technically at war) mit der Türkei betrachteten.«[215]

Im September 1922 kam eine ärgerliche Affäre zutage, ärgerlich, weil sie die vorsichtige Annäherung zwischen Berlin und Ankara unnötig belastete. Die türkische Nationalregierung hatte nach der Rückeroberung Izmirs bei einer Firma in Deutschland Waffen zur Wiederaufrüstung ihrer Armee bestellt und im voraus bezahlt, die Ware aber nicht erhalten. Nach wiederholter Mahnung erklärte der Waffenhändler ungerührt, »daß ein solcher Verkauf den Bestimmungen des Versailler Vertrags widerspräche und er infolgedessen einem eventuell anzustrengenden Prozeß ruhig entgegensehe«.[216] Da weder die deutsche Regierung, die sich um eine Bereinigung der Angelegenheit bemühte, noch die Regierung in Ankara, die sich der politischen Problematik des Falls bewußt war, zu diesem Zeitpunkt der Nachkriegsverhandlungen rechtlich wirksame Druckmittel besaßen, verlief die Betrugsaffäre im Sand.

Daß das noch zarte neue Verhältnis zwischen Deutschland und der Türkei durch dieses mißglückte Waffengeschäft nicht in Mitleidenschaft gezogen worden war, geht aus dem Bericht eines deutschen Beobachters der Lausanner Konferenz vom 27. Juli 1923 hervor. Darin wird Ismet (Inönü), dem Sinn nach, mit den schmeichelhaften Worten zitiert, »er sei der festen Überzeugung, daß Deutschlands von jeher friedliche und politisch uninteressierte Rolle im Orient und im besonderen in der Türkei nicht ausgespielt sei. Die Türkei lege Wert gerade auf Deutschlands Hilfe. Deshalb hoffe er, daß auch bald die diplomatischen Beziehungen zu Deutschland aufgenommen werden könnten.«[217] Am 15. Dezember 1923 gab der Reichsminister des Auswärtigen, Gustav Stresemann, in einem Telegramm bekannt: »Deutsche Regierung ist bereit, zur Herstellung vertraglichen Zustandes zwischen der Türkei und Deutschland einen Freundschaftsvertrag mit türkischer Regierung abzuschließen.«[218]

Mit dem 1873 in Ostpreußen geborenen Juristen Rudolf Nadolny, der vor seiner Ernennung zum Gesandten in der Türkei in gleichem diplomatischen Rang in Stockholm und davor als Leiter des Präsidialbüros von Friedrich Ebert tätig war, gelangte ein Mann nach Kleinasien, der zwar in wirtschaftlichen und organisatorischen Fragen seine Qualitäten hätte, sonst aber wenig Geschick besaß, sich auf die türkische Mentalität und islamische Lebensweise einzustellen. Sein korrektes Verhalten verschaffte ihm durchaus Anerkennung bei Offiziellen, sein trockener Umgangston und sein altpreußisch überdiszipliniertes Auftreten dagegen erinnerten viele ältere Amtsinhaber zu sehr an die Vertreter der deutschen Militärmissionen vor und während des Ersten Weltkriegs, als daß ein geschmeidigeres Klima hätte entstehen können.

Als Nadolny von Istanbul aus, wo er das alte deutsche Botschaftsgebäude – seit 1919 interimistisch schwedische Gesandtschaft – wieder übernommen hatte – auch die anderen Landesvertretungen blieben vorerst in Istanbul, um bessere Bauverhältnisse in Ankara abzuwarten –, mit dem Zug in die neue Hauptstadt fuhr, entdeckte er noch erhebliche Kriegsschäden: »Man fuhr damals noch nicht des Nachts, sondern am ersten Tag nur bis Eskişehir. Dort blieb man des Nachts auf dem Bahnhof stehen, und am nächsten Tag ging's dann weiter nach Ankara. Die Fahrt bis Eskişehir war sehr aufregend. Erst am Meer entlang bis Izmit und dann durch einundzwanzig Tunnels und über halsbrecherische Brücken, die noch ganz kümmerlich repariert waren, bis auf ca. achthundert m Höhe nach Eskişehir. Überall lagen zerbrochene Lokomotiven und Waggons am Rande, zum Teil sogar auf der anderen Seite der Schlucht.«[219]

In Ankara blieb der deutsche Gesandte in seinem Waggon auf dem Bahnhof wohnen, da er wenig Zutrauen zu den Hotels hatte. Außerdem habe er nur wenige Besuche machen können, da die »ganze Regierung malariakrank im Bett lag«. Ursache dieser immer wieder ausbrechenden Fieberkrankheit waren die zwischen dem Bahnhof und der Altstadt sich ausdehnenden Sümpfe, Brutstätten der die Malaria übertragenen Anopheles-Mücken. Heute befinden sich auf dem trockengelegten Gelände der »Jugendpark«, ein Sportstadion und eine Pferderennbahn.

Als Nadolny seine Erinnerungen schrieb, hatte er auch die seit 1928 unter maßgeblicher Mithilfe deutscher und österreichischer Architekten wie Hermann Jansen, Clemens Holzmeister, Paul Bonatz und

Bruno Taut entstandene moderne Stadt vor Augen: »Wer heute [gemeint sind die vierziger Jahre] Ankara und andere anatolische Städte ansieht, der kann nicht anders als diesem Volk Bewunderung zollen. Sozusagen aus dem Nichts haben sie alles geschaffen... Der Bahnhof ist erneuert, und neben ihm ist ein wundervolles Hotel entstanden, außerdem gibt es noch das Palasthotel und einige andere Gaststätten. Die kleinen Häuser in der Stadt sind ebenfalls abgerissen und haben großen Häusern Platz gemacht. Außerdem hat sich die Stadt nach Çankaya hin ausgebreitet. Dorthin führen große Boulevards, und es stehen unten die Ministerien, während sich auf halber Höhe die Paläste der diplomatischen Missionen und ganz oben auf dem Elma Dagh [Apfelhügel] die Gebäude des Staatspräsidenten befinden.«[220]

Der Antrittsbesuch bei Mustafa Kemal blieb formell, enthielt jedoch als kuriosen Seitenaspekt die Allgegenwart Lâtifes: »Am nächsten Tag kam der Protokollchef mit einem Auto und fuhr mich nach Çankaya hinauf zum Ghazi. Eine Kompanie Soldaten war vor dem Hause aufgestellt, und die Kapelle spielte die deutsche Nationalhymne. Der Adjutant des Ghazi empfing mich in Galauniform. Ich schritt mit ihm die Front ab, dann betrat ich das Haus. Es war ein verhältnismäßig kleines Haus, aber man hatte einen wundervollen Blick von dort oben über die ganze Gegend. Fern in der Ebene lag Ankara. Der Ghazi war in Zivil, aber mit einer mächtigen Lammfellmütze auf dem Kopf. Nach den beiden Reden und der Überreichung des Beglaubigungsschreibens setzten wir uns noch einen Augenblick und plauderten. Dabei fragte der Ghazi, ob ich in Ankara eine Gesandtschaft bauen würde, und freute sich, als ich das bejahte [das deutsche Botschaftsgebäude, das im Herbst 1928 am heutigen Atatürk Bulvari fertiggestellt wurde, war das erste neue Botschaftsgebäude in Ankara]. Ich fragte, ob ich seiner Frau Lâtife meinen Besuch machen könnte, und er bejahte das und sagte, der Zeitpunkt würde mir mitgeteilt werden. Es hieß, der Ghazi sei nicht sehr deutschfreundlich, er habe im Krieg mit Herrn von Falkenhayn [1917 in Syrien] Schwierigkeiten gehabt. Dagegen sprach er sehr respektvoll von Herrn Liman von Sanders. Er sagte, der habe die Türken nicht sehr geliebt, und er sei sehr streng gewesen, aber er lobte seine Gerechtigkeit und achtete seine Kenntnisse.

Nach einer kurzen Plauderei verabschiedete mich der Ghazi. Ich schritt wieder die Front der Ehrenkompanie ab und fuhr, begleitet von der deutschen Nationalhymne, den Berg wieder hinunter. Am Nachmittag erhielt ich die Nachricht, die Frau des Ghazi könne mich leider nicht empfangen, sie habe Zahnschmerzen. Wie ich später hörte, soll sie auch eine Ehrenkompanie verlangt haben. Und als ihr diese abgeschlagen wurde, weigerte sie sich, mich zu empfangen.«[221] Mit einer längeren Unterbrechung, während der er an den Abrüstungsverhandlungen in Genf teilnahm, blieb Nadolny bis 1933 in der Türkei; zunächst in Istanbul, wohin er zu kulturellen Veranstaltungen Vortragsgäste wie den Pianisten Wilhelm Kempff, den Sänger Heinrich Schlusnus und die Schriftsteller Graf Eduard Keyserling und Börries von Münchhausen einlud, und dann, ab 1928, in Ankara. Danach ging er als Botschafter nach Moskau. Während des Zweiten Weltkriegs, in dem die Türkei gemäß ihrer kemalistischen Außenpolitik Neutralität wahrte – die am 23. Februar 1945 formale Kriegserklärung an Japan und Deutschland bekundete den Friedenswillen im Sinne der alliierten Sieger –, wurde das Hitlerregime von April 1939 bis August 1944 in Ankara durch Franz von Papen vertreten, dem es jedoch nicht gelang, den Staatspräsidenten Ismet Inönü (von 1938 bis 1950) und dessen Regierung zu einem abermaligen Kriegsbündnis mit Deutschland zu bewegen.[222]

Am 30. August 1924 hielt Mustafa Kemal anläßlich des zweiten Gedenktags des Siegs bei Dumlupınar eine Rede auf dem damaligen Schlachtfeld und machte anschließend mit Lâtife eine eineinhalbmonatige Tournee durch die Türkei, die der Popularisierung seiner Reformen galt. Von Bursa aus reiste der Präsident mit dem Schiff über das Marmarameer, vorbei an Istanbul – noch behagte ihm eine Landung in der alten Hauptstadt nicht, da sich in ihr die Mehrheit der Oppositionellen konzentrierte –, dann durch den Bosporus und, wie vor fünf Jahren mit der »Bandırma«, entlang der Schwarzmeerküste. Während der Weiterfahrt im Wagen über Erzurum und Kayseri nach Adana und Mersin an der Mittelmeerküste kam es wiederholt zu Auseinandersetzungen zwischen dem Ghazi, der den ihm allein geltenden Jubel der Bevölkerung genoß, und Lâtife, die sich ständig zurückgesetzt und mißachtet fühlte.

Als Mustafa Kemal im Herbst 1924 wieder in Ankara eintraf, sah er sich einer ersten organisierten Oppositionspartei gegenüber. Diese von Kâzım Karabekır, Hüsseyin Rauf, Adnan Adıvar (dem Mann von Halide Edib) und Ali Fuat gegründete »Fortschrittspartei«, die in Istanbul vorbereitet worden war, verstand sich keineswegs als antirepublikanisch. Im Gegenteil, sie wollte frühzeitig das bekämpfen, was die Entwicklung einer demokratischen Gesellschaft behinderte: das einseitige und zeitlich überstürzte Diktat von Reformen, die Vernachläs-

Mustafa Kemal und Lâtife in Afyon

sigung des Kabinetts als Beratungsgremium und das Übergewicht von Mitgliedern der »Republikanischen Volkspartei« in der Nationalversammlung. Eine türkische Tageszeitung brachte die Kritik auf den Punkt: »Der Autokrat, der den Namen eines Präsidenten der Republik trägt, regiert nach eigenem Gutdünken.«[223]

Der Vorwurf, Sammelbecken für Reaktionäre zu sein, erhielt erst nachträglich seine Berechtigung, denn der ins Programm der »Fortschrittspartei« aufgenommene Satz: »Die Partei hat Respekt vor Gewissensfreiheit und religiösen Gefühlen«[224] fand großen Anklang bei Anhängern des alten islamischen Rechts (Scharia) und des Kalifats. Unglücklicherweise brach drei Monate später, im Februar 1925, eine Revolte im überwiegend von Kurden bewohnten Südostanatolien aus, die von dem orthodoxen Muslim und patriarchalisch herrschenden Stammesfürsten Scheich Sait mit dem Ziel der Wiedererrichtung des Sultanats und des Kalifats angeführt wurde. Bereits im November 1924 hatte Mustafa Kemal, gereizt durch den seiner Ansicht nach verräterischen Anschlag seiner Freunde auf die Republik, Ali Fethi (Okyar), den Schlichter, zum neuen Premierminister ernannt. Da dieser jedoch keine Anstalten unternahm, die »Fortschrittspartei« aufzulösen,

234

mußte er nach einem Mißtrauensvotum der Nationalversammlung gegen seine wirkungslose Politik im März 1925 wieder seinem Vorgänger Ismet weichen.

Unterstützt von Ismet, der ebenfalls einen radikalen Kurs gegen die antidemokratischen Kräfte befürwortete, gelang es dem Ghazi, die Abgeordneten davon zu überzeugen, daß nur Notstandsgesetze, wie sie zu Beginn der Unabhängigkeitskämpfe bestanden hatten, die junge Republik vor Übergriffen schützen könnten. Gemeint waren Pressezensur und »Unabhängige Gerichtshöfe«, die unmittelbar nach ihrer Billigung durch das Parlament wieder in Aktion traten. Mehrere Zeitungsverlage verloren ihre Lizenz. Eine Reihe von Herausgebern und Journalisten, unter ihnen Şevket Süreyya Aydemir, der spätere Verfasser einer dreibändigen Atatürk-Biographie[225], mußte sich vor Gericht verantworten. Die »Fortschrittspartei« wurde am 3. Juni 1925 verboten, und Scheich Sait wurde nach der militärischen Niederwerfung der rebellischen Kurden Ende Juni vor der Großen Moschee in Diyarbakır wegen Hochverrats gehängt. Ohne die zeitliche Verquickung mit dem Kurdenaufstand hätte sich die »Fortschrittspartei« womöglich durch Distanzierung von ihren ultrarechten Mitgliedern als Oppositionspartei durchsetzen können.

Die Aufstellung der »Unabhängigen Gerichtshöfe« ließ auch viele andere liberale Kritiker eine zunehmende Verschlechterung des demokratischen Klimas befürchten. Halide Edib schrieb: »Im Jahr 1925 fand ein radikaler Wandel statt, und das, was die Außenwelt eine Diktatur nennt, wurde Wirklichkeit.«[226] Ein offizieller britischer Beobachter beendete dagegen seinen Jahresbericht an die Regierung in London mit der Feststellung: »Man muß den Mut eines Mannes bewundern, der es im Laufe von wenigen Monaten und unmittelbar nach der Unterdrückung einer reaktionären Rebellion [der Kurden] gewagt hat, alle gängigen Vorurteile zum Wanken zu bringen (Kleidungsfragen, religiöse Bindung, gesellschaftlicher Status der Frauen), an denen sein langsam denkendes Volk noch hing.«[227] Mustafa Kemals Reformeifer und seine Machtfülle trieben ihn allmählich in die Isolierung. Da er sich von den meisten alten Gefährten, wegen deren politischer Kritik, persönlich betrogen fühlte, verringerte sich der Kreis derjenigen, denen er noch traute, erheblich. An seiner abendlichen Tischrunde trafen sich immer seltener Mitglieder der Regierung oder andere Männer mit Einfluß, denn auch ihnen gegenüber reagierte er äußerst empfindlich, wenn sie eigene Ansichten vortrugen. Die Trennung von Lâtife war nur eine natürliche Folge dessen, daß er zunehmend die Auseinandersetzung mit willensstarken, selbständigen und damit für ihn anstrengenden Persönlichkeiten scheute.

Der letzte äußere Anlaß zur Trennung war der Auftritt Lâtifes während einer der gelegentlichen abendlichen Unterhaltungen Mustafa Kemals mit Soldaten seiner Leibgarde. Wie viele türkische Männer liebte er den Volkssport des Ringens, der bis heute jedes Jahr in landesweiten Wettkämpfen ausgetragen wird und der seine Anhänger auch unter den Leibwächtern in Çankaya hatte. Während der Ghazi als prominentester Zuschauer einigen dieser Zweikämpfe zusah, erschien seine Frau und herrschte ihn an, er, Kemal, solle sofort ins Haus kommen und aufhören, sich durch den familiären Umgang mit den Soldaten gemein zu machen.[228]

Noch am selben Abend telefonierte Mustafa Kemal mit Ismet und teilte ihm mit, daß er seine Ehe auflöse und daß eine entsprechende Notiz in den Zeitungen veröffentlicht werden solle. Nach altem islamischen Recht, das in der Türkei noch bis Februar 1926 galt, genügte es bei einer Ehescheidung, daß der Mann seiner Frau dreimal sagte, sie möge sich in das Haus ihres Vaters zurückbegeben. Mustafa Kemal wird dieses Ritual wohl vermieden haben. Überliefert ist nur, daß er am nächsten Tag, am 5. August 1925, bereits sehr früh in Gesellschaft einen Reitausflug unternahm und einen Adjutanten damit beauftragte, darüber zu wachen, daß Lâtife auch wirklich ihre Koffer packte und zu ihren Eltern nach Izmir fuhr.

Lâtife gehorchte, und es ist seltsam, daß sie niemals wieder die Öffentlichkeit beschäftigte, weder als ehemalige Ehefrau des Ghazi noch durch sich selbst. Sie wohnte in einem der schönen alttürkischen Holzhäuser in Istanbul, nahe dem japanischen Generalkonsulat zwischen Taksimplatz und Bosporus, und niemals gab sie dem Drängen von Biographen oder Journalisten nach, über ihre Ehe oder den Ghazi zu sprechen. Bekam sie Besuch aus Ankara, fragte sie jedesmal: »Wie geht es dem Pascha?« Und die Antwort lautete regelmäßig: »Wie immer, Lâtife, wie immer…«[229] Im Jahr 1975 starb sie, umgeben von zahllosen Bildern und Fotos ihres Helden, in dessen Nähe sie als Europäerin zerbrach und dessen Ferne sie wieder zur Orientalin werden ließ.

16

Reformer und Übervater
(1926–1930)

Nach der Scheidung von Lâtife besaß Mustafa Kemal als einzige Braut, wie er Fikriye einst verraten hatte, wieder die türkische Nation. Die Empfänge, die ihm die Bevölkerung bereitete, wo immer er erschien, ähnelten durchaus überschwenglichen Hochzeitsfeiern in phantastischen Dekorationen wie Triumphbögen aus Papiergirlanden, die die Straßen überspannten, fahnengeschmückten Podesten, auf denen der Ghazi im Lauf der Jahre fast vierhundert Reden hielt, und Ehrentribünen mit barocken Sesseln, die ein Sultan nicht verschmäht hätte. Als er mit Lâtife reiste, hatte er mitunter die pompösen Sessel gegen einfache Stühle austauschen lassen, später aber korrigierte er kaum noch den Aufwand der Huldigungen. Er suchte den Kontakt mit den Menschen auf der Straße, solange die bereits seit 1936 verfallenden Kräfte seines Körpers dies erlaubten. Seine »Hochzeitsgeschenke« an die Nation, die Reformen, zehrten ihn auf, aber er verteidigte sie allein und gegen jeden, der ihn in seinem rauschhaften, überpersönlichen Glück zu stören wagte.

Am 25. August 1925 fuhr er mit Nuri (Conker) und einigen anderen Freunden nach Kastamonu, einer nördlich von Ankara im Pontischen Gebirge und ca. neunzig Kilometer von Inebolu an der Schwarzmeerküste entfernt liegenden Kleinstadt. Diese Reise ist in der Türkei bis heute berühmt und populär geblieben, denn ihr Ziel war, der Bevölkerung direkt eine Veränderung mitzuteilen – später zu dekretieren –, die eine sichtbare Alltäglichkeit betraf und nicht etwas Abstraktes wie die Abschaffung von Kalifat und islamischem Recht. Es handelte sich um die sogenannte »Hut-Reise«, auf der Mustafa Kemal, in der Hand einen Panamahut ohne Band schwenkend, in das erzkonservative Kastamonu einzog und flammende Reden gegen Fez und Turban hielt, die Zeichen religiöser und dynastischer Abhängigkeit, die dem modernen Türken nicht mehr anstünden, wie er erklärte. Einen Tag zeigte er sich locker in Zivil, den nächsten streng in Marschalluniform, und als er von seinem zweitägigen Abstecher nach Inebolu in das Städtchen zurückkam, trugen fast alle Männer Hüte, teilweise sogar, in Ermangelung geeigneter Modelle, umgeformte Frauenhüte.

Auch gegen die Verschleierung wandte er sich in seinen Reden, obwohl er, aus Rücksicht auf privates Schamempfinden, klug vermied, sie wie den Fez am 25. November offiziell verbieten zu lassen. Zu den Einwohnern von Kastamonu, die ihren Staatspräsidenten im grauen Flanellanzug und ihren Ghazi in Marschallsuniform anstaunten, sagte er: »Während meiner Reise habe ich die Frauen, unsere Kameraden, nicht nur in den Dörfern, sondern auch in kleineren und größeren Städten mit sorgfältig verhüllten Augen und Gesichtern gesehen. Ich denke, daß diese Schleier und Tücher, besonders während dieser heißen Jahreszeit, zweifellos eine Quelle des Unbehagens und des Unwohlseins für sie sind. Meine männlichen Kameraden! Handelt es sich dabei nicht ein wenig um das Ergebnis unserer Selbstsucht? Meine lieben Freunde! Unsere Frauen sind empfindsam und von Geist beseelt wie wir auch. Nachdem wir ihnen eine geheiligte Moral eingegeben, ihnen unsere nationale Ethik erklärt und ihren Verstand mit Erkenntnissen und Klarheit ausgestattet haben, benötigen sie dann noch unsere selbstsüchtige Aufsicht? Lassen wir sie ihre Gesichter der Welt zeigen, und lassen wir sie die Welt sorgfältig betrachten. Es gibt nichts, was wir dabei zu fürchten hätten.«[230]

Als Mustafa Kemal wieder nach Ankara kam, stellte er überrascht fest, daß auch in der Hauptstadt bereits überall Panamahüte auftauchten – eine Aufmerksamkeit der Einwohner für den ersten Bürger der Nation. Zwei Tage später nahm die Nationalversammlung, noch vor dem Verbot des Fez, ein Gesetz an, das das Tragen religiöser Kleidung (Kaftane, Turbane) allen Personen untersagte, die keine Zeremonie in einer Moschee oder bei offiziellen Einweihungen durchführten (gemeint war der Imam, der Betreuer einer islamischen Gemeinde). Bald darauf folgten die staatlich verfügte Auflösung der islamischen Bruderschaften, deren bekannteste der Orden der Tanzenden Derwische und der Orden der Bektaşi waren, die Schließung der Klöster und die Einziehung religiösen Besitzes. Die Unterdrückung islamischer Traditionen rief nach dem Zweiten Weltkrieg – der Ghazi lebte nicht mehr, und die äußeren Gefahren waren gebannt – durchaus erhebliche Gegenreaktionen hervor, die sich unter anderem in der Wiedereinrichtung von Koranschulen und in den Gebeten der Muezzin äußerten, die nicht mehr in türkischer, sondern wieder in arabischer Sprache von den Minaretten herabgerufen wurden.

Mustafa Kemal mit Panamahut

Nicht weniger revolutionär als die Kleidungsreform war die Einführung eines bürgerlichen Gesetzbuches. Während der osmanischen Zeit gab es das Verwaltungsrecht, das das Verhältnis des einzelnen zum Staat, und das islamische Recht, das das Verhältnis des einzelnen zu seinen Nachbarn (Heirat, Scheidung, Erbschaft) und zu Gott (Einhaltung der Koranvorschriften) regelte und überwachte. Bereits 1917 hatte das von den Jungtürken dominierte Parlament liberalere Gesetze zum Schutz der Familie verabschiedet. Nachdem eine Kommission ein Jahr lang juristische Vorarbeit geleistet hatte, übernahm die Große Nationalversammlung am 17. Februar 1926 das in Einzelheiten abgewandelte schweizerische Bürgerliche Gesetzbuch. Ähnliche europäische Anleihen wurden etwas später für das Strafrecht in Italien und für das Wirtschaftsrecht in Deutschland gemacht. Mit Rückblick auf das Osmanische Reich der Spätzeit hatte der Staatspräsident noch vor der Abstimmung die Abgeordneten gemahnt: »Die größten und verräterischsten Feinde der gesellschaftlichen Erneuerer sind überholte Gesetze und deren rückwärtsgewandte Verteidiger.«[231]

Das häusliche Leben in Çankaya, das mit dem neuen Scheidungsrecht vielleicht nicht seines weiblichen Zentrums verlustig gegangen wäre, schien Mustafa Kemal trotz der »Tafelrunden«, der Ringkämpfe seiner Soldaten und der Beschäftigung auf dem Landgut nicht mehr voll zu befriedigen. Da er nicht zum zweitenmal heiraten wollte, blieben ihm auch Ablenkung und Freuden durch Kinder versagt. Sich einer alten Tradition erinnernd, fand er für die Erfüllung familiärer und väterlicher Sehnsüchte eine Lösung. Er adoptierte junge Mädchen, deren Eltern nicht mehr lebten oder es als Ehre empfanden, daß der Ghazi sich ihrer Töchter annahm. Sie wohnten nicht nur in einem der kleineren Häuser auf dem Grundstück des Staatspräsidenten, sie besuchten dort auch eine Schule, die für besonders Begabte eingerichtet worden war. Sie sollten durch europäische Ausbildung und moderne gesellschaftliche Erziehung zu Vorbildern für türkische Frauen werden und nebenbei ihren Adoptivvater mit ihrer Jugendlichkeit und ihren Fortschritten im Lernen und im selbständigen Verhalten erfreuen.

Insgesamt übernahm Mustafa Kemal acht Adoptionen. Sabiha Gökçen und Afet Afetinan waren die beiden ersten in dieser Reihe. Beide wurden berühmt, Sabiha als erste Pilotin ihres Landes und Afet als Professorin für Geschichte, die 1968 ein Standardwerk über die Frauenrechtsbewegung in der Türkei veröffentlichte. Afet, die bereits

Mustafa Kemal (mit Hut) und seine Adoptivtochter, die Pilotin Sabiha Gökçen

achtzehn Jahre alt war, als sie nach Çankaya kam, kümmerte sich neben ihrem Studium auch um die Wirtschaft im Präsidentenhaus, notierte sich alle Gespräche, die sie mit Mustafa Kemal führte – sie erschienen 1959 in Ankara als »Erinnerungen und Dokumente Atatürk betreffend« –, und nahm sogar gelegentlich an den »Tafelrunden« teil. Später folgten Zehra, Rukiye, die als junge Frau einen Polizeioffizier heiratete, Sabriye, die nach einem Jurastudium Richterin wurde, dann die blonde, blauäugige Nebile aus Istanbul, Bülent, die Tochter eines Yachtbesitzers, dessen Boot sich der Ghazi für Erholungsfahrten auf dem Marmarameer auszuleihen pflegte, bevor er die Yacht des Sultans benutzte, und als letzte, nicht lange vor dem Tod des inzwischen im Dolmabahçe-Palast am Bosporus residierenden Wohltäters, Ülkü, die noch im Vorschulalter war und heute in Istanbul lebt.

Ausgewogen und ganz und gar unaggressiv in seinen außenpolitischen Entscheidungen – im Schoß des Völkerbunds einigten sich Anfang Juni 1926 die Regierungen Großbritanniens, des Irak und der Türkei über das Gebiet von Mosul, das die Türkei für 500000 englische Pfund dem Irak überließ – reagierte Mustafa Kemal auf jede Störung im Innern des Landes immer härter; teils wegen seiner zunehmenden Isolierung in einem Kreis zweit- und drittrangiger Männer, teils wegen seines Ehrgeizes, die Umwandlung der Gesellschaft durch schnelles Durchpeitschen von Reformen noch zu seinen Lebzeiten zu vollenden. Während einer Reise an die Mittelmeerküste Anfang Mai 1926 erfuhr

Mustafa Kemal, daß in Izmir, dem Endpunkt seiner Staatsvisite, ein gegen ihn gerichtetes Attentat vorzeitig vereitelt worden war. Ein einfacher Fischer, der den drei Attentätern mit seinem Boot zur Flucht auf eine griechische Insel verhelfen wollte, hatte Gewissensbisse bekommen und den Plan der Polizei verraten.

Als der Ghazi in Izmir ankam, lagen der Polizei bereits genauere Erkenntnisse darüber vor, wer sich hinter dem Anschlag verbarg. Es handelte sich zunächst um einen jungen Marineoffizier, einen Lazen von der Schwarzmeerküste, der persönlich Rache nehmen wollte für seine Abwahl als Vertreter der Lazen infolge der Ermordung des Abgeordneten Ali Şükrü aus Trabzon 1923 in Ankara. Weitere Verhöre ergaben, daß nicht nur dieser Mann den Tod des Ghazi beschlossen hatte. Mit ihm im Bunde stand einer der ehemals intimsten Freunde Mustafa Kemals, Arif Adana, der »Zwilling«. Dessen Motive, über die damals auch im Ausland lang und breit gerätselt wurde, lagen in seiner persönlichen Enttäuschung darüber, nicht mehr zum Kreis der Vertrauten in Çankaya zu gehören, und in seinem verletzten Stolz als Offizier, dem der von höchster Stelle versprochene Generalsrang nicht verliehen worden war. Schließlich trat noch ein dritter Komplize aus dem Hintergrund hervor, der Abgeordnete von Izmir, der ebenfalls den Namen Şükrü trug. Er war während des Ersten Weltkriegs als Mitglied des »Komitees für Einheit und Fortschritt« Erziehungsminister der jungtürkischen Regierung und hatte sich, trotz seiner antirepublikanischen Einstellung, in die 1923 gegründete »Volkspartei« eingeschrieben. Sein Motiv war politischer Natur.

In seinem seit der Kurdenrevolte und der Oppositionsbewegung der »Fortschrittspartei« noch gesteigerten Mißtrauen fand Mustafa Kemal bei der Bestrafung der Attentäter und ihrer Hintermänner nicht das gewohnte Maß an Klarheit und Realitätssinn. Er begnügte sich nicht mit der Verhaftung der drei Konspirateure und ihrer Handlanger, die eindeutig als Straftäter überführt werden konnten. Er nutzte die Gelegenheit, sich gleichzeitig anderer Gegner zu entledigen, indem er sie der Öffentlichkeit als Mitwisser des Komplotts darzustellen versuchte. Das geeignete Instrument für diese »Säuberungsaktion«, den dunkelsten Fleck in Mustafa Kemals Karriere, war der »Unabhängige Gerichtshof« in Ankara, der trotz der Niederschlagung der Kurdenrevolte noch immer bestand und durch seine fortgesetzte Tätigkeit die Bevölkerung nicht wenig beunruhigte. Den Vorsitz dieses »Sondergerichts« führte Ali (Çetinkaya), den man heimlich den »Aufknüpfer« (Bald)

nannte, und als einer der Beisitzer fungierte Kılıç Ali, der zur »Tafelrunde« in Çankaya gehörte.

Am 27. Juni 1926 eröffnete »Bald« Ali in Izmir den Schnellprozeß
gegen die Attentäter. Zum Erstaunen der auf der Zuschauergalerie sitzenden Pressevertreter ließ er unter gleichlautender Anklage des
Hochverrats mehrere ehemalige Mitglieder des »Komitees für Einheit
und Fortschritt« und der »Fortschrittspartei« vorführen. Als die Gründer der »Fortschrittspartei«, die verdienten und hoch angesehenen
Mitkämpfer der nationalen Befreiungsbewegung Kâzım Karabekır,
Refet (Bele) und Ali Fuat (Cebeşoy) den Verhandlungssaal als Angeklagte betraten, erhoben sich sämtliche Zuschauer ehrerbietig, und am
nächsten Tag verbreiteten die Zeitungen diese ungeheuerliche Demü-
tigung der Helden der Nation. Mustafa Kemal gab dem Druck der
öffentlichen Meinung nach, und das »Sondergericht«, das an die Weisungen des Staatspräsidenten gebunden war, erklärte die drei für un-
schuldig. In seinen erst 1967 veröffentlichten Memoiren schrieb Ali
Fuat, daß ihm Mustafa Kemal, der ihn 1927 wieder zu seinen »Tafelrunden« einlud, gestanden habe, nur seinetwegen auch Kâzım und Refet
verschont zu haben.[232]

Die meisten Angeklagten fanden jedoch keine Gnade vor Mustafa
Kemal, der sich im wahnhaften Glauben, die Republik und den Demo-
kratisierungsprozeß durch die Beseitigung von Oppositionellen schützen zu können, selbst noch derjenigen Jungtürken erinnerte, die ihm
vor 1918 den Zutritt zur Macht verwehrt hatten. In Izmir wurden drei-
zehn Todesurteile gefällt und ausgeführt. Beim Gegenzeichnen des To-
desurteils für Arif Adana soll Mustafa Kemal nicht die geringste Ge-
fühlsregung gezeigt haben. Er soll nur für einen Augenblick seine Zigarette abgelegt haben, um zu unterschreiben.

In Ankara, wo der »Unabhängige Gerichtshof« ab 1. August 1926
nochmals fast vier Wochen lang tagte, wurden drei weitere Angeklagte
hingerichtet, unter ihnen der geniale Finanzminister Cavit aus dem
Kriegskabinett unter Enver Paşa, dem trotz der Proteste mehrerer
europäischer Regierungen keine Gnade in Çankaya widerfuhr. Zu denjenigen, die für zwölf Jahre aus der Türkei verbannt wurden, gehörten
Hüsseyin Rauf, Adnan Adıvar und seine Frau, Halide Edib. Nach Abschluß dieser zweiten Prozeßphase stellte das »Sondergericht« seine
Tätigkeit ein. Gegen den Widerstand »Bald« Alis wurde es auf Drängen Ismet (Inönüs) am 7. März 1927 offiziell aufgelöst. Die »Schrek-
kensherrschaft« der nationalen Revolution hatte ihr Ende gefunden.

Bezeichnenderweise entstanden die ersten Denkmäler zu Ehren des Ghazi in den Jahren 1926 (in Konya) und 1927 (zwei in Ankara und eins auf dem Taksim-Platz in Istanbul), als alle Voraussetzungen für den bis heute anhaltenden Persönlichkeitskult um Atatürk durch Ausschalten der Opposition geschaffen waren.

Sich seiner uneingeschränkten Autorität und der Geschlossenheit der Nation wieder sicher, fuhr Mustafa Kemal am 1. Juli 1927 in die alte Sultanshauptstadt, die er acht Jahre zuvor mit ungewisser Zukunft verlassen und bei seiner Staatsreise mit Lâtife aus Groll gegen die dort versammelten Oppositionellen gemieden hatte. Als er in Begleitung seiner ergebenen Freunde – Nuri (Conker), Kılıç Ali, Salih (Bozok) –, mehrerer seiner Adoptivtöchter und seines Leibarztes, Refik (Saydam), der ihn schon 1919 auf der »Bandırma« medizinisch betreut hatte, in Istanbul ankam, wogte ihm eine dermaßen begeisterte Menge entgegen, daß eine Zeitung am nächsten Tag besänftigend schrieb: »Der Ghazi ist ein Mensch wie jeder andere auch. Er ist weder ein Prophet noch ein Übermensch, obgleich eine solche Persönlichkeit nur selten in der Geschichte erscheint.«[233] Dieses Erscheinen hatte der Ghazi allerdings selbst äußerst wirkungsvoll in Szene gesetzt: Nach der Zugfahrt von Ankara nach Izmit stieg er mit seiner Entourage auf die ehemalige Sultansyacht »Ertuğrul« um, die nach ihrer Ankunft in Istanbul den Bosporus ein Stück im Zickzackkurs hinauffuhr, damit die Menschen an beiden Ufern zur Begrüßung winken konnten, und schließlich vor den Terrassen des weiß leuchtenden Dolmabahçe-Palasts vor Anker ging.

Im überdimensionalen Zeremoniensaal des 1853 errichteten und mit unvorstellbarem Prunk ausgestatteten Palastes (er ist heute für Besichtigungen zugänglich) hielt Mustafa Kemal vor dem Bürgermeister von Istanbul und den versammelten Ehrengästen eine erste Ansprache. Da ihn weder die angehäuften Schätze in den zweihundert Räumen noch die Erinnerungen an die Sultane irritierten, hatte er sich entschlossen, dort zu wohnen, wenn er sich am Bosporus aufhielt, was während der nächsten Jahre regelmäßig in den Sommermonaten und zur Zeit seiner Krankheit fast ständig der Fall war. »Ich wohne hier«, sagte er, »als Individuum, das Gast der Nation ist.«[234] Außer der Beseitigung einiger zu üppiger und lichtraubender Vorhänge und der Unterbringung persönlicher Kleinigkeiten und mehrerer den Befreiungskrieg darstellender Bildwerke blieb das Ambiente – eine Mischung aus Versailles und Palais Garnier (die alte Oper in Paris) – erhalten.

In der zweiten Nacht seines Aufenthalts huldigte man dem Staatspräsidenten und Befreier der Nation mit einem Wasserkorso auf dem Bosporus, an dem neben Schiffen der neuen Kriegsmarine unzählige kleine Boote teilnahmen, überfüllt mit Menschen, die Fähnchen und Lampions zu den Fenstern des Palastes schwenkten. Auch viele Frauen nahmen trotz der nächtlichen Stunde, in der sie nach islamischem Gebot eigentlich nichts mehr in der Öffentlichkeit zu suchen hatten, an dem Korso teil. Sie bedankten sich dafür, daß der Ghazi ihnen den Schleier genommen hatte und dabei war, ihre Rechte in der neuen Gesellschaft zu erweitern und denen der Männer anzugleichen. Eine Gruppe von Schülerinnen sang, während sie in ihrem Boot an dem erleuchteten Schloß vorbeiglitt, das Lieblingslied des Gefeierten: »Der Morgennebel ist auf die Gipfel der Berge gesunken...«

Noch während der festlichen Tage in Istanbul begann Mustafa Kemal eine Rede auszuarbeiten, an der er, sich selbst als zentrale Figur darstellend, die Hindernisse und Gefahren schilderte, die die Widerstandsbewegung seit Mai 1919, die Befreiungskämpfe bis 1922 und schließlich die junge Republik bedrohten. Letztlich galt sie der Rechtfertigung sämtlicher seiner Maßnahmen – eingeschlossen die Prozesse von Izmir und Ankara – als zum Schutz der Nation und der Souveränität des Volkes notwendige Mittel. Nach Ankara zurückgekehrt, widmete er sich seiner Rede mit einer Intensität, als müßte er sie vor den anklagenden Geistern der hingerichteten Oppositionellen halten. Er hörte auf, Rakı zu trinken, nahm dafür aber täglich bis zu fünfzig (!) Tassen Kaffee zu sich und rauchte ununterbrochen bis in die frühen Morgenstunden. Am 15. Oktober 1927 sprach er vor den Mitgliedern der »Republikanischen Volkspartei« – nicht vor der Großen Nationalversammlung, in der es vielleicht noch den einen oder anderen unerwünschten Zwischenruf gegeben hätte – den ersten Satz dieser als »Nutuk« (Ansprache) bekanntgewordenen Rede: »Meine Herren! Am 19. Mai 1919 landete ich in Samsun.« Den Abschluß bildete die Mahnung an die Jugend, sich immer der Pflicht bewußt zu sein, die Türkische Republik zu schützen und die Nation zu verteidigen. Diesen Abschluß fand der Vortrag erst am 20. Oktober – nach insgesamt sechsunddreißig Stunden Redezeit.

Befreit von der Vergangenheit und im Besitz der notwendigen Machtmittel – die dritte Nationalversammlung und der Staatspräsident waren nach vier Jahren erneut bestätigt worden –, fuhr Mustafa Kemal in seinem Reformprogramm fort. Bereits mit den Hut- und Kleidungsvorschriften und der Umwandlung der religiösen in staatliche Erziehungs- und Rechtssysteme hatte er sich weit in das gewohnte Leben der islamischen Bevölkerung vorgewagt. Die nächsten Schritte waren ebenso kühne Eingriffe, denn sie galten diesmal dem geistigen Vorrat an Vertrautheiten und Traditionen: Im Lauf des Jahres 1928 wurden das lateinische anstelle des arabischen Alphabets eingeführt und eine Sprachkommission eingesetzt, die das Türkische von Überlagerungen durch persische und arabische Wörter befreien sollte. Beiden Reformen waren ähnliche Bemühungen im 19. Jahrhundert und während der Herrschaft der Jungtürken vorausgegangen, aber den zaghaften Ansätzen waren niemals durchgreifende Veränderungen gefolgt, da die islamischen Erzieher in den noch existierenden Koranschulen diese »Gottlosigkeiten« – Arabisch war die heilige Sprache des Propheten, also auch des Korans – nicht duldeten. Zwar betraf die Umerziehung durch Mustafa Kemal nur die damals etwa zwanzig Prozent der lese- und schreibkundigen Bevölkerung, aber sie bedeutete eine allmähliche Entfremdung von der eigenen Literatur und den historischen Dokumenten, die später nur noch durch Übersetzungen verständlich gemacht werden konnten. Auch die Große Rede Mustafa Kemals mußte für jüngere Generationen in das neuerdings gebräuchliche Türkisch übertragen werden. Die am 12. Juli 1932 gegründete »Gesellschaft für Türkische Sprache« ist die maßgebliche Autorität auf diesem Gebiet, auf dem es nicht nur darum geht, das Türkische im nationalistischem Eifer zu »reinigen«, sondern vor allem von den höfischen Traditionen, deren Vorbilder durchweg in Persien und in arabischsprachigen Ländern lagen, abzulösen und neu zu beleben.

Das lateinische Alphabet, das etwa gleichzeitig mit dem metrischen System, der westlichen Zählweise und dem christlichen Kalender eingeführt wurde, hatte den Vorteil, daß es schneller als das arabische zu erlernen war und das stärker auf Vokalen aufgebaute Türkisch korrekter wiedergab, dessen Wiederbelebung dadurch beschleunigt wurde. Nach mehrmonatigen Vorbereitungen, während derer sich Mustafa Kemal mehrfach ratsuchend an die in Ankara lebende und mit einem Türken verheiratete deutsche Lehrerin Leyla Erkönen geb. Zernott wandte – für einige Laute mußten ergänzende Zeichen geschaffen werden –, stellte er, wie schon einmal in Kastamonu den Hut, das neue Alphabet persönlich in Istanbul vor. Im Park neben dem alten Topkapı-Palast, auf der in das Marmarameer hineinragenden Serailspitze von Alt-Istanbul, ließ er am 9. August 1928 eine von ihm mit lateini-

Unterricht im lateinischen Alphabet im Dolmabahçe-Palast

schen Buchstaben geschriebene Rede von dem Journalisten Falih Rıfkı (Atay) vorlesen, um gleichzeitig zu demonstrieren, daß es bereits Türken gab, die die europäische Schrift lesen konnten. Anschließend setzte er auf die Ankündigung der spektakulären Reform noch einen weiteren provozierenden Akzent. Er erhob sich und prostete in aller Öffentlichkeit und als erster Mann des Staats der Menge mit einem Glas Rakı zu, indem er ausrief: »In der Vergangenheit tranken die doppelgesichtigen Heuchler tausendmal mehr davon in ihren zerfallenen Verstecken. Ich bin kein Heuchler. Ich trinke auf die Ehre der Nation.«[235]

Auf eine Kabinettsorder hin verwandelte sich in den folgenden Monaten die ganze Nation in eine Schule, in der »jeder Mann und jede Frau mit türkischer Staatsbürgerschaft Schüler« und »Seine Exzellenz, der Präsident der Republik, Ghazi Mustafa Kemal, Erzieher« waren. Nicht nur die Abgeordneten sorgten für die Verbreitung des Alphabets, das besonders älteren Menschen viel Mühe bereitete, auch Mustafa Kemal reiste durch das Land und malte auf eigens in Parks, auf Plätzen und sogar in den Gärten und im Empfangssaal des Dolmahçe-Palast aufgestellten Schiefertafeln einzelne Buchstaben oder forderte Zuschauer auf – nicht ungern muslimische Geistliche –, ihre bereits erlernten Schreibfähigkeiten unter Beweis zu stellen. Ab 1. Januar 1929 galt das lateinische Alphabet als offiziell eingeführt.

In den Jahren 1928 und 1929, in denen sich weltweit eine wirtschaftliche Rezession auszuwirken begann, litt auch die Türkei, zusätzlich zu ihren Belastungen durch Abzahlung der osmanischen Schulden und durch Aufbau eines zwischen Etatismus und Kapitalismus ausbalancierten Wirtschaftssystems, unter der allgemeinen Flaute. Ein Hauptproblem, das bis heute nicht ausreichend gelöst ist, bildete trotz Schul- und Universitätsreformen der Mangel an Fachkräften und damit an einer effektiven Infrastruktur. Einen Einblick in die damaligen Verhältnisse vermittelt der Bericht eines deutschen Diplomaten vom 4. April 1930 über »Die türkische Finanzlage«, in dem es unter anderem heißt: »Die türkische Ausfuhr sinkt von Jahr zu Jahr infolge mangelnder Fürsorge für die Wirtschaft, insbesondere für die Landwirtschaft, auf der anderen Seite steigen die Ausgaben des Staates für militärische, d. h. für unproduktive Zwecke, und drittens hat die türkische Regierung vorgezogen, werbende Anlagen, wie z. B. Eisenbahnen, mit kurzfristigen Krediten zu erbauen, anstatt hierfür Anleihen aufzunehmen... Die türkische Finanzkrise ist besorgniserregend, jedoch heilbar und vielleicht auch ganz heilsam, da sie dazu dienen wird, die Türken, denen ihre politischen und militärischen Erfolge zu Kopf gestiegen sind, von dem nationalistischen Überschwang auf den festen Boden harter Tatsachen zurückzuführen.«[236] Da weder Mustafa Kemal noch Ismet, der Premierminister, viel von Ökonomie verstanden, betrauten sie damit Mahmut Celâl – er wurde 1950 als Celâl Bayar zum dritten Staatspräsidenten gewählt –, der jedoch trotz seiner großen Kenntnisse auf diesem Gebiet nicht das Wunder vollbringen konnte, das der Ghazi mit der schmeichlerischen Behauptung bezeugte: »Ich gab ihm einen Beutel Gold, und er machte daraus eine Bank.«[237]

In Verbindung mit diesen bedrohlichen wirtschaftlichen Schwierigkeiten, die das Bandenunwesen in Anatolien erneut aufleben ließen und orthodoxe Muslims zu der Vermutung brachten, in Ankara seien verkappte Teufel am Werk, und unter Beachtung europäischer Stimmen, die von den Schwächen des Einparteiregimes oder sogar von einer Diktatur in der Türkei sprachen, entschloß sich Mustafa Kemal, noch einmal das heiße Eisen einer Oppositionspartei anzufassen. Er beauftragte Ali Fethi (Okyar), einen Kenner des britischen Parlamentarismus, mit der Organisation einer zweiten Partei, die, wie er hoffte, Probleme in der Wirtschaft und bei den Reformen zu klären helfen würde. Um Ali Fethi auch in der Öffentlichkeit zu stützen, veranlaßte er seine Schwester Makbule, sich als Gründungsmitglied der »Liberalen Partei« zur Verfügung zu stellen, und seinen Intimus von der »Tafelrunde«, Nuri (Conker), den Posten des Parteisekretärs zu übernehmen.

Das sorgfältig vorbereitete und am 30. August 1930 verabschiedete Unternehmen, bei dem Mustafa Kemal wie ein Schachspieler wirkte, der beide Partien zieht, scheiterte jedoch aus dem gleichen Grund wie die »Fortschrittspartei«. Als Ali Fethi zu seiner ersten Wahlkampagne nach Izmir kam, wurde er von Zehntausenden von Menschen begeistert empfangen. Wie sich aber im Verlauf der Kampagne auch in anderen Ortschaften herausstellte, bestand die überwältigende Mehrheit der Interessenten nicht aus Unzufriedenen, die das Tempo der Reformen oder den persönlichen Führungsstil des Ghazi kritisierten, sondern abermals aus denjenigen, die die Wiedereinführung des Kalifats und des islamischen Rechts forderten. Sie begrüßten den Vorsitzenden der »Liberalen Partei« mit den grünen Fahnen ihres Propheten Mohammed und äußerten ihre Wünsche nach Rückkehr zum Fez und zur arabischen Schrift. Enttäuscht über diese radikalen Reformgegner, die als Parlamentsfraktion das noch unstabile Reformwerk nur weiter schwächen und schließlich in Gefahr bringen würden, beendeten Mustafa Kemal und Ali Fethi das Experiment, indem sie die Partei bereits am 17. November 1930 wieder auflösten. Erst 1946 waren die Zeit und die türkische Bevölkerung reif, eine Opposition – die bis heute neben anderen Gruppierungen existierende »Demokratische Partei« – ins Leben zu rufen, die den Rahmen der Verfassung der Türkischen Republik respektiert.

Daß Mustafa Kemal seit den Prozessen seine Ausgewogenheit zurückgewonnen hatte und sich seiner selbst gestellten Aufgabe, Erzieher der Nation zu sein, wieder bewußt war, bewies er nicht nur durch die Förderung der »Liberalen Partei«, sondern auch durch persönliche Bekenntnisse. Zu seiner Adoptivtochter Afet Afetinan sagte er: »Es ist ganz natürlich, daß sich jeder eine Gesellschaft wünscht, in der das Leben glücklich, leicht und angenehm verläuft. Da jedoch der Starke wenig an den Schwachen denkt, wäre es unmöglich, in Harmonie, Sicherheit, Ruhe und Ordnung zu leben, wenn wir nicht Gesetze hätten, die es bewirken, daß die Menschen hilfreich zueinander sind, sich respektieren und, anstatt zu kämpfen, für Friedfertigkeit sorgen. Niemandem steht es daher zu, Rechte für sich in Anspruch zu nehmen, die außerhalb der errichteten Grenzen liegen.«[238]

Im Oktober 1930 kam der griechische Premierminister Eleutherios

Venizelos, der einst in der osmanischen Hauptstadt gefürchtetste Gegner des Reichs, zu einem Besuch nach Ankara. Er und Mustafa Kemal verstanden sich so gut, daß sie, um die Vergangenheit, in der sich ihre Völker vielfaches Leid zugefügt hatten, endgültig abzuschließen, am 30. Oktober einen Vertrag unterzeichneten, in dem sich beide Länder ihrer Freundschaft versicherten. Ein Jahr später machte Premierminister Ismet (Inönü) einen Gegenbesuch in Athen.

Ende des Jahres 1930 kam es in der nördlich von Izmir liegenden Ortschaft Menemen zu einem Aufruhr antirepublikanischer Kalifatsgetreuer, dessen Urheber, Mitglieder des Derwischordens der Nakşibendi, bereits 1925 den Aufstand der Kurden unter Scheich Sait unterstützt hatten. Im Verlauf der Auseinandersetzungen mit der Polizei wurde einem Armeeoffizier der Kopf abgeschlagen und auf einer Stange aufgespießt, an der die grüne islamische Fahne wehte. Mustafa Kemal, aufs äußerste gereizt durch den erneuten Widerstand aus dem orthodoxen Milieu, befahl, den ganzen Ort zu zerstören und neu aufzubauen. Wie immer in solchen Augenblicken der Aufwallung durch Ismet besänftigt und beraten, blieb es schließlich bei der Herstellung von Ruhe und Ordnung durch Eingreifen der Armee und durch Verhaftung und Hinrichtung der Rädelsführer (diesmal nach einem Prozeß vor einem ordentlichen Gericht). Mustafa Kemal, der nach dem befriedigenden Besuch von Venizelos und dem glimpflich überstandenen Experiment mit der »Liberalen Partei« geglaubt hatte, daß er sich für seine Reformen mehr Zeit nehmen könne, wurde durch den Vorfall in Menemen eines anderen belehrt. Er durfte keine Zeit verlieren, denn noch gab es zu viele im Land, die »Rechte für sich in Anspruch nehmen, die außerhalb der errichteten Grenzen liegen«.

17

Zwischen Istanbul und Ankara
(1931−1935)

Trotz der erfolgreichen Durchsetzung seiner Reformen – am 4. März 1931 wurde der Staatspräsident zum dritten Mal wiedergewählt – wirkte Mustafa Kemal seit Anfang der dreißiger Jahre im privaten Umgang zunehmend hektischer und nervöser. Dies resultierte einerseits aus der Erfahrung, die türkische Nation nicht nur nach seiner eigenen Vorstellung umgestalten zu können, andererseits aber auch aus einem Mangel an häuslicher Geborgenheit. Auf Kritik, die er meist persönlich nahm, reagierte er immer gereizter, und sein Verhalten bei Geselligkeiten wurden mit zunehmender Gewöhnung an seine Reisen als Nationalheld, Staatspräsident und Erzieher in Sprache und moderner Lebensweise immer aggressiver. Seine liebenswerten und charmanten Seiten herauszulocken, verstanden nur noch wenige Vertraute, ihm imponierende Fachleute, Künstler und Frauen, die ihn an Fikriye erinnerten. Während seiner letzten Lebensjahre machte sich eine gewisse Müdigkeit, vielleicht auch der Überdruß des Soldaten im Staatsgewand bemerkbar. Dennoch änderte er nichts an seinen Gewohnheiten, zu denen zahlreiche Abendgesellschaften in Hotels und Restaurants ebenso gehörten wie der ständige Wechsel zwischen Çankaya, dem Dolmabahçe-Palast und Yalova, einem berühmten Thermalbad in der Nähe von Bursa.

Sein Tagesablauf in Ankara und Istanbul hatte sich noch mehr als früher zur Nacht hin verschoben: Er stand zwischen zwei und vier Uhr nachmittags auf, trank, noch im Morgenmantel, einen ersten Kaffee, rasierte sich, badete und ließ sich massieren. Nach einem Standardfrühstück, einer Scheibe Weißbrot und einem Glas Ayran (Joghurt mit Wasser vermischt), ging er in sein Arbeitszimmer – gelegentlich machte er einen kurzen Ritt auf »Sakarya«, dem Pferd, das er einst Lâtife geschenkt hatte –, wo er Besucher empfing, seine Geschäfte als Staatspräsident erledigte oder las. Bis zum späteren Abend, für den er mit seinem Adjutanten die Gästeliste besprach, nahm er offizielle Aufgaben in der Stadt wahr oder fuhr auf das Landgut »Orman«. Hatten

Mustafa Kemal in den dreißiger Jahren

sich gegen zehn Uhr abends die Gäste – meist zehn oder zwölf Personen – eingefunden, kam er vom Obergeschoß zu ihnen in das Billardzimmer, das zu den Neuerungen nach Lâtifes Verabschiedung gehörte, und führte sie in den Speiseraum, wo zunächst türkische Vorgerichte (Meze) wie geröstete Kichererbsen, Oliven, Gurkenstreifen und Feta-Käse und dann ein einfaches Essen, meist gegrilltes Fleisch mit Salaten oder Gemüsen, serviert wurden. Als Getränke standen Wasser und Rakı bereit. In Momenten nostalgischer Erinnerungen an Saloniki und seine Mutter ließ Mustafa Kemal vom Koch eine mazedonische Spezialität, mit Käse vermengtes Rührei, zubereiten.

Während dieser »Tafelrunden«, die sich bis in die Morgenstunden hinzogen, kam es nicht selten vor, daß der Ghazi, um ein bestimmtes Fachurteil zu hören, noch nach Mitternacht Persönlichkeiten aus der Stadt holen ließ, die er dann bewirtete und befragte. Auch Gesangskünstler gehörten zu diesen späten und unfreiwilligen Gästen, unter ihnen eine Sängerin, die wegen ihres wenig attraktiven Äußeren ihre Lieder hinter einem Vorhang vortragen mußte. Der Lyriker Nâzım Hikmet lehnte die aus dem Dolmabahçe-Palast ergangene nächtliche Einladung mit den Worten ab, er sei nicht die »Nixe Eftalia«, eine zu dieser Zeit gefeierte Nachtclubsängerin. Als Mustafa Kemal diese Absage überbracht wurde, sagte er: »Genau das habe ich von dem großen Dichter erwartet.«[239]

Daß es nicht ratsam war, dem Ghazi zu widersprechen, erfuhr der Regierungsrat Reşid Galip während einer »Tafelrunde« im Jahr 1931, als er die Errichtung der sogenannten »Volkshäuser« (Halkevi) beaufsichtigte, die in Städten und Dörfern alle Bevölkerungsschichten mit den kemalistischen Ideen und der westlichen Kultur vertraut machen sollten (diese Häuser wurden nach Atatürks Tod wieder aufgelöst). An diesem Abend verteidigte er gegen einen ebenfalls anwesenden und schon betagten konservativen Lehrer das Projekt einer Theaterabteilung für alle »Volkshäuser«. Schließlich wandte er sich auch gegen Mustafa Kemal, der den Lehrer aus persönlichen Gründen in der Diskussion unterstützte, und sagte aufgebracht, daß er sich in einer Angelegenheit von nationalem Interesse von niemandem beirren lasse, schon gar nicht an der Tafel in Çankaya, die der ganzen Nation gehöre. Der Ghazi warf daraufhin seine Serviette auf den Tisch, stand auf und verließ wütend den Speiseraum. Einen Monat später hörte Mustafa Kemal im Radio Reşid Galip leidenschaftlich über die »Volkshäuser« sprechen, was ihn bewog, den Verbannten wieder in die »Tafelrunde« aufzunehmen und ihn, zum Zeichen seiner neuen Gunst, zum Erziehungsminister zu ernennen.

Auch die Abende in den Gesellschaftsräumen der Hotels oder in den Unterhaltungslokalen europäischen Stils in Ankara und Istanbul, wo er mitunter überraschend mit Stammgästen der »Tafelrunde« wie Nuri (Conker) und Kılıç Ali auftauchte, blieben nicht ohne Zwischenfälle. So ärgerte sich Mustafa Kemal einmal über eine zu stark geschminkte junge Frau – Fikriye hatte immer ihren blassen Teint gepflegt –, mit der er tanzte. Während einer Musikpause »examinierte« er sie vor allen Anwesenden über Herkunft und Beschaffenheit der benutzten kosmetischen Präparate, worauf sie nur verlegen schweigen konnte. Durch sein »Examinieren«, das fast zu einer Manie geworden war, verbreitete er ebenso großes Unbehagen in Gesellschaften wie durch seine Allüre, als Erzieher der Nation in allem den Ton angeben zu wollen. Auf den Ton kam es im wahrsten Sinne des Wortes während einer Soirée in einem Hotel in Bursa an. Als der damals berühmte Volksliedsänger Münir Nureddin seinen Auftritt hatte, stimmte Mustafa Kemal in dessen kunstvolle orientalische Modulationen ein. Münir verbat sich dieses Mitsingen, was der Gerügte mit einem frühzeitigen Abbruch des

Abends quittierte. Einige Zeit später kam es zufällig zu einer erneuten Begegnung der beiden. Mustafa Kemal, der nicht vergessen hatte, daß er der Unterlegene gewesen war, forderte den Sänger vor den anderen Gästen auf, sich ein Glas Rakı auf den Kopf zu stellen. Dann zog er eine Pistole und schoß weit über das Ziel hinweg in die Wand. Münir trank daraufhin gelassen das Glas aus und verbeugte sich vor dem Ghazi. Dieser, beruhigt über seine wiederhergestellte Autorität, sagte: »Sie haben bewiesen, daß Ihr Mut ebenso großartig ist wie Ihre Stimme.«[240]

Dank Mustafa Kemals Reformen, die erstmals in einem orientalischen Land den Weg zur Demokratie ebneten, und dank einer auf Verständigung ausgerichteten Außenpolitik fand die Türkische Republik seit Ende der zwanziger Jahre zunehmend internationale Anerkennung. Dem ersten offiziellen Staatsbesucher im Jahr 1928, König Amanullah aus Afghanistan, folgten 1930 Premierminister Venizelos, 1931 der japanische kaiserliche Prinz Takamatsu und 1932 König Faysal aus dem Irak. Aus den Vereinigten Staaten von Amerika kam am 27. September 1932 General Douglas MacArthur in seiner Eigenschaft als Chef des Generalstabs der Armee nach Ankara. In einer langen Unterhaltung mit dem amerikanischen General, deren Wortlaut erst 1951 veröffentlicht wurde, äußerte Mustafa Kemal über die nahe Zukunft Europas Ansichten, die zu diesem Zeitpunkt unwahrscheinlich, wenn nicht sogar gegen eine allgemeine Friedensgläubigkeit gerichtet wirken mußten.

Ohne diplomatische Zweideutigkeiten sagte er unter anderem: »Der Vertrag von Versailles hat nicht eine einzige der Ursachen beseitigt, die zum Ersten Weltkrieg führten. Im Gegenteil, er hat die Kluft zwischen den Hauptgegnern von gestern noch vertieft. Die Sieger, versunken in ihren Gefühlen der Feindschaft, diktierten den ihnen Unterlegenen Friedensbedingungen, ohne die ethnischen, geographischen oder wirtschaftlichen Besonderheiten dieser Länder zu berücksichtigen. Daher wäre es besser, den Frieden, den wir heute haben, als Waffenstillstand zu bezeichnen. Wenn Sie, Gentlemen aus Amerika, sich nicht aus den Angelegenheiten Europas zurückgezogen und auf der Ausführung des Programms von Wilson bestanden hätten, besäßen wir heute einen dauerhaften Frieden. Ich habe den Eindruck, daß die Zukunft Europas heute, wie schon gestern, von der Situation in Deutschland abhängt.« Zu dem letzten Punkt führte der Ghazi weiter aus, daß die siebzig Millionen Deutschen, die er für »extrem dynamisch« halte, im Begriff seien, eine Armee vorzubereiten, die ganz Europa, außer England und Rußland, erobern würde, wahrscheinlich zwischen 1940 und 1945. Über Mussolini, der 1932 bereits an der Macht war, sagte er, daß dieser sich einbilde, ein Cäsar zu sein, so daß Italien kaum als Friedensstifter für Europa in Frage komme.[241] Am 12. August 1932 trat die Türkei dem Völkerbund bei.

Die bedeutendsten Staatsbesucher des Jahres 1933 waren König Alexander aus Jugoslawien und der ehemalige französische Premierminister Edouard Herriot, ein Freund des Orients, der nach seinem Aufenthalt in Ankara schrieb: »Der Ghazi hat alle Verhaltensweisen und Förmlichkeiten eines modernen Staatsmannes angenommen. Der Soldat von einst hat sich zu einem bürgerlichen Präsidenten von unanfechtbarer Korrektheit gewandelt. Das, was vor allem die Aufmerksamkeit festhält, sind seine klar und weit schauenden Augen und seine stählernen und wie Nadeln durchdringenden Blicke. Unter einer ziemlich kräftig ausgebildeten Nase liegen schmale Lippen, die sich in einem Augenblick der Autorität zusammenpressen, um gleich darauf wieder ein vergnügtes, fast kindliches Lächeln zu zeigen. Wenn er spricht, begleitet er sich mit lebhaften, aber nicht schroffen Gesten. Ein solcher Mann mußte mit seiner Härte wirken, und er wird diese Härte auch weiterhin nicht aufgeben dürfen. Einer der größten Schwächen hält man ihn daher für unfähig: der Heuchelei.«[242] Und an einer anderen Stelle: »Es gibt wohl in der Geschichte nur wenige Beispiele eines Mannes, der, wie der Ghazi, mit seinem Volk, für das er kämpft und leidet, verschmilzt, um es trotz vieler Hindernisse zur Vollendung seines ihm würdigen Schicksals zu führen. Nach der kurzen Zeitspanne von wenigen Jahren nähert sich ein gewaltiges Reformwerk seinem Abschluß. Diese türkische Revolution besitzt die besondere Eigenheit, sich mit der Gleichmäßigkeit eines logischen Plans fortzusetzen.«[243] Am 29. Oktober 1933 hielt Mustafa Kemal zum 10. Jahrestag der Republik eine Ansprache, in der er seine Landsleute aufforderte, Selbstvertrauen und Zuversicht aus dem bisher Erreichten zu ziehen, und in diesem Sinne formulierte er den bis heute berühmten und vielzitierten Satz: »Welch Glück für den, der von sich sagt: ›Ich bin ein Türke‹.«

Anfang des Jahres 1934 stellte die türkische Regierung einen ersten Fünfjahresplan für industrielle Entwicklung auf, dem 1938 ein zweiter folgte. Mit beiden Plänen wurde in Anlehnung an das sowjetische Modell aus den frühen dreißiger Jahren das Ziel angestrebt, durch staatliches Kapital, staatliche Unternehmen und Kontrolle die Industrie bevorzugt vor der Landwirtschaft zu entwickeln. Wegen des niedrigen Lebensstandards auf dem Land lag jedoch im Gegensatz zur Sowjetunion das Schwergewicht nicht auf der Ansammlung von Kapital und Produktionsgütern (z. B. Schwermaschinen), sondern auf heimischen Konsumgütern (durch Drosselung von Importen zugunsten landeseigener Herstellung) und auf der Gründung von Kreditbanken für eine möglichst weitgestreute Verteilung staatlicher Gelder.

Andere bedeutende Ergebnisse des Jahres 1934 waren der Abschluß des Balkanpakts mit Griechenland, Rumänien und Jugoslawien, das Gesetz über die Einführung eines Familiennamens – die Große Nationalversammlung ehrte den Ghazi mit der Verleihung des nicht übertragbaren Namens Atatürk (Vater der Türken) – in Verbindung mit der Abschaffung aller Titel aus osmanischer Zeit und das Gesetz, daß Frauen das Recht gab, Abgeordnete zu wählen und sich selbst in die Große Nationalversammlung wählen zu lassen. Bereits im Jahr 1923 hatte Mustafa Kemal gesagt: »Unsere Frauen waren es, die die Grundlagen unserer Verteidigung schufen. Männer und Frauen müssen auch im sozialen Leben zusammengehen und sich gegenseitig helfen.«[244]

Bemüht um gute Nachbarschaft im Westen wie im Osten – die mit der Sowjetunion 1920 und 1921 geschlossenen Verträge bewährten sich als stabile Absicherung nach Norden –, bereiteten sich Mustafa Kemal und seine Regierung besonders sorgfältig auf den Staatsbesuch des iranischen Herrschers Reza Khan vor. Reza stammte wie Mustafa Kemal aus einfachen Verhältnissen und machte wie er eine große Karriere, die ihn vom Oberst einer persischen Kosakenbrigade nach einem Staatsstreich zum Amt des Ministerpräsidenten (1923) und schließlich, nach Abschaffung der alten Qajar-Dynastie, auf den Thron der neuen Pahlavi-Dynastie führte. Als Schah von Persien versuchte Reza Khan den Iran zu einem Land westeuropäischer Prägung umzuwandeln, worin ihm nach seiner Absetzung 1941 sein Sohn Mohammed Reza (Pahlavi) folgte, der seinerseits 1979 von islamischen Fundamentalisten unter Khomeini gestürzt wurde. Das Interesse daran, wie ein islamisches und industriell rückständiges Land modernisiert werden könne, bestand also 1934 auf türkischer wie auf iranischer Seite, wobei Atatürk für sich verbuchen durfte, durch den Erfolg seiner Reformen bereits vorbildlich zu wirken.

Nach der Begrüßung in Trabzon fuhr Reza mit der »Yavuz«, der alten deutschen »Goeben« aus dem Ersten Weltkrieg, die Schwarzmeerküste entlang bis nach Samsun, wo ihm ein großer Empfang bereitet wurde. Bei der ersten Begegnung in Ankara umarmte Mustafa Kemal den Schah und nannte ihn »mein Bruder«. Das insgesamt zweiwöchige Besuchsprogramm enthielt Besichtigungen von wirtschaftlichen Modellbetrieben und Gespräche mit Vertretern der modernen türkischen Gesellschaft. Während Reza durch Anatolien reiste, kümmerte sich Mustafa Kemal in Ankara persönlich um das Gelingen einer betont westlichen Kulturveranstaltung: In Erinnerung an seine Zeit als Militärattaché in Sofia, wo er wie berauscht an einer Operngala des bulgarischen Zaren teilgenommen hatte, wollte er den Schah mit einer ähnlichen Festlichkeit beeindrucken. Nach seinen eigenen Ideen ließ er den Schriftsteller Münir Hayri Eğeli ein Libretto verfassen und von dem jungen Komponisten Ahmet Adnan Saygun die Musik für die erste türkische Oper »Özsoy« schreiben. Die Uraufführung fand im »Volkshaus« von Ankara – das heutige Opernhaus ist eine 1944 von Paul Bonatz umgebaute ehemalige Ausstellungshalle[245] – am 19. Juni 1934 statt.

Die weibliche Hauptrolle sang Semiha Berksoy, die hochangesehene Schauspielerin, Sängerin und Malerin. Aus einem der vornehmen und der europäischen Kultur zugewandten osmanischen Häuser stammend – die Mutter war eine der ersten Malerinnen in der noch weitgehend vom Islam geprägten Türkei –, entwickelte sie sich zu einer selbständigen modernen Frau und Künstlerin, ein Musterbeispiel für die Ergebnisse der Frauenrechtsbewegung ihres Landes und der Reformen Atatürks. Nach ihrer Ausbildung als Malerin und Bildhauerin an der Kunstakademie, als Schauspielerin bei dem berühmtem Darsteller und Regisseur Muhsin Ertuğrul und als Sängerin am Musikkonservatorium, begann ihre Karriere 1931 in Paris, wo sie im ersten türkischen Tonfilm, »In den Gassen von Istanbul« (Istanbul Sokakları), eine größere Rolle übernahm. An den Theatern in Istanbul folgten Auftritte unter anderem in Friedrich Schillers »Kabale und Liebe«, Nâzım Hikmets »Der Schädel« (Kafatası) und Gerhart Hauptmanns »Vor Sonnenuntergang«.

Anfang Juni 1934 wurde Semiha »vom Mantel der Geschichte gestreift« – ihr wurde der Befehl Atatürks überreicht, anläßlich des Schahbesuchs zu singen. Dieser Befehl führte sie nach Ankara, auf die Bühne des »Halkevi« und vor die Augen des Ghazi, der bei den Proben zu »Özsoy« im Zuschauerraum saß. Am Abend nach der Premiere waren Semiha und einige Kollegen des Ensembles noch zu Gast in Çankaya. Die Diva sang auf Wunsch des Hausherrn eine Arie aus Puccinis »Madame Butterfly«. Mustafa Kemal revanchierte sich in seiner charmanten und etwas schüchternen Art, so als sei er wieder im Salon von Miti in Sofia oder von Corinne in Pera, mit einem Zitronensorbet, das er selbst servierte und der Sängerin überreichte.[246] Einige Tage später wurde Semiha Berksoy mitgeteilt, daß der Staatspräsident sie als Stipendiatin für eine europäische Musikakademie auserwählt habe.

Für wie bedeutend Mustafa Kemal die Pflege europäischer Musik hielt, geht aus einem Gespräch hervor, das sich Sadi Irmak – zwischen 1974 und 1975 Ministerpräsident – nach einer »Tafelrunde« notierte: »Eines Abends fragte Atatürk uns: ›Welche der Reformen war die schwierigste?‹ Eine vertrackte Frage. Als die Reihe an mich kam, antwortete ich, daß ich die Verweltlichung des ehemaligen islamischen Staats für besonders kompliziert halte. Er schien aber mit all unseren Antworten nicht zufrieden zu sein, denn nach einer Weile sagte er, daß die Musikreform nicht leicht durchzuführen sei, denn sie bedeute die Umgestaltung des Innenlebens. Dann fügte er leise hinzu: ›Sehr schwierig! Wird aber gemacht!‹«[247]

Für die Umgestaltung in den Bereichen Kunst und Wissenschaft hatte Mustafa Kemal bereits Anfang der dreißiger Jahre eine weitreichende Entscheidung getroffen. Im Rahmen einer 1932 eingeleiteten Universitätsreform waren deutsche und österreichische Wissenschaftler und Künstler von Ruf als Dozenten mit befristeten Verträgen eingestellt worden, unter ihnen viele aus politischen und rassischen Gründen Verfolgte. Betreut und beaufsichtigt durch den Erziehungsminister Reşit Galip, den engagierten Verteidiger der »Volkshäuser«, fand auch manche Berühmtheit ein reizvolles Arbeitsgebiet in der Türkei, wo trotz der seit 1933 zunehmenden Spannungen im Zentrum Europas keine politisch motivierten Ausweisungen von Emigranten verfügt wurden; so wirkten unter anderen der Musikpädagoge Eduard Zuckmayer (Bruder des Dramatikers Carl Zuckmayer) und der Dirigent und Instrumentallehrer Ernst Praetorius am Konservatorium in Ankara, das nach einem Gutachten von Paul Hindemith aufgebaut worden war (er hatte sich zwischen 1935 und 1937 mehrfach in der Türkei aufgehalten); ebenso die Architekten Clemens Holzmeister (Vater der Schauspielerin Judith Holzmeister) und Bruno Taut als Regierungsbaumeister und Lehrbeauftragte an der Technischen Hochschule in Istanbul, Ernst Reuter, der spätere Regierende Bürger-

Samiha Berksoy als Leonore in Beethovens »Fidelio«

meister von Berlin, als Dozent für Stadtplanung in Ankara und Carl Ebert als Regisseur und Leiter der Oper in Ankara.[248]

Bei Carl Ebert bestand Semiha Berksoy 1936 die Aufnahmeprüfung für das Ensemble der Staatsoper in Ankara mit Auszeichnung, so daß sie in den Genuß eines Stipendiums für die Musikhochschule in Berlin kam. Dort gab sie am 3. Februar 1937 in Anwesenheit des Reichsaußenministers Joachim von Ribbentrop in der türkischen Botschaft einen Liederabend, machte Aufnahmen für den Rundfunk mit dem Berliner Symphonischen Orchester und trat am 24. Juni 1939 anläßlich des 75. Geburtstages von Richard Strauss in der Titelrolle von »Ariadne auf Naxos« als erste türkische Opernsängerin in Europa auf. 1942 wurde sie für die Partie der Carmen nach Berlin und Dresden eingeladen. Als sie sich jedoch verpflichten sollte, mit der Aufführung an die deutsche Ostfront zu ziehen, lehnte sie höflich ab und kehrte nach Ankara zurück (1969 kam sie noch einmal nach Berlin, um in der Galerie Lützow ihre neuesten Bilder vorzustellen). Zum 50. Jahrestag des Frauenwahlrechts erhielt sie im Dezember 1984 für ihre Verdienste um die Opernkunst in der Türkei eine hohe staatliche Auszeichnung.

Wie ernst es Mustafa Kemal mit der Gleichberechtigung der Frau meinte, hatte er bereits Jahre vor der Gründung der Republik und vor dem Beginn der Reformen durch sein Verhalten bewiesen. Im Februar 1921 gab der neu gebildete Lehrerverein in Ankara einen bescheidenen Empfang mit Tee und Gebäck. Als Mustafa Kemal in den Saal kam, sah er außer zahlreichen Männern, die in Gruppen herumstanden, nur einige wenige Lehrerinnen, die in einer Ecke zusammensaßen. Seine

259

verwunderte Miene wurde von den Konservativen als Tadel wegen der Anwesenheit von Frauen verstanden. Sie wollten schon Anstalten machen, dem Übel abzuhelfen, da sagte Mustafa Kemal, diesmal zu ihrer Verwunderung: »Warum lassen Sie die Damen allein? Bitte führen Sie sie zu Tisch.« Und demonstrativ schenkte er ihnen Tee ein.[249] Die türkischen Frauen haben Atatürk diese Gesten und seine auch für sie bestimmten Reformen bis heute nicht vergessen.

18

Bis zum letzten Atemzug für die Republik (1935 – 1938)

Das Arbeitsprogramm Mustafa Kemals wurde immer umfangreicher; da er sich gern um alles persönlich kümmerte und niemand anderer es wagte, irgendwelche Entscheidungen zu treffen, häuften sich Anfragen, Berichte, Verträge und Reisepläne auf den Schreibtischen in Çankaya und Istanbul. Dadurch gerieten selbst Routineangelegenheite ins Stocken, Entscheidungen die keinen Aufschub duldeten, wurden versäumt. Dieser Leerlauf, der dem rasanten Sprung in eine moderne und europäisch eingefärbte Gegenwart folgte, zeugte von Ermüdung auf allen Seiten.

Daß sich in der Türkei erst nach dem Zweiten Weltkrieg eine Parteienlandschaft entwickelte, lag weniger am Kemalismus selbst, dessen Prinzipien (Republikanismus, Nationalismus, Populismus, Revolutionismus, Laizismus und Etatismus) sich die zivilen und zeitweise militärischen Regierungen in Ankara mehr oder weniger verpflichtet fühlten, sondern vielmehr an der Person Mustafa Kemals, der kein Verhältnis zum Gedanken einer konstruktiven Opposition fand.

Zwei weitere Gründe für das Ausbleiben radikaler antikemalistischer Oppositionsgruppen – auch die türkischen Kommunisten gehören nur bedingt zu einer solchen Gegnerschaft – sind ebenfalls nicht von der Hand zu weisen: Die Türken waren durch die osmanischen Reformen, so zaghaft immer diese betrieben wurden, und durch den aufrührerischen Geist der Jungtürken auf die Reformen Mustafa Kemals vorbereitet. Und sie besaßen – da erst mehrere Jahrhunderte nach dem Tod des Propheten Mohammed aus Asien eingewandert – ein weniger absolutes Verhältnis zur islamischen Religion als die arabischen Völker. Durch die Gründung der »Türkischen Gesellschaft für Geschichte« im April 1931 hatte Mustafa Kemal versucht, seinen Landsleuten bewußt zu machen, daß ihre Ursprünge nicht nur im Islam und in der arabisch-persischen Kulturwelt liegen, sondern auch dort, von wo sie einst aufgebrochen waren. Die Dauerhaftigkeit des Kemalismus ist ohne Zweifel erstaunlich, auch wenn ihm eine Verjüngungskur guttäte, also eine verstärkte Anpassung an die heutigen Gegebenheiten und Probleme wie der Übervölkerung, der Umweltverschmutzung und nicht zuletzt der Ausbreitung des islamischen Fundamentalismus und die Konzentration auf neue Aufgaben wie die Hochtechnologie und die Abrüstung.

In einem Augenblick der Melancholie, in dem ihn das Gefühl übermannte, von niemandem mehr gebraucht zu werden, sagte Mustafa Kemal zu seinem Generalsekretär: »Ich lebe wie ein Gefangener. Tagsüber bin ich fast immer allein, jeder hat seine Arbeit oder seine Aufgaben, aber für mich gibt es nichts, das mich wenigstens für eine Stunde am Tag beschäftigt. Ja, schlafen kann ich, schlafen, denn wenn ich es nicht tue, bleibt mir nur, irgend etwas zu lesen oder zu schreiben. Ich wünschte mir auch auf Gesellschaften mehr Abwechslung, denn bei wem finde ich schon mein Glück? Immer sehe ich dieselben Leute und dieselben Gesichter und höre noch und noch dieselben Worte. Ich langweile mich und langweile mich. Nun gut, machen Sie sich nichts daraus. Welche Neuheiten bringen Sie mir?«[250] Die Republik war geboren, und ihre Kinder suchten sich ihre eigenen Wege, ihre eigenen Abenteuer – den Urheber und Erzieher in ihren Herzen, aber seiner nicht mehr bedürftig als Person.

Der einsame Machtmensch erstarrt oft, zerstört oft aus Rache an der größeren Macht der Zeit sein Werk, um sich als unverstandene Gottheit in die Gemächer eines privaten Paradieses zurückzuziehen. Mustafa Kemal widerstand dieser Versuchung, wie er ihr auch widerstanden hatte, als es um die Handhabung der Macht gegangen war und muslimische Stimmen ihm zugeflüstert hatten, selbst das Kalifat zu übernehmen und nicht nur über das armselige Anatolien, sondern über ein Riesenreich, größer als das osmanische Süleymans des Prächtigen, zu herrschen. Seine kleinen Dämonen waren Melancholie, Langeweile, Eitelkeit und Eifersucht auf die in sich Ruhenden und gleichbleibend Emsigen wie Ismet Inönü, der mit kurzer Unterbrechung seit 1923 treu und zuverlässig die Regierungsgeschäfte erledigte.

Als Ende des Jahres 1937 die Prozesse von Izmir und Ankara schon längst vergessen waren und Hüsseyin Rauf Orbay und Refet Bele wieder in Çankaya weilten, entließ Mustafa Kemal – für viele überraschend – den ausgeglichenen, fleißigen und effektiven Ministerpräsidenten, dessen Familie er wie seine eigene liebte. Offiziell hieß es, Ismet Inönü sei zu erschöpft gewesen, um sein Amt länger ausüben zu können, inoffiziell hieß es, der Ghazi habe bei der Entlassung des Ministerpräsidenten auf die Kritiker seiner Wirtschaftspolitik gehört. Im Kreis der Vertrauten wurde jedoch erzählt, Ismet sei der Kragen über die ewigen Einmischungen durch die Männer der »Tafelrunde« geplatzt, und er habe im einzigen Wutanfall seines Lebens zum Herrn von Çankaya gesagt: »Ich bekomme nur noch Befehle vom Tisch, Sie sprechen nie mehr direkt mit mir.«[251] Einige meinten, aus der erregten Rede das Wort »Alkoholiker« vernommen zu haben, das Ergebnis blieb jedoch dasselbe: der Ghazi entließ seinen besten Freund und besten Mann im Kabinett und setzte dafür den Wirtschaftsfachmann Celâl Bayar ein. Eine öffentliche Versöhnung kam nicht mehr zustande, die Tochter Ismets erinnerte sich aber, daß ihr Vater dem Kranken im Dolmabahçe-Palast eine Notiz reichen ließ, die lautete: »Bist du noch immer verärgert?« Worauf Mustafa Kemal auf dasselbe Blatt gekritzelt habe: »Überhaupt nicht. Du bist mein bester Freund und Bruder.«[252]

Trotz gelegentlicher Ausbrüche von Ungeduld – aus Langeweile oder der bitteren Erkenntnis, »daß seine Kräfte ihn verlassen und die Menschen schnell vergessen«[253] – erfüllte Mustafa Kemal seine Pflichten als Staatsmann – am 1. März 1935 wurde er zum vierten Mal als Präsident bestätigt –, der das Wohl seines Landes nicht aus den Augen verliert. Zu diesen Pflichten zählten für ihn vor allem die Empfänge ausländischer Besucher und die Regelung von zwei territorialen Fragen, die seit dem Friedensschluß noch offen waren: die Kontrolle über die Meerengen und die Zugehörigkeit des an Syrien grenzenden und unter Aufsicht des Völkerbunds stehenden Gebietes von Hatay (Iskenderun). Aus der Schar illustrer Gäste wie Prinz Gustav Adolf von Schweden (ab 1950 König Gustav VI. Adolf), Marschall Mahmut aus Afghanistan, Ministerpräsident Metaxa aus Griechenland, Außenminister Antonesco aus Rumänien und Reichswirtschaftsminister Hjalmar Schacht ragte wegen der politischen Bedeutung der britische König Eduard VIII. heraus.

König Eduard wollte nur eine Sommerreise mit seiner Geliebten, Wallis Simpson, durch das Mittelmeer machen, das britische Außenministerium hatte jedoch darauf bestanden, daß er einen Umweg über Istanbul nehme, um die Beziehungen zur Türkei ein wenig aufzupolieren, denn die Zeichen in Europa standen wieder einmal auf Sturm. Der hohe Gast aus London, der am 4. September 1936 mit einer gemieteten Yacht eintraf, verbrachte drei Tage in Istanbul. Höhepunkte waren ein Bankett im Dolmabahçe-Palast und ein Wettsegeln auf dem Bosporus, das die prominenten Zuschauer von Atatürks alter Sultansyacht aus

König Eduard VIII. und Mustafa Kemal betreten vom Bosporus aus den Dolmabahçe-Palast

bei türkischem Kaffee verfolgten. In seinen Erinnerungen, die er später als Herzog von Windsor schrieb, schilderte Eduard auch seine Begegnung mit Mustafa Kemal: »Da es sich nicht um einen Staatsbesuch handelte, bot mir Atatürk nur ein informelles Festprogramm. Das war sehr gut. So hatte ich bei den verschiedenen Gelegenheiten unseres Zusammenseins die Möglichkeit, diesen rauhen Soldaten-Revolutionär zu studieren, der in seinem Land eine der heftigsten sozialen Umwälzungen durchgeführt hat, die je von einem Mann in unserer Zeit vollbracht wurde. Wir unterhielten uns auf Deutsch. Er erzählte mir, wie er die islamische Vorherrschaft gebrochen, den Fez abgeschafft, die Harems geschlossen und die türkische Frau emanzipiert habe, indem er ihr das Stimmrecht gab. Atatürks Gesichtszüge waren scharf gemeißelt; seine Augen waren die durchdringendsten, in die ich je geblickt habe.«[254] Für die Rückreise der königlichen Feriengesellschaft über den Balkan stellte Mustafa Kemal seinen Präsidentenzug zur Verfügung.

Zwei Monate vor dem Treffen mit dem Staatsoberhaupt des einst so feindseligen Großbritannien hatten die Vertreter Englands, Frankreichs und der Türkei in Montreux den revidierten Meerengenvertrag unterzeichnet. Die internationale Kontrollkommission wurde aufgelöst, und man gestand der Türkei zu, die Dardanellenzone zu militarisieren und die Durchfahrt von fremden Kriegsschiffen nach den Interessen des Landes zu bemessen. Am 20. Juli 1936 marschierten erstmals seit 1918 wieder türkische Truppen an den Ufern der Dardanellen auf, erwartet von der gesamten Flotte, ihr voran die geschichtsträchtige »Yavuz«, die 1914 als »Goeben« zusammen mit ihrem Schwesterschiff »Breslau« in den Bosporus eingelaufen und von Enver Paşa begrüßt worden war.

Etwas schwieriger gestaltete sich die Angelegenheit um Hatay, den ehemaligen Verwaltungsbezirk der osmanischen Provinz Syrien, denn an der Suche nach einer völkerrechtlichen Lösung für dieses neu entstandene Grenzgebiet mit der Hafenstadt Alexandretta (Iskenderun) und der in den Bergen liegenden traditionellen Pilgerstation auf dem Weg nach Mekka, Antiochia (Antakya), waren Syrien – französisches Mandatsgebiet seit den Versailler Verträgen –, Frankreich, der in Genf ansässige Völkerbund und die Türkei beteiligt. Frankreich hatte in dem von Franklin-Bouillon Ende 1921 in Ankara geschlossenen Vertrag mit der nationalen Regierung großzügige Konzessionen in der Grenzziehung zu Syrien gemacht, die der Völkerbund nicht hinnehmen wollte. Im Januar 1937 wurde in Genf die Autonomie Hatays angeregt, was wiederum in der Türkei, die sich auf den im Februar 1920 verabschiedeten Nationalpakt und auf die in ihm festgelegten Landesgrenzen berief, und in Frankreich, das sich seine guten Beziehungen zu Ankara nicht verscherzen wollte, auf Widerstand stieß. Schließlich erreichten die beiden miteinander befreundeten Staaten, daß ihr Vorschlag einer Volksbefragung wohlwollende Zustimmung in Genf fand.

Mustafa Kemal, der die langwierigen Vorbereitungen zur Volksbefragung in Hatay aufmerksam beobachtete, konnte im Juli 1937 in Ankara mit großer Befriedigung nach dem Balkanpakt von 1934 auch mit den östlichen Nachbarn Irak, Iran und Afghanistan einen Freundschafts- und Beistandspakt unterzeichnen. Anschließend fuhr er in seinem Präsidentenzug, wie jedes Jahr seit 1927, nach Istanbul, um sich in der kühleren Luft am Bosporus und in dem idyllischen Thermalbad Yalova – ein Katzensprung über die Bucht von Izmit – zu erfrischen. Trotz deutlicher Anzeichen einer verborgenen Krankheit, wie häufiges Nasenbluten, Fieber, Kopfschmerzen und gelbliche Gesichtsfarbe, kam es zu diesem Zeitpunkt noch zu keiner eingehenden Untersuchung. Die den Ghazi betreuenden Ärzte waren, wie fast die ganze Nation, in dem Glauben befangen, daß Atatürk ewig leben würde, und der Ghazi selbst wollte der Sache nicht zu früh auf den Grund gehen, um seine Position als starker Mann in der Hatay-Angelegenheit nicht zu gefährden. Seine Depressionen stellten sich wieder ein, er schlief bis in den späten Nachmittag und verbrachte den Abend und die Nacht bis zwei oder fünf Uhr morgens in einem Kasino auf den Prinzeninseln (einige Zeit wohnte dort der 1929 aus der UdSSR ausgewiesene Leo Trotzki), wo er Anfang des Jahrhunderts von Poesie und Malerei geträumt hatte.

Die Einsamkeit, die Mustafa Kemal empfand, hatte sich noch verstärkt, seit der Umgang mit Menschen, der seinem geselligen Temperament sehr entgegenkam, durch die zunehmenden Verpflichtungen als Staatspräsident und als Vorsitzender der »Republikanischen Volkspartei« zur unentrinnbaren Routine geworden war. Zwei ihn persönlich berührende Trauerfälle hatten ihn zusätzlich innerlich isoliert: Im Jahr 1934 war seine Adoptivtochter Zehra, die in London studiert hatte, während der Rückreise in die Türkei zwischen Boulogne und Paris bei einem, wahrscheinlich freiwilligen, Sturz aus dem Zug ums Leben gekommen, und im Januar 1937 starb sein ihm seit Saloniki treu ergebener Freund Nuri Conker, dessen Tod ihn noch schwerer traf.

Wie tief die Sehnsucht nach dem einfachen Leben in ihm steckte, das er nach dem Tod seines leiblichen Vaters, Ali Riza, zusammen mit seiner Mutter und Schwester auf dem Bauernhof seines Onkels in Mazedonien kennengelernt hatte, davon zeugte seine hingebungsvolle Beschäftigung mit dem Landgut »Orman«. Eine zufällige Begegnung mit seiner eigenen mazedonischen Jugend, die in einem seiner letzten Lebensjahre stattfand, berührte ihn daher außerordentlich. Während eines Ausritts mit Freunden in die weitere Umgebung von Yalova fragte Mustafa Kemal einen jungen Schafhirten nach dem kürzesten Rückweg in den Kurort. Sich der Zeit erinnernd, in der er selbst Schafe gehütet und Krähen von den Feldern verscheucht hatte, stieg er vom Pferd und erkundigte sich nach dem Namen des Jungen. Dieser erwiderte, daß er Mustafa heiße. Auf die Frage, ob er wisse, wer der Ghazi sei, fand er zur Erheiterung der übrigen Gesellschaft keine Antwort. Im weiteren Gespräch erfuhr Mustafa Kemal, daß der Junge nur noch seine Mutter hatte und für einen Landpächter arbeitete. Er machte ihm daraufhin das Angebot, finanziell für ihn und seine Mutter zu sorgen und ihn auf die Schule zu schicken. Er müsse erst seine Mutter und den Pächter fragen, sagte der Junge vorsichtig, versprach aber, nach Yalova zu kommen, um die Entscheidung mitzuteilen. Bei der Verabschiedung weigerte er sich, Geld für die Wegauskunft anzunehmen, bestand jedoch darauf, daß sich der Fremde ein paar von seinen Walnüssen in die Tasche steckte. Mustafa Kemal, der dem Schafhirten zu dessen Überraschung in Yalova als Ghazi gegenübertrat, hielt sein Wort. Er ließ ihn auf die Schule gehen, schickte ihn, als dieser an Malaria erkrankte, in ein Istanbuler Hospital, wo er ihn auch besuchte, und förderte seine Karriere als Offizier, die lange nach dem Tod Atatürks in der Ernennung zum Major gipfelte. Das in sich ruhende Leben, das Mustafa Kemal einem intelligenten und erfolgreichen Mann wie Ismet Inönü heimlich neidete, zog ihn bei einem Menschen wie Mustafa, dem Hirtenjungen, um so stärker an, als er in ihm die innere Harmonie, die ihm selber verwehrt blieb, unmittelbar ausgedrückt fand.

Im Januar 1938 häuften sich die Schwächeanfälle Mustafa Kemals so sehr – seit einiger Zeit benutzte er die für ihn in Çankaya und im Dolmabahçe-Palast eingebauten Fahrstühle –, daß endlich eine gründliche Untersuchung vorgenommen wurde. Der Befund lautete auf Erweiterung und Funktionsstörung der Leber, was unheilbare Zirrhose bedeutete. Über die »Tafelrunde«, die am Abend nach der niederschmetternden Diagnose noch einmal in Çankaya zusammenkam, schrieb der Journalist Falih Rıfkı Atay: »Atatürk, blaß und mit gelblicher Gesichtsfarbe, führte wie immer den Tisch an. Er wirkte ruhig aus Erschöpfung, so wie das Meer sich nach einem Sturm glättet. Das Sprechen bereitete ihm große Mühe. Das sanfte und warme Lächeln seiner schmalen Lippen war verschwunden wie ein davonwehender Duft.«[255] Nach der Teilnahme an einem Ball in Bursa, auf dem er bis zur totalen Erschöpfung tanzte, bekam Atatürk zusätzlich eine Lungenentzündung. In Gegenwart des Ministerpräsidenten wurde am 16. März 1938 eine zweite gründliche Untersuchung vorgenommen und ein erstes öffentliches Bulletin herausgegeben. Einige Tage später kam auf Wunsch der türkischen Ärzte der damals berühmte französische Spezialist, Doktor Fissinger, nach Çankaya, der dem Patienten erklärte, daß er bei entsprechender Ruhe und Diät noch etwa sieben Jahre leben könne.

Mustafa Kemal hatte sich als letztes Ziel gesetzt, Hatay, die verbliebene Lücke in der vom Nationalpakt vorgesehenen Landesgrenze, zu schließen. Um den ruhigen Verlauf der Abstimmungsvorbereitungen zu gewährleisten – im Gebiet von Hatay überwogen die arabischen und armenischen Bevölkerungsanteile den türkischen –, waren Paris und Ankara übereingekommen, ein gemischtes Truppenkontingent in die Wahlregion zu entsenden. Trotz der Warnungen seiner Ärzte

*Mustafa Kemal und
seine Adoptivtochter Ülkü*

und Doktor Fissingers entschied sich Mustafa Kemal im Juli 1938 aus wahltaktischen Gründen, verschiedene Truppenparaden im südöstlichen und heißesten Winkel der Türkei abzunehmen. Die Anstrengung, die es ihn kostete, stundenlang in der glühenden Sommerhitze vor den vorbeimarschierenden Soldaten zu stehen – Salih Bozok und Kılıç Ali, die ihn stützen wollten, stieß er verärgert zurück –, verschlechterte seinen Zustand rapide. (Das Abstimmungsergebnis, das eine Bindung an die Türkei ergab, wurde erst nach Atatürks Tod bekannt.)

Unmittelbar nach der Rückkehr nach Ankara reiste Mustafa Kemal weiter nach Izmit, wo ihn seine neue Yacht, die er Anfang des Jahres in London hatte ersteigern lassen, erstmals erwartete. Auf der luxuriösen »Savarona«, die für eine amerikanische Millionärin gebaut worden war, fühlte er sich erheblich wohler als auf dem altmodischen Sultansschiff »Ertuğrul«. Da er jedoch kaum noch laufen konnte, mußte er sich mit den lobenden Beschreibungen seiner Gäste begnügen. Neben Kabinettsmitgliedern und Freunden der »Tafelrunde« besuchten ihn auch seine Adoptivtöchter auf dem vor dem Dolmabahçe-Palast liegenden »Lazarettschiff«, das er nicht mehr verlassen wollte. Am meisten freute er sich über die kleine Ülkü, die erst seit kurzem zu seiner »Familie« gehörte. Mit ihren fünf Jahren machte es ihr bereits Spaß, vor dem Ghazi und seinen Gästen zu tanzen, wie sie es noch heute zu tun pflegt, wenn sie in Istanbul ausgeht. Als Atatürk noch nicht gehbehindert war, machte ein amerikanischer Kameramann, der einen Film über die neue Türkei drehte, auch Aufnahmen von ihm und Ülkü am Istanbuler Badestrand Florya. Zusammen mit

*Mustafa Kemals
Sterbezimmer im
Dolmabahçe-Palast*

seltenen Briefmarken schickte Atatürk den fertigen Film Präsident Franklin D. Roosevelt, einem begeisterten Markensammler, der sich für beide Geschenke bedankte und den Wunsch nach einem Treffen ausdrückte.[256]

Anfang Oktober 1938 wurde Mustafa Kemal, dessen schlechte körperliche Verfassung bessere Pflegebedingungen erforderlich machte, in sein Schlafzimmer im Dolmabahçe-Palast umgebettet. Am 29. Oktober verfolgte er noch bei klarem Bewußtsein die Reden, die zur Feier der fünfzehnten Wiederkehr der Republikgründung im Radio übertragen wurden, und ließ sich an das Fenster führen, um einer Studentengruppe zuzuwinken, die das Lied »Der Morgennebel ist auf die Gipfel der Berge gesunken…« für ihn sang. Als Ali Fuat Cebesoy ihn über seinen Zustand hinwegtrösten wollte, sagte er nur: »Das ist unnützer Trost. Man muß die Wahrheit sehen, wie sie ist.«[257] Am 9. November fiel er in ein Koma – er fragte noch nach der Uhrzeit –, aus dem er nicht mehr erwachte. Dem Zeitpunkt seines Todes, am 10. November 1938 um 9 Uhr 05, wird noch heute jedes Jahr in der ganzen Türkei mit fünf Schweigeminuten gedacht.

Atatürks Leichnam wurde einbalsamiert und neun Tage lang im Thronsaal des Dolmabahçe-Palasts für das Trauerdefilee aufgebahrt. Am 19. November trugen Offiziere den Sarg zur Serailspitze, von wo er erst mit dem Torpedoboot »Zafer« (Sieg) und dann mit der »Yavuz« bis Izmit und von dort mit dem Zug nach Ankara gebracht wurde. Am 21. November wurde der Sarg – wieder unter Beteiligung unübersehbarer Menschenmassen – im Kuppelsaal des Ethnographischen Museums aufgestellt.

Das Atatürk-Mausoleum
in Ankara

Erst 1953, nach Fertigstellung eines mächtigen Mausoleums mit Ehrenhof und einer von hethitischen Löwenskulpturen gesäumten Ehrenstraße auf dem »Denkmalshügel« (Anıt Tepe), fand Mustafa Kemal endgültig seine Ruhe. In seiner Trauerrede sagte Ismet İnönü, der am 11. November 1938 zum Nachfolger des Staatspräsidenten ernannt worden war, vor der sterblichen Hülle seines Freundes: »Das ganze türkische Volk, dem du immer gedient hast, verbeugt sich in Verehrung vor deinem Grab. Du hast uns während deines ganzen Lebens mit dem Feuer deiner Seele erwärmt und erleuchtet. Sei dessen sicher, daß die Erinnerung an dich wie eine unauslöschliche Flamme in uns glüht und uns wachsam hält.«[258]

Anmerkungen

1 Enver Behnan Şapolo: Kemal Atatürk ve Milli Mücadele Tarihi (Kemal Atatürk und die Geschichte des nationalen Kampfes). Ankara 1959, S. 17

2 Bernard Lewis: The emergence of modern Turkey. Oxford 1968, S. 56

3 Stanford und Ezel Kurak Shaw: History of the Ottoman Empire and Modern
Turkey. Cambridge 1977, Bd. 2, S. 249 (nachfolgend: Shaw)

4 Dies., S. 250

5 Atatürk, Sein Leben und sein Werk. Türkische Nationale Kommission für
UNESCO. (Ankara) 1981, S. 7–8

6 Lord Kinross: Atatürk – The Rebirth of a Nation. London 1990 (Erste Auflage
1964), S. 6 (nachfolgend: Kinross)

7 Gelip Pasinler: Jugenderinnerungen. In: Akşam (Tageszeitung) vom 13. Dezember 1938; zitiert nach Vamik D. Volkan und Norman Itzkowitz: The Immortal Atatürk – A Psychobiography. Chicago 1984, S. 31–32 (nachfolgend:
Volkan)

8 Kinross, S. 9

9 Volkan, S. 36–37

10 Ders., S. 40

11 Kinross, S. 10

12 Ein angeblich von dem jungen Mustafa Kemal geschriebenes Gedicht wurde
1981 in Ankara von Nimet Arzik in »Atatürk et son œuvre dans la poésie d'aujourd'hui« auf Seite 191 veröffentlicht

13 A. E. Yalman: Interview mit Mustafa Kemal in der Tageszeitung Vakit am
10. Januar 1922. Zitiert nach Volkan, S. 42

14 Sadi Irmak: Atatürk – Leben und Werk des Schöpfers der Neuen Türkei. Istanbul (Kulturabteilung der Hisar Bank) 1981, S. 7 (nachfolgend: Irmak)

15 Kinross, S. 13

16 Geheimes Staatsarchiv Berlin-Dahlem, III. Hauptabteilung, Nr. 1093, Bl. 342,
Bericht vom 2. Juni 1876

17 Ebenda, Bl. 357, Bericht vom 5. Juni 1876

18 Ebenda, Bl. 465, Bericht vom 29. August 1876

19 Shaw, S. 205 (Tabelle 3.3.)

20 Colmar von der Goltz: Denkwürdigkeiten. Berlin 1929, S. 134

21 Ders., S. 134–135

22 Joan Haslip: Der Sultan. München 1968, S. 248

23 Zitiert nach Jehuda L. Wallach: Anatomie einer Militärhilfe. Düsseldorf 1976

24 Kronprinz Wilhelm: Erinnerungen. Berlin 1922, S. 45–48

25 Jorge Blanco Villalta: Atatürk. Ankara 1982, S. 28 (englische Übersetzung der
argentinischen Ausgabe von 1939)

26 Kinross, S. 16 – 17
27 Villalta, S. 30 – 31
28 A. E. Yalman: Interview mit Mustafa Kemal in der Tageszeitung Vakit am 10. Januar 1922. Zitiert nach Volkan, S. 47 – 48
29 Irmak, S. 10
30 Ders., S. 10
31 Halide Edib Adivar: Memoirs of Halide Edib. New York 1926, S. 258
32 Kinross, S. 30
33 Şefket Süreyya Aydemir: Tek Adam (Der erste Mann). Istanbul 1969, Bd. 1, S. 135
34 Kinross, S. 32 – 33
35 Osman Okyar: The Unionist Dream of Union and Progress. In: La Vie Sociale dans les Provinces Arabes à L'Epoque Ottomane. Zaghouan (Tunesien) 1988, Bd. 1, S. 218 – 219
36 Kinross, S. 43
37 Ders., S. 48
38 Harold Courteney Armstrong: Mustafa Kemal. Paris 1933, S. 41 (französische Übersetzung der englischen Biographie »The Grey Wolf« von 1932)
39 Kinross, S. 51
40 Georges Rémond: Aux Camps Turco-Arabes. Paris 1913, S. 65
41 Joan Haslip: Der Sultan. München 1968, S. 276
42 Kinross, S. 61
43 Anfang der sechziger Jahre wurde ein junger Türke, Edip Erenler, der eine Reise durch Deutschland machte, in Aachen bei einem Verkehrsunfall verletzt und in das Sankt-Joseph-Krankenhaus gebracht. Die Krankenschwester, die ihn dort pflegte, erzählte ihm, daß sie im Nachlaß ihrer verstorbenen Mutter, Hildegard Christianus, einige Briefe entdeckt habe, die von einem M. Kemal unterzeichnet seien. Sie selber könne sich nicht mehr an diesen Gast ihrer Eltern in Sofia erinnern, da sie noch zu jung gewesen sei. Durch Vermittlung Edip Erenlers, der sofort erkannte, daß M. Kemal kein anderer sein konnte als Atatürk, gelangten diese Briefe wieder in die Türkei, wo sie auf ihre Echtheit geprüft, ins Türkische übersetzt und ab 1962 veröffentlicht wurden. Einige der Briefe erschienen 1962 in der Zeitschrift »Tarihin Sesi«; eine vollständige Veröffentlichung folgte 1964 in der von S. A. Terzioğlu herausgegebenen Briefsammlung »Insancıl Atatürk« (Der menschliche Atatürk), Istanbul, S. 112 – 125
44 Kinross, S. 64
45 Ders., S. 60
46 Ders., S. 61
47 Zitiert nach Volkan, S. 76
48 Kinross, S. 61
49 Jehuda L. Wallach: Anatomie einer Militärhilfe. Düsseldorf 1976, S. 126
50 Otto Liman von Sanders: Fünf Jahre Türkei. Berlin 1920, S. 11
51 Bundesarchiv-Militärarchiv Freiburg, Hans von Seeckt: Gründe des Zusammenbruchs der Türkei, Herbst 1918. N 247 / 202 c
52 Politisches Archiv des Auswärtigen Amtes, Privatbrief von Wangenheims vom 30. 12. 1914. Türkei 139, Bd. 34 A, S. 46
53 Friedrich Freiherr Kreß von Kressenstein: Mit den Türken zum Suezkanal. Berlin 1938, S. 23

54 Graf Max Montgelas und Walter Schücking (Hg.): Die deutschen Dokumente
   zum Kriegsausbruch 1914, von Karl Kautsky zusammengestellte amtliche Ak-
   tenstücke. Berlin 1922, Bd. 3, S. 183–185
55 Siehe Anmerkung 52, Türkei 142, Bd. 3
56 Carl Mühlmann: Die deutsche Militärmission in der Türkei. In: Wissen und
   Wehr. Berlin 1938, Heft 12, S. 850
57 Hans von Kiesling: Mit Feldmarschall v. d. Goltz-Pascha in Mesopotamien und
   Persien. Leipzig 1927, S. 68–69
58 Henry Morgenthau: Ambassador Morgenthau's Story. New York 1918,
   S. 206–207
59 Irmak, S. 16–17
60 Liman v. Sanders, S. 54
61 Kinross, S. 70
62 Irmak, S. 18
63 R. E. Ünaydin: Anafartalar Kumandani Mustafa Kemal ile mülâkat (Interview
   mit Mustafa Kemal, Kommandanı von Anafartalar). Istanbul 1930, S. 24–25.
   Zitiert nach Volkan, S. 87
64 Irmak, S. 19
65 Ders., S. 21
66 S. Borak: Atatürk'ün özel mektupları (Atatürks Privatbriefe). Istanbul 1970,
   S. 73–74. Zitiert nach Volkan, S. 90–91
67 Ders., S. 59 (Volkan S. 92)
68 Irmak, S. 19
69 Ders., S. 20
70 Şafket Sürsyya Aydemir: Tek Adam (Der erste Mann). Istanbul 1969, Bd. 1,
   S. 242
71 Volkan, S. 89–90
72 Shaw, S. 318
73 Veröffentlicht mit den aus dem Arabischen transponierten und ins Deutsche
   übersetzten Telegrammen Envers an Liman, Envers an Mustafa Kemal und
   Mustafa Kemals an Enver. In: Mustafa Kemal Atatürk 1881–1981. Vorträge
   und Aufsätze zu seinem 100. Geburtstag. Heidelberg 1982, S. 13–19. Faksi-
   mile des Briefes von Liman von Sanders und der zwischen Enver und Mustafa
   Kemal gewechselten Telegramme in: Belleten Türk Tarih Kurumu (Bulletins
   der Gesellschaft für Türkische Geschichte). Ankara 1968, Bd. 32, Nr. 128,
   S. 476 ff
74 Kinross, S. 97
75 S. Borek: Atatürk'ün özel mektupları (Atatürks Privatbriefe). Istanbul 1970,
   S. 75. Zitiert nach Volkan, S. 94
76 Kinross, S. 99
77 Shaw, S. 315–316
78 Davison, Roderic H.: Turkey. Short History. Huntingdon 1988, S. 117–118
79 Shaw, S. 325
80 Aus der »Balfour-Deklaration« vom 2. 11. 1917 (Brief des englischen Außenministers Balfour an Lord Rothschild). Zitiert nach Hans-Jürgen Gamm: Ju-
   dentumskunde. Frankfurt a. M. 1961, S. 93
81 Kinross, S. 100
82 Borak, S. 61–63 (Volkan, S. 98)

83 Aus einem Gespräch des Autors mit Frau Özden Toker am 16. November 1991
84 Inönü-Stiftung (Hg.): Ismet Inönü. Ankara 1991, S. 5
85 Kinross, S. 100
86 Irmak, S. 23
87 Joseph Pomiankowski: Der Zusammenbruch des Ottomanischen Reichs. Wien 1928, S. 286
88 Irmak, S. 22–23
89 Ders., S. 23
90 Thomas Edward Lawrence: Die sieben Säulen der Weisheit. München 1991, S. 693
91 Irmak, S. 24
92 Kinross, S. 108
93 Ders., S. 109
94 Ders., S. 113
95 Ders., S. 111–112
96 Irmak, S. 26 und Kinross, S. 112
97 Harold Courteney Armstrong: Mustafa Kemal. Paris 1933, S. 84
98 Kinross, S. 113
99 Şefket Süreyya Aydemir: Tek Adam (Der erste Mann). Istanbul 1969, Bd. 3, S. 482
100 Irmak, S. 27
101 Ders., S. 27–28
102 Kinross, S. 115
103 Irmak, S. 28
104 Kinross, S. 125
105 Ders., S. 126
106 Ders., S. 131
107 Ders., S. 133
108 Ders., S. 131
109 Otto Liman von Sanders: Fünf Jahre Türkei. Berlin 1920, S. 400
110 Ders., S. 403
111 Ders., S. 403
112 Ders., S. 407–408
113 Lynn A. Scipio: My thirty years in Turkey. Rindge (New Hampshire) 1955, S. 176–177
114 Şefket Süreyya Aydemir: Tek Adam (Der erste Mann). Istanbul 1969, Bd. 1, S. 347
115 Ders., S. 336
116 Kinross, S. 138
117 Mustafa Kemal: Der Weg zur Freiheit, 1919–1920. Leipzig 1928, Teil I der Rede von 1927, S. 8
118 Harold Courteney Armstrong: Mustafa Kemal. Paris 1933, S. 105
119 Volkan, S. 118
120 Kinross, S. 140
121 Türk Tarih Kurumu (Gesellschaft für Türkische Geschichte [Hg.]): British Documents on Atatürk (1919–1938). Ankara 1973, Bd. I, April 1919–März 1920, S. 3
122 Kinross, S. 144

123 Zitiert nach Alexandre Jevakhoff: Kemal Atatürk. Paris 1989, Fußnote S. 78
124 Kinross, S. 146
125 Şefket Süreyya Aydemir: Tek Adam (Der erste Mann). Istanbul 1969, Bd. 1, S. 392
126 Halide Edib: The Turkish Ordeal. London 1928, Fußnote S. 32–33
127 Kinross, S. 153
128 Falih Rıfkı Atay: Atatürk'ün Hatıraları 1914–1919 (Erinnerungen Atatürks 1914–1919). Ankara (Kulturabteilung der Türkiye Iş Bankası) 1965, S. 122
129 Kinross, S. 158
130 Irmak, S. 39
131 Kinross, S. 175
132 Irmak, S. 40
133 Ders., S. 41
134 Mustafa Kemal: Der Weg zur Freiheit, 1919–1920. Leipzig 1928, Bd. I, S. 33
135 Ders., S. 34
136 Ders., S. 35
137 Ders., S. 35
138 Kinross, S. 178
139 Ders., S. 183
140 Kemal, Weg, S. 124–125
141 Zitiert nach Volkan, S. 150
142 Halide Edib: The Turkish Ordeal. London 1928, S. 127–129
143 Irmak, S. 51
144 Ders., S. 48
145 Ders., S. 48
146 Ernst Werner und Walter Markov: Geschichte der Türkei. Berlin (Ost) 1979, S. 247
147 Salâhi R. Sonyel: Atatürk – The founder of modern Turkey. Ankara 1989, S. 61
148 Edib, S. 223–224
149 Salâhi R. Sonyel: Atatürk – The founder of modern Turkey. Ankara 1989, S. 71
150 Kadria Hussein: Lettres d'Angora la Sainte – Avril–Juin 1921. Rom 1921, S. 49–55
151 Samet Ağaoğlu: Kuvayi Milliye Ruhu (Die seelische Verfassung der Nation). Istanbul 1944, S. 31–32. Zitiert nach Shaw, S. 351
152 Karl Klinghardt: Angora – Konstantinopel. Ringende Gewalten. Frankfurt a. M. 1924, S. 72
153 I. Gorochow u. a. (Hg.): G. W. Tschitscherin. Ein Diplomat Leninscher Schule. Berlin (Ost) 1976, S. 124
154 Ders., S. 125–126
155 Ders., S. 127
156 Irmak, S. 53
157 Ders., S. 49
158 Mustafa Kemal: Die nationale Revolution. Leipzig 1928, Teil II der Rede von 1927, S. 156–157
159 Ders., S. 161
160 Halide Edib: The Turkish Ordeal. London 1928, S. 357

161 Irmak, S. 54
162 Kemal (1928), S. 167–168
163 Ders., S. 170
164 Ders., S. 170
165 Volkan, S. 184
166 Rudolf Nadolny: Mein Beitrag. Köln 1985, S. 199
167 Henry Picker: Hitlers Tischgespräche. München 1968, S. 45–46
168 Irmak, S. 138
169 Ders., S. 130
170 Berthe Georges-Gaulis: Angora, Constantinopel, Londres. Paris 1921, S. 40–45
171 Claude Farrère: Turquie ressuscitée. Paris 1922, S. 102–122
172 Irmak, S. 126–127
173 Nâzım Hikmet: Das Epos vom Befreiungskrieg. In: Bleib dran, Löwe. Berlin (Ost) 1984, S. 109 ff
174 Halide Edib: The Turkish Ordeal. London 1928, S. 367
175 Şefket Süreyya Aydemir: Tek Adam (Der erste Mann). Istanbul 1969, Bd. 2, S. 541
176 Irmak, S. 57
177 Kinross, S. 318
178 Ders., S. 321
179 Ders., S. 322
180 Irmak, S. 59
181 Volkan, S. 203
182 Irmak, S. 139
183 Ders., S. 128
184 Halide Edib: The Turkish Ordeal. London 1928, S. 387–388
185 Mustafa Kemal: Die nationale Revolution. Leipzig 1928, Bd. II, S. 228
186 Ders., S. 257
187 Volkan, S. 216
188 Ders., S. 216
189 Ders., S. 216
190 Kinross, S. 367
191 Volkan, S. 221
192 Ders., S. 229
193 Shaw, S. 366
194 Alexandre Jevakhoff: Kemal Atatürk. Paris 1989, Fußnote Seite 315
195 Kemal (1928), S. 258
196 Ders., S. 259
197 Salâhi R. Sonyel: Atatürk – The founder of modern Turkey. Ankara 1989, S. 99
198 Kinross, S. 365
199 Shaw, S. 366–368
200 Times vom 11. 11. 1938, zitiert nach Irmak, S. 103
201 Alexandre Jevakhoff; Kemal Atatürk. Paris 1989, S. 321
202 Lilo Linke: Allah dethroned–A journey through modern Turkey. London 1937, S. 317
203 Irmak, S. 71

204 Fritz Steppat: Der Islam und die Muslime. Berlin 1987, S. 3–5
205 Irmak, S. 144
206 Salâhi R. Sonyel: Atatürk – The founder of modern Turkey. Ankara 1989, S. 107
207 Kinross, S. 390
208 Ders., S. 390
209 Irmak, S. 156
210 Volkan, S. 234
211 Ders., S. 235
212 Kinross, S. 390
213 Ders., S. 390
214 Akten des Auswärtigen Amts. Göttingen 1950 ff. Serie A, Bd. VI, S. 212
215 Ebenda, S. 358
216 Ebenda, S. 422
217 Ebenda, Bd. VIII, S. 212
218 Ebenda, Bd. IX, S. 144
219 Rudolf Nadolny: Mein Beitrag. Köln 1985, S. 167
220 Ders., S. 169–170
221 Ders., S. 171–172
222 Franz von Papen: Der Wahrheit eine Gasse. München 1952, S. 499–602
223 Jevakhoff, S. 339
224 Irmak, S. 94
225 Şefket Süreyya Aydemir: Tek Adam (Der erste Mann). Istanbul 1969, 3 Bände
226 Halide Edib: Turkey faces West. London 1930, S. 214
227 Sonyel, S. 111
228 Volkan, S. 250
229 Jevakhoff, Seite 351 (Fußnote)
230 Volkan, S. 255
231 Ders., S. 258
232 Ali Fuat Cebesoy: Sınıf arkadaşım Atatürk (Mein Klassenkamerad Atatürk). Istanbul 1967. Zitiert nach Volkan, S. 267
233 Volkan, S. 274
234 Ders., S. 276
235 Ders., S. 284
236 Akten des Auswärtigen Amts. Göttingen 1950 ff. Serie B, Bd. XIV, S. 439–440
237 Volkan, S. 287
238 Ders., S. 300
239 Dietrich Gronau: Nâzım Hikmet. Reinbek 1991, S. 89
240 Volkan, S. 311–312
241 Ders., S. 327–328
242 Edouard Herriot: Orient. Paris 1934, S. 122–123
243 Aus einem Vorwort von Edouard Herriot zu Tekin Alp: Le Kémalisme. Paris 1937, S. V
244 Irmak, S. 188
245 Paul Bonatz: Leben und Bauen. Stuttgart 1950, S. 253 ff
246 Aus einem Gespräch des Autors mit Semiha Berksoy im November 1991
247 Irmak, S. 114

248 Horst Widmann: Exil und Bildungshilfe. Die deutschsprachige akademische Emigration in die Türkei 1933. Frankfurt a. M. 1973. Ebenso Fritz Neumark: Zuflucht am Bosporus. Deutsche Gelehrte, Politiker und Künstler in der Emigration 1933–1953. Frankfurt a. M. 1980

249 Irmak, S. 81

250 Volkan, S. 333

251 Irmak, S. 115

252 Aus einem Gespräch des Autors mit Frau Özden Toker am 16. November 1991

253 Ebenda

254 Herzog von Windsor: Eines Königs Geschichte. Berlin 1952, S. 396

255 Volkan, S. 337

256 Ders., S. 330

257 Ders., S. 341

258 Ismet Inönü: Après sa mort... Ankara 1963, S. 10

Bibliographie

Abadan-Unat, Nermin (Hg.): Women in Turkish Society. Leiden 1981
Adıvar, Halide Edib: Memoirs of Halide Edib. New York 1926
– The Turkish Ordeal, London 1928
– Turkey Faces West, New Haven 1930
Alp, Tekin: Le Kémalisme. Paris 1937
Armstrong, Harold Courteney: Mustafa Kemal. Paris 1933
Arzık, Nimet: Atatürk et son œuvres dans la poésie turque d'aujourd'hui. Ankara 1981
Atatürk, Mustafa Kemal: Die neue Türkei 1919–1927. Rede vom 15. bis 20. Oktober 1927. Bd. I (Der Weg zur Freiheit 1919–1920) und Bd. II (Die nationale Revolution 1920–1927). Leipzig 1928
Atatürk and Turkey of Republican Era. Aufsatzsammlung. Hg. von der Union of Chambers of Commerce of Turkey. Ankara 1981
Aziz Hanki Bey: Turcs et Atatürk. Kairo 1939
Benoist-Méchin, Jacques: Mustafa Kemal – Begründer der neuen Türkei. Düsseldorf 1955
Bischoff, Norbert von: Ankara. Eine Deutung des neuen Werdens in der Türkei. Wien 1935
Boratav, Korkut: Die türkische Wirtschaft im 20. Jahrhundert (1908–1980). Frankfurt a. M. 1987
British Documents on Atatürk (1919–1938). Hg. von der Gesellschaft für Türkische Geschichte (Türk Tarih Kurumu). Ankara 1973
Davison, Roderic H.: Turkey. A Short History. Huntingdon 1988
Farrère, Claude: Turquis ressuscitée. Paris 1922
Gantizon, Paul: Mustapha Kémal ou L'Orient en marche. Paris 1929
Georges-Gaulis, Berthe: Angora, Constantinopel, Londres. Paris 1921
– La question turque. Paris 1931
Geschichte der Türkischen Republik. Hg. von der Gesellschaft zur Erforschung der Türkischen Geschichte. Istanbul 1935
Gökalp, Ziya: Turkish Nationalism and Western Civilization. New York 1959
Goltz, Colmar von der: Denkwürdigkeiten. Berlin 1929
Haslip, Joan: Der Sultan. München 1968
Herriot, Edouard: Orient. Paris 1934
Hussein, Kadria: Lettres d'Angora la Sainte – Avril–Juin 1921. Rom 1921
Irmak, Sadi: Atatürk. Leben und Werk des Schöpfers der Neuen Türkei. Istanbul 1981
Jevakhoff, Alexandre: Kemal Atatürk. Paris 1989
Kili, Suna: Kemalism. Istanbul 1969

Kinross, Lord: Atatürk. The Rebirth of a Nation. London 1990

Klinghardt, Karl: Angora – Konstantinopel. Ringende Gewalten. Frankfurt a. M. 1924

Kral, August Ritter von: Das Land Kemal Atatürks. Wien 1937

Krikorian, Mesrob K.: Armenians in the Service of the Ottoman Empire (1860–1908). London 1978

Landau, Jacob M. (Hg.): Atatürk and the Modernization of Turkey. Leiden 1984

Lausanne Conference on Near Eastern Affairs 1922–1923. Records of Proceedings and Draft Terms of Peace. Protokollsammlung. London 1923

Liman von Sanders, Otto: Fünf Jahre Türkei. Berlin 1920

Linke, Lilo: Allah Dethroned – A Journey Through Modern Turkey. London 1937

Loraine, Percy: Kemal Atatürk. Edinburgh 1948

Loti, Pierre: Turquie agonisante. Paris 1913

Mikusch, Dagobert von: Gasi Mustafa Kemal. Zwischen Europa und Asien. Leipzig 1929

Nadolny, Rudolf: Mein Beitrag. Erinnerungen eines Botschafters des Deutschen Reichs. Köln 1985

Neumark, Fritz: Zuflucht am Bosporus. Deutsche Gelehrte, Politiker und Künstler in der Emigration 1933–1953. Frankfurt a. M. 1980

Olivero, Luigi: Turkey without Harems. London 1952

Palmer, Alan: Kemal Atatürk. London 1991

Papen, Franz von: Der Wahrheit eine Gasse. München 1952

Papers and Discussion. Symposium 17.–22. Mai 1981 über Atatürk. Ankara 1984

Pomiankowski, Joseph: Der Zusammenbruch des Ottomanisches Reichs. Wien 1926

Rémond, Georges: Aux Camps Turco-Arabes. Paris 1913

Rill, Bernd: Kemal Atatürk. Reinbek 1985

Ronart, Stephan: Die Türkei von heute. Amsterdam 1936

Roux, Jean-Paul: La Turquie. Paris 1953

Roy, Gilles: Abdul-Hamid. Le Sultan Rouge. Paris 1936

Rustow, Dankwart A.: Politics and Westernization in the Near East. Princeton 1956

Scipio, Lynn A.: My thirty years in Turkey. Rindge (New Hampshire) 1955

Sforza, Le Conte: Les Bâtisseurs de l'Europe moderne. Paris 1931

Shaw, Stanford J./Ezel Kural Shaw: History of the Ottoman Empire and Modern Turkey, Bd. 2. London 1977

Sherrill, General: Mustafa Kemal. Paris 1934

Sonyel, Salâhi R.: Atatürk – The Founder of Modern Turkey. Ankara 1989

Villalta, Jorge Blanco: Atatürk. Ankara 1982

Volkan, Vamik D./Norman Itzkowitz: The Immortal Atatürk. A Psychobiography. Chicago 1984

Wallach, Jehuda L.: Anatomie einer Militärhilfe. Düsseldorf 1976

Werner, Ernst/Walter Markov: Geschichte der Türken. Von den Anfängen bis zur Gegenwart. Berlin (Ost) 1979

Widmann, Horst: Exil und Bildungshilfe. Die deutschsprachige akademische Emigration in die Türkei nach 1933. Frankfurt a. M. 1973

Wilhelm, Kronprinz: Erinnerungen. Berlin 1922

Windsor, Herzog von: Eines Königs Geschichte. Berlin 1952

Zia Bey: Evolution de la femme turque. Nizza 1927

Zeittafel

1876   Absetzung der Sultane Abdul-Aziz und Murat V. Abdul-Hamid II. herrscht autokratisch bis 1909.

1877   Russisch-Türkischer Krieg. Abdul-Hamid II. löst das im Dezember 1876 konstituierte Parlament auf.

1878   Berliner Kongreß (13. Juni–13. Juli) über Einflußzonen im Vorderorient.

1881   Geburt Mustafas, Sohn von Zübeyde und Ali Riza, in Saloniki in der osmanischen Provinz Mazedonien.

1882   England besetzt Ägypten.

1883   Vereinbarung über eine deutsche Militärmission in der Türkei. Midhat Pascha, der Reformer der Jungosmanen, wird wegen angeblicher Beteiligung an der angeblichen Ermordung von Abdul-Aziz zum Tode verurteilt.

1884   Midhat Pascha, zu lebenslänglicher Haft begnadigt, wird im Gefängnis in Taïf (bei Mekka) erdrosselt.

1889   Erster Besuch Kaiser Wilhelms II. in Istanbul.

1890   Niederschlagung der Aufstandsbewegung der nationalen Armenier in Ostanatolien (bis 1897).

1893   Mustafa besucht die militärische Grundschule in Saloniki, wo er den zweiten Namen Kemál erhält.

1894   Gründung des »Komitees für Einheit und Fortschritt« durch die Jungtürken.

1895   Mustafa Kemal besteht die Aufnahmeprüfung für das Militärgymnasium in Monastir (Bitola).

1896   Eine gegen die Sultansherrschaft gerichtete Revolte von Studenten der Militärischen Medizinschule in Istanbul wird niedergeschlagen.

1897   Krieg zwischen Griechenland und dem Osmanischen Reich wegen beiderseitigen Besitzanspruchs auf Kreta. Durch Intervention europäischer Großmächte beendet.

1898   Zweiter Besuch Kaiser Wilhelms II. in Istanbul.

1899   Mustafa Kemal wird am 13. März in die Kriegsakademie in Istanbul aufgenommen.

1902   Erster Pariser Kongreß des »Komitees für Einheit und Fortschritt«.

1904   Tod Murats V., der seit seiner Absetzung 1876 im Cirağan-Palast in Istanbul lebte.

1905   Mustafa Kemal verläßt die Akademie im Rang eines Stabs-Oberleutnants. Nach kurzer Inhaftierung wegen politischer Untergrundaktivitäten erster Einsatz als Offizier in Syrien.

1906   Mustafa Kemal gründet mit Freunden in Damaskus die »Gesellschaft für Vaterland und Freiheit«. Mehrmonatiger unerlaubter Aufenthalt in Saloniki.

1907	Versetzung Mustafa Kemals nach Saloniki, dem heimlichen Zentrum der Jungtürken. Die Jungtürken einigen sich auf ihrem zweiten Pariser Kongreß auf ein Aktionsprogramm.
1908	Durch die Jungtürkische Revolution (3.–24. Juli) wird Abdul-Hamid II. gezwungen, das Parlament wieder einzuberufen. Mustafa Kemal wirbt im Oktober in Tripolitanien und der Cyrenaika für das politische Programm des »Komitees für Einheit und Fortschritt«. Osmanische Verluste: Bulgarien erklärt seine Unabhängigkeit, Kreta stimmt für Vereinigung mit Griechenland, Österreich-Ungarn annektiert Bosnien und Herzegowina.
1909	Scheitern einer Gegenrevolution des Sultans (13. April). Mustafa Kemal im Stab der »Aktionsarmee«, die Istanbul besetzt. Abdul-Hamid II. wird nach Saloniki ins Exil geschickt (von 1912 bis zu seinem Tod 1917 im Beylerbey-Palast in Istanbul). Mehmet V. Reşat regiert als neuer Sultan bis 1918.
1910	Mustafa Kemal im Einsatz gegen eine Revolte in der osmanischen Provinz Albanien. Als türkischer Beobachter bei den Herbstmanövern in Frankreich (Picardie).
1911	Nach der Invasion italienischer Truppen Mustafa Kemal als Divisionskommandeur in Tripolitanien und der Cyrenaika. Enver Pascha Oberbefehlshaber.
1912	Erster Balkankrieg (Montenegro, Serbien, Bulgarien und Griechenland gegen das Osmanische Reich). Verlust sämtlicher europäischer Provinzen. Staatsstreich liberaler Kräfte gegen das Kabinett der Jungtürken, das zu einem Großreich tendiert. Zübeyde, Mustafa Kemals Mutter, kommt mit zahlreichen anderen Flüchtlingen nach Istanbul. Erste Abende im Salon der italienischen Pianistin Madame Corinne.
1913	Zweiter Balkankrieg, ausgelöst durch Streit um Aufteilung Mazedoniens. Rückgewinnung Ostthrakiens und Edirnes durch die türkische Armee. Rückkehr der Jungtürken an die Macht, daraufhin Herrschaft des Triumvirats Enver-Talaat-Cemal. Mustafa Kemal als Militärattaché nach Sofia (27. Oktober).
1914	Nach Ausbruch des Ersten Weltkriegs Bündnis zwischen Deutschland und dem Osmanischen Reich (2. August). Die deutschen Kreuzer »Goeben« und »Breslau« laufen in den Bosporus ein und werden von der Istanbuler Regierung als »Yavuz« und »Midilli« übernommen. Mustafa Kemal, inzwischen zum Oberstleutnant befördert, wird in Sofia mit dem europäischen Kultur- und Gesellschaftsleben vertraut (Oper, Bälle), lernt Miti, eine bulgarische Generalstochter, und Hildegard, eine deutsche Sprachlehrerin, kennen und studiert das Parlamentsleben.
1915	Mustafa Kemal wird zum Kommandeur der an den Dardanellen stationierten 19. Division ernannt (Februar). Angriff britisch-französischer Streitkräfte auf die Halbinsel Gallipoli (an den Dardanellen). Unter dem Oberbefehl von Liman von Sanders und durch glückhaften militärischen Einsatz Mustafa Kemals und seiner 19. Division gelingt es den türkischen Truppen, die Alliierten zurückzuschlagen (25. April–9. Januar 1916).
1916	Mustafa Kemal, nach seiner Ernennung zum Oberst am 1. Juni 1915 und zum General (Pascha) am 1. April 1916, Befehlshaber an der ostanatolischen Front gegen die Armee des Zaren Nikolaus II. (russische Besetzung u. a. von Trabzon, Kars, Erzurum und Van). Die zivile Bevölkerung gerät zwischen die

Fronten und erleidet die Schrecken des Kriegs. Aufstand der Araber gegen die Türken im Hedjas (am Roten Meer).

1917   Britische Truppen besetzen Bagdad (11. März). Mustafa Kemal wird nach Syrien versetzt (Oberbefehl erst General von Falkenhayn, dann Liman von Sanders), wo er sich wegen des schlechten Zustands der türkischen Truppen vergeblich bei dem Vize-Generalissimus Enver für einen Rückzug einsetzt. Im Oktober dritter Besuch Kaiser Wilhelms II. in Istanbul. Während seiner Beurlaubung (ab Oktober) begleitet Mustafa Kemal den osmanischen Kronprinzen, Vahidettin, nach Spa (Hauptquartier Wilhelms II.) und Berlin (15. Dezember 1917–15. Januar 1918). Britische Truppen besetzen Jerusalem (11. Dezember).

1918   Mustafa Kemal wegen eines Nierenleidens in Wien und anschließend in Karlsbad. Tod Mehmets V. Reşat und Inthronisierung des neuen Sultans, Mehmet VI. Vahidettin (3. Juli). Mustafa Kemal leitet als Befehlshaber der von Enver aufgestellten »Blitzarmee« in der Nachfolge Limans im September und Oktober den Rückzug der türkischen Truppen bis nach Anatolien (Adana). Waffenstillstand von Mudros (31. Oktober). Die alliierte Kriegsflotte läuft in den Bosporus ein (13. November), Istanbul wird von Hochkommissaren kontrolliert. Während sich in Anatolien erste Widerstandsgruppen gegen die alliierte Besetzung weiter Teile des türkischen Kernlands bilden, wartet Mustafa Kemal in Istanbul auf einen günstigen Zeitpunkt, um sich der nationalen Befreiungsarmee anzuschließen. Er bezieht mit seiner Mutter (Zübeyde) und Schwester (Makbule) ein Haus im Bezirk Şişli. Auflösung des Parlaments am 21. November durch den Sultan, der für die Fortsetzung der osmanischen Dynastie kämpft. Flucht des Triumvirats ins Ausland (Enver und Talaat gehen nach Berlin).

1919   Mustafa Kemal, der wegen seiner schlechten Beziehungen zum Kriegskabinett bei der Sultansregierung und bei den Hochkommissaren für politisch zuverlässig gilt, wird von Mehmet VI. zum Generalinspekteur für die Unruhegebiete in Anatolien ernannt. Am 15. Mai landen mit Unterstützung der Alliierten die ersten griechischen Invasionstruppen in Izmir. Mustafa Kemal, der am 19. Mai in Samsun an Land geht, gelingt es, die nationale Widerstandsbewegung in eine Bewegung für nationale Unabhängigkeit umzuwandeln und sich an deren Spitze zu setzen (programmatische Erklärungen – sogenannter Nationalpakt – in Amasya, Erzurum und Sivas). Eröffnung eines neuen Parlaments unter Beteiligung nationaler Vertreter in Istanbul (7. November) und Verlegung des Repräsentativen Nationalkomitees von Sivas nach Ankara (27. Dezember).

1920   Militärische Besetzung Istanbuls und Verhaftung ehemaliger prominenter Jungtürken durch die Alliierten. Nach Auflösung des Parlaments durch den Sultan, der den Einfluß der Nationalisten fürchtet, beruft Mustafa Kemal die erste Große Nationalversammlung in Ankara ein (23. April). Der von der Sultanatsregierung unterzeichnete Friedensvertrag von Sèvres (10. Juni) wird von der Nationalregierung in Ankara abgelehnt. Vormarsch der griechischen Truppen bis Bursa. Vertrag mit der russischen Sowjetregierung über die Festlegung der Grenze in Ostanatolien (3. Dezember).

1921   Kämpfe gegen die Griechen bei Inönü (Januar und März). Die Große Nationalversammlung verabschiedet eine Verfassung, die auf Volkssouveränität basiert. Auf der Londoner Konferenz (23. Februar–12. März) Versuch, den Vertrag von Sèvres zu modifizieren. Vertrag von Moskau (16. März) zwischen der türkischen Nationalregierung und der Sowjetunion (Hilfslieferungen für die Befreiungsbewegung). Mustafa Kemal, Präsident der Großen Nationalversammlung, gewinnt am 13. September als neuer Oberbefehlshaber der nationalen Streitkräfte eine entscheidende Schlacht gegen die Griechen am Sakarya (hundert Kilometer westlich von Ankara) und wird zum Ghazi und Marschall ernannt. Vertrag zwischen Frankreich und der Regierung in Ankara (20. Oktober).

1922   Niederlage der Griechen auf der Linie Afyon–Dumlupınar und Rückeroberung Izmirs durch die Türken (26. August–9. September). Waffenstillstandsabkommen in Mudanya. Rücktritt von Lloyd George und Absetzung König Konstantins. Mustafa Kemal lernt in Izmir Lâtife kennen (10. September). Abschaffung des Sultanats (1. November) und Flucht Mehmets VI. Eröffnung der Friedenskonferenz in Lausanne (20. November).

1923   Zübeyde stirbt während eines Aufenthalts bei Lâtife in Izmir (14. Januar). Zwei Wochen nach dem Tod seiner Mutter heiratet Mustafa Kemal Lâtife (29. Januar). Unterzeichnung des Friedensvertrags von Lausanne (24. Juli). Gründung der »(Republikanischen) Volkspartei« (9. September). Eröffnung der zweiten Großen Nationalversammlung (11. August). Beendigung der alliierten Besetzung Istanbuls (2. Oktober). Ankara wird zur neuen Hauptstadt bestimmt (9. Oktober). Ausrufung der Türkischen Republik und Ernennung Mustafa Kemals zu ihrem Präsidenten (29. Oktober).

1924   Abschaffung des Kalifats, der religiösen Gerichtshöfe und Koranschulen. Gründung der »Fortschrittspartei«. Im Juli Wiederaufnahme diplomatischer Beziehungen zu Deutschland.

1925   Der Kurdenaufstand unter Scheich Sait (4. März) führt zur Aufstellung von »Unabhängigen Gerichtshöfen«. Verbot der »Fortschrittspartei« (3. Juni). Mustafa Kemal trennt sich von Lâtife. Die Hut-Reise nach Kastamonu (30. August–2. September) bereitet das gesetzliche Verbot von Fez und religiöser Kleidung (ausgenommen die zeremoniöse Tracht des Imam) vor.

1926   Einführung eines Bürgerlichen Gesetzbuchs. Vertrag zwischen der Türkei, Großbritannien und dem Irak über das Mosul-Gebiet. Im Juni Attentatsversuch auf Mustafa Kemal in Izmir, daraufhin Prozesse vor dem »Unabhängigen Gerichtshof«, in denen zahlreiche und unterschiedlich motivierte Gegner des kemalistischen Reformkurses zum Tode verurteilt oder in die Verbannung geschickt werden, unter ihnen alte Weggefährten Mustafa Kemals.

1927   Mustafa Kemal besucht seit 1919 erstmals wieder Istanbul (1. Juli) und residiert bis zu seinem Tod während der Sommermonate im Dolmabahçe-Palast. Große Rechtfertigungsrede (Nutuk) vor dem Kongreß der »Republikanischen Volkspartei« in Ankara (15.–20. Oktober).

1928   Einführung des lateinischen Alphabets.

1930   Gründung der »Liberalen Partei« mit Unterstützung Mustafa Kemals (12. August). Freundschaftsvertrag zwischen Griechenland und der Türkei in Ankara unterzeichnet (30. Oktober). Das Experiment einer Oppositionspartei scheitert am Zulauf orthodoxer Muslims, die sich für die Wiedereinführung des Kalifats stark machen. Auflösung der »Liberalen Partei« am 17. November. Aufstand einer muslimischen Sekte in Menemen (23. Dezember).

1931	Gründung der »Gesellschaft für Türkische Geschichte«.

1931 Gründung der »Gesellschaft für Türkische Geschichte«.

1932 Gründung der »Gesellschaft für Türkische Sprache«. Die Türkei tritt dem Völkerbund bei. Beginn der Universitätsreformen, dazu Einladung zahlreicher Wissenschaftler und Künstler aus Deutschland und Österreich.

1933 Fünfjahresplan für industrielle Entwicklung (9. Januar). Balkanpakt zwischen der Türkei, Griechenland, Rumänien und Jugoslawien. Einführung von Familiennamen. Mustafa Kemal wird von der Großen Nationalversammlung ehrenhalber der Name Atatürk verliehen. Einführung des aktiven und passiven Wahlrechts für Frauen (8. Dezember).

1936 Unterzeichnung des Meerengenvertrags von Montreux (20. Juli). Besuch König Eduards VIII. in Istanbul.

1937 Unterzeichnung eines Pakts zwischen der Türkei, dem Irak, dem Iran und Afghanistan.

1938 Erste Bekanntgabe der Erkrankung Atatürks (11. März). Beginn der Volksabstimmung in Hatay (Iskenderun) über Zugehörigkeit der Provinz (Ausgang der Wahl Ende November für Anbindung an die Türkei). Tod Atatürks im Dolmabahçe-Palast (10. November). Wahl Ismet Inönüs zum Nachfolger des Staatspräsidenten (11. November). Beisetzung Atatürks im Ethnographischen Museum in Ankara (21. November).

1953 Umbettung von Atatürks Leichnam in das neu erbaute Mausoleum auf dem »Denkmalshügel« (Anıt Tepe) in Ankara (10. November).

Personenregister